# HISTOIRE DE FRANCE

## La France moderne

HISTOIRE DE FRANCE
sous la direction de Jean FAVIER

Tome 1, Karl Ferdinand WERNER, *Les origines (avant l'an mil)*
Tome 2, Jean FAVIER, *Le temps des principautés (de l'an mil à 1515)*
Tome 3, Jean MEYER, *La France moderne (de 1515 à 1789)*
Tome 4, Jean TULARD, *Les révolutions (de 1789 à 1851)*
Tome 5, François CARON, *La France des patriotes (de 1851 à 1918)*
Tome 6, René RÉMOND, *Notre siècle (de 1918 à nos jours)*

HISTOIRE DE FRANCE
Sous la direction de Jean Favier

JEAN MEYER

# LA FRANCE MODERNE

*de 1515 à 1789*

FAYARD

# PREMIÈRE PARTIE

# De Chambord au Petit Trianon

## CHAPITRE PREMIER

# Les rois et les sujets

Acceptons les dates traditionnelles: 1515-1789. 1er janvier 1515: Louis XII se meurt, auréolé du titre de « Père du peuple ». Au « Juste » succède François Ier. La couronne de France passe des Valois-Orléans aux Valois-Angoulême. 14 juillet 1789: l'Ancien Régime s'effondre pour faire place à la France contemporaine. La dynastie des Bourbons, qui a remplacé en 1589 celle des Valois, ne disparaît pas pour autant: le dernier des trois frères, Charles X, ne partira pour la dernière fois en exil qu'en 1830.

Trois frères: singulier destin de la couronne de France. Les Bourbons s'achèvent sur trois frères, tout comme au XIVe siècle, les Capétiens (Louis X le Hutin, Philippe V le Long et Charles IV le Bel), puis comme les Valois-Orléans (François II, Charles IX et Henri III), donnant ainsi lieu au déchaînement des spéculations sur la justice rétributive et les malédictions. Il y a bien deux mythes de France, l'un glorieux, l'autre terrible.

Au point de départ: un jeune géant féru d'art, tel que pour l'éternité des hommes l'a figé le pinceau d'un Titien ou d'un Clouet, inaugure, dans le faste et le fracas de la bataille de Marignan, une série de dix règnes dont les plus longs seront ceux de Louis XIV (soixante-douze ans, avec cinquante-neuf ans de règne personnel) et de Louis XIII (trente-trois ans de règne « assisté »). Au point d'arrivée, un homme jeune, aux traits inexpressifs, débordé par les événements: Louis XVI.

Au début fut la fanfare, la chevauchée fulgurante succédant aux décharges de l'artillerie de Marignan. Marignan, 1515: parmi les cent dates de l'histoire de France que notre génération a encore pieusement apprises sur les bancs de l'école, celle-ci surnage moins par l'avènement, au 1er janvier, de François Ier que par la bataille. Pour une fois, l'histoire rétrospective rejoint l'histoire immédiate : tout le royaume de France connut la même joie, celle que le musicien Clément Janequin célèbre en sa description de la bataille. Sous cet enthousiasme, l'historien voit le symbole. La charge de la cavalerie française est, avec sa *furia francese,* l'un de ces actes fous dont la noblesse est friande, quitte à mettre tout en question. Pour une fois aussi, l'héroïsme sans réflexion réussit. Mais c'est en partie par la grâce du canon.

Deux mondes vont dominer la période « moderne ». D'un côté, la modernité avec ce qu'elle a de plus terrible, la puissante artillerie dont la France détient, depuis Charles V, une espèce de monopole. Dans l'état de guerre permanent qui caractérise ces trois siècles, la raison la plus forte est celle de celui qui dispose du plus grand nombre de canons, à condition de les utiliser intelligemment. De l'autre côté, la vieille « chevalerie » médiévale, dans la mesure où elle survit, se réfugie dans l'indiscipline de l'héroïsme incontrôlé, capable de tout, parfois du meilleur, mais de plus en plus du pire, car la nécessité d'agir avec raison s'impose avec toujours plus d'acuité.

A ce jeune roi qui entre dans l'histoire le 1er janvier 1515, n'ont manqué ni la gloire, ni la défaite, ni l'ignominie de la prison. Il a collectionné maîtresses et reines de cœur, ennemis féroces et irréconciliables, dénigrements systématiques, mais aussi la glorification la plus durable grâce au savoir-faire des maîtres d'œuvre de ces constructions de rêve échelonnées de Paris à la Loire, le long de ce val qui fut, de la fin du Moyen Age à l'apogée de la Renaissance, la grande rue de la France. A celle des cathédrales succède la France des châteaux. Et les serviteurs sont à l'image du maître : disparu, hélas, en presque totalité, l'admirable château de l'amiral de Bonnivet marquait au cœur du Poitou la formidable intrusion de la « noveltée » italienne par excellence, la « Renaissance ».

François Ier est un homme singulier, médiéval par la plupart de ses aspects, ce que masque la mode artistique et intellectuelle. Sous son règne, la France a beaucoup hésité, surtout face au protestantisme. Le roi a, longtemps, une attitude ambiguë. Pourquoi donc la France est-elle restée la « fille aînée de l'Église » ? Pourquoi n'a-t-elle pas passé au calvinisme ? Le règne commence avec des rêves italiens hérités des règnes précédents ; il s'achève par la confrontation avec l'Europe. Ainsi la France a-t-elle raté sa rencontre avec la mer, avec le Nouveau Monde. Elle a survécu, mais s'est engluée dans la fratricide lutte contre les Habsbourg. Face à une Europe en voie d'unification sous l'égide de la savante politique matrimoniale des Habsbourg, face aux trésors américains que ceux-ci accumulent et dépensent sans vergogne au service de leur volonté d'hégémonie, François Ier a « tenu le coup ». Au vrai, il a su maintenir l'essentiel : l'intégrité du pays.

Dans le royaume des historiens, il est de bon ton de se gausser de l'« histoire-batailles ». Pourtant, pendant deux siècles et demi, la France a affronté les Habsbourg. Le règne de François Ier est bien une coupure, quelque chose qui s'amorce en une lutte inexpiable. Et faire la guerre coûte cher. Toute la politique intérieure française va en dépendre : toute « réforme » est d'abord fiscale, conséquence de la guerre. L'histoire-batailles détermine l'histoire financière, l'histoire de cet État qui régit si profondément le cœur de la vie des peuples.

Reportons-nous à l'issue de ce « grand théâtre ». 1774 : le vieux roi Louis XV, ayant refusé de se laisser inoculer, meurt de la variole. Monte sur le trône un jeune roi, pétri de bonne volonté, admirablement formé par ses précepteurs aux choses de la mer. Car de Louis XIV à Louis XVI, la France a tenté de retrouver le rendez-vous manqué. La lutte pour la mer, par la force et le négoce, a cependant souvent mal tourné, surtout avec la désastreuse guerre de Sept ans. Le jeune roi n'a qu'un rêve : tourner la

France vers la mer. Pour un temps, il y réussit. La guerre d'Indépendance s'achève en 1783 en apothéose. Hélas ! cette fois, les finances n'ont pas suivi, et c'est d'un désordre financier — bien relatif par rapport au reste de l'Europe — que sort la Révolution. Aux deux siècles et demi de lutte anti-habsbourgeoise s'est progressivement superposée une deuxième guerre de Cent ans entre la France et les puissances maritimes, l'Angleterre en premier.

La Révolution reprend sur ce point les deux héritages, tout comme Napoléon. A cet égard, la coupure logique n'est pas 1789, mais 1815 et l'irrémédiable désastre qui consacre la fixation définitive de la frontière du nord-est et l'abandon des prétentions maritimes. Ainsi, de 1515 à 1815, les rois de France ont oscillé entre la terre et la mer, allant au plus pressé, courant de l'une à l'autre. Ils ne pouvaient, souvent, faire autrement.

## *Le royaume de France*

Dans le dialogue, par moments si poignant, de la France et de ses rois, il convient d'abord de dégager le sens de la chronologie. De 1515 à 1789, celle-ci se divise en deux phases majeures. De 1515 à 1630, les limites du pays varient peu. La seule acquisition notable (mais restreinte) est celle des Trois-Évêchés, qui date officiellement du traité de Cateau-Cambrésis (1559). Ajoutons-y Calais. En 1515, la France a un peu plus de 450 000 km$^2$. En 1630, quand commence la longue guerre du milieu du XVII$^e$ siècle, elle n'a encore que 470 000 km$^2$. En un peu plus d'un siècle, elle n'a pas changé d'aspect sur nos cartes. Elle est toujours la France médiévale. A la mort de Louis XIV, elle a 514 000 km$^2$ ; en 1789, à peine 528 000 km$^2$, pour atteindre, en 1815, 530 000 km$^2$ (pour 551 000 km$^2$ de nos jours). C'est dire que l'essentiel de la figure de l'hexagone s'est créé en 1630 et 1715, et ce d'autant plus que la Lorraine, principale acquisition de Louis XV, est virtuellement englobée par la

France. C'est l'époque moderne qui a transformé le pentagone médiéval en hexagone : c'est, contre vents, marées et opinions, l'action essentielle de nos dix rois.

Curieuse France ! Il s'agit à la vérité de la coagulation de deux France : celle du Nord avec ses plaines, ouvertes à toutes invasions, mais nourricières et peuplées, totalise plus des deux tiers de la population et concentre au long du littoral de la Manche près d'un tiers de cette population ; celle du Sud, où domine la montagne, est fortement cloisonnée en petites unités mal reliées, que trouent seulement les deux percées du Rhône et le seuil, plus large, d'entre Toulouse et Narbonne.

Pour le reste, si la frontière orientale s'est sans doute détachée de la célèbre limite des quatre fleuves — Escaut, Meuse, Saône et Rhône —, elle y reste, sentimentalement et géographiquement, étroitement liée. Le long de la Meuse et de la Saône, les choses n'ont pratiquement pas bougé. Le long du Rhône, Dauphiné et Provence ont débordé la limite fluviale pour se rapprocher de la frontière de partage des eaux alpestres, cependant que le royaume de Piémont-Sardaigne, qui possède la Savoie, chevauche toujours allégrement les cols alpestres. C'est du côté du nord-est que la guerre de Cent ans s'est traduite par un recul sensible. Dans ses *Dialogues des morts* écrits pour le duc de Bourgogne, héritier possible de la Couronne, Fénelon place dans la bouche d'un François Ier s'adressant à Charles Quint cette critique essentielle : « Vous m'avez arraché, pendant que j'étais en prison, l'hommage du comté de Flandre ; le vassal s'est prévalu de la force pour donner la loi à son souverain. » Par interlocuteur interposé, Fénelon le reproche durement à François Ier. De fait, la France ne borde plus la Manche que par un étroit couloir côtier qui, de la Somme à Calais, constitue l'un des principaux points faibles du royaume. Les provinces frontières sont la Picardie — avec comme seule ligne de défense la Somme — et, surtout, la

Champagne et la Bourgogne. Cela sera désastreux pour les peuples de ces deux provinces, et jouera un rôle déterminant sur l'évolution interne du royaume : à force de fournir l'indispensable aux armées du roi, ces deux provinces vont procurer, avec l'inévitable Pâris, l'essentiel de la cohorte redoutée et enviée des munitionnaires et des traitants.

Depuis ceux de la Provence et de la Bretagne, il n'y a pas eu de grand rattachement à la France avant le traité de Westphalie (1648). On conçoit, dès lors, que les Français aient pris l'habitude de ne « sentir » leur pays que dans les limites médiévales. Et Fénelon de reprocher au roi des conquêtes abusives qu'en droit il serait obligé de restituer. Il n'est pas le seul : le « Petit Concile », qui réunit autour de Bossuet et de Fénelon les plus traditionnels des évêques de France, ne pense guère autrement. Les auteurs des manuels historiques du XVII^e^ et du XVIII^e^ siècle passent vite sur les grandes conséquences des victoires louis-quatorziennes, et il faut tout le génie de Voltaire pour mesurer ce que le rattachement de Metz, de Lille, de Strasbourg, de Besançon et de Perpignan apporte au pays.

La notion même de France est restée longtemps plus floue que celle de royauté. Le royaume de France plutôt que la France : les mots ont leur raison d'être. On appartient au roi-suzerain d'abord. Il est le symbole et le résumé de l'unité. C'est dans l'entourage royal que s'est mise progressivement en place l'idéologie de l'État, et le bon sens populaire ne s'est pas tellement trompé en attribuant à Louis XIV le « mot » historique « l'État c'est moi ».

Les historiens du XIX^e^ siècle, suivant la pente amorcée par les épigones des philosophes de la fin du XVIII^e^ siècle, y ont vu l'abus de pouvoir caractérisé du « despote ». Le mot correspond à une autre réalité : celle d'un pays invraisemblablement hétérogène, qu'unissent la personne royale et la loi qu'il impose. Le mot s'applique en premier lieu au pays ; il s'applique mal au Grand Roi. Sur son lit de mort,

Louis XIV fera à ses proches qui le pleurent la remarque essentielle qui le caractérise : « Je meurs, mais l'État demeure. »

L'histoire « moderne » commence avec ce changement fondamental, cette vision profonde sinon des peuples, du moins de ses élites, ce passage de la fidélité dynastique à l'attachement à l'État et, avant tout, à la patrie. Selon les définitions mêmes des dictionnaires, celle-ci n'avait été au début que la petite patrie, la provinciale. A la fin du XVIIIe siècle, le mot est en train de muer au profit de la « grande Nation », au profit de la seule Patrie. L'État et la Nation auront ainsi phagocyté le roi. Et cela marque bien l'extraordinaire réussite des rois et de leurs gouvernements : ce passage finit à la limite par supprimer l'homme-symbole autour duquel tout s'était construit, pour laisser place au culte abstrait du drapeau tricolore, quelle que fût l'ambiguïté traduite par ses couleurs : le blanc de la royauté, le rouge et le bleu de la ville de Paris.

D'où, finalement, deux problèmes majeurs. Le premier est simple à formuler, le second terriblement complexe. Toute acquisition territoriale se traduisait par le rattachement de force — ou du moins sans consultation des populations concernées — de régions qui avaient vécu soit une vie autonome, soit à l'intérieur d'une autre entité. Le rattachement à la Couronne de France pouvait être facilité par tel ou tel trait : la langue comme en Lorraine, en Artois, à Metz — mais ce facteur ne joue ni en Roussillon, ni en Alsace, ni dans une partie de la Lorraine — et parfois l'ancienne suzeraineté française, si on ne l'avait oubliée. Mais ni Lille ni Besançon ni Strasbourg n'ont accepté de gaieté de cœur le « retour » à la France. La royauté s'est heurtée à des embryons variés de nationalisme et, en tout cas, à des résistances locales parfois tenaces.

Dès lors, on comprend pourquoi les peuples de France n'ont que difficilement intégré, intellectuellement, l'agrandissement vers le nord-est et, à plus forte raison, vers la Méditerranée. Le succès de l'assimilation a été très variable. Lille et Strasbourg ont été dotées de citadelles dirigées aussi bien contre l'extérieur que contre la ville elle-même. Mais au bout de deux générations, Lille était totalement française, alors que Strasbourg ou Perpignan restaient partiellement étrangères à l'entité française. La royauté n'a d'ailleurs rien fait, ou pas grand-chose, pour unifier réellement le pays. Le privilège est, en réalité, un instrument très souple, dont le roi, au moment de son sacre, jurait de respecter le principe.

Le deuxième problème est hérité du Moyen Age. La France est née au bout du continent. Dans un paysage extrêmement fragmenté, morcelé, là où sont venues mourir et s'amortir toutes les grandes vagues d'invasion. Et l'histoire a voulu qu'en fin de compte, le domaine royal se soit construit autour de deux ou peut-être trois points essentiels. Au nord, l'Ile-de-France, berceau de la dynastie capétienne, a constitué autour de l'isthme Seine-Loire — et autour de la grande métropole et de ses plateaux céréaliers, avec leur densité de plus de 40 habitants au km$^2$ — le premier en date et le plus efficace des éléments de regroupement. Le second, au XIII$^e$ siècle, au prix d'une lutte sans merci, s'est formé autour du Languedoc. Puis, au cours de la première guerre de Cent ans, la France de Charles VII, retranchée sur le boulevard de la Loire, a été surtout une France du Midi. Il en reste beaucoup de souvenirs au XVI$^e$ siècle. Le XVII$^e$ et le XVIII$^e$ siècle verront le triomphe de Paris.

Dans un ouvrage récent, H. Le Bras et E. Todd ont pu écrire : « Du point de vue de l'anthropologue, la France ne devrait pas exister. La plupart des nations d'Europe et du monde, grandes et petites — Angleterre, Allemagne, Russie, Chine, Japon, Suède, Irlande, Pologne par exemple —, ne sont, d'une certaine façon, que des systèmes originels et homogènes, tribus anciennes et minuscules, démesurément gonflées par mille ans d'expansion démographique, pour atteindre aujourd'hui l'échelle de nation. Des pays comme l'Inde, la Yougoslavie, l'Espagne sont, au contraire, absolument hétérogènes, juxtaposition de peuples n'ayant pas réalisé leur unité linguistique et administrative. La France n'a été fondée par aucun peuple particulier..., avec une histoire sans commencement et sans fin. »

Il y aurait bien à redire. Peu importe. L'essentiel est que la France « ne devrait, logiquement, pas exister ». Tout se passe comme si ce peuple, en ses profondeurs qu'incarne cette fille du peuple par excellence, Jeanne d'Arc, avait, en dépit de la division linguistique en pays d'Oïl et d'Oc, accepté la politique « unificatrice », devenue à l'époque moderne centralisatrice, des rois de France. Michelet n'avait pas tort de faire remarquer que la nation française était la seule à être née d'une femme. Mais ce sont les rois qui l'ont faite, maintenue, agrandie. Quels sont donc ces rois ?

## *Le portail des rois*

Que s'est-il donc passé entre 1515 et 1789, en ces deux cent soixante-quatorze années qui font partie de notre patrimoine le plus marquant ? D'abord, le règne de dix rois, dont quelques-uns des plus « grands » dont puisse se targuer l'histoire du peuple de France ! Mais la fin de l'acte est sanglante. Au-delà du « régicide » du 21 janvier 1793, la profanation des tombes de Saint-Denis semble couper à la racine la vieille fidélité qui liait rois et peuples de France au point de donner aux enfants du roi le nom d'« enfants de France ».

L'histoire des rois a compté, plus qu'on ne veut l'avouer, jusqu'au plus intime de la vie quotidienne de tout un peuple. Le mobilier « rustique » Louis XV n'est rien d'autre que la popularisation — non la vulgarisation — du style de la Cour. La vieille politesse française — la profonde « civilisation des mœurs » dont Norbert Elias a minutieusement et heureusement décrit les évolutions — a plus d'une racine en l'étiquette, pourtant si décriée, de la Cour. Enlever son chapeau en entrant dans une maison ou devant une femme est geste en vérité, de Cour. Faire l'histoire des peuples ne peut exclure celle des rois. Pénétrons donc en cette galerie des rois de la « troisième maison ».

Dix règnes en deux cent soixante-quatorze ans : une durée moyenne de vingt-sept ans et demi. Cette première constatation est d'importance. La royauté française a eu la chance d'avoir des règnes longs. Peut-être même les derniers ont-ils été, à plus d'un égard, trop longs. Car le roi appartient à une génération, et celle-ci le soutient. S'il survit trop longtemps, son état d'esprit ne coïncide plus avec celui des générations nées sous lui : elles finissent par vivre sinon contre lui, du moins sans lui.

| *Succession des rois* | *Naissance* | *Début du règne* | *Fin du règne* | *Durée (ans)* |
|---|---|---|---|---|
| *Dynastie des Valois* | | | | |
| François Ier | 1494 | 1.1.1515 | 31.3.1547 | 32 |
| Henri II (*fils*) | 1519 | 31.3.1547 | 10.7.1559 | 12 |
| François II (*fils*) | 1544 | 10.7.1559 | 5.12.1560 | 1 |
| Charles IX (*frère*) | 1550 | 5.12.1560 | 30.5.1574 | 14 |
| Henri III (*frère*) | 1551 | 30.5.1574 | 2.8.1589 | 15 |
| *Dynastie des Bourbons* | | | | |
| Henri IV | 1553 | 2.8.1589 | 14.5.1610 | 21 |
| Louis XIII (*fils*) | 1601 | 14.5.1610 | 14.5.1643 | 33 |
| Louis XIV (*fils*) | 1638 | 14.5.1643 | 1.9.1715 | 72 |
| Louis XV (*arrière-petit-fils*) | 1710 | 1.9.1715 | 10.5.1774 | 59 |
| Louis XVI (*petit-fils*) | 1754 | 10.5.1774 | 21.9.1792 | 18 |

De ce tableau, les contemporains ont commenté les données, et il est à comparer avec celui de la période médiévale après Saint Louis. Car, pour les gens d'Ancien Régime, le roi de France est le descendant de Saint Louis, et son titre officiel est celui de « Roi Très Chrétien ». Même pour l'histoire laïque de la IIIe République, les rois de France descendent de celui qui siégeait sous le chêne de Vincennes pour rendre justice aux petits et aux pauvres. Les images, qui se complètent et se justifient, fondent la légitimité même des rois de France. Pour les contemporains de Louis XIV, beaucoup de choses commencent avec Saint Louis. Et la fête de France est la Saint-Louis (25 août). Or la comparaison du « portail des rois » d'avant et après 1515 a suscité dans l'esprit populaire comme chez les lettrés de curieux rapprochements.

| *Succession des rois* | *Naissance* | *Début du règne* | *Fin du règne* | *Durée (ans)* |
|---|---|---|---|---|
| *Dynastie des Capétiens directs* | | | | |
| Louis IX (Saint-Louis) | 1215 | 8.11.1226 | 25.8.1270 | 44 |
| Philippe III le Hardi (*fils*) | 1245 | 25.8.1270 | 6.10.1285 | 15 |
| Philippe IV le Bel (*fils*) | 1268 | 6.10.1285 | 29.11.1314 | 29 |
| Louis X le Hutin (*fils*) | 1289 | 29.11.1314 | 8.6.1316 | 2 |
| Jean Ier le Posthume (*fils*) | 1316 | 15.11.1316 | 19.11.1316 | – |
| Philippe V le Long (*frère de Louis X*) | 1291 | 6.1.1317 | 3.1.1322 | 5 |
| Charles IV le Bel (*frère*) | 1295 | 3.1.1322 | 1.2.1328 | 6 |
| *Dynastie des Valois* | | | | |
| Philippe VI | 1293 | 27.5.1328 | 22.8.1350 | 22 |
| Jean II le Bon (*fils*) | 1319 | 22.8.1350 | 8.4.1364 | 14 |

| *Succession des rois* | *Naissance* | *Début du règne* | *Fin du règne* | *Durée (ans)* |
|---|---|---|---|---|
| Charles V (*fils*) | 1338 | 8.4.1364 | 16.9.1380 | 16 |
| Charles VI (*fils*) | 1368 | 16.9.1380 | 21.10.1422 | 42 |
| Charles VII (*fils*) | 1403 | 28.10.1422 | 22.7.1461 | 39 |
| Louis XI (*fils*) | 1423 | 22.7.1461 | 30.8.1483 | 22 |
| Charles VIII (*fils*) | 1470 | 30.8.1483 | 7.4.1498 | 15 |
| Louis XII (*cousin*) | 1462 | 7.4.1498 | 1.1.1515 | 17 |

De 1215 à 1515, la France a eu quatorze rois soit une durée de règne moyenne de vingt ans et demi. L'époque moderne se caractérise donc par un allongement de cette durée moyenne des règnes, accrue de six ans. C'est considérable.

| Période | Plus de 40 ans | de 30 à 40 ans | de 20 à 30 ans | de 10 à 20 ans | moins de 10 ans |
|---|---|---|---|---|---|
| 1215-1515 | 2 | 1 | 3 | 5 | 3 |
| 1515-1790 | 2 | 2 | 4 | 1 | 0 |

Mis à part le très court règne de François II, la période moderne voit disparaître les règnes de moins de douze ans, et le tableau présente un décalage vers le haut de l'ensemble des « tranches » de durées de règnes : l'allongement statistique n'est pas simplement à mettre au compte des interminables périodes de Louis XIV et de Louis XV ; il tient autant à l'allongement moyen de tous les règnes par rapport à la fin du Moyen Age. Il y a là une preuve manifeste de l'allongement général de l'espérance de vie dans les catégories sociales favorisées : le phénomène n'est pas sans de notables conséquences politiques.

## *Les bons et les mauvais*

Prenons les choses sous un autre angle. Considérons la « réussite » des règnes, tels que les envisagent les manuels d'histoire des collèges du XVIIIe siècle, que nous compléterons par le « jugement » d'un Louis XVI qui, en dépit de toutes les tentatives de réhabilitation, ne peut être que globalement négatif. L'historiographie telle qu'on l'enseignait se veut en effet jugement par le peuple, instance suprême posthume bien avant 1789. Pour « subjective » que soit cette évaluation, elle vaut donc la peine d'être présentée.

| *Période* | *Bons et très bons* | *Assez bons* | *Moyens* | *Médiocres ou mauvais* | *Total* |
|---|---|---|---|---|---|
| 1215-1515 | 3 (21%) | 2 (14%) | 2 (14%) | 6 (42%) | 14 |
| 1515-1790 | 1 (10%) | 2 (20%) | 2 (20%) | 5 (50%) | 10 |

Singulièrement, ce jugement où le populaire rejoint de manière parfois inattendue le « savant », le « politique » et l'érudit, aboutit à des pourcentages grossièrement comparables. *Vox populi, vox Dei.* Quel est ce « classement individuel » ?

| | 1215-1515 | 1515-1790 |
|---|---|---|
| *Bons ou très bons* | Saint Louis<br>Louis XII<br>Charles V | Henri IV |
| *Assez bons* | Charles VII<br>Louis XI | François Ier<br>Louis XIV |
| *Moyens* | Charles VIII<br>Philippe IV le Bel | Henri II<br>Louis XIII |
| *Mauvais ou médiocres* | Louis X le Hutin<br>Philippe V le Long<br>Charles VI<br>Philippe VI<br>Jean II le Bon<br>Charles VI | François II<br>Charles IX<br>Henri III<br>Louis XV<br>Louis XVI |

Ce « classement » n'a pas toujours été stable au cours d'un règne. Louis XV a été longtemps le « Bien-Aimé », et nullement dans le sens péjoratif attaché plus tard à une expression qui a vite prêté à plaisanterie. Un court moment, Louis XVI a fait l'objet de la flatteuse assimilation « XVI = XII + IV », c'est-à-dire l'addition de Louis XII et d'Henri IV.

Le jugement moral ne va même pas toujours de pair avec le jugement affectif : Charles VI a été, malgré sa folie et même à cause d'elle, aimé de tout son peuple. Certains de ces classements varient aussi suivant les auteurs. Voltaire admire le siècle de Louis XIV, le Grand Roi et ses ministres, mais il est l'un des rares de son époque. Saint-Simon préfère Louis XIII à Louis XIV, encore que pour raisons personnelles. « Grand » pour la première génération de son règne, Louis XIV devient ensuite objet d'exécration.

Que ce « classement » ne soit pas toujours le nôtre, la chose est évidente pour Philippe le Bel, alors sous-estimé, ou pour Louis XII, largement surestimé. Quant aux règnes médiocres, ils sont parfois trop courts pour avoir pu porter des fruits. Peu importe, on peut dégager un idéal : on sait ce qu'est un roi, aux yeux du peuple de France. Louis XV et Louis XVI ont infiniment pâti de cette confrontation « exemplaire ».

### *Le roi idéal selon les érudits*

Quelles sont donc les conditions requises par le jugement « populaire » ? L'image dégagée par les « manuels » du XVIIIe siècle ne manque pas de contradictions. Paradoxalement, le roi conquérant n'est pas présent à l'esprit des Français : c'est la moindre des qualités requises. Voltaire, ici encore, fait illusion parce qu'exception. En revanche, le roi n'a pas le droit de céder fût-ce un pouce de terre sur laquelle a flotté, à un moment donné, la bannière fleurdelisée. Nous retrouvons l'opinion des légistes : le roi n'est pas propriétaire du royaume mais usufruitier, et il doit laisser à son successeur un territoire inentamé. Toute cession est nulle.

Le roi doit être, par ailleurs, justicier et, plus encore, redresseur des torts. Juge suprême, en tant que représentant de Dieu, il est le « suzerain » qui détient l'autorité suprême. Il peut — voire doit — appeler à lui tout procès inique. Tout sujet a le droit de faire appel à lui. Là est la raison fondamentale de la centralisation française, sa justification ancienne, sa raison d'être populaire.

Le roi, naturellement, doit être chrétien, même si, avec le protestantisme, les choses se compliquent. C'est dire qu'aux yeux des Français, il doit d'abord réunir certaines vertus. Singulier mélange, à la vérité, que ces vertus, et leur « contenu » réel a évolué en fonction même de l'évolution des morales admises ou dominantes. Car celles-ci ont changé. La fidélité conjugale et la soumission aux règles habituelles de la morale sexuelle chrétienne comptent ici relativement peu. Henri IV, le « Vert Galant », a pu, sans vergogne, mélanger dans son entourage hétéroclite la troupe compacte des réformateurs religieux — saint François de Sales en tête, lequel trichait au jeu, disait-on — et la cohorte bigarrée des maîtresses successives ou concomitantes, sans que cela gêne, en rien, sa popularité de son vivant — à vrai dire mitigée — ou son extrême popularité posthume. On a pardonné à Louis XIV La Vallière et même Mme de Montespan, mais non Mme de Maintenon, peut-être surtout parce que l'on soupçonnait cette dernière d'être une épouse légitime de rang non princier. On ne pardonnera pas grand-chose sur ce point à Louis XV, pourtant moins bien « fourni » que son arrière-grand-père. Et l'on se gaussera pourtant de l'impuissance temporaire de Louis XVI.

C'est que la morale admise a fortement évolué en la matière. Barbier, dans son *Journal,* en fait la remarque. Autrefois, dit-il vers 1740-1745, les Parisiens considéraient que les grands seigneurs pouvaient à peu près tout se permettre, paraissant d'essence supérieure. Maintenant, ajoute-t-il, les choses ont changé... Précieux indice !

Ce que l'on demande au roi, c'est d'abord et avant tout d'être juste et économe. Le peuple, en son solide bon sens, sait que la guerre lui coûte doublement. Le poids des guerres, il le supporte directement : logement, pillages, destructions, tortures dues aux gens de guerre ; l'ami n'est pas toujours moins redoutable que l'ennemi. Il le supporte aussi indirectement : il finance les armées du roi. Au fond des choses, le Français n'a jamais vraiment admis la légitimité de l'impôt permanent. Il est tout prêt à admettre l'aide en cas d'urgence, mais elle ne devrait être que cas d'exception. C'est la permanence des impôts qui, en réalité, est en cause. Les rois et leurs conseillers le savent bien : il n'est pas un édit de création d'impôts nouveaux qui ne promette une durée réduite, limitée au temps de la guerre en cours.

Pour les catholiques — la grande majorité des Français — le roi se doit d'être catholique. La Ligue, que l'on a pu interpréter comme une première grande révolution manquée, est issue de ce sentiment. Cela ne vaut évidemment pas pour les protestants. Mais combien ont-il été à leur apogée, dans les années 1550-1560 ? 3 ou 5 millions, sur 18 ou 20 millions de Français ?

## *Machiavel*

Lorsqu'en 1510 Machiavel, alors âgé de 41 ans, écrit son *Rapport sur les choses de France,* qu'a précédé, dix ans plus tôt, le très court *De natura Gallorum,* il a fait deux séjours en France : le premier en 1496 (cinq mois) ; le second, à Lyon, en 1504. Peut-être a-t-il rédigé le texte pendant ou après sa troisième légation, du 2 juin au 10 octobre 1510 ? Quoi qu'il en soit, voici l'image qu'a emportée de la France du début du XVI^e^ siècle un diplomate aussi bien renseigné qu'intelligent. Document précieux : ses lacunes et aussi ses invraisemblances permettent de mesurer la relativité de son information.

Machiavel n'aime pas beaucoup la France, et il partage là l'opinion de bien des Italiens et même des Européens. Et ce n'est pas seulement parce que le comportement de la soldatesque française en Italie a laissé, et laissera, de cuisants souvenirs, ni parce que l'incohérente politique française en Italie, déjà *a priori* suspecte par ses ambitions avouées, l'est encore plus par ses revirements et ses inconséquences. Machiavel n'aime pas la France parce qu'elle lui apparaît comme une puissance formidable ; le seul point faible en est la valeur discutable de son armée. « Couronne et rois de France, écrit-il, sont aujourd'hui plus gaillards, plus riches et plus puissants qu'ils ne le furent jamais... Les populations de la France sont humbles et fort soumises, elles tiennent le roi en grande vénération. »

Cette union entre le roi et le peuple donne au premier sa formidable puissance : « Il y a autant de gouverneurs de province qu'il plaît au roi d'en nommer et il les paie comme il lui plaît ; il les nomme à son bon plaisir ; les autres gouverneurs, même ceux des petites villes, sont nommés aussi par lui. Remarquez que toutes les charges du royaume sont données ou vendues par le roi, et par nul autre. La volonté du roi suffit... Les garnisons sont stationnées où veut le roi, aussi nombreuses qu'il lui plaît. »

La répétition des termes est impressionnante. Mais Machiavel s'inquiète encore davantage de la capacité fiscale du royaume et, par conséquent, de ses possibilités militaires. En réalité, il les surestime grossièrement. Parlant des « francs-archers », il croit pouvoir avancer le chiffre fabuleux de 1 700 000. Quand il décrit, non sans inexactitude, le système fiscal français, il ajoute : « Si les tailles ne suffisent pas, le roi emprunte des écus qui sont rarement rendus ; ceux-ci sont requis par lettres royales. » Machiavel a l'impression que rien n'est impossible au roi de France en la matière : « Les recettes sont fixées en fonction des dépenses. »

Toute l'Europe a la même opinion. Vers 1688, Spanheim, l'ambassadeur de Prusse à Paris, suggère aux Alliés rassemblés contre Louis XIV un type de guerre susceptible de faire plier la France: une guerre très longue, capable d'épuiser les possibilités fiscales du pays. Il a fallu presque un siècle et demi pour que l'Europe s'aperçoive que, même pour la France, il existe des limites infranchissables.

C'est que le pays est riche: « La France, grâce à son étendue et à l'avantage de ses grandes rivières, est grasse et opulente, les denrées et la main-d'œuvre y sont à bon marché sinon pour rien, à cause du peu d'argent qui circule parmi le peuple: c'est à peine si les sujets peuvent amasser de quoi payer leurs redevances à leur seigneur, si minces soient-elles. »

Texte singulier, rempli de contradictions et d'affirmations surprenantes: faiblesses des redevances seigneuriales, énormité des ressources fiscales du roi, mais médiocrité de la circulation d'argent. Machiavel pense-t-il que les petits impôts constituent les formidables ressources financières du roi de France comme les petites rivières forment les grands fleuves? Quelques paragraphes plus loin, il précise que le clergé détient à lui seul 2/5 des « rentes et revenus de ce royaume », et que les seigneurs sont richissimes. Plus inquiétant encore pour un historien économiste est l'affirmation — exacte — de la faiblesse du coût de la vie, vue par un étranger: elle est l'indice d'un retard économique important, l'indice de la faiblesse des moyens de production non agricoles. Il est vrai que nous sommes sous le règne du « Père du peuple », le bien-aimé Louis XII, alors que l'équilibre entre une démographie en pleine récupération et la production atteint ce stade fragile et temporaire où l'économie de type ancien fournit à ses bénéficiaires le maximum de ce qu'elle peut offrir.

Machiavel, lui, a son explication, qui n'est pas nécessairement contradictoire avec les affirmations précédentes: « Cela provient de ce que les Français ne savent pas où écouler leurs produits, tout le monde en ayant à revendre : on ne trouverait pas un coin où quelqu'un pût vendre un seul muid de blé, chacun en ayant lui-même à vendre. Et les gentilshommes eux-mêmes, en dehors de ce qu'ils déboursent pour se vêtir, ne dépensent rien, ayant à leur gré chez eux bétail en quantité, volaille à foison, lacs et autres lieux regorgeant de gibier de toute espèce. Et il en est ainsi pour tous et partout. De sorte que l'argent afflue tout entier chez les seigneurs qui sont richissimes, tandis que les gens du peuple croient l'être quand ils ont un florin. »

Et pourtant, ces seigneurs richissimes obéissent : les grands barons sont matés ; plus de grands ducs, comme celui de Bretagne ou de Bourgogne, toujours prêts à trahir, à « faire la courte échelle » à l'ennemi, à l'exemple des comtes de Flandre. « A cette heure, la Bretagne, la Guyenne, le Bourbonnais et la plus grande partie de la Bourgogne étant parfaitement soumis à la France, non seulement les souverains ennemis sont privés de ce moyen de troubler le royaume, mais ils trouvent devant eux ces barons pour ennemis ; et le roi de son côté, grâce à leurs provinces, se trouve plus puissant et ses ennemis plus faibles. » Auparavant, « aucun des voisins de la France n'hésitait à attaquer le royaume ».

## *Le revers de la médaille*

Ces Français sont parfaitement insupportables : tracassiers, uniquement préoccupés du moment présent, oublieux des bienfaits comme des outrages qu'ils ont reçus, peu ménagers de leur sang mais terriblement avides d'argent. La Cour de France est pire : on n'y fait rien sans beaucoup « d'argent, d'activité et de bonheur ». Les Français tiennent mal leurs promesses et sont toujours intéressés. Depuis le temps de César, ils n'ont décidément guère évolué : « changeants et légers », plats dans l'adversité, « insolents dans la bonne fortune », on ne peut compter sur eux. Pour eux, l'honneur est mot à peu près vide de sens et, quand ils commettent une faute, ils tentent de régler la question par la force. Tel est le tableau sans nuance que brosse le *De natura Gallorum.*

Par-dessus tout, les Français sont des voleurs : ils « sont par nature friands du bien d'autrui, et à la fois prodigues tant du leur que de celui des autres. Un Français est capable de voler avec le nez, pour se régaler d'un objet volé, ou de le gâcher, ou d'en régaler celui à qui il l'a volé. A l'opposé des Espagnols, vous ne verrez jamais rien de ce que ces gens-là vous ont volé », précise le *Rapport sur les choses de France.*

Souvenirs, certes, des premières guerres d'Italie, et qui font singulièrement songer aux réactions italiennes ou allemandes face au pillage, lui aussi organisé, qui a mis en coupe réglée toute l'Europe centrale et celle du Sud sous la Révolution et l'Empire. Ils ont été l'une des raisons, sinon la principale, de la montée des nationalismes européens à la fin du XVII^e^ et au début du XVIII^e^ siècle.

Pour Machiavel, ces défauts font heureusement contrepoids à la puissance du royaume. Certes, celui-ci n'a plus grand-chose à craindre. Les Anglais ne sont plus que l'ombre d'eux-mêmes : « Il y a si longtemps qu'ils n'ont plus fait la guerre, que nul d'entre eux aujourd'hui n'a vu un ennemi en face. » L'invasion espagnole est quasi impossible : les routes d'accès de la France sont trop difficiles de ce côté, et les pays sont trop pauvres pour nourrir une armée. Quant aux Flamands, ils se trouvent dans une dépendance économique trop étroite de la France, à la fois pour leur ravitaillement et pour la revente de leurs objets manufacturés : « Les Flamands, à moins qu'on ne les y force, ne feront jamais la guerre aux Français. » Les Suisses ne pourront faire que des razzias ; d'ailleurs, ils n'aiment guère s'attaquer à des forteresses. Et du côté de l'Italie, outre qu'il n'y a pas de prince italien assez puissant pour oser s'attaquer au royaume, les montagnes et les forteresses qui protègent les accès sont en soi obstacles assez redoutables.

Tout cela est compensé par la médiocre valeur militaire française : « Les Français sont par nature plus impétueux au combat que résistants ou manœuvriers ; et, s'ils rencontrent un adversaire qui puisse supporter la furie de leur premier choc, ils perdent leur mordant et se découragent, si bien qu'ils sont alors plus lâches que des femmes. Ils endurent aussi mal la fatigue et le manque de confort et, à la longue, ils se relâchent de la discipline, de sorte qu'il est aisé, si on les surprend dans ce désordre, de triompher d'eux. »

La force militaire française réside dans sa cavalerie — la force espagnole dans son infanterie, tout comme celle des Suisses : « Très bonne est l'infanterie allemande et leurs fantassins de belle stature, à l'inverse des Suisses, qui sont petits, ni propres ni beaux hommes. » La cavalerie allemande est cependant mal armée et, surtout, mal protégée : les chevaux pas plus que la partie basse du corps n'ont de cuirasse. Mais, « l'infanterie qu'on lève en France ne peut être excellente, car il y a longtemps qu'elle n'a fait la guerre : elle n'a donc aucune expérience. De plus, roture et gens de métier sont tellement asservis à la noblesse et bridés en toute chose qu'ils en sont avilis. Aussi le roi ne se sert-il pas de ces fantassins en temps de guerre, à part les Gascons, qui sont un peu meilleurs que les autres : ceci vient de ce qu'ils sont proches des Espagnols et tiennent un peu d'eux. Ils se sont montrés meilleurs maîtres larrons que maîtres guerriers. Fort bons soldats pour défendre ou assaillir une place, ils sont moins bons en bataille rangée, à l'opposé des Allemands ou des Suisses, qui sont sans pareils sur un champ de bataille mais de peu de valeur dans la défense ou l'attaque des places fortes. Aussi le roi se sert-il toujours de Suisses ou de lansquenets, ses chevaliers se méfiant des Gascons pour aborder l'ennemi. Si son infanterie avait la même valeur que sa cavalerie, le roi pourrait tenir tête à n'importe lequel des autres souverains ». Ce jugement sévère n'empêche pas

Machiavel, le 20 décembre 1514, de conseiller au pape Léon X l'alliance avec la France...

On pourrait allonger à loisir la liste de ces stéréotypes. Bon nombre survivront. Quoi qu'on en pense, les jugements de Richelieu, dans son *Testament politique,* diffèrent peu de celui de Machiavel qu'il a lu, comme l'ont lu tant de politiques français du XVII^e^ et du XVIII^e^ siècle. Finalement, Machiavel retient, notamment dans sa lettre à Léon X, qu'en France, plus que partout ailleurs : « Les peuples veulent ce que veut le roi, et non les rois ce que veulent les peuples. »

## *Le sentiment national*

Il fut, un temps, à la mode — mais est-elle réellement passée ? — de nier la profondeur du sentiment national de l'époque moderne. Nul doute que celui du XVI^e^ siècle fût fort éloigné de ce que ressentaient les armées révolutionnaires, ou de ce qu'inculquaient les instituteurs de la III^e^ République aux enfants, ce qui a permis à la France de « tenir » admirablement, entre 1914 et 1918.

Bien entendu, il est loin d'être unanime ou également réparti, et même d'être explicite. Mais l'étranger le perçoit comme un fait dominant. La noblesse y échappe en partie, imprégnée qu'elle est encore des notions de réciprocité entre suzerain et vassal : les relations politiques restent en partie des relations contractuelles, avec ce qu'elles ont d'éphémère et de conditionnel. Mais si le connétable de Bourbon, dressé contre François I^er^, n'a pas le sentiment de trahir en servant Charles Quint puisque le roi n'a pas tenu ses promesses, Bayard, sous l'arbre de sa mort, appelle clairement trahison une telle attitude. Ce sentiment national atteint son acuité maximale dans l'entourage des grands serviteurs de la royauté, ou comme partout en Europe, dans l'humanisme renaissant des poètes et, plus encore, des érudits.

Code de l'honneur d'un côté, primauté de la religion de l'autre : pour toute une partie de la population, la fidélité au catholicisme passera, pendant les guerres de la Ligue, avant toute autre chose, au point de permettre l'apparition du premier « parti totalitaire » qu'ait, semble-t-il, vu l'Histoire. Même pour le cardinal de Bérulle et ses partisans, l'alliance avec l'Espagne catholique apparaît, malgré ses inconvénients politiques, comme la seule issue réaliste et possible. Quant au peuple, qui sondera jamais les reins et les cœurs pour savoir ce qu'au juste ceux que l'on appelait les « rustres » pensaient de la France ?

Ces réserves faites — il faudra en avancer d'autres — il n'en reste pas moins qu'en ce début du XVIe siècle le peuple de France, en dépit de ses diversités, se sent à la fois profondément différent des peuples étrangers qui l'entourent et conscient d'appartenir à quelque chose qui le dépasse, et dont il fait profondément partie. Notion vague, entre toutes ; elle est loin d'être claire, même chez les clercs et les « intellectuels ». En notre moderne rationalité, nous serions tentés d'écrire que les Français se reconnaissent d'abord comme un espace géographique.

Sorties des sphères « gouvernementales », les représentations mentales de la France sont-elles réellement nettes ? Longtemps, on le sait, l'espace du royaume, et surtout du domaine royal, a été conçu comme une liste de droits et de villes, dont la répartition géographique était plus ou moins floue. Cette vision énumérative est loin d'avoir disparu. Le progrès de la géographie aidant — l'un des plus importants qui soient — on est en train de passer à une conception « spatiale », « cartographique » de la politique. Les choses, cependant, se font progressivement, et cette cartographie demeure imprécise. On conservera longtemps la notion de zone-frontière, souvent forestière, zone de sécurité avec ses imbrications réciproques où, sur le terrain, il est parfois opportun pour nombre de villages de se réclamer tantôt d'une suzeraineté, tantôt d'une autre, au gré de circonstances dont les conditions fiscales ne sont pas la moindre. Les cartes resteront d'ailleurs pour un temps passablement inexactes, en particulier pour la longitude : comme dans toute l'Europe, les spécialistes étirent le vieux continent à l'ouest, donnant ainsi — ce n'est pas l'une des moindres raisons de la surestimation de la force française — une vision amplifiée des surfaces. Quand l'énorme effort astronomique lancé par Louis XIV et Colbert aboutit avec les Cassini à une représentation vraie du réel, c'est une désillusion. Louis XIV la traduira par une boutade plus ou moins amère : « Ils m'ont diminué la France d'un tiers ! »

On voit ainsi poindre deux notions de la France. L'une, « populaire », est vague, faite de réminiscences encore plus vagues. C'est celle des on-dit ; pour partie venue des « profondeurs » du Moyen Age, elle reste ancrée au vieux concept des quatre fleuves carolingiens. Plus encore, elle refuse toute tentative réductionniste, et éprouve un malaise certain au dépassement auquel aboutit la politique des politiques. L'autre est la vision des « savants », liée et conditionnée par celle des « pratiquants ». Elle se traduira par une carte, par des lignes de plus en plus précises, ce qui provoquera le remplacement de vieilles zones d'interactions par des lignes frontières, marquées sur le terrain par des bornes. Ce sera l'œuvre des XVIIe et XVIIIe siècles.

La France, pour beaucoup, c'est en définitive le roi, incarnation à la fois de l'État et de la « patrie ». Les deux mots datent d'ailleurs en français, dans leur usage courant, du XVIe siècle. Le premier est « savant » et imposé, semble-t-il, par le Machiavel du *Prince*. Le second — comme le terme de citoyen — est juridique ; progressivement étendu au monde des dirigeants, puis plus ou moins occulté au cours de la fin du XVIe et de la première moitié du XVIIe siècle, il resurgit à partir de 1680. La notion d'État, elle, subsiste intacte. La France, c'est la famille royale, mais avec, au-dessus d'elle, quelque chose qui dépasse le roi, sa personne comme sa famille : « La gloire du Roi et le bien de l'État », cette formule magique revient de plus en plus sous la plume de commis colbertiens comme Usson de Bonrepaus. Même l'État n'est pas tout : au-dessus de celui-ci, au-delà du « bonheur des peuples » — la formule est un leitmotiv louis-quatorzien, marque personnelle du souverain, employée par exemple dans ses recommandations secrètes à son petit-fils Philippe V d'Espagne — il y a la personne même de la France. Pas de drapeau : c'est là une idée révolutionnaire, et la bannière fleurdelisée ne sera, à proprement parler, que l'enseigne de la marine royale.

### *La Couronne et la diversité*

Ne nous y trompons pas : derrière la diversité française de ce début du XVIe siècle, il existe un sentiment d'appartenance commune. D'une certaine manière, nous savons aujourd'hui, peut-être trop, que nous sommes diversité, et nous avons tendance à croire qu'un sentiment doit être clairement conçu pour exister, alors que le vague a rarement diminué la force d'une idée, et qu'il en exalte parfois la vigueur.

Rien, *a priori,* ne disposait la France du Midi à coexister à l'intérieur d'une même unité avec la France du Nord. On est allé jusqu'à affirmer qu'il eût été plus vraisemblable, sinon plus logique, de voir apparaître deux « États » : l'un au nord, englobant le Bassin parisien et l'Allemagne du Sud ; l'autre allant de l'Aquitaine à la plaine du Pô. Laissons ces rêveries.

Reste, toutefois, à travers tout le XVIe siècle français et italien, le grand rêve du Milanais et du royaume de Naples. L'historiographie nationaliste du XIXe siècle a un peu vite condamné ces « chimères », regretté cette attirance italienne qui a fait perdre tant de temps à l'édification raisonnable du « pré carré ». Voire ! Il y a un problème des guerres d'Italie. Tout, en effet, n'était pas joué d'avance. Machiavel le dit à Léon X : certes, la fidélité du Milanais est « douteuse » ; mais, que la flotte française pénètre dans Gênes, « à peine y serait-elle arrivée que toute la Lombardie se lèverait pour eux, et que les autres peuples, les uns par peur, les autres par mécontentement, courraient se mettre à leur service ». Supputations hasardeuses : Machiavel ne pouvait imaginer en 1515 le changement total du rapport des forces financières qu'allaient provoquer les trésors d'Amérique.

Quoi qu'il en soit, la diversité française pose problème. Non aux contemporains, Machiavel l'a bien vu, mais à l'historien. On peut sans doute s'amuser à collectionner des opposants : ce sont des intellectuels, comme en Bretagne Bertrand d'Argentré, qui éprouve la nostalgie du vieux « duché » indépendant. Il est de fait qu'il y a eu, au XIVe et au XVe siècle, plus que des pierres d'attente d'États indépendants. Le cas bourguignon est patent, celui de la Franche-Comté a été décrit magistralement par Lucien Febvre, et il existe toute une littérature autour de l'exemple breton. La fin du Moyen Age a été marquée par une forte poussée de « nationalismes provinciaux », parallèles à l'ascension de la dynastie royale. Les bases, trop strictement « féodales » et à certains égards « réactionnaires » — Bertrand d'Argentré modifie la Coutume de Bretagne dans un sens passablement passéiste — et fondées sur des assises sociales trop étroites, de surcroît limitées par la brièveté de leur survie historique, en restèrent trop faibles pour offrir la moindre chance de succès.

Le problème est d'abord politique. Laissons encore une fois parler Machiavel : « La Couronne, étant héréditaire par droit du sang, s'est enrichie ; car, chaque fois qu'un roi meurt sans enfant mâle ou sans aucun parent qui puisse lui succéder dans son patrimoine, ses biens et propriétés sont réunis à la Couronne... Il y a une autre raison, très forte, de la grandeur du roi : le royaume se trouvait autrefois partagé entre de puissants barons qui n'hésitaient pas à engager des guerres contre leur suzerain. Mais ils sont tous aujourd'hui parfaitement soumis à son autorité, qui s'en est trouvée renforcée. Il y a encore une autre raison : les barons les plus riches et les plus puissants sont de sang royal et de même lignée, en sorte que, les héritiers les plus proches venant à manquer, la couronne peut leur échoir. Dès lors chacun soutient le trône, dans l'espoir que lui-même ou l'un de ses enfants pourra y monter un jour, et dans la crainte qu'un geste de rébellion ou d'inimitié ne leur fasse du tort. »

Ne rions pas trop vite. Chez les grands, la mortalité infantile est presque aussi forte que chez les humbles : quel que soit le nombre des garçons, la chance peut venir. Le Régent aura, un jour, failli devenir roi, grâce à la Camarde qui a supprimé tous les descendants directs du Grand Roi, à la seule exception du petit Louis XV. Machiavel a d'ailleurs un exemple sous les yeux avec Louis XII : « Le roi régnant a failli en faire l'épreuve quand il fut fait prisonnier au cours de la guerre de Bretagne, où il avait pris parti pour le duc contre les Français : à la mort du roi Charles on disputa fort si sa rébellion et défection à la Couronne ne lui avaient pas fait perdre ses droits. Mais les richesses qu'il avait accumulées lui permirent de faire des largesses ; en outre il se trouva que, à défaut de lui, le successeur le plus proche, le duc d'Angoulême, n'était qu'un enfant encore ; c'est à ces raisons, et aussi à la faveur dont il jouissait, qu'il dut d'être tout de même roi. »

Appréciation sommaire, qui relève surtout de la vision des hommes de ce temps. Mais c'est d'elle que procèdent les décisions des contemporains, non de l'état des rapports de force réels. En 1510, en tout cas, quand Léon X consulte Machiavel sur les alliances à conclure, ce dernier ne met pas en doute le succès final de la France. Pour lui, et quels que soient les dangers pour la Papauté, il faut s'allier avec la France : si elle ne succombe pas au premier choc, sa puissance financière imposera en fin de compte la décision en sa faveur: « Si la guerre se prolonge, la victoire passera dans l'autre camp..., du côté des Français... La victoire ne saurait leur échapper s'ils traînent la guerre en longueur. » Retenons l'affirmation: « Compte tenu des forces militaires, des dispositions et des moyens financiers respectifs, je crois qu'on peut se risquer à prévoir la victoire. »

La contradiction avec le rapport de 1510 n'est que partielle: pour mauvaise que soit l'armée française, elle peut tenir des années durant. Machiavel a pu se tromper: il a ainsi cru à un grave danger suisse, qui n'a duré que quelques années. Son diagnostic, cependant, pèche par la base, ce qu'il ne pouvait prévoir. La monarchie des Habsbourg va disposer de l'argent américain, et cela renversera toutes les prévisions.

A la vérité, en 1515, les observateurs politiques les plus avisés croient que la suprématie française est pour bientôt, et ils sont raisonnables. A la capacité fiscale des Français va cependant s'opposer la richesse de cet outre-mer vers lequel la France ne se tournera que sporadiquement et, finalement, très tard. Il est temps, maintenant, de voir ce qu'au-delà de la vision des contemporains, la France est réellement, ou plutôt ce que les historiens croient qu'elle fut.

CHAPITRE II

# Le poids du nombre

## *Les Français de 1515 et ceux de 1790*

La puissance d'une nation se mesure en termes multiples. L'une de ses composantes est le poids de sa population. Curés et vicaires inscrivaient au jour le jour, dans les registres paroissiaux, l'entrée en catholicité — le baptême — des nouveaux chrétiens que sont les enfants, la conclusion devant Dieu et les hommes de l'alliance conjugale qui donnera des enfants des hommes à élever vers Dieu, l'exode, enfin, de toute vie humaine hors de l'enveloppe corporelle, le départ en Dieu, vie à peine ébauchée ou vie épuisée. L'abondance de ces documents permet aux historiens de comptabiliser profits et pertes, de plonger dans les actes élémentaires, fondamentaux et uniques, de la masse de ceux à qui l'Histoire n'a jamais pu donner la parole.

De Louis Henry à Pierre Goubert et à leur suite, une pléiade d'historiens a collecté les données démographiques de la vieille France. Nous pouvons donc tracer les courbes, précises entre 1715 et 1790, plus imprécises avant (mais nous en savons les infléchissements et les retournements), du chiffre de la population française ; mesurer aussi, de manière plus précaire, l'appel des villes et le développement des grands centres ; pondérer, enfin, le rapport des forces numériques des grands pays d'Occident.

Une précision préalable s'impose cependant. Il nous faudra distinguer, sous peine de confusion, deux populations : celle qui s'inscrit en théorie dans le cadre des frontières de 1815 — punition infligée par l'Europe à la France révolutionnaire et impériale — et celle sur laquelle le roi de France pouvait, à une date donnée, compter. Il faut même ajouter un troisième chiffre, quand il existe : celui que les contemporains croyaient qu'avait la France. L'idéal serait de disposer, à intervalles rapprochés, de trois colonnes parallèles ; nous n'en sommes pas là.

Disons, en partant des chiffres sûrs, que la France de 1715 comptait, dans ses limites actuelles, environ 22 millions d'habitants ; en 1643, à la mort de Louis XIII, le chiffre était probablement le même. Ce qui veut dire que, dans ses frontières du moment, la France de Louis XIII devait se situer autour de 18 millions d'âmes, alors que celle de Louis XIV devait dépasser les 20 millions, compte tenu que, *de facto,* la Lorraine est province française avant 1714. Avançons une hypothèse à peine plus hasardeuse : dans la configuration de l'hexagone actuel, la France de 1515 devait compter une vingtaine de millions d'habitants, alors que le pentagone de l'époque ne dépassait sans doute pas 16 à 17 millions de personnes. L'hypothèse la plus valable aujourd'hui reste donc, quels que soient les hauts et les bas, celle d'une quasi-stabilité des effectifs ou, sur l'espace des trois siècles, d'une légère progression.

Ce qui ne correspond pas à l'image que l'on pouvait s'en faire. Le problème n'a été abordé de manière sérieuse que vers le milieu du XVII^e^ siècle, dans l'entourage de Colbert et de Fouquet. Mais l'enquête amorcée par Colbert en 1664 a tourné court. C'est seulement autour de 1695 que l'entourage du duc de Beauvilliers et de personnes intéressées telles que Vauban ou Boisguillebert ont commencé à approcher d'un chiffre plausible, en se fondant sur les rôles de la capitation créée en 1694. Encore faut-il ajouter que Vauban a multiplié les chiffres, avec une fourchette très large allant de 13 à 18 millions d'habitants pour le royaume, chiffre longtemps retenu — arbitrairement — par les historiens comme correspondant aux limites actualisées du pays, à un moment où, par suite des conquêtes de Louis XIV, le pentagone s'était presque déjà mué en hexagone. Les enquêtes bretonnes ont montré que ces estimations étaient d'un cinquième trop basses, obligeant à réviser une certaine vision par trop pessimiste du règne de Louis XIV...

Au XVIIIe siècle, le contrôleur général le plus décrié — mais le plus capable — de l'Ancien Régime, l'abbé Terray — l'oncle de Mme Lavoisier — a lancé la grande enquête qui, de 1770 à la Révolution, permet de faire le point du mouvement naturel de la population française. Fondée sur la collecte du nombre des naissances, des décès et des mariages, dont la moyenne calculée sur dix ans est multipliée par un coefficient empirique — en partie hérité des calculs de probabilité de la durée de vie établis par les compagnies d'assurance-vie, surtout anglaises, et les « tontines » royales — et plus encore sur les travaux de démographes de l'époque, cette enquête a abouti à un chiffre très voisin de la réalité. Quand Necker et Calonne situent la population française des années 1780 autour de 27 millions d'habitants, ils se rapprochent sensiblement, à moins d'un million près, des chiffres sûrs des démographes actuels. Ainsi la France, après avoir connu du XVIe au XVIIe siècle une quasi-stagnation, ou du moins une progression très lente, connaît au cours du XVIIIe siècle une accélération sensible qui porte la population de 22 millions d'habitants en 1715 à 27 ou 28 millions en 1789. Par rapport à l'ensemble de l'Europe du XVIIIe siècle, c'est là un chiffre très moyen.

En a-t-on été conscient ? On savait partout d'expérience que le sort des enfants était précaire, et qu'il fallait, « pour en conserver un, en faire deux ». Au-delà de cette constatation empirique, les choses étaient peu claires. Encore dans les années 1770, alors que les milieux dirigeants n'ignoraient pas que la population augmentait considérablement, le sentiment général des milieux cultivés, des prêtres, et même du peuple en général était que la France se dépeuplait. Ce sentiment, puissant, est ancien. Pour autant que l'on puisse généraliser, il s'est imposé dans les catastrophes de la première moitié du XVIIe siècle, où il trouvait des justifications relativement solides. D'où la préoccupation «populationniste»: Colbert freinera l'émigration vers les colonies, à la seule exception du Canada, par peur de «dépeupler» la métropole.

On se heurte partout au même problème: pour l'État, les milieux dirigeants et les élites, l'espace reste flou et la manière dont il est peuplé l'est tout autant. L'époque «moderne» c'est, d'abord et avant tout, le passage d'une perception vague de l'espace, du temps et de la répartition de la population — en un mot, du monde de l'a-peu-près — à la perception précise, linéaire, cartographiée, des frontières, à la vision numérique des rapports de force. Beaucoup, sinon la plupart des critiques que l'on a adressées aux politiques du XVIe et du XVIIe siècles tombent d'elles-mêmes si l'on mesure combien de décisions importantes ont dû être prises dans la pénombre du savoir, combien elles ont nécessairement reposé sur des intuitions plutôt que sur des connaissances exactes. Par la force des choses, tout s'en ressent, la vie de l'État comme la vie quotidienne.

On peut le dire sans beaucoup exagérer, les gouvernants ne commencent à comprendre et à évaluer à peu près correctement les phénomènes que vers la fin du XVIIe siècle. C'est entre 1690 et 1720 que l'on sait que la France a autour de 20 millions d'habitants — avec une marge d'erreur de 20 à 25 %. Cette connaissance n'a pu être acquise que par la centralisation, indispensable instrument de progrès; elle est si précieuse qu'elle constitue un secret d'État: secret d'État que le chiffre des matelots, pour des raisons militaires évidentes. On pourrait multiplier les exemples. Ce qui établit un décalage considérable entre ceux qui savent — le Contrôle général du XVIIIe siècle — et l'élite pensante qui en reste trop souvent à des idées reçues qui ne sont pas nécessairement justes. C'est l'une des racines profondes de la Révolution. Les illusions une fois effacées, il faudra bien en revenir d'urgence à nombre de pratiques de l'Ancien Régime.

Appuyé sur les registres paroissiaux, l'historien a l'avantage de disposer d'instruments et de méthodes efficaces. Depuis peu, il est en mesure de donner des précisions qui eussent paru inimaginables pour les dirigeants politiques de l'époque. Si l'on suit les conclusions de Jacques Dupâquier, la France, au début du règne de Louis XIV, aurait compté environ 22 millions d'habitants à l'intérieur des frontières actuelles. Ce chiffre est aussi, vraisemblablement, celui de la France de 1715. Vers 1740, le chiffre de 24 millions est plus sûr encore. En 1789, nul doute que le chiffre ne tourne aux alentours de 28 millions. Ainsi, à l'intérieur d'un royaume notablement plus réduit au XVII^e^ siècle, la population a dû se « stabiliser » aux alentours de 19 à 20 millions d'habitants, pour se rapprocher, après 1715, des chiffres indiqués ci-dessus.

Peut-on remonter au-delà de la date de 1630? L'estimation est ici plus discutable. On connaît mieux les variations des populations qui ont été résumées par E. Le Roy Ladurie. Après la grande dépression de la fin du Moyen Age, les règnes de Louis XI et de Louis XII sont marqués par une longue phase de récupération qui se prolonge jusqu'au début de la décennie de 1570. Ce n'est pas un hasard si Louis XII a passé pour le « Père du peuple » : son règne coïncide avec la période où la récupération a permis de retrouver une situation économique normale, sans qu'une « surpopulation » très relative ait encore fait sentir ses premiers effets. Au début du XVI^e^ siècle recommence le cycle classique des crises de subsistance. De 1570 à 1600, suit une période difficile, où les conséquences des guerres de Religion — qui sont, à certains égards, un épiphénomène des difficultés démographiques — se conjuguent avec des variations climatiques négatives et avec le ralentissement d'une croissance qui multiplie les à-coups. De 1600 à 1670-1680 apparaît une situation complexe, variable suivant les régions. En schématisant beaucoup, concluons qu'à l'exception du Nord-Est, qui participe à la démographie catastrophique de l'Europe centrale, l'allure générale de la courbe comprend: 1o une phase de récupération assez générale jusque vers 1640; 2o une période d'instabilité régionale très différenciée, mais où la croissance démographique aboutit encore, jusque vers 1670, à une légère progression du chiffre de la population, compensée, et peut-être au-delà, par le recul catastrophique du Nord-Est.

Cette partie de la France est, en effet, touchée par les dévastations de la guerre de Trente ans. On a pu parler d'une véritable «bande rouge» qui, sur une profondeur d'une centaine de kilomètres courant le long de la Somme et de la Meuse, connaît en Picardie, en Laonnais, en Champagne et dans une partie de la Bourgogne, pour ne pas parler de la Lorraine, un désastre lourd de conséquences; de manière tragique pour la région, cette ceinture rouge coïncidera, pendant la Première Guerre mondiale, avec la zone des combats de tranchée. Les guerres civiles ajoutent leur lot de dévastations: pendant la Fronde, le centre du Bassin parisien vit les mêmes horreurs que la zone des combats extérieurs.

De 1690 à 1720, le climat relaie l'épidémie et la guerre. Le règne de Louis XIV apporte, en effet, aux populations françaises, deux inestimables bienfaits: la peste, jusque-là endémique, disparaît progressivement aux alentours des années 1660, et les invasions épargnent la France jusqu'en 1792. Dans les deux cas, la royauté absolue y est pour beaucoup. Portant la guerre à l'extérieur, la puissance militaire française protège le pays par le formidable investissement que constitue la «ceinture de fer» des fortifications de Vauban, et épargne désormais au paysan le passage des gens de guerre, au point que la «dragonnade» devient un procédé d'exception destiné à mater les rebelles de tout genre. Quant au recul, puis à la disparition de la peste, nous n'en connaissons pas toutes les causes. Il y a, peut-être, diminution de la virulence des épidémies; mais la peste continue de sévir dans le Centre et l'Est de l'Europe: la dernière épidémie grave touche la Prusse orientale et la Poméranie comme aux pires époques (1710). Il y a peut-être aussi meilleure adaptation — ou immunisation relative — de la population. Il y a, surtout, l'effet des barrières sanitaires édifiées par Colbert et Louis XIV. La grande épidémie londonienne, décrite par Defoë dans le *Journal de l'année de la peste*, ou l'épidémie hollandaise s'arrêtent en gros devant les lignes de l'armée française sur la Somme ; fossés et tertres garnis de palissades interdisent le franchissement.

L'effet de ces bienfaits a été atténué, ou annulé par le climat. Les deux décennies de 1690 à 1710 se caractérisent par un refroidissement très différent selon les régions, ou plutôt par des conséquences sur les récoltes qui varient d'un climat régional à l'autre, ce qui rend discutable l'expression de « petit âge glaciaire ». Ce refroidissement culmine dans les désastreuses années de 1694 et de 1709-1710. A ces deux moments, la vitalité démographique régresse, moins longuement mais plus violemment la première fois.

La reprise démographique est lente jusque vers 1740, puis s'accélère. De 1715 à 1789, la France a gagné environ 6 millions d'habitants : le quart de la population de 1715.

Ainsi, jusque vers 1740, sous l'apparente stabilité des chiffres globaux, se succèdent de hauts niveaux démographiques (1510, 1670) qui rejoignent ou dépassent ceux du début du XIVe ou plutôt de la fin du XIIIe siècle. Certains historiens pensent que ce niveau dépend du rapport entre les possibilités agricoles et les possibilités techniques d'exploitation, combinées aux effets induits de la situation sociale, comme s'il existait une sorte de plafond au-dessus duquel les épidémies et les famines se chargeaient de ramener les populations à un chiffre plus bas. Il est probable que ce seuil optimum s'est légèrement déplacé vers le haut au fil des siècles.

Ces « clochers » de population sont séparés par des creux démographiques. Très fortement marquées aux XIVe-XVe siècles, les chutes de vitalité ont tendance, en dépit des guerres, à s'amortir : le creux de la Fronde est moins marqué que celui des guerres de la Ligue, et il semble que le Midi y échappe peu ou prou. Avec le XVIIIe siècle, les choses changent. Passé la période de récupération, l'ascension démographique se prolonge et s'accélère partout en Europe. Le phénomène varie beaucoup en intensité. La croissance démographique est ainsi très supérieure en Allemagne, en Angleterre et dans toute l'Europe du Nord. Il est vrai qu'il s'agit ici, en partie, de compenser une dépression particulièrement grave. C'est là un point important : car la faible croissance démographique de la France lui fera rapidement perdre son rang de pays le plus peuplé de l'Europe. L'équilibre des forces européennes en sera modifié.

### *Le rapport des forces en Europe*

Avec ses 15 à 17 millions d'habitants, la France de Louis XI ou de Louis XII forme la masse la plus puissante de l'Europe. Elle n'est équilibrée, sur le papier, que par celle du Saint Empire romain germanique qui, à certains moments, l'a peut-être légèrement dépassée. Vers 1200, l'espace allemand d'Europe centrale comptait environ 18 millions d'habitants, pour atteindre 14 millions vers 1300, soit une densité moyenne de 28 habitants au km$^2$ : données fort comparables, quoique légèrement inférieures à celles de la France. De même que dans toute l'Europe, l'énorme vague d'épidémies a ramené cette masse à 10 millions de personnes en 1450. Comme ailleurs, le XVIe siècle est période de récupération. A la veille de la guerre de Trente ans, on compte 18 millions d'habitants en Europe centrale — moins qu'en France. Mais cet espace, qui pourrait équilibrer la France, est divisé en tant d'États que la comparaison n'a pas de sens. Vers 1700 encore, il existe une bonne centaine de princes *(Reichsfürsten)* et quelque 1 500 petites puissances plus ou moins indépendantes. Il en va de même pour la masse italienne et ses

10 millions d'habitants. Ne parlons pas de l'espace russe. Quand la récupération de population se sera faite au milieu du XVIe siècle — c'est vers 1550 que le Saint Empire retrouve ses 14 millions du début du XIVe siècle — il y a en Europe cinq grandes masses de population : celle du Saint Empire (17-18 millions), de l'Espagne (une dizaine de millions), celle de l'Italie (une douzaine de millions), celle de la France et, enfin, l'indéfinissable masse russe : 8 à 12 millions. La formidable concentration politique française explique les illusions de Machiavel sur l'inépuisable capacité de puissance française. Les choses auront bien évolué à la fin du XVIIIe siècle.

D'autres surprises nous attendent si nous nous plongeons dans la masse d'érudition accumulée par les écoles historiques européennes. Prenons le cas de l'extraction des métaux. De 1450 à 1550, la production de l'argent a été multipliée par cinq ; elle atteint environ 65 tonnes par an, dont plus des trois quarts proviennent de l'espace dominé par le Saint Empire. Vers 1550, le plus grand centre métallurgique européen est le Haut-Palatinat (5 000 tonnes de fer), suivi par le Siegerland (1 000 tonnes). Les salines de Lunebourg fournissent annuellement 25 000 tonnes de sel. Plus de 80 % du plomb et du cuivre européens sont fournis par les régions contrôlées par les Habsbourg. Le reste est pour plus de moitié produit par l'Angleterre qui, en outre, extrait de son sol la majeure partie des besoins européens en étain.

Ne multiplions pas les chiffres. Même si les historiens ont jusqu'à présent sous-estimé la production française d'argent ou de plomb, la production métallique française compte pour presque rien à l'échelle européenne. Seul le sel breton et poitevin fournit un apport capital à l'exportation. C'est dire l'énorme retard français en la matière. Le capitalisme moderne est italien ou allemand ; il n'est pas français.

Ainsi l'échec de François Ier à l'élection impériale de 1519 n'est pas un hasard, mais une conséquence. Les Fugger ont fourni à Charles Quint 543 385 gulden ; les Welser 143 333, sur l'énorme somme de 851 918 gulden, une somme que François Ier n'était pas en état de concurrencer. Et, dans tout cela, les richesses de l'Amérique ne comptèrent encore pour pas grand-chose. Il s'y ajoutait, certes, le sentiment que le roi de France était trop puissant, d'autant plus que Charles Quint avait promis aux « États » une plus large autonomie. Enfin, un certain sentiment national a joué. Mais le fait essentiel est que le capitalisme allemand (d'origine métallurgique) avait une puissance inconnue en France. Ces quelques vérités élémentaires n'avaient guère cours dans la France de l'époque, et seuls quelques bons esprits savaient mesurer précisément une puissance financière.

Ce retard français existe encore dans d'autres domaines. Il est flagrant à l'égard du monde nouveau qui est en train de naître. La France, on ne le soulignera jamais assez, participe peu aux « grandes découvertes » et, en particulier, à celle de l'Amérique, pour ne pas parler de la route africaine des Indes. Ce fut l'œuvre du Portugal et de son million d'habitants, de l'Espagne et de ses 10 millions, épaulés tous deux par l'indispensable apport, financier comme intellectuel, du grand capitalisme italien. Pourtant les pêcheurs bretons et basques se trouvent sur les bancs de Terre-Neuve en même temps que les Anglais, les Espagnols ou les Portugais. Ils piratent plus ou moins dans l'Atlantique Sud. Dieppe et Rouen ont trafiqué du bois de brésil et hanté les côtes brésiliennes en même temps que les Méditerranéens.

De cette activité de précurseurs il ne sortira cependant pas grand-chose. On a invoqué les guerres civiles, les circonstances politiques : rien n'interdit cependant de constater l'énorme carence intellectuelle française : l'Amérique n'intéresse pas la France. Dans la cartographie européenne du XVIe siècle — celle des publications savantes sur les nouveaux mondes — la France, bonne dernière, constitue, entre la péninsule Ibérique, la Flandre et le Saint Empire, une zone de moindre densité d'intérêt comme de production.

Évoquons aussi l'imprimerie. Elle est née dans la grande artère rhénane. Elle s'est développée entre Amsterdam et Venise, en passant par Bâle. Or Bâle compte, vers 1450, 8 000 âmes, Strasbourg 18 000. En 1445, Gutenberg a imprimé le premier ouvrage avec des lettres mobiles, que suit, en 1454, la fameuse Bible latine à 42 lignes. En 1500, l'imprimerie est pratiquée dans quelque 60 villes d'Allemagne (sur 260 en Europe). Au total plus de 40 000 titres ont paru, avec des tirages moyens, il est vrai, de moins de 200 exemplaires par titre. On n'en est pas moins entré dans l'ère de la « galaxie Gutenberg ».

La France y pénètre assez lentement. Non que l'humanisme français soit d'importance seconde, bien au contraire. Mais il ne faut pas confondre sciences et techniques, sciences et économie, encore moins sciences et vulgarisation. C'est en 1466 que paraît, à Strasbourg, la première traduction en allemand moderne de la Bible (la première traduction remontant au XIVe siècle). Certains de ces traits seront régulièrement accentués par la Réforme : à sa mort, la Bible de Luther aura dépassé le tirage de 100 000 exemplaires !

Il en va ainsi en maint domaine. Si ce sont les Italiens qui ont mis au point la comptabilité à partie double, cette technique indispensable au développement d'un grand capitalisme est introduite en Allemagne dès 1484 par les drapiers de Nuremberg. Or, à cette date, Nuremberg a peut-être 25 000 habitants.

Cessons d'accumuler les exemples. Il paraît indispensable de souligner que la puissance du royaume de France ne réside pas dans une avance économique ou intellectuelle. Dans bien des domaines qui ne sont pas secondaires, elle se trouve plutôt en arrière du mouvement général européen. Ce qui permet de situer les guerres d'Italie dans un autre contexte : toute guerre étant aussi, du moins à cette époque, un moyen de participer à une civilisation supérieure, c'est bien là l'une des raisons de la grande descente politique de la France vers le Sud, vers ces pays des arts, des lettres et des techniques intellectuelles, alors que l'espace allemand est le pays des techniques « matérielles ». Dans le domaine politique, il n'y a plus d'avance française. Ici, encore, l'Italie est le pays qui a inventé la diplomatie, qui expérimente en matière financière, fiscale ou administrative. Le mercantilisme est d'origine italienne. Et il existe, en mainte petite principauté allemande, quantité de novations qui préfigurent l'avenir.

La force de la France se situe ailleurs, et l'on pourrait la définir par une sorte d'antinomie ou de paradoxe. D'une part, la France, ou plutôt le Domaine royal — la monarchie française — est à la fois énorme par sa masse territoriale et par sa masse démographique. Le phénomène du « seuil » évoqué plus haut joue à plein : franchi le cap d'une unité politique de 10 millions d'habitants, l'effet multiplicateur de la concentration se décuple, en particulier dans le domaine fiscal. D'autre part, l'économie de la France, restée traditionnelle, est à la fois variée et excédentaire en année normale, donc massivement exportatrice. La puissance française, ce sont les grains, les vins, le sel : trilogie classique offrant des possibilités d'exportations pondéreuses. L'extension nord-sud n'offre de ce point de vue que des avantages : la gamme des productions agricoles s'étend aux produits méditerranéens et nordiques.

Le pays est, en somme, non seulement autosuffisant — ce vieux rêve qui mettra tant de temps à s'effacer, sans jamais disparaître — mais moins exposé que d'autres aux famines et aux disettes, et plus capable que d'autres (à l'exclusion toutefois de l'Est européen) de nourrir une exportation importante dans les années d'abondance. « Vivre comme Dieu en France » : le vieux proverbe allemand donnera encore, dans l'entre-deux-guerres du XXe siècle, son titre à un *best-seller* allemand. Ces deux facteurs combinés compensent bien des faiblesses. La France apparaît comme la puissance susceptible de dominer, un jour, toute l'Europe.

Puissance redoutable et redoutée, elle l'est aussi par sa supériorité dans des secteurs précis. L'une de ces avances, paradoxalement, réside dans la force de l'artillerie française. Il y a là une singulière histoire à raconter. La puissance de feu de l'Occident est étroitement liée à ces 150 000 paroisses dotées de clochers de la Chrétienté. La longue expérience de la fabrication des cloches a mis en place les structures techniques et sociales qui ont permis le démarrage foudroyant de la fonte des canons, comme aussi celle des statues de bronze : les empereurs chinois le comprendront vite, quand ils demanderont aux jésuites de fournir leurs armées en artillerie. Il est, à cet égard, d'autres histoires parallèles : le développement de l'orfèvrerie allemande est l'une des raisons d'être de la précoce mise en place de l'horlogerie allemande, celle de Nuremberg.

Revenons aux canons. Si la technique de l'artillerie française n'est pas unique en Europe — Strasbourg et Nuremberg sont réputées dans toute l'Europe — ici, comme toujours, la taille des villes et des pays joue un rôle décisif Le royaume de France, c'est autre chose que des États-villes de 20 000 à 30 000 habitants, et même que l'État vénitien. La période moderne, c'est aussi l'histoire du long affrontement d'États-nations aux dimensions importantes et d'États-villes. Le dernier épisode sera la lutte de la France et de la Hollande, cette Hollande qui représente, en fait, la seule tentative d'un État-confédération de villes-provinces.

La guerre de Cent ans, avec la nécessité de rompre des barrières de forteresses — à l'instar de la « ligne Maginot » des ducs de Bretagne entre Fougères et Nantes — bardées de murs toujours plus épais, a fait que, depuis les frères Bureau, organisateurs de la victoire de Charles VII qui est une revanche de la technique de feu sur la tactique des archers anglais, la France a toujours soigné l'arme fondamentale. Fondamentale en politique : les canons ont permis la montée de la monarchie dite absolue. Absolue, elle l'a été effectivement dans un certain sens, par la « raison dernière » qui rend impuissantes les villes, affaiblit la résistance militaire des grands féodaux, et fortifie, en revanche, le détenteur de l'arme devant laquelle s'écroulent les murailles. Qui détient les canons — avec les finances — est capable de résoudre bien des problèmes.

### *Les lignes de force à la fin de l'Ancien Régime*

Transportons-nous en 1789 : comment cette France, ainsi définie, a-t-elle évolué ? Les virtualités envisagées par Machiavel ne se sont pas réalisées : le temps de la suprématie française indiscutée a été court : de 1648, et même de 1659 à 1692. Passé cette date, la France est toujours restée la première puissance européenne, mais sa position est devenue instable. A vrai dire, nous autres historiens français nous leurrons quelque peu. La supériorité démographique est mise en question par la rapide montée de la masse russe. Virtuellement, en 1789, le pays le plus peuplé d'Europe est la Russie. Financièrement, l'État anglais rattrape rapidement les chiffres de recettes de l'État français. Conquise un court instant, la suprématie maritime est perdue dès 1692, et la guerre d'Indépendance américaine n'a été qu'un demi-succès : en cas de prolongation, les choses eussent pu évoluer fort mal. Quant à l'armée, elle ne dépasse que rarement 200 000 hommes et, au cours du XVIIIe siècle, elle est progressivement rattrapée à la fois par l'armée autrichienne et même par l'armée prussienne. Elle est très loin d'être la plus efficace.

L'administration française cesse d'être l'unique modèle. En dépit des améliorations, deux nouveaux modèles s'imposent. Les monarchies absolues de l'Europe centrale et orientale développent leurs propres systèmes, dérivés du modèle français. Grâce à l'absence ou la faiblesse de l'opinion publique et à la *Kameralistick,* cet enseignement universitaire politique fondé sur un mercantilisme de type continental, ces systèmes dépassent les rendements de la machinerie administrative française. Les recensements russes, hongrois, espagnols, voire polonais, de la fin du XVIIIe siècle sont très supérieurs aux évaluations françaises fondées uniquement sur le relevé des naissances. Tous les pays d'Europe connaissent la composition de leur noblesse, alors que la France reste incapable de la chiffrer sérieusement.

Même en matière artistique et intellectuelle, la suprématie française n'est plus absolue. L'Angleterre lui dispute l'audience des intellectuels allemands. Shakespeare l'emporte sur Racine. Il se constitue, à la fin du XVIIIe siècle, une littérature allemande exceptionnelle. La politique aidant, l'anglophilie compense l'envahissement massif des modes françaises.

Ce tableau comporte naturellement sa contrepartie, et Louis Réau a pu célébrer le « siècle français des Lumières », tout comme Rivarol pouvait souligner l'universalité de la langue française. La marque française sur l'Europe demeure très forte.

Il est aisé d'accumuler les exemples topiques. Versailles continue d'être le modèle des résidences princières étrangères. Les artistes français ont une formidable clientèle européenne. A Saint-Pétersbourg, Falconet érige l'audacieuse statue de Pierre le Grand cabrant son cheval sur un rocher. Le peintre Oudry, l'animalier préféré de Louis XV, trouve son client principal en Mecklembourg et en Suède. Les fêtes versaillaises sont copiées dans toute l'Europe au point que la meilleure documentation, en la matière, se trouve en Suède. Les peintres des fêtes galantes attirent partout une énorme clientèle. Frédéric le Grand rachète une partie de la collection du Régent, avec *L'Enseigne de Gersaint* de Watteau. On se dispute les architectes français. En dépit de son génie, Balthasar Neumann, l'auteur du château de Würtzburg et des églises de Vierzehnheiligen ou de Neresheim, les perles du « rococo » allemand, consulte d'abord des architectes français comme Germain Boffrand. Dans les pays rhénans, les architectes français sont chez eux. Pour se borner à un seul exemple, à Schwetzingen, le Lorrain Nicolas de Pigage construit l'admirable théâtre de la résidence d'été des princes Palatins, avec sa salle en bois à la merveilleuse acoustique et sa scène, plus profonde que la salle, qu'on peut ouvrir sur le parc de manière à admirer, en cas de pluie, les feux d'artifice de l'intérieur. Les noms mêmes de ces résidences sont français. Les précepteurs et éducateurs, tout comme les perruquiers, sont français. A Leipzig, le jeune Goethe assiste à l'arrivée annuelle des poupées porteuses des modes vestimentaires féminines françaises, à la manière de Mlle Rose, la couturière de Marie-Antoinette. La langue française constitue effectivement la *lingua franca* de toute la noblesse européenne. Frédéric le Grand ne parle allemand « qu'avec ses chiens » : ce qui est inexact, car il utilise, par la force des choses, la langue allemande pour les besoins de l'administration.

Il est aisé de considérer l'époque moderne comme le deuxième apogée de l'histoire française. Après la France des cathédrales et des croisades, passé le recul forcé de la période de la guerre de Cent ans, la France moderne redevient le modèle de l'Europe française des Lumières. Par-dessus tout, ce sont en effet les « philosophes » qui imposent à l'Europe leur marque profonde. Après Racine et Molière, voici le tour des Voltaire et des Rousseau. Mais, ici encore, il s'agit d'une vision un peu unilatérale.

Les Lumières européennes comportent dans la réalité plus que des nuances nationales. La question religieuse est en partie à l'origine de ces différences. En Allemagne surtout, les Lumières ne prennent pas ce tour, radicalement hostile au christianisme, qu'elles ont de plus en plus en France. L'*Aufklärung* a partie liée avec le piétisme allemand. La pensée politique anglaise, qui se développe plus librement qu'en France, prend tout naturellement une orientation empirique, à la fois plus novatrice et moins radicale que la pensée française.

Il existe enfin des secteurs où le modèle français n'a jamais été qu'un exemple parmi d'autres, notamment dans le domaine de la musique. Fini le temps de la suprématie totale de l'école franco-flamande de la fin du Moyen Age et du début du XVI$^{e}$ siècle. Quelle que soit la gloire de Lully, de Marc-Antoine Charpentier, de Rameau, les écoles italienne et, de plus en plus, allemande, l'emportent. Jean-Sébastien Bach domine la première moitié du XVIII$^{e}$ siècle. A intervalles réguliers, la musique de tradition française est, en France même, l'objet de vives attaques. Après une première invasion italienne par la grâce de Mazarin, suivie d'une vigoureuse contre-offensive portée par Louis XIV et Lully, les années 1690, avec l'éclatement du mécénat entre de multiples cours comme celle du futur Régent, voient s'imposer, de nouveau, la mode italienne. L'Italie, patrie du violon et du théâtre — en tant qu'édifice et architecture — pousse régulièrement, par « querelles des bouffons » interposées, ses assauts de nouveautés savoureuses. L'opéra de Rameau se trouve confronté avec celui de Gluck. A la fin du siècle, Mozart et Haydn conduisent la musique germanique à son triomphe, déjà amorcé par un Haendel qui a colonisé l'Angleterre. Tout cela au point que le XX$^{e}$ siècle finissant n'a pas encore fini de redécouvrir la musique française des Couperin et des Campra.

Il y a plus grave. L'Europe française des Lumières, dans la mesure où elle existe réellement, reste le privilège d'une couche européenne très mince : essentiellement la grande aristocratie internationale, une partie de la noblesse et une fraction, moindre encore, des bourgeoisies. Or tout ce que ces catégories sociales offrent à leurs peuples de façade ou de réalité profonde française est loin de convaincre. Car la vague française comporte aussi ses traits discutables et discutés. Ainsi la gastronomie française, qui devient la grande cuisine internationale, relègue-t-elle les cuisines nationales au rang de conservatoires de plats de type médiéval, soulignant ainsi les privilèges sociaux : elle apparaît comme le symbole d'un luxe exagéré, reposant sur l'exploitation des peuples.

Plus grave encore, le « genre de vie » français, que le sociologue Norbert Elias a qualifié de « civilisation des mœurs », détache les couches dirigeantes de leurs nations. Charriant un courant mêlé de coutumes diverses, la civilisation des mœurs a été sur le moment très superficielle et, à long terme, extraordinairement profonde. Elle a d'abord marqué du sceau de sa « politesse » toutes les aristocraties, pour descendre par la suite, en une formidable mais lente osmose, dans la profondeur des civilisations populaires du XIXe siècle et de la première moitié du XXe siècle. Elle est faite de ces gestes infimes du savoir manger (avec la fourchette et le couteau), de l'honnêteté élémentaire, du respect apparent de la pudeur, de tout ce qui constitue au XIXe siècle le fond de la pruderie « victorienne » mais n'est, pour l'essentiel, que la codification du contrôle des gestes et des attitudes. C'est là l'une des très grandes pages de la civilisation européenne. A la suite du modèle salésien des « frères ignorantins », toute l'école primaire européenne inculquera aux jeunesses des siècles industriels les humbles gestes de la vie quotidienne de Cour. Ils forment, pour quelque temps encore, la base de notre civilité.

Ce succès s'accompagne pourtant d'une « libération » des mœurs qui fait scandale. La Cour française est école et modèle d'impiété, de contestation religieuse et, plus encore, de libertinage. D'où le refus indigné des Églises étrangères, le rejet universel des émigrés français de la Révolution, porteurs du mauvais exemple : on finit très vite, à peu d'exceptions près, par penser qu'ils n'ont recueilli que ce qu'ils méritaient.

Il y faut insister, l'un des paradoxes les plus patents de la monarchie « très chrétienne » est que l'armée française a toujours été « scandaleusement » impie et blasphématoire. Son encadrement religieux était, de loin, le plus médiocre de toute l'Europe ;

non que les aumôniers méritassent vraiment la réputation qu'on leur a, un peu vite, faite. Mais que pouvaient ces humbles, de médiocre prestige, ces isolés, face à un corps d'officiers qui a toujours eu la « forfanterie » du vice et une attitude outrancière de provocation religieuse, et cela du vivant du « Grand Roi », à plus forte raison plus tard ? Armée française pillarde et paillarde : elle perd, au XVIIIe siècle, cette réputation de relative sympathie qu'elle avait, plus que toute autre, au XVIIe siècle. Il est vrai que, passées les vertueuses attitudes des soldats de l'an II, les armées révolutionnaires et impériales feront pis ; elles mettront l'Europe au pillage.

A travers les armées et les modèles de Cour, la « légèreté » des mœurs françaises devient vite le lieu commun de toutes les diatribes antifrançaises. Il n'est que de revoir les stéréotypes populaires ou savants de la psychologie élémentaire des peuples pour s'apercevoir que ce renom français, loin de s'affaiblir, s'accroît au fil des siècles, et perdure, d'une certaine manière, jusqu'à nos jours. En adoptant ces mœurs « légères », les aristocraties européennes se perdent de réputation auprès de leurs peuples. Il suffit, pour ne prendre qu'un exemple, de consulter les scènes, si révélatrices, du meilleur drame de Lessing, *Minna von Barnhelm.* Bien plus tard, il en subsiste quelque chose dans *Le Chevalier à la rose* de Richard Strauss. Ainsi, aux yeux du moujik russe et du serf prussien comme du paysan hongrois ou allemand du Sud, le mode de vie des *barines* et des *junkers,* en ce qu'il a de vraiment ou prétendument français, représente l'abomination de la désolation, le modèle même du vice. La propagande antirévolutionnaire et anti-impériale ne fera qu'aggraver les choses. Pour les bourgeoisies des petites villes, la civilisation des princes et des maîtres est française, donc mauvaise. Les Églises propageront, de leur côté, ces représentations mentales. Quand arriveront en Espagne les prêtres émigrés de gré ou de force, ils passeront, parce que français, pour nécessairement hérétiques.

En somme, l'Europe française des Lumières repose sur une base sociologique extrêmement étroite. Au fur et à mesure que montent les grandes littératures germanique, slave ou italienne, au fur et à mesure que des couches plus larges participent aux cultures en train de s'étoffer sur des bases nationales ou nationalistes, les peuples se tournent de plus en plus vers leurs propres sources. En détruisant la civilisation française qu'a adoptée l'aristocratie européenne, les armées révolutionnaires détruiront cette Europe française des Lumières dont elles sont issues.

## CHAPITRE III

# De l'art de gouverner

### *Guerre et sécurité*

L'Europe des noblesses et des aristocraties avait rendu aux peuples un service immense : l'humanisation des guerres. L'armée du Très Chrétien y avait largement contribué.

Il faut reprendre ici l'historien américain J. Neff, qui distingue trois phases dans l'histoire militaire, européenne et française : 1° du XVIe à la guerre de Trente ans, sévit une forme de guerre « totale » qui aboutit à la disparition, en trente ans, du tiers de la population de l'Europe centrale et de la France de l'Est ; 2° du milieu du XVIIe siècle à la Révolution, l'armée des monarques absolus impose la « guerre en dentelles », une guerre qui respecte le plus souvent un certain nombre de règles non écrites mais généralement admises ; 3° avec la Révolution reprend la guerre « totale », ce qui apparaît aux yeux de certains comme un paradoxe, la guerre en dentelles constituant encore pour beaucoup de Français la pire des dérisions.

En résumé, on peut dire que l'armée de la guerre de Trente ans est la propriété des chefs de régiments ou d'armées, qui les ont acquis avec leur capital. Brutalement confronté aux exigences financières de ces interminables guerres, l'État, quel qu'il soit, est incapable de payer, alors que le poids des impositions a quadruplé en France entre 1630 et 1640. La troupe vit donc sur le pays, ami ou ennemi, et dans les pires conditions : disséminant pestes et épidémies, détruisant les récoltes, pillant et dissipant tout, violant les femmes, emmenant les jeunes pour les enrôler, elle impose partout, dans le plat pays, la famine.

D'où les énormes pertes de population de l'Est et du Nord du pays, pour se borner à la France.

La paix revenue, la « remise en ordre » louis-quatorzienne est d'abord conçue comme une « royalisation » de l'armée, désormais au service du seul souverain. L'uniforme et la marche au pas n'ont d'autre objet que de faire sentir à tous que le soldat est propriété royale ; de même les vaisseaux ou les galères, dont les ornements racontent la gloire du roi jusqu'en ses turpitudes amoureuses. L'armée, normalement, est désormais payée et, quels que soient les retards et les impérities, elle limite — à moins d'en avoir spécialement reçu l'ordre — ses déprédations au strict indispensable.

Très vite, ces principes se généraliseront à toute l'Europe, d'autant qu'il y aura entre nobles des règles de comportement en partie issues des modes de pensée néo-stoïciens des états-majors de Nassau au début du XVIIe siècle. Une place forte doit se défendre, et il n'est pas question de livrer une forteresse sans combat. Mais on est en droit de capituler dès lors qu'on n'a plus espoir d'un secours rapide : l'honneur étant sauf, on pourra revenir à la Cour du roi, et on y sera bien reçu. Pas question, donc, de combattre à mort. De même un navire pourra-t-il se rendre face à une supériorité manifeste : il sera accueilli avec honneur par l'ennemi. Voilà une guerre « chevaleresque » ; la transgression des règles est rejetée par toute l'Europe. D'où la très mauvaise réputation d'un Louis XIV laissant détruire le Palatinat pour faire « le gas », pour créer devant la frontière française un vide destiné à arrêter l'ennemi. Dans cette exception le sentiment national allemand de nuance antifrançaise trouvera son aliment le plus sûr. Mais que la guerre reste la guerre, le Voltaire de *Candide* se charge de le prouver. De *Fanfan la Tulipe* à *Barry Lindon,* le cinéma n'a-t-il pas, en ses forces et ses faiblesses, magnifié cette guerre « en dentelles » fanées ?

Changement de scène avec la Révolution : face aux solides armées des rois, la levée en masse et la tactique de masse déterminent un retour partiel aux habitudes de la guerre de Trente ans. A nouveau, l'armée vit sur le territoire occupé. De plus en plus, elle se charge même de faire vivre la France. Le Directoire ne survivra pas autrement. Sans doute, les abominations de la guerre de Trente ans semblent se raréfier. Mais les soldats français de la campagne de Russie, comme les marins prisonniers à Ibiza, ont connu des camps de prisonniers dont certains aspects évoquent les camps de concentration. Et la guerre, contrairement à ce que proclamaient les slogans de 1793, ne s'est pas arrêtée devant les chaumières...

Au total, l'armée française après la reprise en main royale dans la seconde moitié du XVIIe siècle a joué un rôle considérable. Dans une très large mesure, elle cesse d'être vecteur d'épidémies ; souvent, elle est mobilisée contre elles, non — on l'a vu — sans succès importants. Elle est mobilisée, en temps de paix, pour participer aux grands travaux : château de Versailles, canal du Loing... D'une certaine manière, elle compense les pertes militaires par la protection, y compris sanitaire, qu'elle offre aux peuples. Ainsi est-ce pour l'armée que s'effectue la première grande campagne de vaccination contre la variole : l'inoculation. Il faut le redire, de 1650 à 1793, et, au fond, jusqu'à 1813-1814, l'armée a écarté toute menace sérieuse de longue durée de l'ensemble du pays. Pour la France monarchique cela constitue un résultat considérable. Il est vrai que, par une longue habitude, les Français savent remplacer la guerre extérieure par la guerre civile...

## *La justice du roi*

La sécurité assurée vis-à-vis de l'extérieur, reste le gros problème de la sécurité interne : le grand problème de la lutte contre la violence. Le XVIIIe siècle a été obnubilé par la recherche des origines du « contrat social » liant les gouvernés aux gouvernants. R. Girard propose de les rechercher bien plutôt dans la sécurité du citoyen, la violence de l'État se substituant aux vendettas individuelles et assurant ainsi l'État de droit *(Rechtsstaat),* à l'exemple de l'arbitrage que la déesse Athéna impose, chez Sophocle, par l'installation du tribunal de l'Aréopage. Or la France moderne a marqué en ce domaine d'immenses et décisifs progrès. C'est peut-être là son plus grand triomphe, et sa plus grande gloire, un travail d'Hercule conduit avec, en définitive, peu de moyens.

Les recherches menées au cours de la dernière décennie permettent de bien situer la question. A la fin du XVIIIe siècle, on peut distinguer quatre France judiciaires. Dans les montagnes du sud de la France — et en Corse — la force de la loi n'est pas encore très respectée. Comment le serait-elle, puisque les maigres brigades de la maréchaussée n'osent s'aventurer dans le Quercy ou dans les Causses qu'en été, de jour, en force, et seulement le long des grandes routes ? Pour tout le Languedoc (pour 2 millions d'habitants), il y a moins de trois cents hommes de la maréchaussée, cette création — parmi tant d'autres — de la Régence. La violence privée se règle essentiellement selon la loi du talion ou de la vendetta. Ainsi s'expliquent les très forts taux de mortalité masculine qui non seulement perturbent sensiblement le jeu démographique mais encore mettent en cause, surtout en Corse, la survie démographique. Quand ce n'est pas la loi du plus fort, ou du clan, qui règle l'affaire, le crime de sang est « jugé » par les arbitres du cru. C'est surtout le cas de la France des marges montagnardes, comme d'une partie du Midi. On se méfie encore de la justice du roi, lointaine, coûteuse, ou tout simplement « étrangère » : tout s'y déroule, dans une langue que l'on domine mal, le français, même si, en réalité, les accusés sont toujours accompagnés d'un interprète.

Dans les régions où la loi de la vendetta s'est effacée, l'arbitrage local est dominant. Ce peut être le curé de la paroisse, le consul de la communauté, le seigneur résidant, ou tout simplement quelques bourgeois. Théoriquement gratuit, l'arbitrage se traduit pourtant souvent par quelque contrat notarial. Ce n'est que par exception que, l'arbitrage ayant échoué, on vient devant la justice du roi.

Dans les campagnes du Midi situées à proximité des grandes villes, l'arbitrage subsiste, mais il a perdu beaucoup de terrain. Désormais, la justice du roi règle l'essentiel des affaires, principalement d'honneur et de famille, ainsi que les crimes de sang. Ces derniers sont très sévèrement réprimés, alors que les délits de propriété sont jugés de manière plus clémente, mais qui va s'aggravant au fil du XVIIIe siècle.

La France du Nord (il faudrait dire l'Europe du Nord) constitue le quatrième espace judiciaire. Le recours à l'autorité royale a privé les arbitrages coutumiers comme les justices seigneuriales d'une très large partie de leurs droits réels. Seule la basse justice seigneuriale conserve une emprise indiscutable sur le contentieux seigneur-paysan. Tout le reste passe par la justice du roi, singulièrement efficace, contrairement à tant de légendes ou de mythes qui, de Cartouche à Mandrin, nous présentent un XVIIIe siècle cinématographique haut en couleur, mais dont la réalité a été très limitée. Autour de Paris, dans les plaines de l'Ile-de-France comme en Normandie, les crimes de sang reculent fortement depuis le XVIIe siècle. S'amorce ainsi, dans le long terme, une décrue de la grande criminalité qui s'étend de la ville à la rase campagne, mouvement poursuivi jusque dans l'immédiat après la Deuxième Guerre mondiale et que nos pays de haute civilisation industrielle ne connaissent plus. Si les crimes de sang deviennent rares, au point que la répression est de plus en plus laxiste — en commençant par les crimes « de passion », qui trouvent souvent des juges compréhensifs — les « crimes » contre la propriété se multiplient à l'infini. Ils sont aussi, de plus en plus, sévèrement réprimés.

La persévérante action judiciaire des rois de France a abouti à une formidable victoire. Trop belle à la vérité, car le recours à la justice du roi, réputée la plus intègre, devient vague et submerge sous le nombre l'appareil judiciaire constitué de pièces et de morceaux entre le Moyen Age et le XVIIe siècle. Et ce d'autant plus sûrement que les parlements ont multiplié les grèves politiques, bloquant ainsi l'ensemble de l'institution : l'une des grandes exigences du peuple de France, en 1789, sera de voir généraliser une justice du roi exclusive de toute autre, avec d'autres magistrats, bien entendu.

Ce succès a été acquis avec des moyens dérisoires. Ce qu'il est convenu, de nos jours, d'appeler « forces de l'ordre » est constitué par des corps urbains hétérogènes, qui remontent eux aussi au Moyen Age. Lors de coups durs, les villes ont donc recours, tant qu'elles en possèdent, aux milices bourgeoises, dont l'emploi est déjà politique. Il a, sans doute, toujours existé quelque chose qui ressemble à la police. Mais celle-ci, en tant que telle, est vraiment une création de la monarchie absolue, et sous deux formes : la police proprement dite, réorganisée au point qu'on peut presque parler de création, par La Reynie sous la double égide de Louis XIV et de Colbert ; la maréchaussée, création du Régent dont sera issue notre gendarmerie, troupe spécialisée dans les opérations de la police. C'est cette dernière qui, surtout dans les campagnes, a charge d'arrêter les malfaiteurs. Or, pour toute la France, pour 28 millions d'habitants, elle compte trois mille hommes. S'y ajoutent, en ville, des corps comme le guet, simple force d'appoint, parfois ridicule. Quant aux milices bourgeoises, la royauté a tout fait pour les laisser dépérir ; là où elles ont subsisté, ce sont de simples troupes d'apparat.

Cette disparition est étroitement liée au désarmement général à l'intérieur de la France. Jusqu'à la Fronde, l'insécurité et les guerres civiles ont obligé les villes, non seulement à entretenir leurs fortifications, mais à les augmenter et à les adapter à l'artillerie. C'est ainsi que Rouen se dote pendant la Ligue de remparts très massifs. Puis, la paix intérieure permet de laisser les murailles tomber en décrépitude, ce qui a, en outre, l'avantage de soulager les finances municipales. Surtout, l'autorité royale y voit une garantie de disparition des « armées » urbaines. Il n'était pas question, auparavant, évidemment, de faire protéger les remparts par des garnisons royales qui n'y auraient pas suffi. Les murailles des villes ont donc été toujours gardées par des milices urbaines plus ou moins régulièrement exercées, troupes d'occasion, regroupées par quartiers ou par corporations, qui ont constamment constitué le noyau des émeutes ou des guerres civiles. La disparition des murs les met en veilleuse.

Le désarmement des peuples allait beaucoup plus loin. Le programme en fut tracé pendant les guerres de la Ligue, essentiellement sous Henri III, mais ne peut être réellement appliqué qu'à partir de 1661. Par nature, un désarmement général était impossible à réaliser. Le monde paysan a toujours tenu à ses armes, à la fois parce que l'arme est le propre de l'homme, et que l'abondance des « animaux sauvages » (surtout des loups) la rendait indispensable. Le désarmement des campagnes est donc resté partiel, en particulier dans la France du Midi, un peu moins au Nord. Il fut en revanche complet dans les villes, et surtout dans les grandes. Ainsi, dans les très rares séditions du XVIIIe siècle, et même en 1789, les émeutiers ne disposèrent, tout comme les meurtriers, que d'armes d'occasion : outils, bâtons, cailloux, faux et surtout les fameuses piques, médiocres succédanés de l'épée ou des armes à feu.

Voilà une situation paradoxale. Comme l'Empire romain, la France d'Ancien Régime est un corps mou, dont seule la carapace dure est vraiment capable de fournir des forces de répression : l'armée, seule, est en mesure de tenir tête à une révolte importante. A Paris, les forces de police sont ridiculement faibles et l'ont toujours été. Au maximum, elles comptent de 9 000 à 10 000 hommes pour les 650 000 habitants de Paris et les 50 000 de Versailles. Encore ces chiffres sont-ils théoriques, car les seuls éléments efficaces sont les 1 500 cavaliers. Aussi l'armée — les régiments des gardes françaises — doit-elle participer de plus en plus aux actions de police. Cette situation posant de très gros problèmes, l'armée n'est apparue au XVIII^e siècle dans les environs de Paris qu'en 1720, en 1775 au moment de la « guerre des farines », et en 1788.

L'ensemble de ces forces est placé sous l'autorité du secrétaire d'État à la Maison du roi, qui regroupe sous son contrôle et la Cour et la Ville : nous sommes loin de la caricature qui ne veut voir en lui que l'ordonnateur des fêtes de Cour. Ces observations permettent de mieux comprendre le succès de la Révolution : si l'émeute est organisée, elle submerge les forces de police, et il n'est dès lors de recours que dans l'armée. Que celle-ci verse du côté de la sédition, et la réussite est d'emblée assurée. On peut même se demander si, dans ces conditions, les raisons invoquées — réelles ou supposées — des soulèvements furent si décisives.

Cette situation illustre en effet, admirablement, deux faits : d'une part, la singulière économie des moyens répressifs, qui sont diamétralement opposés aux mythes si répandus ; de l'autre, l'extrême confiance que la royauté a manifestée, sauf en de rares occasions, envers le peuple et en particulier celui de Paris. C'est vrai non seulement pour le XVIII^e siècle, mais aussi pour les deux siècles antérieurs, tellement plus agités. Rappelons pour illustrer le premier paradoxe qu'il y avait à Versailles même très peu de soldats, y compris aux plus graves jours de 1789, et que les garnisons les plus proches, en dehors de la compagnie stationnée à Saint-Cloud, se trouvaient rarement à moins d'une journée de marche.

L'un des problèmes essentiels est donc de savoir quand et comment cette confiance réciproque a disparu. A vrai dire, cela s'est produit à plusieurs reprises. Ainsi la Fronde, dont le souvenir est resté vif chez Louis XIV, a motivé l'installation à Versailles et la situation singulière d'une capitale bicéphale. D'où, surtout, l'abandon de toute fortification de Paris quand, à partir de 1670, les remparts de la ville se désagrégèrent. Vauban proposait la construction d'une enceinte moderne très élargie, doublée d'une première ligne de forts isolés. Au grand dépit de l'ingénieur, le roi y renonça : laisser la milice parisienne défendre pareils murs, c'eût été permettre une réédition de la Fronde. Pas question non plus de ligoter une grosse garnison à Paris : Paris se défend sur la frontière. Méfiance évidente du Grand Roi... Mais convient-il de l'exagérer ? Versailles n'est guère mieux gardé sous Louis XIV que sous Louis XVI : peut-être trois cents hommes...

En fait, le système répressif de l'Ancien Régime est plus fourni. Il repose sur le contrôle « policier » ainsi que sur un appareil judiciaire placé entre les mains des détenteurs d'offices. Le fonctionnement exact des deux appareils est très mal connu.

Tous les régimes ont abondamment pratiqué l'espionnage politique interne. Ni François Ier ni Henri III, pour ne citer que deux souverains du XVIe siècle, n'étaient des innocents. Le renseignement a cependant été totalement réorganisé par Richelieu et son « éminence grise », le père Joseph, puis amélioré par Mazarin. Le service de renseignement à l'étranger a été mis sur pied par Turenne, qui y a initié, de main de maître, le jeune Louis XIV. Richelieu avait légué d'excellents agents, comme le fameux Rossignol, spécialiste du chiffre et du déchiffrage, qui a droit à une place d'honneur dans les hommes célèbres de Perrault. Louis XIV chiffrait souvent lui-même, et Pomponne dut sa disgrâce, d'ailleurs temporaire, à un retard de déchiffrement.

Quant à la police de Paris, c'est La Reynie qui l'a réorganisée. Le lieutenant général de police de Paris est un véritable ministre à part entière, sans le titre. En province, toutes les villes sont progressivement dotées d'un lieutenant général de police. Paris est découpé en quartiers « policiers », dotés de commissaires de police accompagnés de quelques inspecteurs : un peu plus d'une centaine de personnes, dont quarante commissaires de police. Les chiffres sont en proportion dans les autres villes. Mais ces commissaires sont puissants. Ils servent essentiellement d'agents de renseignement et utilisent des agents en civil rétribués pour l'occasion, les fameuses « mouches », assimilés par la population parisienne aux simples mouchards qu'ils sont parfois.

Cette face semi-visible masque la face cachée de la police. On lui a attribué, à l'époque, une force considérable. A partir d'Henri III et d'Henri IV, la royauté française est censée tout savoir, et, jusqu'à Louis XV, elle en sait effectivement beaucoup, au point que cela devient une obsession. Dans ses *Mémoires,* Saint-Simon ne cesse de vitupérer l'espionnage incessant de tous par tous, le monde des domestiques de Versailles jouant le rôle principal ; le « valet de chambre » Bontemps en est l'un des pivots.

Ce vieux procédé doit beaucoup aux habitudes de l'entourage italien de Catherine et de Marie de Médicis, et de Mazarin. Richelieu en a usé de main de maître. Il n'est que de lire les *Mémoires* de Campion, ou plus encore ses *Dialogues,* qui mettent en scène quelques amis — nobles, militaires et ecclésiastiques — passant le temps d'un séjour à Paris à causer politique, donc à parler des vertus et des démérites de la politique du cardinal. L'un d'eux, sans être démenti, souligne que, même entre amis intimes, il n'est pas sûr que l'un ou l'autre ne révèle le lendemain la conversation. Foin de la vieille liberté de parole chère aux Français, voici venu le temps de la méfiance et de la prudence. De même, la fin, de prime abord extravagante, du *Tartuffe* n'est, en réalité, que la transposition d'épisodes réels ; Louis XIV a été admirablement renseigné, et les mémoires conservés ont parfois une formidable liberté de ton. Colbert, Louvois, les Pontchartrain n'y sont pas épargnés, et dans les termes les plus directs et les plus vifs.

C'est que ni Henri IV ni son prédécesseur, encore moins les trois grands cardinaux de l'histoire de France (Richelieu, Mazarin, Fleury), n'ont reculé devant ces méthodes. La prostitution était, en partie, organisée à des fins politiques, pour assurer la surveillance des ambassadeurs étrangers comme celle de quelques jansénistes, voire des évêques. Les grandes dames n'ont pas répudié le métier d'informatrices — rarement bénévoles — et ont renseigné, même sur leurs maris. De fait, cet espionnage permit à La Reynie de remonter les filières de la sordide Affaire des poisons, dans laquelle Mme de Montespan était compromise : cela fut cause de la disgrâce définitive de la favorite, encore que Colbert, apparenté aux Mortemart, par les mariages de ses filles, lui évitât le pire.

De tout cela, il ne subsiste que des bribes, et surtout les mémoires de quelques lieutenants généraux de la police de Paris, entre autres Lenoir. Nul doute que l'ensemble de cet appareil informel et multiforme ne soit dirigé contre la haute noblesse. Peu à peu — mais moins qu'on ne l'imagine — il inclut aussi le monde de la littérature. Pour Louis XIV, les maîtresses ont joué un rôle dans ce curieux ballet, et, comme tous les régimes, la monarchie absolue a utilisé la surveillance des jeux. D'où la tolérance des innombrables lieux de jeux et surtout ceux de la haute société, non par « privilège », mais par nécessité politique : les tripots sont le rendez-vous de tous les indicateurs.

Faiblesse de l'appareil répressif, système policier dont la partie visible — commissaires et inspecteurs de police — masque l'immense partie occulte qui paralyse la haute société, énormité et disparité du monde des officiers. L'enquête de 1664, seul document complet sur la répartition géographique et l'importance financière du monde des officiers, permet de mesurer l'importance réelle du phénomène. Rappelons que la vénalité des offices est unique à cette échelle en Europe : en 1664, les services de Colbert recensent quelque 45 000 officiers. Si l'on ajoute les oublis, on retiendra un total de 50 000, soit 1 officier pour environ 400 Français. De quoi annuler toutes nos remarques antérieures sur les moyens dérisoires de la monarchie : le taux d'encadrement administratif français du XVIIe siècle dépasse celui de la fin du XIXe siècle ! De quoi aussi apporter, au moins en théorie, un formidable contingent de supplétifs à un appareil de répression réduit. Il faut donc y regarder de près.

## *Le monde des « officiers »*

Héritage italien, la vénalité des offices a été l'un des instruments majeurs et l'une des caractéristiques essentielles de la France moderne. Le capital des 45 000 officiers est de l'ordre, toujours en 1664, d'un demi-milliard de livres, somme énorme si l'on songe que les revenus de l'État montaient alors à un peu plus d'une centaine de millions de livres ; il est vrai que le rapport s'est, jusqu'en 1789, considérablement dégradé au détriment des détenteurs d'offices. Face aux besoins militaires, qui constituent au XVIe siècle et pendant la première moitié du XVIIe siècle plus de la moitié des dépenses de l'État — de moins en moins ensuite ; à peine le tiers en 1789 — les ressources ordinaires (impôts directs ou indirects) n'ont jamais été suffisantes. Il a donc fallu recourir aux ressources « extraordinaires », aux emprunts et à la vente des offices. Cette dernière, qui représente jusqu'en 1648 la majorité des ressources extraordinaires, a suffi à l'essentiel des besoins du XVIe siècle. L'emprunt l'emporte après cette date ; la création et la vente des offices devient progressivement une ressource d'autant plus marginale que ces offices sont propriété privée, s'héritent et se vendent. Si les ambassadeurs vénitiens ont pu à diverses reprises écrire à la Seigneurie que « chaque fois que le roi de France crée un office, Dieu crée un sot pour l'acheter », ce recours s'est régulièrement amenuisé dans la deuxième moitié du XVIIe siècle. Il y a plusieurs tentatives pour diminuer la quantité des offices : la principale, celle de Colbert, fut la moins manquée. Il fallait, en cas de suppression, que l'État rembourse le capital.

Le monde des officiers, qui représente les Français les plus riches — la France du Nord en totalise les deux tiers, Paris représentant près d'un tiers au total en capital — constitue le noyau de l'élite dirigeante du royaume. Pascal et Marivaux, pour se borner à ces deux exemples, en font partie. Comme ces officiers ont acheté une parcelle du pouvoir public, nul doute qu'ils ont partie liée avec l'État et qu'il est de leur intérêt de voir l'État obéi. Mais leurs intérêts ne coïncident pas pleinement avec ceux de l'État puisqu'ils perçoivent les gages de leur capital (en 1664, à peine 2 % du capital investi) et se heurtent donc à lui en matière financière. En outre, les conflits sont nombreux sur les compétences administratives. Il y a donc en réalité deux administrations d'État, qui s'interpénètrent d'ailleurs au sommet : d'une part, les administrateurs directs, secrétaires d'État et commissaires (dont les intendants), qui ne sont pas des officiers, ont reçu une commission leur donnant un traitement, et sont, à tout instant, révocables ; d'autre part, les officiers proprement dits, qui sont, eux, de fait, irrévocables et incontrôlables. La première « administration » est très centralisée et ne descend guère au-dessous de l'intendant. En province, les « subdélégués » sont des bénévoles désignés par l'intendant ; un court moment leur poste est transformé en office, ultérieurement supprimé. Mais cela n'est vrai que pour la deuxième moitié du XVIIe et l'ensemble du XVIIIe siècle. De ce point de vue, le XVIe siècle se rattache plutôt aux pratiques de la fin du Moyen Age. Face aux populations urbaines et rurales, l'administration par commissaires est celle de l'État central, le monde des offices constituant l'administration locale. Mais la première est, au sommet, étroitement dépendante des caisses (privées) des officiers de finances.

Voilà donc un système extrêmement complexe, sur lequel l'État a peu de prise directe et ne peut, dans la plupart des cas, qu'exercer des pressions indirectes. Le système a ses avantages, que Montesquieu a tenté de souligner dans *L'Esprit des Lois.* L'avantage essentiel est la gratuité du fonctionnement de la machine, les offices vendus procurant même, au moment de leur création, des sommes parfois importantes. L'État s'en est longtemps bien tiré financièrement, les gages n'étant en rapport ni avec les traitements accordés à des fonctions similaires, ni avec le capital investi. Qui veut exercer les grands offices doit être riche pour les acheter et encore plus riche pour en vivre. D'où la tentation, surtout chez les petits et moyens officiers, de remédier à la modicité des gages en tirant du pouvoir de l'État le maximum d'argent.

Si l'État y gagne, le peuple y perd. Dans les faits, beaucoup de grands offices, et surtout ceux des parlementaires, confèrent un pouvoir social qui est la visée principale de leurs acquéreurs. Les inconvénients du système sont plus que manifestes. Montesquieu a beau prétendre que l'indépendance conférée par le système est garante de jugements équitables, les abus sont nombreux. De plus, au cours de la première moitié du XVII<sup>e</sup> siècle, les grands offices deviennent anoblissants : l'entrée dans la noblesse échappe en majeure partie à la royauté, qui ne dispose plus que des lettres de mérite. On ne peut soutenir que la richesse ne confère pas la compétence : c'est en effet, à l'époque, la condition majeure de toute instruction un peu poussée. Il est donc logique que les deux choses se superposent, sans pourtant coïncider. Reste l'inconvénient majeur : l'indépendance des officiers leur permet de braver l'État, de saboter son action dès lors que leurs intérêts se trouvent en jeu. Mais la parcellisation des offices en réduit sensiblement les conséquences : l'immense majorité des officiers ne disposent que de pouvoirs réels limités, quoique souvent mal reçus par les populations locales.

Dans ces conditions, l'efficacité de ces offices quant à la prévention et, à plus forte raison, à la répression varie beaucoup. La justice française, comme celle de tous les États parvenus au même niveau, reste arbitraire. La recherche du criminel reste en effet le maillon le plus faible de l'appareil judiciaire. La conception populaire du droit coïncide rarement avec celle des juristes : les délinquants profitent donc souvent, et d'abord en matière fiscale, de la complicité au moins passive de tout ou partie de la population. La solidarité familiale et celle du clan n'est pas un vain mot, quoiqu'elle s'affaiblisse dans les grandes villes. Le monde des notables tolère, de gré ou de force, bien des choses. C'est que la notion même d'acte répréhensible est fonction de la civilisation traditionnelle, paysanne ou urbaine : elle varie par conséquent à l'infini. De plus, la distance-temps par rapport au centre du pouvoir joue en de fortes proportions. L'observation réelle de la législation royale est inversement proportionnelle à la distance-temps de la capitale. Les progrès de l'efficacité administrative sont cependant certains. Si la vitesse de déplacement des hommes n'a pratiquement pas changé de Jules César à Louis XIV, elle augmente rapidement au cours du XVIII^e^ siècle. On a trop l'habitude d'attribuer le rétrécissement de l'espace au seul chemin de fer, qui n'a, en réalité, fait qu'accélérer l'évolution en cours. La transformation du réseau routier français, le meilleur de l'Europe, a permis de diminuer de moitié la durée des voyages sur les grands axes routiers. La novation juridique a donc pénétré plus profondément dans le Midi et l'indépendance des officiers, comme celle des administrateurs, a diminué.

Naturellement, les officiers ont en grande partie réagi envers le peuple en fonction de leurs intérêts. Aussi la justice, qui ne peut être « exhaustive », se veut-elle et ne peut-elle être qu'exemplaire, c'est-à-dire qu'elle attache de l'importance à l'exemplarité du châtiment. L'arbitraire, la cruauté de la punition sont, à leur manière, une question d'efficacité. Dans le domaine politique, l'autorité royale n'agit pas autrement. Ne pouvant frapper toujours là où, et à chaque fois, qu'il faudrait, l'autorité, quelle qu'elle soit, compense l'insuffisance quantitative des châtiments par la violence de la condamnation. Mais, à l'échelle des officiers, tout est question de temps et de lieu : plus étroitement liés à la région, ils n'ont, en dépit de leur puissance, ni l'envie, ni les moyens de faire appliquer les législations.

Virtuellement, enfin, le monde des officiers constitue un danger latent pour le pouvoir politique. Les parlementaires, capables de disposer, au sens littéral du terme, de la vie et de la mort comme de la fortune des habitants de leur ressort, ont une puissance de fait considérable. Plus grave encore, en matière de justice, les grands tribunaux sont entourés de tout un monde, la basoche : sergents, huissiers, procureurs, avocats. Ces derniers sont à la fois alliés et rivaux potentiels ; la Révolution le montrera.

Il en résulte une situation de perpétuel compromis. La victoire de Louis XIV sur la Fronde et les parlements est moins nette qu'on ne l'a dit. Lors de l'affaire Fouquet, la marine conduite par le grand Duquesne est *de facto* rebelle pendant une demi-année. De même, après la Fronde, le pouvoir royal est-il obligé de composer avec le Parlement de Paris. Ce sera pire au XVIII^e^ siècle.

CHAPITRE IV

# Les peuples de France

## *Une civilisation du bois*

Le peuple des campagnes dispose également d'une marge de manœuvre plus large qu'on ne le suppose, et d'abord parce qu'il est moins uniformément pauvre qu'on ne l'a longtemps cru. En Île-de-France et sur les grands plateaux céréaliers, il existe un groupe social de « paysans » fermiers ou propriétaires dont on a sous-estimé la puissance. Il ne s'agit pas seulement de ceux que recouvre la dénomination quelque peu méprisante de « coqs de village », mais bien, dans le Valois, certaines parties de la Brie et de la Beauce, ou le Soissonnais, d'un ensemble stable et puissant. M. Moriceau a pu les suivre, grâce à leurs généalogies, jusqu'à nos jours. Au XVIIIe siècle, la fortune moyenne de ce groupe se situe autour de 100 000 livres, dans certains cas même de 300 000 livres. Ouverts sur le monde paysan, mais d'un niveau de fortune comparable à ceux de la strate supérieure de la moyenne bourgeoisie parisienne qui se situe à la limite de la grande richesse, instruits, souvent propriétaires d'offices de petite importance, ils constituent un carrefour social particulièrement efficace.

Cette situation ne se retrouve pas à ce degré ailleurs, mais il n'est pas de région où l'on ne trouve quelques représentants de « paysans-marchands » aux fortunes notables et d'influence occulte certaine, même en ville. Il y a bien une bourgeoisie rurale paysanne ; elle est, certes, isolée, sauf dans les régions riches d'élevage.

En dehors de ce groupe hétérogène, éparpillé sur l'ensemble du pays, le monde paysan dispose d'un autre atout : celui d'une gestion assez indépendante. Le groupe villageois gère, en effet, sa propre fiscalité, l'intervention royale se bornant à fixer le montant global de l'impôt. Cette liberté favorise la *sanior pars populi* (la partie plus saine du peuple), qui n'est pas toujours nécessairement la plus riche et correspond assez souvent à la strate moyenne de la richesse villageoise ; elle est de plus en plus discutée par l'intendant. Dans le souci légitime d'assainir des finances toujours en médiocre état — la campagne ne se différencie pas sur ce point de la ville — les intendants interviennent de plus en plus dans les affaires villageoises. Plus redoutées sont encore, partout où les forêts sont importantes, les interventions des agents des Eaux et Forêts. Théoriquement, les paroisses propriétaires de bois communaux disposent de moyens de paiement mais, dans les faits, la mentalité populaire confond allégrement forêts royales, forêts privées, bois seigneuriaux, communaux propriétés de la paroisse et communaux détenus à l'intérieur de la seigneurie, moyennant redevances.

C'est que la civilisation française, à l'époque moderne, est fondamentalement une civilisation du bois, même en ville. Au XVIe siècle, dans les campagnes, le fer est un produit rare, que l'on économise : dans la charrue, seul le soc est en fer. Au fil des deux siècles ultérieurs, le fer se fait moins rare, même si son usage rural reste limité. Le bois sert donc à tout : bois de charpente et de colombage dans la maison, bois de chauffage et de cuisson, bois des outils fabriqués pendant les longues veillées d'hiver... Comme l'époque moderne est, du XVIe au XVIIIe siècle, une période de croissance des villes et plus encore de croissance de l'environnement matériel des citadins, les besoins des villes en bois interfèrent de plus en plus avec ceux des campagnes, et introduisent ainsi l'économie de marché dans les zones les plus isolées pour peu qu'elles se trouvent à proximité des rivières flottables. C'est au XVIe siècle que l'on a trouvé le moyen de faire parvenir les radeaux jusqu'à Paris, nouveau système de transport d'une importance considérable, puisque utilisant toutes les rivières.

S'ajoutent les besoins croissants des forges et des verreries, très grosses consommatrices de bois, des constructions navales, du bâtiment dans les villes qui en restent souvent aux maisons de colombage. Rouen, au XVIe comme au XVIIIe siècle, est une agglomération en bois. A Paris, de Bercy à l'île de la Cité, les deux rives de la Seine sont encombrées de montagnes de bois dont, parfois, l'une brûle en un gigantesque incendie. A Nevers, des guetteurs signalent, y compris la nuit, l'arrivée des crues de la Loire qui portent les barques de bois vers Nantes où elles sont dépecées. Toutes les rivières de France retentissent des cris des flotteurs chers à Giono et leur image se perpétue jusqu'au début du XXe siècle. Il n'est guère de torrent flottable qui, Colbert aidant, ne soit l'objet d'un aménagement sommaire pour le flottage.

Ce qui entraîne l'un des plus violents et des plus tenaces conflits entre le monde paysan des plateaux bourguignons, des montagnes alpestres ou pyrénéennes, des massifs de l'Est et du Centre, et les Eaux et Forêts. Pendant la longue cohabitation entre le paysan et la forêt qui marque l'histoire rurale de la préhistoire à la fin du Moyen Age, le monde paysan a usé et abusé de la sylve. La civilisation française est civilisation du bois, mais le paysan français — le Français en général, citadin compris — n'est pas, contrairement à l'homme d'Europe centrale, ami de la forêt. Les prairies naturelles ne suffisant pas, le bétail n'a d'autre recours que la forêt-pâturage, et c'est là l'une des causes majeures du formidable recul de la forêt. Elle est élément essentiel de la subsistance du paysan. Or, depuis le XVIe siècle, les seigneurs et l'État tentent de protéger la forêt ; celle-ci avait pu, au fil de la guerre de Cent ans, regagner du terrain, vite reperdu pourtant. Les rois du XVIe siècle ont multiplié les ordonnances, peu appliquées en raison du malheur des temps. Colbert, toujours un tantinet hâbleur, s'arroge, un peu vite, l'honneur d'avoir inventé les Eaux et Forêts. Comme dans beaucoup de domaines il n'a fait que systématiser, réunir et codifier des règlements antérieurs dans le célèbre Code des Eaux et Forêts. Nous disposons donc là d'un moyen intéressant de mesurer à la fois l'efficacité du système des officiers et la résistance paysanne. La courbe tracée par Andrée Corvol est singulièrement évocatrice : les choses changèrent peu pendant le règne de Louis XIV, et c'est vers 1700 que s'amorce une grande campagne de répression des délits forestiers. Le monde paysan mettra plus d'un demi-siècle à comprendre que la forêt représente un capital qui n'est pas inépuisable, que la généreuse nature ne renouvelle pas gratuitement ses dons et qu'il faut préserver la forêt pour les générations futures. Comment en faire prendre conscience à des paysans qui ont tant besoin d'elle, surtout quand les marchands, ayant partie liée avec les officiers des Eaux et Forêts, exportent du bois vers la ville ?

A partir de la Régence, qui, comme dans beaucoup d'autres domaines, a tenté de mettre en place une organisation « rationnelle », une vague de procédures s'abat sur les campagnes. Celles-ci réagissent avec une extraordinaire violence, qui se traduit par une destruction accélérée de la forêt. Entre 1740 et 1770, s'établit un certain équilibre : les principes édictés par l'autorité royale semblent mieux compris. Enfin, de 1770 à 1789, les paysans recommencent leur contestation, tentant de prendre eux-mêmes les choses en main, réduisant souvent les agents des Eaux et Forêts à l'impuissance. La suppression par la Révolution des offices des Eaux et Forêts se traduit ensuite par un gigantesque gaspillage, avant la remise en ordre du XIXe siècle.

L'action des Eaux et Forêts a donc été bénéfique : à force de poursuites, le monde paysan a fini par admettre, à contrecœur, le bien-fondé de la politique royale de préservation. Reste que, techniquement, cette action a souvent échoué. Les connaissances pédologiques et biologiques étaient insuffisantes pour que l'on respecte l'écologie. Il fallut, au XIXe siècle, se mettre à l'école des forestiers allemands, faute d'avoir écouté les conseils, souvent judicieux, des marchands. Dans tout le Bassin parisien, ou plutôt dans le Bassin de la Seine, la hausse des prix du bois, due à l'augmentation de la consommation parisienne, entraîna l'exploitation prioritaire du bois à brûler. La marine ne tira plus grand-chose de cette région, et ce furent la Franche-Comté et le Dauphiné qui fournirent en partie son bois d'œuvre, une autre partie étant formée des conifères des Pyrénées, qui se révélèrent de qualité très inférieure aux sapins du nord de l'Europe: la résine étant plus volatile, les mâts cassaient facilement au bout d'un an. Ces erreurs techniques, le refus de comprendre qu'on ne devait pas trop laisser croître les baliveaux, la pratique abusive — imposée par l'administration — de la coupe à blanc, la surexploitation pendant des siècles, tout cela explique la dépendance de la France vis-à-vis des bois du Nord (Prusse, Suède, Norvège, voire Russie), handicap majeur dans la compétition internationale. Le choix du navire de guerre français standard, de 74 canons, s'explique ainsi par l'incapacité de la forêt française à fournir les pièces adéquates à des navires de plus fort tonnage. Cet exemple montre bien les limites de l'action d'une administration fondée sur les offices, mais aussi qu'il ne faut pas négliger son efficacité. En tout cas, les ordonnances des Eaux et Forêts expliquent en partie le malaise paysan du XVIIIe siècle. Voilà une action administrative rationnelle, justifiée quant au fond sinon quant à toutes ses méthodes, mais très mal perçue par le monde paysan qui a d'abord pris les mesures de restriction du pacage des bestiaux (indispensables au maintien de la forêt) comme une usurpation de propriété.

## *La France profonde*

Le même problème apparaît en matière de communications. On a vu l'amélioration considérable des routes et des moyens de communication, amorcée par

Colbert, mise en œuvre par l'école des Ponts et Chaussées et généralisée au XVIIIe siècle. Arthur Young, visitant la France à la veille de la Révolution, n'a que des cris d'admiration pour les routes royales françaises, supérieures à toutes celles d'Europe, mais il doute, d'ailleurs, quelque peu de leur nécessité, car certains tronçons sont peu utilisés.

Cette amélioration générale des routes est due à l'introduction, par le contrôleur général Orry, de la corvée des grands chemins. Corvée royale, il s'agit d'un impôt en nature — sous forme de journées de bêtes et d'hommes — levé exclusivement sur les paroisses rurales. Il fut fort impopulaire. Souvent exigée à la belle saison, au moment des moissons, la corvée pesait lourd, en dépit d'une modeste rétribution. Plus grave, et les cahiers de doléances paysans s'en font souvent l'écho, ces routes étaient à l'usage quasi exclusif de la ville. Turgot finit par remplacer la corvée par l'impôt. Cette formidable intrusion dans le paysage rural était, cette fois, le fait, non de commissaires, mais de véritables fonctionnaires, très peu nombreux par surcroît, formés dans la première des grandes écoles si typiques de notre pays. Formation d'ailleurs excellente, qui en fait le prototype de celle des grands commis de l'État.

Le monde rural de l'époque moderne sort d'un isolement qui a d'ailleurs toujours été, sauf rarissime exception, très relatif. Le monde villageois ne se borne pas à la ligne d'horizon, aux clochers voisins. Sans doute prend-on femme dans un cercle qui ne dépasse pas ces étroites limites, mais la vie quotidienne est toujours tributaire de l'extérieur. Il ne faut ni surestimer ni sous-estimer cette ouverture : elle ne cesse de s'accroître au long des trois siècles de l'époque moderne et s'accélère au XVIIIe siècle avec l'ouverture sur la mer qui profite aux arrière-pays des grands ports atlantiques et même méditerranéens.

Que vaut alors la formule de « village immobile » ? Beau titre, à nuancer pourtant, slogan à la fois vrai et faux, infiniment variable selon les régions. Le plat pays est si bien parcouru de voies de communication qu'il s'en trouve constamment irrigué. Ce sont les régions les plus riches qui en profitent le plus. Riches, par exemple, parce que spécialisées dans une production destinée aux marchés des grandes villes : du Morvan et du Charolais, de Normandie partent les grandes caravanes qui alimentent en bétail les deux grands marchés de Sceaux et de Poissy. Ce sont des pays d'embouche ; ils font eux-mêmes venir leurs bovins des pays naisseurs, très nombreux : la Bretagne occidentale (qui est également un marché de chevaux), la vallée de la Loire et la Vendée, les plateaux du Massif central. Vieille tradition : il s'agit d'un vieux réseau, remontant au Moyen Age, quand les bouchers de Paris, regroupés en caravanes fortement armées, formaient de véritables petites armées, toujours prêtes à participer à quelque révolte.

Dans les pays chrétiens (quoique la France soit très loin, dès le début du XVI^e^ siècle, d'être partout aussi profondément christianisée), il est de tradition de fréquenter de fort lointains pèlerinages. Toute une partie de l'action du clergé « éclairé » consistera, au XVIII^e^ siècle, à lutter contre ces pèlerinages où jeunes gens et jeunes filles trouvent, au long des jours d'aller et de retour, mainte occasion de faire ample connaissance. Certes, le paysan voyage peu, ne pouvant se détacher des urgences de son travail ; mais l'artisan rural, qui représente une part non négligeable de la population, fait souvent, même dans les petits villages, vers l'âge de vingt ans, un tour de quelques mois afin d'apprendre les finesses de son métier dans les centres les plus réputés. Parfois subsiste quelque précieux cahier de voyage... si l'artisan sait écrire.

L'époque moderne est aussi celle du grand progrès de l'alphabétisation, comme de l'apprentissage du calcul élémentaire. Ce n'est pas un hasard si Pascal invente, à l'usage de son père, la machine à calculer. Pour en saisir le sens, il suffit de lire le « prospectus » qui l'accompagne. Comme les quatres opérations élémentaires sont difficiles — même pour un officier de finances du plus haut niveau — et ne vont pas sans erreurs, la machine va tout simplifier. Commercialement, ce sera un échec, la construction en série s'avérant trop longue et trop délicate pour les artisans de l'époque. Du moins avons-nous ici le témoignage saisissant du faible degré de généralisation du calcul élémentaire. Or, à la fin du XVIIe siècle, la chose n'est plus vraie : les quatre opérations sont devenues le capital commun de millions de gens. Les deux premières ont pénétré dans les campagnes, même dépourvues d'écoles. Formidable progrès que cette connaissance, pour nous élémentaire, mais qui au XVIe siècle restait l'apanage de savants ; quelques centaines d'hommes, à peine, formant l'élite intellectuelle du pays. A la veille de la Révolution, le calcul élémentaire est solidement implanté dans tous les villages, au moins chez une forte minorité. Apprendre à calculer dans les écoles coûte en effet plus cher que le simple apprentissage de la lecture — première étape d'acculturation — complété plus tard par celui de l'écriture, plus complexe.

En matière de lecture, le progrès est foudroyant. Au début du XVIe siècle, l'écrit est le privilège des scribes professionnels, gens redoutés. Le notaire, maître de l'écrit, intermédiaire entre le propriétaire et le locataire, y acquiert son prestige. Heureusement pour les historiens, le monde rural s'ordonne autour de lui. Mais en 1789, l'alphabétisation a singulièrement progressé, et souvent sans écoles, car il existe d'autres cheminements, mal connus, vers la lecture. Au nord-est d'une ligne Caen-Lyon, se trouve la France alphabétisée, là où se recrutent les immigrants vers Paris : plus de la moitié des hommes et un tiers des femmes savent écrire. C'est un phénomène encore très mal expliqué, en dépit de toutes les recherches, car la géographie de l'alphabétisation fait partie d'une cartographie à l'échelle européenne. Le nord-est de la France en effet, s'intègre dans l'épine dorsale qui court de la Suisse au bassin de Londres, à laquelle il faut ajouter l'Écosse et, très vite, la Suède et la Norvège, ainsi que la partie occidentale de l'Allemagne, le long de la vallée rhénane. Phénomène ancien, puisque c'est entre Bâle et Rotterdam que s'est d'abord répandu le livre. Les Pays-Bas et la vallée du Rhin ont des taux d'alphabétisation encore supérieurs à ceux de la France du Nord-Est.

On a avancé nombre d'explications : dans cette zone de contact entre les mondes protestant et catholique, la compétition entre les deux religions aboutit à l'alphabétisation des jeunes : il s'agit qu'ils lisent les uns la Bible, les autres le catéchisme. Il n'est pas indifférent pour le développement culturel d'avoir pour livre de base le Livre par excellence — d'ailleurs objet de traductions géniales en allemand et en anglais — ou bien un catéchisme, voire un livre de savoir-vivre : il ne faut pas dénigrer ce dernier type de livre car il n'est pas sans mérites, mais le genre manque cependant d'envergure et d'ouverture d'esprit, ne serait-ce que par son absence de poésie. Explication partielle sans doute, qu'il faudra, un jour, transplanter sur le plan qualitatif.

On attribue également à ce contact entre les deux religions maints phénomènes, dont le plus frappant sont les épidémies d'affaires de sorcellerie qui se concentrent en une sanglante première moitié du XVIIe siècle, en Lorraine et aux Pays-Bas. Plus encore que dans le cas précédent, l'explication est trop courte et ne se plie pas sans distorsion à une cartographie élargie à l'échelle européenne, car il s'agit aussi d'une zone de commerce intense et ancienne, de la vieille route des foires de Champagne du XIIIe siècle, relayée pendant la guerre de Cent ans par la route alpestre et rhénane. Zone, encore plus, de forte densité urbaine, et surtout de « grandes » villes assez proches les unes des autres pour exercer une action profonde sur les campagnes, créant ainsi une demande sociale d'apprentissage de la lecture.

L'aspect le plus marquant de la ligne Caen-Lyon, c'est qu'au nord-est la demande scolaire émane de la population elle-même, ou au moins de ses élites, et se rencontre, à mi-chemin des strates sociales, avec l'offre émanant du haut de la société. Ajoutons enfin que l'habitat groupé est favorable, ne serait-ce qu'en hiver, seule saison où les enfants disposent de temps. A l'ouest et dans le Midi, l'habitat dispersé est, en revanche, un facteur de difficultés. Le retard des pays méditerranéens reste cependant surprenant : il y existe des courants commerciaux importants et anciens, l'habitat y est groupé, les centres intellectuels nombreux. La première explication, religieuse, joue certainement : ainsi, le protestantisme étant par excellence religion du Livre, les minorités protestantes — Camisards compris — sont-elles fortement alphabétisées. Mais ailleurs la demande sociale semble avoir été des plus inégales.

Il pouvait en être autrement. En Aquitaine, s'était en effet constitué au XVIe siècle un réseau scolaire dense et, pour autant qu'on en puisse juger, solide. Il fut en grande partie balayé par les guerres de Religion qui ruinèrent pour un temps le Sud-Ouest.

Le dynamisme des campagnes dépend largement de celui des villes qui les dominent. Là encore, les choses ne sont pas simples. Beaucoup d'historiens attachent une grande importance à la rivalité villes-campagnes. L'explication est souvent avancée pour rendre compte de l'insurrection vendéenne sous la Révolution. Il est sûr qu'il existe un fort antagonisme : le mépris du citadin n'est pas à démontrer — il en est d'illustres exemples — et, pour le paysan, la ville est l'endroit où se concentre la richesse et où se trouvent les propriétaires auxquels on doit payer fermages, rentes seigneuriales et prélèvements. Nul doute que, si l'occasion s'en présentait, on se ferait fête de piller ces superbes habitants des villes ; on a relevé plus haut le cas, typique, de la corvée des grandes routes. Ajoutons que la ville est fiscalement privilégiée ; avec l'accroissement des impôts, du XVIe au XVIIe siècle, la distorsion s'accroît. On n'en finirait pas d'énumérer les causes de conflits entre ruraux et citadins.

Plus la ville participe à la civilisation « avancée », plus elle heurte le fond des mentalités paysannes.

## *Villes et campagnes*

Il serait pourtant dangereux de généraliser cet antagonisme. Beaucoup de campagnes sont fortement industrialisées. Le mouvement remonte au Moyen Age, mais s'amplifie à l'époque moderne. Dans le textile notamment, les « fabricants » des villes pratiquent ce qu'en langage spécialisé l'on appelle le *Verlagssystem* : le fabricant urbain fournit normalement la matière première — soie autour de Lyon, laine et coton ailleurs — que le paysan-artisan transforme ; mais il arrive aussi que celui-ci la fournisse.

Dans l'Ouest, en Bretagne, en Poitou et dans les marges armoricaines, c'est-à-dire dans les pays humides, on cultive le lin et le chanvre que le paysan travaille lui-même, pour ses besoins propres, mais surtout pour fournir au fabricant-commerçant. Comme lin et chanvre « viennent » bien en année humide, cela compense souvent une médiocre récolte de grains. Quoi qu'il en soit, l'artisan rural transforme la matière première en une étoffe payée par le fabricant, lequel se charge de la commercialisation, souvent dirigée vers l'extérieur : ainsi Saint-Malo et Nantes concentrent les toiles à destination des colonies d'Amérique et surtout de la péninsule Ibérique d'où elles repartent vers l'Amérique hispanique. C'est l'un des postes majeurs de la balance franco-espagnole des paiements. De grands négociants y font fortune, comme, à Saint-Malo, le père de Lamennais. Cette spécialisation de l'Ouest connaît un apogée entre le début du XVIe et le milieu du XVIIe siècle : l'Ouest ravitaille alors toute l'Europe, Angleterre et Hollande comprises. C'est à la faveur des guerres de la fin du règne de Louis XIV que se développe la concurrence de l'Irlande et de la Silésie, qui finissent par limiter les débouchés du lin français à l'Amérique et à l'Espagne, faisant dépendre l'Ouest de l'arrivée des navires espagnols qui transportent l'argent du Mexique et du Pérou.

Autour de Lyon, sur les pentes orientales du Massif central, s'est développée une autre zone textile semi-rurale : celle de la soie, élément essentiel du prestige de la production française, objet de tous les soins de la royauté. Celle-ci cherche désespérément à établir partout où elle le peut la production du mûrier et du ver à soie, mais elle rencontre d'innombrables échecs. Une fois de plus, l'insuffisance des connaissances techniques joue un grand rôle : l'acquisition d'une certaine rationalité est lente, et, en dépit d'une évidente bonne volonté, les vues du centre dirigeant manquent souvent de réalisme.

Même phénomène en Languedoc et dans tout le nord de la France pour la laine et le coton (ce dernier étant utilisé pour les futaines depuis le Moyen Age). De plus en plus, ces industries fuient la ville : la campagne offre des salaires plus bas et un cadre institutionnel vierge où aucune corporation ne vient bloquer les innovations. Par-dessus tout, le paysan-artisan, grâce à sa double activité, se trouve relativement à l'abri des méventes. Naturellement, corps de villes et corporations se dressent violemment contre cette désertion des négociants. Sans grand succès.

La ville ne dispose que d'un seul atout, de taille il est vrai : une plus haute technicité. Ainsi, les productions de grand luxe sont réservées, à peu d'exceptions près, aux « canuts » lyonnais ou à leurs émules : les dentellières se regroupent au Puy et à Valenciennes, pour ne parler que du XVIIIe siècle ; mal payées au Puy, bien rétribuées à Valenciennes, où des négociants entreprenants et ouverts sur l'Europe savent remplacer à temps le marché de la Cour — qui disparaît à l'avènement de Louis XVI — par le marché allemand. Un bel exemple de coexistence ville-campagne : quand on demande, au milieu du XVIIIe siècle, aux notables de Laval une définition de leur ville, ils englobent, dans leur réponse, les dix-sept villages voisins où se fabrique la toile.

L'habitant des campagnes connaît donc la ville de maintes manières. L'artisan vient y apporter, une fois par mois ou davantage, le produit de son travail ; les jardiniers et éleveurs des grandes banlieues viennent, comme à Paris, apporter tous les matins le lait et les légumes dont vit toute la ville ; les paysannes des villages plus lointains portent au marché les humbles surplus de leurs récoltes. Tout cela tisse autour de chaque ville un dense réseau de relations. Fraîchement débarqué de son Angleterre, Arthur Young contemple avec stupéfaction ce va-et-vient incessant, qu'il juge terriblement anti-économique, et tellement différent de ce qu'il connaît dans les îles Britanniques. C'est que le paysan (et plus encore la fermière) vient aussi pour voir, acheter, et... bavarder. Car, en dehors des moissons et des semailles, la densité de la population rurale permet, en dépit de l'écrasant labeur, beaucoup de temps libre que les observateurs gouvernementaux et bourgeois — ainsi les intendants — jugent, comme Young, gaspillé. Et de cataloguer tel pays comme « fainéant » ou, au contraire, « travailleur ». La carte de cette vision stéréotypée — récente, elle date pour l'essentiel du XVIIe siècle — qu'il faudra bien dresser un jour ne manquera pas de piquant. Elle coïncidera mal avec les jugements anciens, qui opposent classiquement les gens des provinces entre eux.

Les liens entre villes et campagnes sont encore renforcés par l'immigration vers la ville, ce phénomène ancien qui prend de plus en plus d'ampleur à l'époque moderne sous l'effet de deux facteurs : la forte croissance des villes et l'impossibilité, pour la démographie urbaine, de se stabiliser. La population des villes françaises s'accroît en effet au point de constituer un cas relativement rare dans l'Europe moderne. On prendra quelques exemples : Saint-Malo passe de 5 000 habitants au XVIe siècle à 22 000 vers 1720 ; Rennes de 15 000 à 35 000 ; Nantes de moins de 20 000 à 80 000. Cette croissance s'accélère, sauf cas particuliers. Ne parlons pas des villes nouvelles ou quasi nouvelles : Brest, Le Havre, Lorient, Versailles, Charleville, Rochefort. Quelques villes stagnent ou reculent : passé le cap des années 1720, Saint-Malo recule à 18 000, tout comme Vitré qui tombe des 20 000 du XVIIe siècle aux 13 000 à 15 000 du XVIIIe. Le cas le plus grave est celui de Rouen, deuxième ville du royaume au début du XVIIe siècle avec 80 000 habitants, et qui tombe à 60 000 pour remonter à 80 000 à la veille de la Révolution. Mais c'est la seule grande ville qui est affectée par pareille courbe.

Soulignons l'originalité française. Face, par exemple, à la longue stagnation des villes allemandes et à la stabilité des très grandes villes italiennes (bloquées, il est vrai, à de très hauts niveaux), face même à l'Angleterre ou au Danemark, pour ne pas parler de la Scandinavie, la progression des grandes et moyennes villes françaises est surprenante. Résumons : vers 1500, une ville peut être considérée comme « grande » avec plus de 20 000 habitants ; vers 1600, il en faut au moins une trentaine de milliers ; vers 1700 l'échelle s'élargit ; en 1790, c'est le seuil des 50 000 qui est devenu marquant. On reviendra sur ce constat qui, surtout comparé à ce qui se passe dans le reste de l'Europe, contredit beaucoup de nos habitudes de pensée.

De nombreuses villes moyennes et petites évoluent au même rythme. Or cette croissance n'a été rendue possible que par l'afflux des populations rurales. Évidemment il n'est pas question de dresser une carte de l'exode rural à l'échelle de la France : les besoins d'une ville de 20 000 à 40 000 habitants ne sont pas illimités et leur « bassin démographique » reste étroit. Ainsi, pour Nantes jusque vers 1720, il coïncide avec le comté nantais. Cas déjà extrême puisque la croissance nantaise est capable de bloquer celle de toutes les autres villes dans un rayon d'une centaine de kilomètres. Il n'y a guère que Paris pour disposer d'un bassin plus large ; encore est-il surtout orienté, en dehors des plateaux de la Brie et de la Beauce, vers la Bourgogne et la Champagne, accessoirement vers la Normandie, et anecdotiquement — c'est un premier jalon dans un flux appelé à beaucoup d'avenir — vers le Cantal...

La très forte croissance des villes maritimes du XVIIIe siècle élargit les zones d'attraction : c'est alors que se mettent en place nos capitales régionales actuelles qui relaient, en amplifiant le phénomène, les capitales provinciales. Schématisons outre mesure, pour faire toucher du doigt le changement d'échelle. Jusqu'au XVIIe siècle, ce sont les provinces qui « font » leur capitale : à partir du XVIIIe siècle, ce sont certaines villes qui se créent leur région.

Les paysans attirés par la ville sont plus nombreux que ne l'exigerait la simple arithmétique. D'une part, la ville est un « mouroir », surtout au XVIe siècle et pendant la première moitié du XVIIe, nettement moins ensuite, au point que le mouvement naturel apparent — différence entre le nombre des naissances et des décès — est souvent légèrement positif. D'autre part, qui vient en ville n'y reste pas nécessairement. Les historiens démographes (J.-P. Poussou, J.-P. Bardet) ont récemment établi que pour conserver un immigrant, il fallait en attirer un et demi, ou encore que, sur deux immigrants, l'un repartait. Plus qu'un point d'aboutissement, la ville est donc une passoire, et cela sans tenir compte de la population flottante des plaideurs, des écoliers, des forains et des ouvriers saisonniers.

C'est bien que les liens entre villes et campagnes sont étroits : très souvent l'immigrant n'arrive que parce qu'il peut compter sur un « point de chute ». Dans *Le Paysan parvenu* de Marivaux, le transport du vin de Champagne pour son seigneur est à l'origine de l'arrivée du frère aîné ; celui-ci trouve à se marier, ce qui nécessite l'arrivée du second. Nobles et bourgeois font volontiers venir de la campagne les gens qu'ils estiment, et aussi leurs domestiques. Et quand on vient en ville de son propre chef s'offrent les innombrables relais du ravitaillement urbain, les liens commerciaux tissés de longue date, les compagnonnages, les courants de métiers spécialisés. Et il y a les auberges, pour ne pas parler des marchés.

L'opposition ville-campagne est encore atténuée par la double résidence des élites. On passe la « saison » hivernale en ville : c'est l'époque du théâtre, des salons, des rencontres, des fêtes, mais surtout de l'activité professionnelle. On rejoint la campagne en été, à la fois pour économiser, pour consommer les productions des terres, pour faire les provisions pour l'hiver et pour toucher, à la Saint-Jean d'été ou à la Saint-Michel, les rentes foncières.

Les relations complexes et diverses des mondes de la ville et de la campagne engendrent mythes et préjugés. La ville — et surtout la ville par excellence, Paris — est de plus en plus honnie comme le lieu de perdition. Le mouvement, assez limité au XVIe siècle, s'amplifie à partir des années 1660. Au temps de la Fronde, la ville était plutôt lieu de refuge devant les exactions de la soldatesque. La paix rétablie, on retrouve les poncifs de la littérature antique, renforcés par l'état d'esprit du clergé. Il est d'ailleurs piquant de constater les revirements de certains détracteurs. Ainsi le grand négociant nantais Descazaux du Hallay n'a pas de mots assez durs, dans son mémoire au Conseil de commerce de 1700, pour fustiger les marchands qui, fortune faite, abandonnent leur activité pour s'établir à Paris ; suprême honte, celle-ci n'est pas même, comme Londres, ou Amsterdam, une cité portuaire. Or, en 1717, Descazaux s'établit à Paris, abandonne le commerce maritime, pour se marier en secondes noces avec une fille de la haute aristocratie et s'établir dans l'un des plus beaux hôtels de Paris ! Quand il meurt, en 1730, sa fortune se monte à trois millions de livres. De leur côté, les philosophes emboîtent le pas à Jean-Jacques Rousseau qui note, dans *La Nouvelle Héloïse,* que « la morale change, dans une ville de plus de 200 000 habitants ». Observation qu'à sa manière Restif de La Bretonne illustre dans *le Paysan perverti.*

## *Aisance et pauvreté*

Reste qu'une partie de la paysannerie est misérable et connaît un sort incertain. Il est des pays pauvres et, dans le contexte technique de l'époque, irrémédiablement pauvres. Le contrôleur général Philibert Orry a tenté d'en dresser en 1745 la carte *(Les Facultés des peuples)*. Carte suggestive : les « pays qui vivent ou qui sont aisés » se situent — à l'exception du Béarn, du Pays basque et du Roussillon — tous dans la France du Nord. Les pays aisés se retrouvent, comme par hasard, au nord-est d'une ligne AvranchesLyon, à l'exception de la Limagne et des Charentes. Le Nord-Est qui n'est cependant pas uniformément aisé, puisque la Champagne est considérée comme pays pauvre, alors que la Franche-Comté est rangée dans les pays « où les uns vivent, les autres sont pauvres », tout comme la Beauce, le Perche étant miséreux. Le Midi méditerranéen ou aquitain est pauvre, tout l'ouest du Massif central et le Dauphiné miséreux, comme la portion centrale des Pyrénées. On retrouve l'opposition entre nord de la France (en y englobant encore les pays de la Loire, Berry compris) et le Sud, irrémédiablement englué dans un état d'infériorité évident. Il y aurait bien des critiques à faire à ce document mais il est le seul de son espèce : force est de s'en contenter. Il serait passionnant, à partir de cette carte, de dresser la courbe d'évolution jusqu'à notre époque.

Il s'agit là des « facultés » financières : notre document est fiscal. Mais il est impossible d'évaluer la vie quotidienne d'un Français d'autrefois sans recourir aux sources fiscales. Relevons que la carte coïncide, pour l'essentiel, avec celle de la répartition des offices de 1664. Peut-être une carte comparable pour le XVIe siècle eût-elle été très différente sur quelques points : les pays de la Loire y fussent apparus plus aisés. Pour l'essentiel, il s'agit d'une bonne « photographie » du monde rural.

La gradation d'Orry, pour qualitative qu'elle soit, est significative. Les Français sont catalogués en quatre catégories : ceux qui sont à l'aise ; ceux qui vivent ; ceux qui sont pauvres ; ceux qui sont dans la misère. La classification par provinces introduit le type de provinces à forts contrastes, « où les uns vivent, les autres sont pauvres ». Moins d'un tiers du pays est à l'aise ; une portion comparable est celui d'un niveau de vie supportable. La moitié du pays est donc située au-dessus du seuil de la subsistance assurée. Les pays carrément miséreux représentent moins du cinquième : ce sont les pays de montagnes, encore que tous ne soient pas misérables. Mais la France, aux yeux de toute l'Europe, Angleterre et Hollande exceptées, est un pays riche... Image stéréotypée, sans doute. Elle correspond à celle des observateurs français.

La carte d'Orry date d'un moment où la crise des années 1740, qui a fortement impressionné les Français, commence de s'estomper. Or cette crise a succédé à presque deux décennies exceptionnelles, qui ont peut-être été les meilleures qu'ait connues la paysannerie française à l'époque moderne. Il existe, en effet, une coupure chronologique essentielle pour la vie des populations : la grande famine de 1709-1710 — au cours de laquelle on a encore connu quelques cas d'anthropophagie sévèrement punis — qui a été cependant moins grave, souvent, que celle de 1694, est la dernière de notre histoire. Passée cette date, le pays ne connaît plus que des disettes ; celle qui précède la Révolution n'est pas comparable aux famines des XVIe et XVIIe siècles.

Pourquoi cette transformation capitale ? D'abord et avant tout, a joué une meilleure domination de l'espace économique : cabotage, commerce maritime et routes ont permis de redistribuer les excédents des régions où la récolte avait été moins mauvaise ainsi que le produit des importations. L'autorité royale y est pour beaucoup, en particulier dans le ravitaillement des villes. Est-ce suffisant ? L'histoire climatique enregistre, au moins pour la première moitié du XVIII^e siècle et jusqu'en 1760, des séries de meilleures années, alors que dominent, de 1760 à 1790, des séries médiocres. Faut-il parler d'une amélioration générale de la production agricole ? M. Morineau a sévèrement critiqué, non sans quelques bonnes raisons, les « faux-semblants de la révolution agricole ». Il est probable, en effet, que la productivité agricole n'a pas connu de grande transformation, sauf dans quelques secteurs très spécialisés (vignoble, cultures de légumes, maïs du Sud-Ouest). Le paysan français s'est montré rétif devant les nouveautés, et l'Allemagne, la Hollande et l'Angleterre dépassent de loin les modestes améliorations réalisées en France, encouragées bien souvent par des agronomes de salon.

Le climat général et le temps qu'il fait tous les jours conditionnent non seulement la vie paysanne, mais le rythme même de la vie économique et sociale du royaume. Le grand drame est une mauvaise récolte céréalière. Or la différence entre une bonne et une mauvaise récolte est infiniment plus grande que de nos jours : elle peut aller du simple au double. Il est évident qu'avec de mauvais résultats, les prélèvements sociaux et politiques, qui ne sont que partiellement proportionnels aux récoltes (on les calcule la plupart du temps d'après une moyenne de prix sur dix ans), sont infiniment plus difficiles à supporter en année de crise climatique. Le seuil de la pauvreté se définit donc moins par un chiffre moyen, vision purement mathématique, que par la remise en question du niveau de vie — et de la vie même — par la mauvaise récolte. Le paysan riche ou aisé survit mais il engage moins de moissonneurs saisonniers et recourt moins aux services des manouvriers. En un mot, toute la hiérarchie paysanne est ébranlée, ce qui se répercute sur l'ensemble de la pyramide sociale. Les grands propriétaires ou les décimateurs voient leurs revenus diminuer et restreignent en conséquence leurs achats de luxe. Devant la hausse du prix du pain, les habitants des villes économisent d'abord sur le moins urgent, l'habillement, ce qui met en difficulté l'industrie textile. Une mauvaise récolte se répercute ainsi dans tout le corps social en une série de rétroactions négatives à effets cumulatifs.

Les guerres, naturellement, entrent dans le jeu complexe de l'appauvrissement, même si le paysan français n'est plus guère directement concerné (d'où sa mauvaise humeur devant les levées de la milice). L'idée même d'un service militaire est hors de question : on le verra bien lors de la levée de 300 000 hommes à la Révolution, encore que, sur ce point, d'autres causes aient joué, essentiellement de politique locale : les patriotes refusant de laisser derrière eux de possibles insurgés, les Vendéens ne désirant pas laisser leurs familles en proie à l'arbitraire d'autorités qu'ils n'appréciaient pas. Mais toute guerre exige le renforcement de la pression fiscale.

Ce type de crise est en réalité très atténué par rapport aux difficultés des deux siècles antérieurs. En dehors de probables oscillations climatiques fort limitées — hors quelques « grandes » années, comme la décennie de 1590, elles jouent essentiellement dans les régions sensibles : montagnes et régions à essences végétales placées dans des sites d'adaptation fragile —, la guerre civile s'est redoutablement conjuguée avec la crise. Guerres de la Ligue et Fronde ont coïncidé assez largement avec des séries de mauvaises récoltes : le lien de cause à effet ne semble pas discutable. Mais s'y ajoutent les ravages propres aux guerres civiles : le désordre généralisé, les passages des troupes des uns et des autres, les invasions étrangères, désirées ou appelées, aggravent la famine dans d'énormes proportions. S'y ajoutent, et souvent très lourdement, les abus des « spéculateurs » : décimateurs, marchands-blattiers (de grains), gros paysans et grands propriétaires. Là encore, les phénomènes sont cumulatifs. Les épidémies se développent plus facilement dans des populations sous-alimentées — leur régime habituel, trop fondé sur les farineux, est loin d'être déjà bien équilibré —

et aggravent encore la situation. D'où les poussées de mortalité, les « clochers » des démographes, et l'allure si caractéristique de la crise démographique décrite par P. Goubert : chute de la natalité, montée de la mortalité.

La vie paysanne est donc faite de hauts et de bas qui se succèdent de manière imprévisible en fonction de la tyrannie du climat avec d'énormes différences de niveaux de vie entre les apogées et les catastrophes. En découle une attitude d'apathie, de résignation, ponctuée d'explosions contre celui qui, pour une raison ou une autre, est le « responsable » que l'on peut nommément désigner, à commencer par le collecteur d'impôts. Cela explique le caractère cyclothymique des gens de l'époque, qui passent sans transition de la gaieté folle à la désespérance. Le paysan se défoule, et d'abord dans son langage : une manière de désamorcer la violence ou, au contraire, un engrenage diabolique. Franchi un seuil d'insulte — avant tout d'ordre sexuel : on met en cause la virilité ou la pureté des mœurs — il n'est plus de recul possible. Il ne faudrait pas s'imaginer le paysan courbé devant son seigneur : le langage est souvent vif, l'injure prompte, le défi fréquent. En somme, « le monde que nous avons perdu » est celui des réactions instinctives, codifiées suivant un cérémonial non écrit qui nous est, à plus d'un égard, difficilement compréhensible. Par là encore, l'univers rural s'oppose souvent au monde plus policé de la ville.

## *La ville et les villes*

Si la paysannerie des 35 000 paroisses forme le fond de la France d'Ancien Régime, les villes en sont le moteur et insufflent leur dynamisme à l'ensemble de l'économie. Encore ne faut-il jamais oublier de comparer avec le reste de l'Europe, faute de quoi l'on risque des erreurs de perspective.

La France a toujours vécu (et vit encore) dans l'obsession du monstre parisien. Le reproche de centralisation et de focalisation excessive sur Paris est très commun. Pourtant, comparé aux réseaux urbains étrangers, celui de la France apparaît comme l'un des mieux équilibrés. Au moment où on peut saisir un chiffre, vers le milieu du XVIIe siècle, Paris compte environ 550 000 habitants ; à la fin du XVIIIe siècle, ils sont 650 000, 700 000 si l'on y ajoute, comme il est logique, Versailles. Cela fait en 1650 quelque 2,5 % — et à peu près autant en 1789 — de la population française ; mettons entre 2 % et 2,5 % suivant les époques. Or, dès 1650, Londres dépasse largement ce pourcentage : par rapport à la seule Angleterre, l'agglomération représente quelque 10 % de la population... Il en va de même, avec des chiffres plus bas, pour le Danemark avec Copenhague (80 000 sur 800 000, exactement 10 %, en 1769). Il est vrai que la France, l'Angleterre et le Danemark sont les trois seuls pays disposant de métropoles géantes par rapport à leur population. Nul doute que, dans ces trois cas, la puissance politique n'ait été largement tributaire de la ville centrale. L'Allemagne, bloquée par la guerre de Trente ans, ne dispose, au début du XIXe siècle, que de trois villes de plus de 100 000 habitants (Berlin, Vienne, Hambourg).

Ce schéma se renforce encore si l'on passe aux villes importantes hors de la capitale. A côté de Londres ou Copenhague, l'Angleterre et le Danemark du XVe au milieu du XVIIIe siècle n'ont que des villes bien modestes, ne dépassant pas 20 000 habitants au début de notre période et atteignant péniblement les 30 000 à 50 000 vers 1740. Puis ce sera l'essor brutal des villes industrielles. L'Allemagne, elle, est le domaine des villes moyennes. Fait seule exception l'Italie qui, avec Venise, Florence, Naples, Palerme, Rome et Gênes, dispose depuis le Moyen Age d'un réseau dense de très grandes villes.

En France, en revanche, Paris se trouve relayé par une série de villes puissantes, dont on a vu qu'elles ont passé des 20 000-40 000 habitants vers 1 500 aux 50 000 à 150 000 de la veille de la Révolution. Leur rang a pu changer, Rouen se trouvant chassée de sa seconde place de 1515 par Lyon, suivie de très près par Bordeaux et Marseille, qui dépassent toutes deux les 100 000 âmes, et par les agglomérations d'entre 50 000 et 100 000 : Nantes, Toulouse, Strasbourg, Rouen, Lille. L'Angleterre n'offre absolument rien d'équivalent.

En dessous de ces deux strates supérieures, nombreuses sont les villes de plus de 10 000 habitants, qui comprennent le cas échéant des rues paysannes. L'ensemble du royaume est donc encadré par une hiérarchie urbaine qui forme le relais entre le pouvoir royal et le plat pays, et qui focalise les trafics régionaux. Ce caractère de courroie de transmission se renforce considérablement entre le XVIe et le XVIIIe siècle.

A beaucoup d'égards, la ville française du début de la Renaissance — souvent morne et de vie terne — fait assez peu appel à l'extérieur. Rien de comparable, surtout au point de vue culturel et religieux, à l'effervescence que connaissent, au même moment, les petites villes alsaciennes comme Sélestat ou Haguenau, foyers d'imprimerie, bouillons de culture pour les courants religieux de tout ordre, foyers d'humanisme aux bibliothèques célèbres en dépit de leurs 5 000 habitants. L'activité culturelle n'est donc pas nécessairement fonction de la taille et, dans l'atonie de la pensée de ces petites villes, il y a d'émouvantes exceptions. Il sera, un jour, indispensable de comparer par exemple Rennes qui, en dépit d'une vie intellectuelle certaine, et avec ses 25 000 habitants (selon Noël du Fail et Bertrand d'Argentré), ne peut se mesurer ni à Sélestat ni à Colmar.

La présence dans les courants commerciaux européens est ici déterminante. A y voir de près, le poids de Paris est, en effet, déterminé par-dessus tout par l'accumulation des richesses. La haute noblesse de Cour, avec les revenus de grandes propriétés réparties dans toutes les provinces, s'y concentre avec les grands parlementaires, détenteurs d'énormes fortunes. S'y ajoute, au fil des décennies, tout le monde des grands officiers de finances et des manieurs d'argent — munitionnaires, partisans — ou, plus exactement, de ceux qui réussissent, car les déchets sont considérables (90 % des munitionnaires pendant la guerre de la Succession d'Espagne). Comme, par sa seule masse, Paris constitue un énorme marché, il existe dans la ville toute une série de marchands-merciers, de négociants-banquiers, qui forment une bourgeoisie commerçante encore mal connue. Comme Londres, et plus que Londres, Paris attire enfin artistes et écrivains, qui réalisent souvent de coquettes fortunes. Telle veuve d'un sculpteur de second plan dispose, vers 1760, de plus de 600 000 livres, et il n'est pas rare de voir dans ces catégories le « mérite » intellectuel dépasser les 100 000 livres : ainsi Boileau avec 150 000 livres.

Franchi un certain seul, il faut le souligner, toute ville capitale d'une certaine dimension attire automatiquement la richesse : Paris ne concentre pas moins du tiers de la fortune mobilière du pays, comme Londres et comme Copenhague. L'État y est pour beaucoup, puisqu'une partie de cette richesse provient du « maniement » des deniers de l'État. Cette situation remonte au moins au XIII^e siècle : à partir du moment où Paris a dépassé les 200 000 habitants il était normal que les choses en aillent ainsi. La France a été faite autant par sa capitale que par ses rois, en étroite alliance l'une avec les autres.

Cette pyramide harmonieuse de villes a pourtant un défaut fondamental : l'éloignement des grandes cités entre elles. Ce handicap, considérable, est particulièrement net par rapport à l'Angleterre et à la Hollande. Les contemporains ont souligné à l'envi combien la situation de Paris avait orienté tout le pays et toute sa politique vers des objectifs terrestres, le détournant de la mer, première nourricière du grand commerce et de la formation du grand capital. Les distances entre les villes maritimes et Paris

(Rouen excepté) empêchent ces dernières de disposer d'arrière-pays suffisants pour constituer un grand marché de produits lourds. C'est ce qui explique, en partie du moins, que la France se soit toujours dirigée vers le commerce de luxe : non seulement Paris lui fournissait les débouchés mais il constituait aussi un foyer d'artisanat étroitement lié à ce commerce de luxe. Quant aux ports, ils durent se concentrer sur le trafic de produits justifiant les frais de transport élevés imposés par la distance, c'est-à-dire sur des produits qui, sous un volume faible, avaient une forte valeur. Il continue d'en être ainsi au XVIIIe siècle, puisque aussi bien le sucre que le café répondent à ces conditions.

Depuis la fin du Moyen Age, les villes connaissent une forte croissance. En réalité, peu de villes sont neuves et l'essentiel du réseau urbain français — avec en tout cas la localisation des villes — s'est fait à l'époque gallo-romaine, voire celte. Le Moyen Age y a ajouté son lot de fondations nouvelles (les bastides, les nombreuses « villeneuves »). L'époque moderne en a peu ajouté, parce que ce n'était pas nécessaire.

Les fondations sont le fait du Prince (ou des princes). D'aucunes sont mort-nées, comme Richelieu ou Port-Louis. Les réussites les plus brillantes sont liées à une Cour : Versailles et Nancy, dans la mesure où la ville de Stanislas Leczinski, reliant deux agglomérations antérieures, peut être considérée comme une ville « neuve ». La royauté a surtout créé les villes militaires, parmi lesquelles les villes maritimes sont les plus dynamiques, parce que la marine de guerre, arme technique par excellence, nécessite de fortes concentrations de moyens. Le Havre, Brest, Lorient, Rochefort sont nées de la marine de guerre ; Toulon et Marseille, tout en subissant d'autres contraintes, en ont beaucoup profité. La politique royale intervient de la même manière dans l'édification de la « ceinture de fer » de Vauban : création de villes-forteresses comme Neuf-Brisach, aménagement des villes anciennes, dont le caractère est alors totalement transformé : Calais, Gravelines, Dunkerque, Saint-Omer, Aire, Lille, Douai, Arras, Bouchain, Valenciennes, Le Quesnoy, Maubeuge, Avesnes, Landrecies, Guise, Rocroi, Mézières, Sedan, Stenay, Montmédy, Longwy, Thionville, Verdun, Metz, Sarrelouis, Landau, Haguenau, Strasbourg, Wissembourg, Sélestat, Colmar, Brisach, Belfort, pour ne citer que celles de la frontière du nord-est. Le degré de transformation est d'ailleurs variable : aux formidables travaux de Dunkerque (détruit, selon les clauses du traité d'Utrecht, sous la Régence et partiellement reconstruit après 1783), et plus encore de Lille, s'opposent par exemple les médiocres transformations de Wissembourg ou de Sélestat ; il est vrai que, dans le premier cas, la ville n'est qu'un maillon de la fameuse « ligne » de Wissembourg, le long de la Lauter, qui a joué un rôle important au XVIIIe siècle et sous la Révolution. Ces villes militaires, si elles n'étaient pas déjà en soi des villes importantes, n'obtiennent de l'armée qu'un apport et une dynamique limités. La ville-garnison-forteresse n'offre pas que des avantages pour les civils. Si Lille se développe et se francise au XVIIIe siècle au point de compter parmi les dix premières villes de France, Neuf-Brisach reste ce que Vauban l'avait faite. Seules les villes-étapes connaissent un petit essor, comme celui qui donne à Belfort quelque 6 000 habitants.

Dans le réseau, assez régulier et adapté au terrain, qu'ont légué l'Antiquité et le Moyen Age, les transformations résultent moins de la création de villes nouvelles que de la forte poussée de quelques cités. Tant que les villes à forte croissance se trouvent assez loin l'une de l'autre, elles ne se gênent pas beaucoup. Elles peuvent se lancer dans des luttes d'influence, fréquentes, avec les villes traditionnellement antagonistes : doublet breton opposant Nantes à Rennes, doublet aquitain de Bordeaux et de Toulouse, doublet provençal avec Marseille et Toulon, dont la rivalité a perduré jusqu'à nos jours. Trop proches, elles peuvent alors fortement se nuire : ainsi le long de la Seine s'échelonnent Paris, Rouen et Le Havre. Si Le Havre atteint, péniblement, les 22 000 habitants (pour une activité commerciale énorme : c'est le quatrième port de France depuis les années 1730), si Paris se développe un peu au ralenti, Rouen stagne. Ce sont là les deux créations royales qui connaissent le plus fort taux de développement : nul doute que, coincé entre Le Havre et Paris, Rouen en souffre. La grande ville annihile les petites dans un rayon proportionnel à sa puissance. Ces petites agglomérations peuvent rarement se maintenir, comme le fait Aix, petite capitale politique avec l'intendant et le Parlement, face à Marseille.

Le réseau régulier se distend. Le maillage se fait plus large autour des grandes villes dont les « bassins » démographiques se développent. Mais si l'immigration majoritaire se limite toujours à un rayon d'une centaine de kilomètres, le recrutement minoritaire, lui, s'est fortement élargi.

## *Ville et État*

On conçoit l'importance que revêtent pour la monarchie les « bonnes villes ». Points de départ de possibles rébellions, relais administratifs, judiciaires et militaires, centres d'acculturation, les villes sont l'objet de tous les soins et de toutes les attentions — intéressés — du gouvernement. Nulle part cette alliance de fait ne se manifeste mieux que dans les pays d'État où, aux États provinciaux (ceux de Bretagne ou du Languedoc, par exemple), l'intendant s'appuie toujours sur les villes. A vrai dire, c'est le pouvoir royal qui choisit, directement ou indirectement, les « municipalités » ; l'intendant n'y joue pas nécessairement un rôle majeur. Ce peut être le gouverneur militaire, comme à Lyon, ou simplement un grand seigneur — à Saint-Brieuc, c'est le duc de Penthièvre — qui choisissent les « maires ». Peu importe en définitive : toutes les villes sont solidement entre les mains des clientèles royales.

De toute façon, l'État contrôle étroitement leurs finances. Quelques-unes ont des budgets importants : celui de Strasbourg passe de 600 000 livres à 1 000 000 entre 1680 et 1789, et celui de Lyon atteint, pendant la guerre de la Succession d'Espagne, les 5 millions de livres. Ces sommes sont exceptionnelles. Elles supposent de forts endettements qui les font varier d'une année sur l'autre, surtout dans le cas de villes-étapes ou frontières où les variations entre temps de paix et de guerre sont très fortes. Mais les budgets des petites villes sont dans l'ensemble faibles — très inférieurs à ceux du XIXe siècle, ce qui n'est pas contradictoire avec un endettement ancien. D'où, très souvent, l'extrême modestie des réalisations urbaines, faute des moyens que l'autorité royale n'est pas non plus en état de fournir. Les « charges » ramènent souvent le revenu réel à la moitié du revenu nominal.

On a longtemps répété que c'était là l'effet de la mauvaise gestion des assemblées municipales. Ce n'est pas, en soi, faux ; mais, comparativement, ces gestions médiocres ne sont pas pires que celle des assemblées d'État ou celle du clergé, sans parler de celle de la royauté. Au-delà de ces évidences, l'endettement s'est en grande partie constitué, ou aggravé, au XVIe siècle, quand les villes ont connu de terribles épidémies de « peste » et ont été touchées par les famines. Les bourgeoisies urbaines ont alors déployé une activité considérable pour en limiter les effets : elles ont tenté (souvent en vain) de chasser les réfugiés de la campagne, et d'abord les mendiants, et de contrôler le ravitaillement urbain, à la fois par la surveillance des marchés, le constat des prix (mercuriales) et surtout des achats de céréales ; elles ont lutté contre la peste par l'établissement d'hôpitaux spécialisés, souvent de fortune. La liste des mesures prises est longue, et parfois pittoresque. Elle témoigne d'un immense effort, avec des résultats très inégaux. Il va de soi que cette action n'a pas été totalement désintéressée : il s'agissait d'éviter les troubles et le pillage. Mais on ne peut nier l'esprit de charité hérité du Moyen Age : le mendiant, le pauvre, comme le fou, sont les représentants de Dieu.

Les fortes dépenses que nécessitait chaque guerre ne pouvaient être couvertes que par des emprunts qui grevaient les budgets des villes. Pour les redresser, l'intervention royale imposa des efforts de rationalisation qui se seraient d'ailleurs imposés d'eux-mêmes. Mais les résultats ont été décevants, non seulement pour les municipalités, mais aussi pour les hôpitaux et les institutions charitables.

Est arrivé un moment où s'est posée la question du rendement terrestre des investissements consentis par charité. Progressivement, le pauvre, le misérable, le fol sont, avec les pestes, apparus comme porteurs de la maladie, de la mort ; à l'inverse, le riche est devenu le privilégié par excellence face à la mort. Non seulement il a toujours à manger, mais il est aussi, la plupart du temps, à l'abri de la contagion. L'isolement social et le fossé que creuse la richesse face à la non-richesse se sont alors renforcés. L'esprit de la « Renaissance » avait accepté, sur le plan intellectuel, cette coupure : fini le temps où la religion créait une culture commune, à tout un chacun accessible au moins dans les retables, les vitraux, la peinture religieuse. Voici venu le temps où la « restitution » de l'Antiquité — une pâle copie de la vérité, mais séduisante car elle brise les contraintes de la morale chrétienne — établit un fossé toujours plus infranchissable entre le lisant et le non-lisant, entre l'homme qui domine un savoir nouveau et celui qui participe d'une culture populaire qui commence déjà de sentir peu ou prou le « folklore ».

L'épidémie isole tout autant. En 1720, encore, à Marseille, les chanoines de Saint-Victor, soigneusement enfermés, sont un îlot de vie au sein de l'océan de la mort : leur nourriture ne pénètre qu'à travers une pièce vide, et on leur tend au bout de perches des victuailles qui augmentent des réserves amplement suffisantes.

Au-delà des tâtonnements pathétiques, des discours abscons sur la nature de la maladie, des médicaments étranges, des fumigations à l'encens et des désinfections au vinaigre, se fait jour un peu partout la nécessité de la propreté. En témoignent les règlements maintes fois répétés, mais peu observés, des villes. On ne sait si c'est la puce ou le rat, ou les deux, qui véhiculent la mort et le mal : on sait seulement que l'épidémie est en quelque manière liée à la propreté des rues, des immeubles, des personnes.

On commence surtout par soigner son costume : le paraître, condition essentielle de la vie et de l'être, s'accompagne du sentiment de la « propreté », de la toilette. S'introduit lentement, subrepticement, l'idée qu'il faut aller au-delà : l'abondance du linge de corps, facilitée par le développement de l'industrie linière, devient une manière de paraître, et Clouet laisse voir celui de François Ier à travers les « crevés » du costume d'apparat. Mais le linge restera longtemps accessible aux seuls riches.

Vient aussi l'habitude de dormir seul dans son lit ; et les puritains de s'indigner, comme le Breton Noël du Fail, de la lascivité dont cela témoigne. Privilège, là encore, des riches ; le pauvre, s'il en a, couche toujours dans des lits collectifs. Ce n'est pas en vain que les manuels de civilité comme celui d'Erasme édictent encore les règles du savoir-dormir à plusieurs : céder la place la plus confortable au plus élevé dans la hiérarchie sociale, s'astreindre à converser mais pas trop longtemps : toutes choses qui, un siècle après, auront disparu des manuels.

Pauvre ou fol ne sont plus les représentants de Dieu ; ils sont des hommes que la nature ou leur « fainéantise » ont exposés aux outrages du temps et des autres. Autant d'éléments qui se développent en ségrégations par rues ou quartiers, en une coupure du peuple de Dieu en strates soucieuses de leur confort comme de leur préservation.

En tête de ces évolutions, se trouve le modèle de Cour et le modèle royal, qui ne se superposent pas entièrement, car le roi se doit au peuple: «Nous nous devons au public.» Mot de théâtre! La vie de Cour est transformée en spectacle. Le roi a le devoir de représenter la France et le peuple; la Cour, elle, se doit de briller, de former les modes qui, lentement mais sûrement, au fil des décennies, s'enfoncent au plus profond des peuples.

En attendant, les bourgeois des villes entendent, et c'est logique, que leurs deniers ne soient pas dépensés en vain, et ils en attendent un rendement. S'installe ainsi, avec le contrôle des comptes, une charité parcimonieuse qui atteint son apogée chez les «régents» des Pays-Bas, illustrés ou plutôt caricaturés par les grands peintres. La charité s'institutionnalise et ce sera là toute la tendance de l'époque moderne, jusqu'au moment où il ne sera plus question que de «philanthropie» et de «souci de l'humanité»: les formules des testaments en portent témoignage.

La laïcisation de la charité et sa transformation en acte de bon gouvernement amènent l'État à prendre ces choses en main. Il ne se soucie que de ses seuls serviteurs: les finances ne permettent pas d'aller au-delà. Comment constituer une marine de guerre en un pays qui n'a pas assez de marins, dont l'effectif de matelots est bloqué à 60 000? Pour leur faire admettre le système des «classes» (notre «inscription maritime») qui n'est rien d'autre qu'un service militaire obligatoire pour les seuls marins, il faut bien leur donner des privilèges (celui de la pêche, par exemple), une solde et, grâce à la caisse des Invalides, une «demi-solde» pour les anciens et les veuves: ils sont près de 25 000 en 1789. Pour l'armée de terre, la solution, grandiose sur le plan architectural (c'est l'hôtel des Invalides), touche beaucoup moins d'hommes. Mais, de Louis XIV à Louis XVI, cette faveur dispensée à un petit nombre aboutit à une espèce de droit à la retraite: les bénéficiaires seraient bien incapables de se réunir dans l'hôtel.

Solutions partielles, que complètent les organismes para-gouvernementaux, comme la Ferme Générale.

Villes et royautés suivent donc des chemins sinon identiques du moins parallèles. Le « contrôle » des prix par le gouvernement n'est que la reprise de pratiques urbaines, et souvent d'abord parisiennes : il faut que la capitale soit tranquille. En tout cas, la tendance est partout la même : la rationalité, au prix de multiples tâtonnements et d'échecs, commence par organiser la vie en l'enserrant dans un corset de contraintes et de règlements. Qui paie contrôle ; qui domine tente d'imposer. Mais avant de définir la rationalité, il faut savoir, donc enquêter : une autre manière d'encadrer la société.

« Une foi, une loi, un roi. » C'est peut-être un adage médiéval ; retournons-le : « un roi, une loi, une foi », ce pourrait être l'une des formules de l'époque moderne. La robe de la chrétienté s'est, avec la Réforme, irrémédiablement déchirée. L'unicité de la loi, que voudraient imposer les légistes et les juristes du Conseil du roi, se heurte aux privilèges en cascades qui sont l'essence d'une société résolument inégalitaire, et qui considère l'inégalité comme une loi de la nature. Tout ouvrage « nobiliaire » commence par l'affirmation illusoire : « Tous les hommes naissent égaux... devant Dieu », et continue par quelque chose comme : « Mais l'histoire et la nature ont fait que les sociétés humaines se caractérisent par l'inégalité. » Dans ces conditions, c'est le roi qui opère l'unité indispensable, à condition, justement, qu'il respecte les privilèges, à commencer par ceux des provinces et surtout ceux des villes. Toute l'historiographie du XIXe siècle a célébré l'alliance médiévale des « communes » et de la royauté, que la monarchie absolue aurait brisée au XVIIIe siècle en une rupture dont serait issue la Révolution. Dans une certaine mesure, c'est vrai ; mais il faut rappeler que cette alliance a été acceptée par le roi pour corseter la France, pays hétérogène, d'une structure urbaine au service du roi pour dominer le plat pays et les « masses» urbaines. On verra bien, en Bretagne, lors de la «révolte du papier timbré», en 1675, que les bourgeoisies rennaise et nantaise, comme celle de Bordeaux, un moment tentées d'observer la neutralité, mettront leurs milices du côté de l'ordre royal dès que les pillages prendront de l'ampleur, et cela sans oublier leur crainte du châtiment. Dans les petites villes de Basse-Bretagne, le pillage, exemplaire, de Carhaix, ville qui n'a pas de murs, jette les bourgeois de Guingamp et des autres villes sur leurs remparts.

Cette faiblesse des villes — inhérente à la médiocrité de leurs finances — et cette recherche de l'efficacité et de la rationalisation des investissements par les dirigeants des villes expliquent ce «consensus», inavoué ou même inconscient. Les fêtes communales en sont une conséquence. On voit croître le rôle des manifestations en l'honneur de la naissance du Dauphin, les processions de remerciement pour la guérison de la personne royale, les *Te Deum* de victoire, les feux d'artifice pour les mariages royaux et princiers. Leur superbe organisation éclipse souvent les fêtes populaires traditionnelles, voire les fêtes religieuses. De participant, le peuple devient alors spectateur. Lors des entrées royales du XVIe siècle et de la première moitié du XVIIe — chefs-d'œuvre de carton et de bois auxquels ne dédaignaient pas de participer les plus grands artistes — les fontaines laissent couler du vin, où, parfois, se baignent quelques naïades renaissantes.

Les rois passent de longs mois sur toutes les routes de France; montrer le jeune roi est encore le moyen le plus efficace de gouverner et de séduire les peuples. Et chaque ville de disputer l'honneur de l'entrée et de chercher à avoir — parfois à enlever — l'architecte ou le décorateur adéquat. Car la fête est symbole, et porteuse de messages: la thématique n'est pas indifférente. En Allemagne, Maximilien le sait bien, qui s'adresse à Dürer. Mais il en coûte, à toutes époques, fort cher au contribuable urbain...

S'il est ici une faute grave, c'est bien la sédentarisation des rois du XVIIIe siècle : retranchés à Versailles, ils finissent, comme Louis XVI, par ne plus en sortir. Ce sera, en 1784, un formidable événement que le court voyage de Louis XVI à travers la Normandie pour inaugurer le port de Cherbourg.

La prédominance artistique de Paris tient beaucoup à la présence désormais constante des rois. Au XVIe siècle, les provinces jouent encore leur rôle dans le prestigieux feu d'artifice qui embrase la France de la Renaissance. Les châteaux s'égrènent le long de la vallée de la Loire, moins autour de Paris, et la Renaissance n'est nulle part absente. Paris n'a pas encore le monopole de l'innovation. Au XVIIe siècle subsistent encore des provinces foncièrement originales : la Provence, baroque plus qu'aucune région française, la Lorraine, retranchée dans son indépendance politique, avec un Claude Gelée dit Le Lorrain — mais ne faudrait-il pas l'intégrer plutôt à l'École italienne ? — et surtout un Georges de La Tour, ne ressemblent pas aux autres provinces. Au XVIIIe siècle, l'« École de Paris », pour reprendre l'expression de quelques historiens étrangers, finit par imposer ses modèles, y compris à l'étranger. Les raisons en sont nécessairement multiples : la richesse concentrée à Paris, la Cour qui impose ses modes, non par la force, mais par l'imitation, les agents royaux et les clientèles royales, nobles ou bourgeoises qui choisissent protégés ou recommandés. Une dernière cause est peut-être la plus profonde : sans doute y a-t-il peu de façons de concevoir une architecture conciliant l'économie, la gloire du roi et l'utilité. Cette triple contrainte ouvrait depuis longtemps la voie à un urbanisme rationnel.

### *Vers une autre ville*

L'époque moderne a passionnément pensé et rêvé la ville idéale, depuis la Renaissance jusqu'à la Révolution comprise. A aucune époque n'a existé une telle débauche de plans. On voit même une logique détachée des réalités aboutir à l'absurde et maint architecte verser dans les plus débridées des utopies. Or, à quelques rares exceptions près (toujours les mêmes, de Versailles à Rochefort, en passant par Richelieu et Brouage) il n'y a pas eu, il n'a pas existé de ville proprement « moderne », ni en France, ni ailleurs en dehors d'un Saint-Pétersbourg plus italien et germanique que russe. Certaines villes, pour des raisons qui restent à élucider, mais le plus souvent par insuffisance, se sont résolument refusées à évoluer. Ainsi, Rouen est-elle restée une ville médiévale de bois et de colombages, et l'on a continué d'y construire de la même manière ; à peine y trouve-t-on une ébauche de quartier « à la moderne ». Admirée au XVe et au XVIe siècle comme l'une des plus belles villes du royaume, déjà regardée avec quelque condescendance au siècle suivant, rejetée au XVIIIe siècle pour sa crasse, à nouveau admirée au siècle dernier pour son « pittoresque » romantique, Rouen a suivi tout le cycle de la dégradation de son image, parce qu'elle a refusé, en ses élites comme en sa population, d'épouser les variations de l'image de « la » ville « moderne ». Ailleurs, le feu, friand des forêts de bois que constituent les villes européennes, a pour une part déblayé le terrain : singulière fortune quand, par hasard, il y avait assez d'argent pour reconstruire. Ce ne fut pas le cas à Rennes : une reconstruction de fortune, avec les moyens du bord, lente, sur un plan régulier, « hippodamique », les rues se croisant à angle droit suivant le dessin de l'ingénieur militaire Robelin ; le tout ponctué, de-ci de-là, de quelques places, dont deux royales à souhait sont tracées par les inévitables Gabriel. Mêmes attitudes à Fougères, à Sainte-Menehould ou à Vitry-le-François.

A la vérité, la ville idéale était prête à se réaliser dans les cités à forte croissance : dans les grands ports. Brest et Lorient furent tracés « logiquement », suivant un plan parisien : il n'en reste, malheureusement, du fait de la Deuxième Guerre mondiale, pas grand-chose. A Nantes et à Bordeaux, surtout, subsistent des pans entiers ou plutôt des quartiers.

Les architectes eussent aimé raser les quartiers et faire du neuf. Les rois et les oligarchies urbaines étaient à la fois plus réalistes et plus économes : Louis XV, à qui l'on proposait la reconstruction intégrale de tout le quartier du Louvre, s'y refusa en raison du coût trop élevé de la destruction et de la difficulté de relogement des populations évincées. La place de la Concorde fut dessinée aux dépens du Domaine royal, à l'extérieur de la ville. L'urbanisme — le mot n'existe pas encore — du XVIIe comme du XVIIIe siècle est donc obligé de construire des quartiers juxtaposés aux anciens. Solution raisonnable, et politique, que l'on rencontre aussi avec une particulière évidence à Turin. Stanislas sut l'imposer à Nancy, créant, par trois places jointoyantes, un trait d'union admirablement réussi entre les deux parties de la vieille ville.

L'initiative individuelle, en particulier celle des grands intendants (comme les Tourny ou les La Bourdonnaye) ou des grands maires (comme Gérard Mellier et Gelée de Prémion à Nantes), puis celle des principaux négociants et surtout des sociétés immobilières, juxtapose aux noyaux de villes commerçantes encore comprimées à l'intérieur de remparts médiévaux — parfois élargis au XVIe siècle — des pans entiers de quartiers nouveaux, ordonnés autour d'un cours, d'un mail ou d'une place royale. Travaux immenses, lentement menés, en raison de plans qui imposent mainte contrainte et quadruplent ou quintuplent la surface des villes. Le pouvoir intervient toujours, et souvent le roi en personne, placé ou non devant le fait accompli parfois par plus royaliste que lui. Toulon et Marseille se trouvent ainsi dotées de plans ambitieux d'agrandissement qui suscitèrent bien des réserves de sa part.

A l'action directe du roi s'ajoute, à partir du début du XVIIIe siècle, celle de l'école des Ponts et Chaussées, qui résolut concrètement la question des ponts et des portes : il faut que l'on puisse traverser les agglomérations.

Dans la vision cartographique du pays qui s'impose à partir du moment où les astronomes de Louis XIV fournissent les premières cartes exactes, les ingénieurs des Ponts ont songé aux axes de communication. Aux grandes voies qui marchent toutes seules, les rivières, ils ont tendance, pour de multiples raisons, à préférer les routes terrestres. Les fleuves sont médiocrement aménagés : réputée paisible et régulière, la Seine n'est navigable que pendant un petit tiers de l'année à cause des crues et des étiages. Quant aux péages, en dépit d'une longue campagne de suppression, réactivée sous la Régence, ils restent nombreux. Sur les fleuves au cours rapide, comme le Rhône et la Loire, la remontée est lente et la descente, au passage des ponts, parfois dangereuse. Le fameux pont d'Avignon inspire la terreur : il n'est que de lire les lettres de la marquise de Sévigné ou du président De Brosses. Enfin, le cours des fleuves ne correspond pas aux besoins politiques. Paris est proche de la frontière du nord-est : c'est donc de ce côté qu'il convient de serrer la trame des routes militaires.

Il faut aussi assurer le ravitaillement et les liaisons avec les ports de guerre, Brest, Lorient, Rochefort, sans oublier les grands ports de commerce. On doit par conséquent améliorer les routes et permettre, au moins sur les principales, le passage de l'artillerie lourde, auquel se prêtent mal des enceintes de villes aux portes étroites. Mais ce n'est pas là le problème le plus difficile : depuis que la paix est assurée, les enceintes, devenues inutiles, sauf le long des frontières, se dégradent d'elles-mêmes, et l'on construit à leur place des routes de contournement, voire des maisons.

En revanche, au XVIIe et au XVIIIe siècle, les ponts sont considérés comme points vitaux : ils garantissent la rapidité du déplacement des canons comme du commerce. Confiés aux plus grands architectes comme les Gabriel, ils sont l'objet de tous les soins et de toute l'admiration, au point de mériter, par exemple, dans l'*Encyclopédie,* de magnifiques planches avec de savants commentaires sur la manière de construire un radier de bois souterrain capable de supporter le poids d'une forte construction de pierre. Magnifique et délicat legs du passé : que baisse, de nos jours, le niveau de l'eau, voici que les pieux de support pourrissent, comme ont pourri, pour la même raison, les pieux sur lesquels est édifiée la cathédrale de Strasbourg.

Ces ponts coûtent terriblement cher. Dans ces conditions, il vaut mieux les construire de manière que la ville ne forme pas un goulot d'étranglement ; cela permet en outre d'édifier sur l'axe ainsi créé un quartier neuf. Mais on n'intervient pas là où les raisons militaires ne sont pas dirimantes. Rouen avait construit au Moyen Age l'un des premiers très grands ponts de l'Occident : emporté par une crue, il fut remplacé par un médiocre pont de bateaux, à ferme ouvrante, ce qui empêcha la ville de mordre sur la rive gauche de la Seine. Nombre de villes furent en revanche obligées de laisser construire ou de construire un pont, non sans susciter des réactions : à Laval, les négociants spécialisés dans le transport des toiles vers Nantes eussent préféré des quais, mais durent plier. Les choses ne se passèrent pas très différemment à Lyon, à Tours, à Saumur.

Autant que faire se peut, les quartiers construits autour des ponts doivent répondre à la rationalité ; rues larges, droites, se croisant à angle droit, avec des maisons présentant, pour les besoins de la « montre », des façades similaires. L'architecture du XVIII^e^ siècle est de plus en plus de pierre, ne serait-ce que pour éviter les incendies, mais maintes villes se renouvellent et s'augmentent encore avec des maisons de bois. La diversité est reine : d'une ville à l'autre, la densité des maisons est disparate, ce qui résulte de volontés très inégales de construire et de conceptions divergentes en matière de logement. L'hôtel parisien est loin d'être modèle exclusif.

Quoi qu'il en soit, la royauté est toujours, de quelque manière, présente. Si on l'oubliait, les places royales seraient là pour le rappeler. On a beaucoup débattu d'urbanisme dans l'entourage du roi, où s'entretient une longue tradition d'hostilité à la grande ville. Nourrie aux sources latines, cette méfiance s'appuie sur une tradition ecclésiastique vivifiée par le « Petit Concile » des années 1680-1700, qui regroupe autour de Bossuet quelques-unes des têtes pensantes de l'Église de France. Leur idéal, manifesté en plusieurs livres (dont *Les Caractères*), était de bloquer la croissance des très grandes villes, considérées comme immorales et facteurs d'irréligion. On trouve là tous les poncifs sur la vie idyllique des champs. On le voit dans *Télémaque,* la perdition du royaume est déterminée par le luxe, et l'on connaît la phrase de La Bruyère sur le repas d'un riche qui fournirait la subsistance annuelle de plusieurs familles pauvres, ce qui est d'ailleurs le cas à Paris et à Versailles avec le commerce de « regrat », dont la littérature ne parle pas, sinon Sébastien Mercier pour le dénigrer. Mais les participants du Petit Concile sont cependant assez avisés pour comprendre que la poussée urbaine est irrépressible et que les villes sont indispensables au royaume ; ils admettent donc l'existence d'agglomérations moyennes. Mais comment les définir ?

Pour Bossuet, la famille d'abord, la ville ensuite, l'État enfin, constituent les trois strates de toute vie organisée. Mal nécessaire, la ville doit s'insérer dans un ordre moral qui se retrouve dans la construction. Cordemoy le souligne : les bâtiments, comme les cités, doivent répondre à un triple impératif de sûreté, d'honnêteté et d'ornement. Ce qui, sous une autre forme, se retrouve dans l'*Encyclopédie* sous la plume de Blondel : la ville idéale doit être purgée des mendiants, « gens sans aveu » et « fainéants », et du théâtre, les deux grandes plaies, selon Bossuet, des villes françaises. Il faut, en revanche, secourir les vrais pauvres, sans pour autant les rassembler dans de grands hôpitaux ; mieux vaut les disperser à la campagne.

L'idéal est donc la ville assez petite, étroitement reliée à la campagne : la « Salerne » de *Télémaque*. Fleury préfère les « villes petites et voisines plutôt que les grandes et éloignées », idée en opposition radicale avec la réalité du temps. On va même plus loin, puisque la campagne doit s'urbaniser et vice versa : « La mesure d'une ville devrait être le nombre de ses citoyens qui suffirait pour cultiver de leurs mains les terres d'alentour, *revenant tous les soirs coucher à la ville.* » Ce qui est ici rejeté, c'est l'accumulation capitaliste, encore que Fénelon en conçoive la nécessité, mais ne l'envisageant qu'étroitement contrôlée par l'État. Tout cela ne va pas sans contradictions ; le « Petit Concile » n'a pas d'autre moyen pour imposer la décentralisation, au fond antiétatique, que le recours à l'État...

Ainsi existe, au XVIIIe siècle, à côté du grand courant utopique et planificateur qui se traduit par une surabondance de plans, un courant moralisateur. Ni l'un ni l'autre n'eut en définitive d'action efficace à court terme ; ces précepteurs de rois et de princes ne réussirent pas à inculquer à Louis XV ou à Louis XVI une quelconque volonté d'arrêter ou de freiner l'essor urbain. Mais, à long terme, ce courant — laïcisé ou non — a profondément marqué le monde intellectuel : les idées de Rousseau, celle du puissant mouvement qui, jusqu'à nos jours, se nourrit de sa pensée, ne sont pas très éloignées des réflexions du « Petit Concile », si contradictoires fussent-elles.

Il en est resté quelques principes fondamentaux : nécessité de n'urbaniser que des sites sains — la double expérience de Brouage et de Rochefort, construits au mépris de la vie humaine sur des marais insalubres, a été retenue — et d'orienter les rues suivant les vents dominants afin de garder un air pur, ainsi que de lutter contre les incendies. Nous en avons surtout gardé les places royales, une des novations majeures de l'époque moderne, copiées sur les modèles antiques et conçues autour des statues équestres. C'est Marie de Médicis qui commanda à Bologna la première grande statue équestre, celle d'Henri IV, dressée en 1613 sur le Pont-Neuf. La place royale ornée d'une statue équestre remonte à Louis XIII ; elle atteint sa perfection sous Louis XIV, à partir de 1685, semble-t-il sous l'impulsion de Louvois. Le succès immédiat fut limité (Paris, Lyon et Rennes) : seules, les villes d'États en construisirent. Le but politique et la leçon de propagande royale sont évidents. Puis ce furent les places du XVIIIe siècle : les plus belles se trouvent à Nancy et à Bordeaux. Mais elles évoluèrent dans deux directions : conçues, à l'origine, comme instruments de la glorification du roi, elles sont d'abord closes (la place des Victoires à Paris) puis s'ouvrent (Bordeaux sur la rivière), afin d'assurer une fonction de circulation tout en offrant des logements dignes de l'élite locale.

Pour conclure, les résultats de ce qu'il faut bien appeler une politique d'aménagement du territoire sont importants, mais inégaux. La transformation la plus spectaculaire touche le transport des voyageurs. Paris-Rouen nécessitait au milieu du XVIIe siècle trois jours ; en 1789 une journée et demie. Paris-Bordeaux exigeait en 1650 dix jours ; en 1789 cinq à six jours. Sur les grands axes royaux, on assiste aussi à la même accélération pour les marchandises : sur Paris-Lyon on passe, de 1715 à 1787, de vingt jours à treize ou seize jours.

Le coût a baissé en conséquence : selon les cas, le prix du transport des marchandises a baissé de 13 % à 33 %, les grands axes routiers formant l'étoile autour de Paris ; sur les routes transversales, il n'y a d'améliorations sensibles ni en vitesse ni en coût, sinon, comme toujours, dans le Nord-Est, pour des raisons militaires évidentes.

La route a perdu la bataille, en dépit des apparences, par rapport au transport maritime. Celui-ci enregistre, au XVIIIe siècle, une chute de 50 % du coût du fret et un véritable effondrement du montant des primes d'assurances, en grande partie attribuable aux efforts des grandes compagnies anglaises et hollandaises qui dominent le marché de l'assurance maritime. Naturellement, ces coûts s'élèvent en hiver et surtout en temps de guerre. Soulignons encore la disparité entre le Nord et le Midi : l'étoile parisienne n'a pas de sens au sud de la Loire, où n'existent que deux grandes routes transversales : celle, naturelle, de Bordeaux-Narbonne-Marseille-Nice ; l'autre, à travers le Massif central, de Limoges-Lyon-Grenoble. Au nord, le réseau est dense, et pourvu d'assez nombreuses relations interurbaines, même en Bretagne depuis que les menaces de débarquement anglais ont forcé le duc d'Aiguillon à remanier le réseau. Mais la densité maximale est atteinte au nord-est d'une ligne Caen-Dijon.

Tout cela a rétréci, en termes de distance-temps effectif, les dimensions du pays et les distances entre les villes. La concentration des forces de la France sur le Nord-Est a eu aussi pour conséquence de concrétiser la ligne-frontière par la ligne des villes-forteresses. A partir de la guerre de Hollande, la politique française est en réalité défensive ; elle évoluera vers la constitution d'une frontière claire et l'élimination de toutes les enclaves extérieures ou intérieures. Certes Louis XIV et ses contemporains ont rêvé de joindre l'Empire espagnol à la France par la réunion des Pays-Bas espagnols, puis autrichiens. Mais les réunions n'ont eu, en définitive, qu'un but défensif : repousser le plus possible la ligne-frontière. La destruction scandaleuse du Palatinat n'a, en fait, pas d'autre origine : politique réaliste, trop rationnelle elle aussi, puisqu'elle ne tient pas compte des réactions nationales des peuples germaniques.

Pour les villes, les rois ont malgré tout laissé aux élites urbaines et commerciales une très large liberté d'action. Ce ne sont pas leurs négociants qui ont poussé à la Révolution : à Nantes, 10 % à peine des grands négociants — en partie ceux qui avaient le plus mal réussi — étaient, en 1789, ouvertement et activement favorables à la novation politique : 10 % aussi étaient non moins ouvertement défavorables à tout changement, les autres restant dans une prudente expectative qui leur valut de cruels déboires : le « négociantisme » devint crime, en 1793, au même titre que l'« aristocratisme ». Ainsi, une certaine révolution emboîtait-elle le pas au Petit Concile...

## CHAPITRE V

# Les alternances de l'époque moderne

### *De la guerre extérieure à la guerre civile*

Par vocation, l'historien privilégie ce qui change ; par orientation, l'école historiographique française récente a privilégié l'histoire profonde, les grands courants lents qui, plus que l'écume des jours, modifient les structures d'un peuple. C'est ce que nous avons tenté de faire dans les pages précédentes de manière à faire ressortir, autant que possible, l'originalité de l'époque moderne.

Mais le quotidien se venge, et c'est lui qui touche le plus les contemporains. C'est la part indispensable de ce que l'on appelait, d'un terme inadéquat, l'événementiel. A la suture du changement quotidien comme de ce qui n'évolue pas, ou peu, ou très lentement, guerres et paix tiennent des deux.

Dans le stéréotype européen de l'époque moderne, le Français est un trublion, qui adore faire la guerre, dont il convient d'être, à l'instar des Hollandais, si possible l'ami, mais certainement pas le voisin. Aphorisme érigé par les Néerlandais à la hauteur d'une politique, mais qui provient du tréfonds de toutes les autres nations européennes. Vieille image, à laquelle les poncifs littéraires antiques fournissent un arsenal impressionnant dont la trop célèbre description de l'instabilité gauloise par César forme la toile de fond. Un *topos*, un stéréotype, même provenant de l'Antiquité, peut pourtant se vérifier. Le recours aux Anciens n'est alors qu'un habillage savant de la mentalité populaire. Richelieu, dans son Testament, Louis XIV plus allusivement, Machiavel en ses rapports ne disent pas autre chose. Les gravures populaires allemandes du XVIIIe siècle le montrent par l'image. Vain, léger, querelleur, toujours prêt à en découdre, peu scrupuleux quand il est lancé dans la bataille, d'un courage à nul autre égal au premier choc mais aussi facile à se décourager, et dès lors poltron, prêt à lâcher à la première difficulté, inapte aux longs sièges et aux longues entreprises : il faut que tout cède sur le moment. Richelieu, de ce fait, ne juge pas le Français bon guerrier. Les rudes Suisses, stoïques, aptes à tout, valent bien mieux, pourvu qu'on les paie, comme les lourds soudards allemands à qui, dit Turenne, personne n'en remontre pour le courage. Or, par un singulier trait, ce même Turenne fait alterner avec une belle régularité sa participation à la guerre extérieure et à la guerre civile. L'histoire de la France moderne se déroule en tueries extérieures et en massacres intérieurs, les seconds étant — et parfois de beaucoup — les pires. Souvent les deux se mêlent, inextricablement.

Ce peuple, dont on vient de montrer l'étroite liaison avec une royauté dont, au plus profond de lui-même, face à l'étranger, il est fier, s'est complu à se trouver des raisons variées de s'entre-tuer. Tout notre récit pourrait n'être que la liste interminable des batailles gagnées ou perdues. Avec, naturellement, celle des conquêtes et des provinces réunies, que les historiens du XIXe siècle bourgeois, en particulier Lavisse, ont appelé la « politique du pré carré ». Provinces réunies, mais aussi occasions manquées, que Fénelon reproche à François Ier par la bouche de Louis XII : « Quelles sont vos conquêtes, avez-vous pris le royaume de Naples ? Avez-vous conservé le Milanais ? » (*Dialogues des morts,* XXIV.) De ce point de vue, apparaissent deux échecs majeurs : l'Italie, les Pays-Bas espagnols. Il est intéressant de constater que l'extension de la France moderne s'est, chronologiquement et géographiquement, faite dans l'entre-deux, entre 1648 et 1688. Or, les guerres d'Italie ont demandé un demi-siècle ; celles des Pays-Bas plus d'un siècle et demi. Immenses efforts, qui posent la question de leurs raisons profondes.

Or, chaque fois que l'extérieur s'éteint, l'intérieur se rallume, comme si le pays était effectivement incapable de se maintenir en état de paix. Aux guerres d'Italie succèdent les guerres de Religion : la courte trêve du temps de Henri IV précède le conflit européen qu'est la guerre de Trente ans, non sans qu'au préalable on n'ait tâté de nouvelles petites guerres civiles. Au milieu du XVIIe siècle, c'est le luxe extravagant de la guerre civile combinée à la guerre de survie nationale, le tout sur fond d'incessantes révoltes paysannes. Puis le rythme change. De 1661 à 1789, plus de guerre, plus de régence mouvementée, plus de troubles paysans majeurs ; plus d'invasions extérieures.

Nous pouvons donc dégager une chronologie très précise : de 1515 à 1661 la longue combinaison-alternance de troubles sociaux profonds (révoltes urbaines et rurales) et de la guerre civile et étrangère. De 1661 à 1789, en revanche, une situation plus claire : rien ne bouge dramatiquement à l'intérieur, et il faut aux historiens beaucoup de bonne volonté pour trouver quelque petite émeute, comme cette « guerre des farines » sous Louis XVI, qui au XVIe siècle fût restée presque inaperçue. Mais la guerre civile, comme succédané ou renforcement de la guerre extérieure, reprend avec 1789, et c'est la prodigieuse instabilité des XIXe et XXe siècles, au rythme affolant d'une crise de régime tous les vingt ou trente ans.

Voilà donc la belle unité de notre période moderne détruite. Il y a bien deux époques modernes : celle du désordre incessant entrecoupé de rares oasis où le bon sens reprend provisoirement ses droits, et celle du désordre maîtrisé à très peu de frais, qui est le moment où l'Etat moderne se met en place.

La France évolue, d'abord, avec et par le roi, fondateur ou plutôt incarnation de la monarchie « absolue », puisque tous les rois depuis François Ier ont œuvré dans le même sens. Puis, de plus en plus, elle évolue non pas sans le roi (Louis XV et même Louis XVI connaissent leurs dossiers) mais au profit du contrôleur général, sorte de premier ministre aux compétences élargies. Aux premiers temps, de Louis

XIV à 1748, les contrôleurs généraux restent longtemps en place ; par la suite, ils se succèdent à un rythme accéléré.

Y a-t-il derrière tout cela une politique extérieure claire, ou des politiques successives ? Quelle est la part dans les affaires d'Italie, du nécessaire, de l'imposé, de l'arbitraire ? Pourquoi cette fatalité de l'alternance et de l'imbrication de la guerre civile et étrangère ? Quelle est la part du hasard ? Et pourquoi donc cette longue phase de paix intérieure, même relative, du début du règne personnel de Louis XIV à la Révolution ? Et pourquoi enfin, vieille question, la Révolution ?

Il convient d'apporter ce dernier éclairage, au moins partiel, avant d'aborder le récit suivi de trois siècles qui furent, en dépit de tout, de très grands siècles : au siècle de la Renaissance, succède le siècle de Louis XIV, puis celui des Lumières.

A la grande époque du nationalisme, les historiens de la IIIe République ont attribué à nos rois, des premiers Capétiens à Louis XVI, une politique suivie, qui aurait consisté à agrandir sans cesse le territoire en sorte que, de succès en échecs, se serait constitué notre hexagone actuel. Les historiens allemands du pangermanisme, puis ceux, plus ou moins revanchards, de la République de Weimar et surtout ceux du IIIe Reich leur ont attribué la politique dite des « frontières naturelles » avec, en outre, une volonté de détruire le Saint Empire romain germanique.

Après la dernière vague de patriotisme liée à la Deuxième Guerre mondiale, on a plus ou moins abandonné l'idée nationale et ni la première ni la seconde de ces thèses n'ont plus cours. De fait, les réfutations n'ont pas manqué, en particulier celle de l'historien G. Zeller qui, étudiant l'annexion de Metz à la France, montra sans contestation possible le caractère occasionnel de l'événement. En outre, ces thèses ne tiennent pas compte de la complexité de la décision gouvernementale. Les rois, y compris Louis XIV, se sont souvent entourés de conseillers aux avis divers, représentant des courants de pensée divergents. C'était un moyen parmi d'autres pour renforcer et assurer leur pouvoir, et aussi pour se ménager de possibles changements de politique. La politique des conseillers n'était pas toujours appliquée ; seul décidait, en fin de compte, le souverain.

Membre d'une dynastie, celui-ci, tout comme les autres souverains, se trouve soumis à une triple contrainte. La première est celle de l'histoire, élément fondamental de toute justification. La deuxième est actuelle : il lui est absolument nécessaire — c'est même son devoir premier — d'assurer sa succession en ayant suffisamment de successeurs possibles sans qu'il en résulte toutefois un affaiblissement du pouvoir : il faut établir correctement fils et filles en sachant que les plus éloignés sont souvent les plus remuants, et parfois les plus capables. Enfin, il y a la contrainte de l'avenir, la « gloire » à soutenir devant le tribunal de l'Histoire ; elle ne s'assure que dans la continuité familiale. Rien, en tout cela, de particulier à la France. Le nombre d'enfants et la politique des mariages sont parmi les éléments déterminants de la grandeur des Habsbourg : *« Tu felix Austria nubes... »* (« A toi heureuse Autriche, il t'a été donné de croître par les mariages »).

Or entre les grandes familles souveraines existe une querelle de préséances et de suprématie. Il a été, un moment, de bon ton chez les historiens de s'en gausser, en oubliant que ces familles étaient l'incarnation même, le symbole, des nations : il s'agit de quelque chose de vague, mais de très fort. Or se sont créées au cours de longs affrontements des traditions qui focalisent sur telle famille ou tel pays la haine française. Richelieu a mené la guerre contre les Habsbourg, reprenant une tradition qui remonte à François Ier — à partir, principalement, des guerres d'Italie — et même à ses prédécesseurs. Tel fut donc de 1515 à 1755, le sentiment dominant de tout ce qui comptait en France. Il y eut, à partir de 1688, un second adversaire : l'Angleterre, nation hérétique et adversaire sur mer, alliée à tout ce qui s'opposait à la France. L'ennemi espagnol, c'étaient encore les Habsbourg ; l'ennemi hollandais, c'étaient encore et le protestantisme et la concurrence économique. Rien qui vînt nourrir un sentiment antiallemand, pourtant latent et de longue date.

Ces attitudes mentales finirent par devenir si puissantes qu'elles limitèrent les possibilités de changement et d'orientation de la politique extérieure française. Au XVIIIe siècle, la France était alliée depuis si longtemps au Brandebourg que l'abandon de la politique de Richelieu et l'inversion des fronts réalisée par l'alliance avec l'Autriche furent ressentis comme une espèce de trahison. Cela compta dans les attitudes révolutionnaires : en dehors du comportement personnel de Marie-Antoinette — qui manquait de doigté et de psychologie — nul doute que sa qualité d'« Autrichienne » fût pour beaucoup dans sa précoce et solide impopularité. Cette attitude viscérale devenait fait politique, dont il fallait tenir compte. Les faits ne sont pas toujours aussi têtus qu'ils devraient l'être, et les mythes ont la vie dure.

Pourtant, les attitudes xénophobes sont parfois ambiguës. L'année 1636, celle où les Espagnols, en s'emparant de Corbie, faillirent menacer Paris au point que Richelieu envisagea lui-même un siège en prévision duquel il fit établir la première statistique globale de la consommation annuelle de Paris, fut aussi celle du *Cid.* Corneille avait bien senti son public. L'Espagnol était certes, l'ennemi, mais un ennemi à certains égards « intéressant ».

Ainsi pour le souverain, la politique internationale est-elle à la fois une affaire de famille et une affaire nationale ; pour les élites, et dans une certaine mesure pour les peuples, elle est, très largement, affaire de sentiment. Affaire de famille pour le souverain et doublement : assurer la victoire, c'est renforcer la « troisième race » (après les Mérovingiens et les Carolingiens), expression souvent employée dans les mémoires de politique internationale ; mais c'est aussi en découdre à propos d'une question d'héritage, un conflit qui ne se prescrit jamais. Entre les Habsbourg de Vienne et de Madrid et la famille royale française, les liens sont innombrables. Dans l'ascendance de Louis XIV, la part de sang proprement français est faible, et le roi est, *stricto sensu,* aussi Habsbourg que Bourbon, sinon plus.

La meilleure façon de régler les « affaires de famille » c'est de prolonger la paix, en épousant si possible les filles nubiles de l'adversaire. Ces épouses, mi-otages, mi-garantes, sont d'abord un moyen de revendiquer plus tard une parcelle d'héritage. Les reines étrangères peuvent devenir dangereuses : Anne-Marie, dite Anne d'Autriche, a participé aux complots contre Richelieu, avant de devenir après la mort de Louis XIII la gardienne farouche de l'héritage de son fils. D'autres sont devenues, quelque temps, toutes-puissantes : délaissée au profit de Diane de Poitiers, l'amante adorée d'Henri II, Catherine de Médicis a mené après 1559 une politique dangereuse mais qui réussit tant bien que mal à franchir le cap des guerres religieuses. Marie de Médicis, incapable de sentir la politique, remit en cause l'héritage de Henri IV, dans l'assassinat duquel elle avait peut-être trempé. Beaucoup furent insignifiantes, ou réduites à l'insignifiance, comme Marie-Thérèse, dont toute la vie ne fut qu'amoureuse adoration du terrible Louis XIV.

## *Successions européennes*

Le nœud de la politique française se trouve, comme pour tous les autres pays d'Europe, dans les questions de succession. Mais la coupure en deux du monde chrétien a restreint les possibilités d'unions. Il était sans doute possible de trouver une épouse protestante, que l'on obligeait à la conversion avec l'aide intéressée des parents. Le cadet de Louis XIV, Philippe d'Orléans, fut ainsi marié en secondes noces avec la princesse Palatine, qui eût mérité mieux : là encore c'était une question de succession, l'héritage du Palatinat pouvant être revendiqué — il le fut effectivement — par la France. Mais d'alliance « au sommet », avec les puissances protestantes, il ne pouvait en être longtemps question, même s'il y eut des exceptions, comme le mariage d'Henriette de France avec le roi d'Angleterre, qui ne fut pas un succès. L'étroitesse du jeu matrimonial a singulièrement aidé la montée des intransigeances. Même ainsi limitées, les successions ont dominé la politique : les guerres d'Italie étaient nées de droits de succession, et ne pas les revendiquer était impensable.

La succession d'Espagne fut la question centrale des trois siècles de l'époque moderne. Dès la mort de Philippe IV en 1665, la succession posa un problème. Le dégénéré Charles II, dont toute l'Europe savait qu'il ne pouvait avoir d'enfants, vécut pourtant plus longtemps (de 1665 à 1700) que prévu : durant tout son règne, on ne cessa de spéculer, de négocier, de conclure des traités secrets. Philippe IV avait été marié en premières noces à Elisabeth de France, fille d'Henri IV (morte dès 1644), et l'équilibre politique avait été rétabli par son remariage avec Marie-Anne d'Autriche, qui était d'ailleurs sa nièce. C'est du premier mariage qu'était née Marie-Thérèse (1639-1683), la future épouse de Louis XIV. Passons sur les dangers de la consanguinité, qui fit des ravages chez les Habsbourg comme chez les Bourbons, mais il est évident que, même si Louis XIV n'avait été un proche parent de la dynastie espagnole, il n'eût pu se désintéresser de la succession d'Espagne. L'ouverture de la succession de Charles II, qui se fit attendre près de quarante ans, détermina donc Louis XIV à prendre des gages aux dépens des régions « espagnoles » les plus dangereusement proches de Paris, du Nord à la Franche-Comté. Bel exemple d'agrandissement du « pré carré » obtenu par l'effet des seules perspectives de succession.

Il faillit d'ailleurs y avoir des questions de succession en France. La mort d'Henri III sans successeurs posa la question des droits d'un hérétique : Henri de

Navarre. Celui-ci résolut, comme on le sait, le problème en se convertissant. C'eût été infiniment plus grave avec Louis XIII et Anne d'Autriche, qui ne s'entendaient pas sur grand-chose, à commencer par la politique. L'Europe attendait un successeur: que fussent devenues l'Europe et la France si Louis XIV n'était pas né? La France l'attendait. Les prophétesses l'annonçaient, passionnément. On lui donna le nom de Dieudonné. Campanella, à l'extrême crépuscule d'une existence de persécuté, dont Richelieu l'avait sauvé en l'installant rue Saint-Honoré, tira l'horoscope du petit être et lui prédit la puissance et la gloire dans une Europe devenue la cité du Soleil. Prédiction partiellement réalisée.

Dans le triomphe des décennies glorieuses, l'un des soucis du roi fut sa succession. De son union avec Marie-Thérèse naquirent des enfants, mais peu survécurent. L'avenir ne fut assuré que par le Grand Dauphin (1661-1711), dont le moins que l'on puisse dire est qu'il ne brillait pas par ses qualités, ressemblant plus à sa mère qu'à son père.

L'avenir ne parut définitivement garanti qu'en 1682, lorsque naquit du Grand Dauphin, Louis, duc de Bourgogne, que suivirent le duc d'Anjou (le futur Philippe V d'Espagne) et le duc de Berry (1683 et 1686). On a d'ailleurs pu se demander si derrière la cohorte de ses maîtresses en titre ou d'occasion, il n'y avait pas chez le roi le désir très conscient d'assurer, si nécessaire, une succession même illégitime. L'avenir fut à nouveau dramatiquement hypothéqué quand moururent d'épidémie le Grand Dauphin (1711), puis le duc de Bourgogne, espoir du « Petit Concile » (1712), et enfin le duc de Berry (1714). Cela parut à l'Espagne une occasion de revanche : le plus légitimement du monde, Philippe V pouvait devenir roi de France, à condition que l'Angleterre laissât faire et que mourût le fils du duc de Bourgogne, né en 1710. Enfant fragile, ce dernier posait le même problème que Charles II d'Espagne ; il pouvait disparaître à tout instant. Ainsi se dessina la possibilité pour le duc d'Orléans — le futur Régent — de devenir roi : les années 1711-1722 furent des années de doute. Toute l'Europe s'en mêla. Le hasard voulut que le futur Louis XV survécût.

Les affaires de succession sont donc l'aspect fondamental de toute la politique française. A travers elles, se pose une tout autre question, celle des aspirations des Bourbons à l'hégémonie européenne, et peut-être mondiale. Pour réalistes qu'ils aient été, il leur est arrivé de rêver, et même de prendre leurs dispositions pour réaliser leurs rêves. Le plus ancien était la couronne du Saint Empire romain germanique, dont le titulaire revendiquait le titre de premier souverain d'Europe. Les rois de France de leur côté, forts d'un sacre qui leur conférait des pouvoirs de thaumaturge, niaient de longue date cette prééminence. Le titre de « Très Chrétien » et son symétrique, celui de la France « fille aînée de l'Église », pour splendides qu'ils fussent, faisaient un peu figure de lots de consolation.

Ce qui nous semble à tort une vanité posait en réalité la question de l'Empire. Celui-ci n'était pas, et n'a jamais été vraiment cette puissance déliquescente que nous nous imaginons à la suite d'un Voltaire qui disait : « Cet empire qui n'est pas saint, qui n'est pas un empire, qui n'est point germanique, et qui n'est point romain ». Opinion singulièrement exagérée : l'Empire était certes tout cela, à des degrés divers, et le titre avait conservé un extraordinaire prestige. Il donnait plus de moyens d'action qu'on ne croit. S'il n'avait été qu'un vain hochet, on ne l'eût pas payé si cher ! Les rois de France tentèrent même de l'acquérir : ainsi François Ier et Louis XIV. Dans les deux cas, ce fut l'échec. La première fois devant l'argent du grand capitalisme sud-allemand, plus puissant au XVIe siècle que les finances de France ; la seconde fois devant la résistance et la volonté politique des sept grands électeurs allemands, peu soucieux de voir un roi si puissant leur dicter une loi plus forte que celle des Habsbourg.

## *Rêves d'hégémonie*

Quant au rêve de l'hégémonie européenne, il est, à plusieurs reprises, évident. Les guerres d'Italie en témoignent autant que les guerres à propos de la succession d'Espagne. Posséder le Milanais avec une partie de cette Italie du Nord qui, au XVIe siècle, est le foyer artistique et intellectuel le plus important d'Europe, c'est non seulement briser l'encerclement de la France par les possessions Habsbourg en son point de passage le plus sensible, c'est aussi s'assurer de ressources capitales et dominer la Méditerranée. On a dit que les nationalismes n'eussent pas permis de durer à un monstre formé par la réunion de la France et de l'Italie. Après tout, la France elle-même n'était-elle pas, elle aussi, en quelque manière, un Etat monstrueux, avec cette juxtaposition d'un Nord si peu identifiable au Midi ? Aussi bien, vivant sur l'histoire, les conseillers royaux du XVIe siècle ont-ils évoqué le précédent de l'empire Plantagenêt à cheval sur la France et les îles Britanniques. De plus, l'Italie abritait la capitale du christianisme, Rome, avec tout ce que ce nom évoquait pour les esprits férus d'Antiquité ; quelles que fussent les résistances, la Rome antique donnait le moyen d'agir fortement sur la Rome catholique.

Les rêves italiens une fois dissipés, se forgèrent les rêves contre les Habsbourg. Se rendre maître de l'empire sur lequel « le soleil ne se couche jamais » c'était d'abord s'étendre considérablement en Europe même, et d'abord éloigner à tout jamais la frontière du nord-est, si proche de Paris ; c'était surtout s'approprier les « fabuleux » trésors d'Amérique qui avaient fait la grandeur de la politique espagnole.

Rêve, on le concédera, beaucoup plus politique, et surtout plus économique que le mirage italien. On savait bien que l'Espagne avait mené ses guerres sans trop demander d'argent à ses territoires européens ; il lui avait « suffi » d'exploiter l'immense capital démographique et minier des plateaux amérindiens...

Quelle importance ces rêves ont-ils eu dans l'esprit d'un Louis XIV ? Nul ne le saura, évidemment, jamais, car sur ces sujets essentiels les papiers sont singulièrement discrets. Réaliste, Louis XIV l'a été, mais d'un réalisme qui n'est pas le nôtre. Il est probable, à en juger par son comportement, qu'il s'est fixé des objectifs immédiats, minimaux, susceptibles d'être élargis au gré des circonstances. Il a pensé plus d'une fois à l'annexion des Pays-Bas espagnols, l'a même réalisée quelques années, entre 1700 et 1710, comme il a annexé de fait la Lorraine. Mais pendant la première partie du règne, il a mené une politique de petits pas « prudents » — à ses yeux, pas toujours à ceux des autres — destinés à fermer les frontières. Dans l'histoire du règne par les médailles qu'il a fait réaliser, une formule ressort : *« Gallia clausa »* : la Gaule fermée aux envahisseurs (médaille commémorative de la prise de Strasbourg). Même sa politique de « réunions » était, contrairement à ce que l'on croit, profondément défensive : elle consistait à rejeter les frontières du nord-est le plus en avant possible.

Tout rêve, une fois exprimé, devient dans l'esprit des adversaires un mirage « révélateur ». Les débuts et les possibilités de réalisation des rêves des rois de France se trouvèrent élevés à l'état de certitudes par le reste de l'Europe. Là réside l'origine des coalitions. A sa manière, l'État des Habsbourg est lui-même une coalition réalisée de mariage en mariage. Le combat qui oppose les rois de France et la Maison de Habsbourg est celui d'une Nation : la France unie par et pour le souverain, et par bien d'autres choses moins explicites, contre un assemblage hétéroclite de peuples infiniment différents les uns des autres.

Dans cette poussière d'États divers en formation, disséminés sur toute l'Europe occidentale, la situation a rapidement évolué. Au début, face au jeune François Ier, le centre de gravité de l'Empire Habsbourg se trouvait dans la Flandre et les Pays-Bas que la religion n'avait pas encore désunis, et qui fournissaient le plus clair de ses revenus au non moins jeune Charles Quint. Ce dernier était d'ailleurs flamand, ou plus exactement l'héritier, entre autres possessions, de l'Empire bourguignon-flamand qui avait posé tant de problèmes à Louis XI. Longtemps les Habsbourg ont revendiqué contre la France l'héritage bourguignon dont il leur restait, jusqu'à la guerre de Hollande, une parcelle essentielle, la Franche-Comté. Mais au cours du règne, l'empereur se rendit compte que, de plus en plus, l'essentiel de ses revenus provenait de l'Espagne et de ses colonies, et il transféra alors le centre du pouvoir en Espagne. Quant à son fils Philippe II, il était espagnol et roi d'Espagne. En sorte que la lutte pour l'Italie, qui revêtait aussi l'aspect d'une lutte entre les Maisons de France et d'Autriche, fut en même temps une guerre entre un État homogène, avantagé par sa population et par des voies de communication qui lui permettaient d'agir plus vite sur la périphérie, et un agglomérat discontinu de pays certes importants, mais mal reliés entre eux, la mer jouant là le rôle capital d'un trait d'union. Or la maîtrise de la mer est chose fragile.

Quand il fut évident que l'Empire Habsbourg ne pouvait avoir raison de la France et que, même privée de mines d'or et d'argent, celle-ci pouvait tenir tête, l'Europe s'inquiéta. Les puissances maritimes — la Hollande puis l'Angleterre — n'en prirent pas tout d'abord conscience et se contentèrent de ce que la France, ballottée de guerres extérieures en révoltes paysannes et en guerres civiles, ne participât pas au partage du monde. C'est en effet assez tard que les rois de France ont commencé de rêver à la mer. Le mot fameux de François Ier sur le partage hispano-portugais de l'Amérique et du monde, réalisé au traité de Tordesillas après l'arbitrage pontifical — « Que l'on me montre l'acte par lequel Adam a légué la terre » — n'est qu'un mot « historique » comme il en a été tant prononcé.

L'affaire commença à devenir sérieuse avec la constitution d'une grande flotte de guerre française ;

œuvre de Colbert, comme l'armée a été celle de Louvois. De 1661 à 1708, la France a réellement disposé, à la fois, de l'armée et de la marine les plus puissantes de l'Europe. Un court moment, entre 1688 et 1692, après la mort de Colbert, Louis XIV et Louvois ont élaboré une stratégie défensive sur terre et résolument offensive sur mer, comme s'ils espéraient la décision de cette dernière. La conjonction des marines anglaise et hollandaise devint donc nécessité absolue pour les puissances maritimes. Le rêve maritime ne reviendra que plus tard, avec Louis XVI.

Les grands projets se réduisent après 1715. Le secrétariat d'État aux Affaires étrangères a, dès lors, un souci majeur : obtenir une frontière terrestre rectiligne, facile à surveiller, aisément traçable sur une carte. A la notion de zones-frontières, qui prévaut encore au début du règne de Louis XIV, avec ses listes de villes, de villages, de droits, imbriqués les uns dans les autres, se substitue la vision qui est encore la nôtre. L'administration — elle a pris le pas sur la volonté du souverain — négocie donc des échanges : enclaves extérieures contre enclaves intérieures. C'est là un travail minutieux et lent, qui n'attire pas beaucoup l'attention. La seule grande affaire est la réunion officielle de la Lorraine, plus qu'à moitié réalisée dès la fin de la guerre de la Succession de Pologne. Unique exception à cette règle de prudence : l'acquisition de la Corse en 1767, qui est une affaire singulière, dans laquelle les historiens voient le fruit d'une longue préméditation, alors qu'elle est plus probablement une occasion saisie. Cette attitude, il faut le remarquer, est bien dans la ligne de la pensée d'un Louis XV qui, par humanité, n'aime pas la guerre, répugne avec son peuple aux annexions et veut faire en 1748 « une paix de roi et non de marchand ». Mauvais calcul — s'il y a eu calcul — car l'opinion publique, et surtout celle de Paris, ne comprend pas que les sacrifices, les victoires (aux Pays-Bas) et les gages pris ne débouchent que sur une paix blanche et sur l'annexion de la Silésie par la Prusse ; l'occasion semblait bonne d'acquérir au moins une partie des Pays-Bas. Or le roi, semble-t-il, n'a pas agi seul. Les secrétaires d'État et les bureaux ont plus ou moins manifesté le même état d'esprit. C'est déjà le repli sur l'hexagone. A la Révolution reviendra de prôner ouvertement et de réaliser un moment la conception césarienne : la Gaule est limitée par le Rhin, les Alpes et les Pyrénées.

Le bilan d'ensemble de la royauté manifeste donc le pragmatisme évoqué plus haut : acquisitions limitées aux Pays-Bas, car ni la Hollande ni l'Angleterre n'aiment voir la France approcher d'Anvers, ce « pistolet braqué sur le cœur de la perfide Albion », mais acquisitions majeures à l'Est, là où la résistance politique — sinon militaire — est moindre.

Quant à l'expansion coloniale, c'est autre chose : une affaire de commerce. Louis XV, ici encore, est sceptique et semble n'avoir jamais cru aux chances de la marine française. Il a pourtant laissé faire Choiseul, quitte à l'arrêter dès que la guerre semblait se rapprocher. Seul Louis XVI a cru, sinon à la possibilité d'une maîtrise de la mer, du moins à un équilibre relatif, qui s'est établi entre 1783 et 1789.

## *Révoltes populaires*

Avec les rêves d'hégémonie européenne, la deuxième grande question est celle des révoltes populaires, étroitement liée au problème des guerres civiles. Elles sont l'un des objets les plus controversés de l'époque moderne. Elles ont, en particulier, opposé l'historien soviétique Porschnev et le Français Roland Mousnier. Ces révoltes populaires ont été bien étudiées pour la première moitié du XVIIe siècle, et des études sont en cours sur leurs prolongements, à la vérité médiocres si l'on met à part l'affaire « du papier timbré » en Bretagne, en 1674-1675, en pleine guerre de Hollande. En revanche, elles sont encore mal connues pour l'ensemble du XVIe siècle, parce qu'elles se confondent en partie avec les guerres religieuses.

D'une certaine manière, elles sont une conséquence quasi inévitable de la guerre extérieure. Le peuple de France veut un roi glorieux et victorieux, mais au moindre coût. Or l'époque moderne connaît un formidable surenchérissement du coût de ces guerres. Dans la confrontation Habsbourg-France de la première moitié du XVIe siècle, une course s'est instaurée à qui disposerait de l'armée la plus nombreuse. Alors qu'avant 1515, les campagnes mettaient rarement en mouvement plus de 20 à 30000 combattants, les deux adversaires étaient en mesure (pour une très courte période, il est vrai) d'entretenir près de 100000 hommes au moment de l'abdication de Charles Quint (1556).

L'Espagne a pu le faire parce qu'elle disposait de l'argent du Pérou et des Flandres; encore cela ne l'a-t-il pas empêchée de faire banqueroute. La France n'a pu suivre qu'en augmentant énormément la pression fiscale sur laquelle étaient gagés ses énormes emprunts, ainsi que par la vente des offices. Mais l'administration royale, fidèle en cela à ses promesses, a maintenu aussi longtemps que possible les systèmes fiscaux en place dans les diverses provinces. Il en est résulté une grande distorsion, qui explique pourquoi il est impossible, au XVIe siècle et dans la première moitié du XVIIe siècle, de parler du poids global de la fiscalité en France. Certaines provinces, comme la Normandie, ont subi des prélèvements considérables qui amenèrent les populations à se révolter. Dans les régions à fiscalité moins élaborée, où l'on tenta d'accroître la pression, des levées de boucliers se produisirent parfois même avant l'événement et à sa simple évocation.

Naturellement, les abus criants sont légion. L'impôt était rarement levé directement par l'État: comme partout ailleurs en Europe, il était affermé au plus offrant qui y trouvait son compte, d'autant que le métier était risqué et qu'il fallait faire fortune rapidement. Il n'y avait que trop de raisons de s'attaquer à tel ou tel fermier d'impôts ou à ses agents. Il suffisait que les levées coïncident avec des récoltes médiocres pour que se trouvent réunis tous les ingrédients propres à faire éclater une révolte. Les paysans servaient souvent — du moins au début des mouvements — d'aile marchante. Les « privilégiés », seigneurs ou autres, ne voyaient pas d'un bon œil ces nouveaux prélèvements qui concurrençaient les prélèvements traditionnels (fermages, etc.) et se montraient souvent hostiles aux nouveaux riches arrogants, toujours prêts à se glisser dans la noblesse, qu'étaient ces entrepreneurs d'impôts.

Les raisons religieuses donnent une tonalité particulière aux guerres civiles qui masquent ou canalisent les révoltent populaires du XVIe siècle. Le traité de Cateau-Cambrésis, conclu en 1559 entre l'Espagne et la France pour achever la première « manche » de la lutte entre les Habsbourg et les Valois, est en réalité un armistice permettant à chacun des antagonistes de s'occuper de ses propres affaires religieuses : à Philippe II d'en finir avec les protestants flamands et néerlandais, allemands, voire anglais, à Henri II de venir à bout des calvinistes français.

Vers le milieu du XVIe siècle, l'Allemagne et la Scandinavie sont protestantes, du moins en grande majorité ; c'est à l'intérieur des petits États que le protestantisme a réussi à se propager. L'exemple de l'Angleterre en train d'hésiter laisse entrevoir que beaucoup de choses dépendront de l'attitude des souverains ; or, en France, Henri Il est profondément hostile au protestantisme. La persécution attise d'autant plus sûrement la révolte que, pour les protestants comme pour les catholiques, la force apparaît comme le plus efficace des moyens de conversion. Or le protestantisme français a d'abord fait des adeptes parmi les élites, et en particulier dans la noblesse. Celle-ci se lance donc dans les guerres de Religion, des deux côtés. Elle contribue ainsi à aggraver la crise en remplaçant les champs de bataille extérieurs par ceux d'une guerre civile.

On retrouve un schéma analogue dans les crises de la minorité de Louis XIII, et même pendant la Fronde. Les facteurs religieux restent présents durant les premières, puisque le calvinisme s'est progressivement constitué en entité politique et militaire, même s'il a perdu tout espoir de l'emporter. Il a survécu aux persécutions, et les clauses de sauvegarde accordées en 1598 par l'Édit de Nantes lui accordent d'importants moyens politiques et militaires. Sa profonde méfiance envers la politique pro-catholique de Marie de Médicis l'amène à prendre les armes à plusieurs reprises. Au moment de la Fronde, il se tient à l'écart, d'autant plus que Mazarin se montre compréhensif. Le protestantisme n'a d'ailleurs plus, depuis la prise de La Rochelle par Richelieu, de possibilités d'action militaire.

Dans son ensemble, la noblesse reste en revanche un élément de désordre, car elle n'a jamais vraiment accepté la montée de la monarchie absolue. Dans les zones montagneuses, elle mène encore de petites guerres privées. Vouée au métier des armes, elle trouve mal sa place en temps de paix. Ses habitudes de pillage, contractées pendant la guerre de Cent ans, resurgiront dès que l'autorité royale s'affaiblit. Ainsi, pendant les guerres de la Ligue, la religion n'est-elle pour les nobliaux du Sud-Est qu'un prétexte à une guerre « fraîche et joyeuse », menée avec la plus extrême des cruautés. A cet égard, il suffit de relire les *Commentaires* de Blaise de Montluc. Ces attitudes resurgissent, atténuées, pendant les troubles du milieu du XVIIe siècle.

Les révoltes populaires s'expliquent à la fois par les abus du prélèvement fiscal, par les misères qu'engendrent les guerres civiles. En somme, jusqu'à Louis XIV, les meilleures périodes militaires pour les paysans sont celles où la paix intérieure se trouve préservée par une guerre extérieure qui détourne vers l'étranger l'ardeur de la noblesse.

Cette indiscipline permanente se conjugue avec les ambitions territoriales et politiques de la haute noblesse. En dépit du brillant de la Cour des Valois — mais peut-être aussi à cause de lui — une bonne fraction de la haute noblesse conserve de profondes attaches avec sa région d'origine ou d'implantation. Certains de ses membres se comportent, lors des crises, comme de grands feudataires médiévaux et songent à se constituer de véritables principautés : ainsi le duc de Mercœur en Bretagne durant les guerres de Religion.

Cette menace s'affaiblit certainement au milieu du XVII<sup>e</sup> siècle durant la Fronde. L'ambition politique des grands nobles se situe à l'intérieur du cadre étatique et ne constitue plus qu'un épisode de la lutte pour le pouvoir ; elle n'en est pas moins dirigée contre la monarchie. On est alors en pleine guerre étrangère, et les forces de l'Espagne et de la France s'équilibrent ; la guerre civile risque donc de faire basculer la victoire dans le camp espagnol. Ainsi le Grand Condé passera-t-il à l'ennemi. En 1659, lors des discussions pour le traité des Pyrénées il faudra toute l'insistance du roi d'Espagne en personne pour faire absoudre Condé par Louis XIV. Que la révolte de Condé ait été en partie provoquée par la maladresse de Mazarin, c'est possible, comme le suggère Bossuet : « Il disait donc, en parlant de cette malheureuse prison (du Havre, où l'avait fait enfermer Mazarin) qu'il y était entré le plus innocent des hommes, et qu'il en était sorti le plus coupable. » Voire... Condé, comme certains des Frondeurs, avait largement souscrit aux emprunts lancés par Richelieu et par Mazarin : les réductions et les suppressions de rente — 1648 est une année de banqueroute de l'État — ne sont pas étrangères à la révolte princière et nobiliaire.

## *La noblesse et la royauté*

Tout en souhaitant relever la noblesse, Richelieu avait travaillé à rendre ses plus hauts membres moins dangereux. La décision de raser, ou plus exactement de rendre inutilisables les châteaux qui n'étaient pas indispensables à la défense du pays, avait singulièrement réduit les possibilités de résistance. Avec Louis XIV, la Cour devient un extraordinaire instrument politique, une « cage dorée » où la noblesse, obligée de « paraître » et de participer aux fêtes et aux jeux de hasard, se ruine, ou du moins ne peut maintenir son rang que grâce aux secours et aux faveurs du roi. Ces libéralités royales, rendues — avec machiavélisme — indispensables par l'obligation de dépenser, sont l'un des éléments majeurs de la paix intérieure. Rallier la haute noblesse, c'est en outre disposer dans une certaine mesure des clientèles qu'elle continue d'avoir. On est, si l'on veut compter dans la société, l'« homme d'un puissant », et l'on doit « appartenir à X », tout comme Colbert a, de son propre aveu, d'abord « appartenu » à Le Tellier, qui l'a « cédé » à Mazarin, qui lui-même le « cède » au roi. Enfin les grands sont soumis depuis Richelieu à une surveillance constante, à un espionnage constant, y compris dans leur propre famille.

Non que la royauté soit opposée à la noblesse. Le roi se considère lui-même comme le premier des gentilshommes et, dans sa politique, la noblesse a sa place. C'est même pour éviter sa destruction que Richelieu et ses successeurs ont pris des mesures draconiennes contre le duel qui, vers 1640, provoquait chaque année autant de pertes que plusieurs batailles alors que la monarchie avait besoin d'un bon encadrement pour ses armées. L'Église est aussi, à sa manière, un moyen de « tenir » la noblesse en fournissant aux cadets — et cadettes — de quoi vivre largement, en les amenant à soutenir la politique royale, la fidélité étant la condition même de la grâce du maître.

Toute une frange de cette noblesse s'appauvrit cependant, et la monarchie invente encore d'autres procédés. Joue alors un réflexe de réservation des privilèges aux gens en place. La chasse aux faux nobles s'organise. En tentant de limiter l'entrée dans ses rangs, la noblesse se comporte comme un véritable « syndicat de maintenus ». La royauté y trouve son compte et emboîte le pas : l'entrée dans la noblesse constitue l'une des formes les plus intéressantes de l'évasion fiscale. La limitation de la noblesse permet donc à la fois de satisfaire à bon compte l'« ancienne » noblesse et d'augmenter les revenus de l'État, tout en imposant les contribuables du Tiers États.

Cette fermeture de la noblesse se justifiait par un renouvellement de cet « ordre » au cours du XVIe siècle, avec l'intrusion massive de nouveaux nobles. La guerre de Cent ans et les événements ultérieurs avaient fait disparaître une grande partie de la vieille aristocratie médiévale, soit par mort soit par appauvrissement. Il suffisait désormais d'obtenir ou d'acheter des lettres de noblesse, voire de réhabilitation de dérogeance, d'acquérir une terre noble ou d'être officier dans l'armée et, surtout, de « vivre noblement » et d'être reconnu comme tel par ses pairs et par l'opinion publique — par conséquent dispensé des impôts roturiers — pour que l'on puisse encore, vers 1570, devenir noble. Au bout de deux, au maximum trois générations, on arrivait par « agrégation » à la noblesse, en usurpant une noblesse « immémoriale » dont les origines se seraient perdues dans une « nuit des temps », que les pratiques institutionnelles situaient au-delà de quarante ans...

Les rois de la deuxième moitié du XVIe siècle édictèrent donc une série d'édits et d'ordonnances interdisant l'entrée dans la noblesse par ces moyens traditionnels. Restait le recours aux offices anoblissants, dont la jurisprudence resta longtemps vague. Elle ne fut fixée en définitive qu'avec la « réformation » entreprise au début du règne de Louis XIV par Colbert, qui la considérait comme l'une de ses grandes réalisations. Cette réformation, qui resta incomplète, se traduisit par de nombreuses exclusions de la noblesse, surtout aux dépens de la « plèbe nobiliaire » de certaines provinces. Elle consacra, en revanche, les prétentions des détenteurs des grands offices parlementaires et légalisa ainsi l'entrée de la noblesse parlementaire dans le cadre juridique de la noblesse.

C'est donc à une noblesse profondément renouvelée que l'on a affaire à partir des années 1670. Mais l'ampleur de ce renouvellement reste objet de discussion. S'il est en effet possible de calculer avec précision le nombre des anoblis, personne — ni à l'époque ni de nos jours — n'est d'accord sur les effectifs de la noblesse au sens juridique du terme.

Les robins, ces bourgeois anoblis, apportent à l'intérieur de la noblesse française un nouvel esprit, à plus d'un égard «bourgeois». Nombre d'entre eux se révèlent d'excellents gestionnaires de leur fortune. Parfois, ils exigent de leurs «vassaux» bien plus que les anciens maîtres. Pour les grandes familles anciennes, il est de bon ton de se gausser de ces «nouveaux venus»: «Le roi peut faire un noble, il ne peut faire un gentilhomme», affirme le dicton. Beaucoup s'agrégeront quand même, et leurs descendants finiront par être reconnus comme pleinement nobles. Les enfants et petits-enfants des Colbert ou des Pontchartrain se fondront à l'intérieur de la plus haute noblesse. En revanche, la noblesse de robe fut souvent mal acceptée: Saint-Simon ne la considérait pas comme véritable, et la rangeait dans le Tiers État. En 1789, cette attitude reparaîtra, dans la législation sur la désignation des députés aux États Généraux: les parlementaires seront ravalés au rang du Tiers. Tout comme l'exclusion de beaucoup d'anoblis de mérite, c'était une grande maladresse.

Quoi qu'il en soit, ces noblesses nouvelles, obligées de compter avec l'argent, se comportent davantage en fidèles sujets du roi que l'ancienne: la royauté constitue leur seul appui. Si l'on y acquiert l'esprit militaire, c'est au service du roi et non plus dans le jeu des pillages ou des vendettas privées. Dans la mesure où l'on peut parler d'un «embourgeoisement» de la noblesse, c'est là qu'il apparaît le plus nettement.

Désormais, il fut interdit de creuser les fossés devant sa maison de campagne, sauf autorisation exceptionnelle de l'autorité royale. La preuve de noblesse nécessita la tenue d'archives, l'apport de preuves administratives, en un mot un état civil nobiliaire. Les petits nobles des régions montagneuses, du moins là où ils étaient nombreux (Limousin, Auvergne, etc.), gardèrent un certain temps des habitudes de tyranneaux locaux. Les « Grands Jours » — comme ceux d'Auvergne en 1665 — apparentés dans leur principe à des tribunaux d'exception ambulants, destinés à déjouer les complicités locales, n'en vinrent pas complètement à bout. Du moins le désordre généralisé recula-t-il, dans les limites que permettaient l'état des murs et la situation d'arbitrages juridiques décrite plus haut.

La royauté utilisa, on l'a vu, toutes les armes, et même la littérature. La dérision caractérise *Monsieur de Pourceaugnac* reprenant une vieille tradition parisienne antilimousine déjà présente chez Rabelais. Une partie de l'œuvre de Molière et de Boileau s'inscrit ainsi dans le programme politique du roi (*Dom Juan, Satire sur la noblesse,* etc.), et prend par moments des allures prérévolutionnaires. C'est dans ce sens qu'iront aussi, à la fin du règne de Louis XIV, les nouveaux impôts (capitation et dixième) qui, au moins dans leur principe, reposent sur l'égalité des sujets devant l'impôt. Toute la politique du XVIIIe siècle prend des allures de revanche nobiliaire.

## *La pacification du royaume*

L'un des buts majeurs de la politique royale est atteint dès les années 1660-1670 : la haute noblesse provinciale est rendue inoffensive par le système de la Cour, la petite noblesse locale est conviée au service du roi pour la guerre sur terre ou sur mer et devient un véhicule de la volonté royale dans la « France profonde », et elle est hors d'état de se révolter.

La France y gagne une paix intérieure et une sécurité jamais connues. Même les persécutions religieuses qui précèdent et suivent la révocation de l'édit de Nantes (1685) prennent rarement les dimensions d'un « front intérieur », sinon dans la guerre des Camisards. Encore l'une des raisons majeures de l'échec de ceux-ci réside-t-elle dans le caractère prophétique et spontané d'un mouvement qui se heurtait à la peur et à l'inertie des élites protestantes qui avaient résisté à la vague de conversions antérieures à 1685.

Aux époques antérieures, le pouvoir royal a été obligé, à maintes reprises, de s'emparer de Paris. Il n'a pu le faire que par des blocus, d'ailleurs limités aux points de passage essentiels du système hydrographique parisien, ou bien en négociant. Henri IV a partiellement capitulé devant la volonté parisienne : même si sa conversion fut peut-être sincère, elle était un acte politique indispensable. Mazarin, quant à lui, a été obligé de reconquérir Paris. Or, à partir de 1661 et jusqu'à 1790, il n'en est plus question ; il est significatif que les responsables militaires et policiers n'envisagent même pas qu'ils puissent avoir à reprendre la ville. La chose paraît impensable. Mais l'absence de fortifications entraîne celle des structures sociales de défense ; l'abaissement de la haute noblesse prive la population parisienne d'un encadrement et des structures de clientèle de quartier. La fidélité de la population urbaine à la personne royale paraît telle, à partir des années 1690, que les responsables attribuent les émeutes (limitées) à des éléments non parisiens et établissent un fichier des immigrants.

Il n'existe même pas de plan de défense de la royauté. On pense que le relatif éloignement de Versailles constitue, en soi, pour Paris, une protection suffisante. En réalité, les émeutes ont longtemps buté sur l'absence de programme et d'encadrement. Ces deux éléments ne sont apparus que progressivement et tardivement, au cours des deux dernières décennies avant la Révolution. Le nouveau pouvoir se retrouva d'ailleurs longtemps dans la même situation : il dut, jusqu'en 1794, se soumettre devant la poussée « populaire » parisienne. La Convention thermidorienne parvint la première à étouffer une émeute, et le jeune Bonaparte cueillit ses premiers lauriers en foudroyant du haut des marches de l'église Saint-Roch les gardes nationaux révoltés. Mais la répression partait encore de l'intérieur de Paris. Comme cet exercice était difficile, on songea, dès 1830, à abandonner Paris pour mieux le reconquérir de l'extérieur. La terrible responsabilité d'avoir réinventé cette stratégie revient à Thiers, qui l'a envisagée en 1848 avant de réussir, terriblement, en 1871. Ni Louis XVI, ni Charles X, ni Louis-Philippe n'ont osé, ou même pensé, le faire. Les régimes post-monarchiques n'auront pas tous ce scrupule.

La pacification de la France, son désarmement partiel, sont la grande réussite de la monarchie absolue. Que l'on songe aux 30 à 50 000 hommes de la garnison prussienne de Berlin ou de celle de Potsdam, cette ville d'à peine 10 000 habitants. La petite *« Residenzstadt »* (ville de résidence) de Coblence compte à peine 6 000 habitants et possède une garnison de 2 000 hommes et une forteresse de premier ordre. Même à Londres, capitale d'une Angleterre toujours prise pour modèle, il y a plus de troupes et de police qu'à Paris, et une partie de la *Navy* avec son formidable armement en artillerie se trouve à proximité, capable de foudroyer depuis la Tamise toute velléité armée ; la révolution anglaise n'était pensable qu'à un moment où la *Navy* était encore très faible.

Cette pacification de la France a lentement modifié les données du jeu social. Fini le temps où, comme le décrivent les *Mémoires* de Campion, il suffisait du passage d'une troupe pour que les vies soient en danger, sans parler des biens. Voici le temps où le logement des troupes devient un châtiment exceptionnel et est ressenti comme tel, ce qu'illustrent les dragonnades ou la punition de Rennes pour son manque de résistance face à l'émeute de 1675. Au XVIIIe siècle le soldat s'isole de la société, ou plutôt on l'en isole. Le nombre de casernes augmente, sans que, pour des raisons financières, ce confinement soit absolu.

Le sentiment de sécurité s'acquiert en une génération. Vers 1680, il est évident. On n'y pense plus que comme à un dû. L'État a trop bien réussi. De ce fait, les attitudes se modifient. Durant la Fronde encore, le paysan de Beauce et de Brie était trop heureux de pouvoir se réfugier dans l'enceinte du château voisin et de payer droits de guet ou de gardiennage. Jusqu'en 1661, le château eut une très grande utilité en temps de guerre civile et de pillage des campagnes. On mettra quelque temps à s'en apercevoir mais pas très longtemps : avec la paix, la seigneurie perd l'une de ses raisons d'être, et les droits correspondants ne semblent plus que des abus nés de la « barbarie féodale », d'autant que, de toute façon, on paie le roi pour qu'il assure la sécurité.

Ainsi s'établit, entre les prélèvements étatiques, et les vieilles « rentes » seigneuriales — et même la rente foncière — une concurrence durement ressentie, à la fois par des propriétaires obligés de limiter la hausse des locations et de tenir compte dans une certaine mesure de ce que le locataire paie au roi, et par le « preneur » qui considère le droit seigneurial comme injuste et indu. Qu'à la fin du XVIIIe siècle ces droits soient, au total, beaucoup plus limités qu'on ne l'a longtemps cru — non sans qu'ils soient ici ou là très lourds — importe peu.

## *L'actif et le passif*

Cet état de choses réagit sur toute la vie politique. Le grand enfermement de la noblesse à la Cour n'a pas que des avantages pour le pouvoir royal. Ce n'est certes pas l'organisation inutile que tant d'historiens se sont complu à décrire sous les couleurs les plus sombres. Elle est un vivier de compétences militaires et diplomatiques. A-t-on assez remarqué que la monarchie organise un *cursus honorum* un peu comme à Rome ? Au sommet de l'édifice, il n'y a pas de séparation stricte entre le militaire et le civil : tel général devient ambassadeur, et ces hommes excellent souvent. La Cour est aussi un foyer de diffusion de l'art royal et d'exposition permanente des grandes productions de l'économie française. Toutes choses qui, pour se dire plus simplement que de nos jours, sont parfaitement conscientes. Voilà pour l'actif.

Le passif cependant, ne cesse de s'alourdir. La Cour isole la personne royale. Autant la « distanciation » a été voulue par Louis XIV pour se mettre en valeur et manifester sa supériorité, autant elle finit par l'écarter du populaire. Sans doute, pour pénétrer à Versailles, a-t-il longtemps suffi de louer aux grilles du château un costume décent, voire une épée. Il est d'ailleurs surprenant que le roi, si mal gardé, ait été si peu l'objet d'attentats. Mais les monarques ne se déplacent plus guère : le contact direct avec le peuple est rompu, de la même manière que, politiquement, la sécurité rompt l'une des raisons majeures de l'alliance objective du peuple — des villes — et du roi contre les grands féodaux. La spécialisation du personnel politique va dans le même sens.

La timidité maladive et héréditaire de Louis XV et de Louis XVI aggrave encore les choses : un roi est une personne publique, qui appartient au public. Ainsi Louis XIV n'a-t-il jamais eu de véritable vie privée. De tradition, l'accouchement des reines se fait sous les yeux de tous : on craint les substitutions d'enfants. Louis XIV s'occupant de l'accouchement de la Palatine, telle est aussi la réalité d'un roi du XVII^e siècle, inimaginable par la suite. Louis XIV visite les armées à cheval et, quand il ne le peut plus, dans une petite chaise de poste. Louis XV montre son courage à Fontenoy. Mais, quand Louis XVI sort une fois de Versailles, c'est en carrosse, et son voyage à Cherbourg s'apparente beaucoup plus au voyage d'études d'un technocrate contemporain qu'à une visite royale. Dans le rapport préparatoire de Calonne, en 1787, rien ne manque : pas même l'explication de la différence entre le paysage de bocage et celui de champagne (ou campagne), pas même les projets de bassins de chasse pour les ports autres que Honfleur, non plus que la situation des hôpitaux et des industries.

Tout cela était en soi excellent, et porteur de progrès. Mais, comme le faisait remarquer Marc Bloch, le roi devait longuement expliquer ses actes aux foules, ou bien posséder un grand rayonnement personnel. Louis XIV avait un rayonnement, mais non Louis XV, et encore moins Louis XVI, qui se trouvaient paralysés à l'idée de paraître en public. Le Régent, sans doute, avait été timide, mais sa vie nocturne lui avait fait connaître, sinon tout Paris, du moins une bonne partie de la ville : il se fit un jour rosser dans une rixe. Et le peuple de Paris, comme le montre le *Journal* du vitrier Mettra, a toujours souri devant le péché de chair ainsi pratiqué, et non par des maîtresses en titre.

De même que la valeur du château s'était dépréciée, de même celle de la Cour se déprécia-t-elle. Les fêtes de Louis XIV avaient été fastueuses. Il en reste, au siècle suivant, peu de choses : elles n'ont été que le décor éblouissant d'un jour. La consultation des archives des « Menus-Plaisirs » détruit le mythe : au XVIII^e^ siècle, les fêtes sont gérées dans un remarquable esprit d'économie, et leur coût n'a cessé de baisser. Le décor éphémère est remplacé par le décor durable qui, après un investissement initial important, permet d'économiser par la suite. Telle est l'origine de l'opéra de Louis XV. Le mécénat royal se limite également : en architecture, quoi de comparable à Versailles, ou même au Grand Trianon ? Voici venue l'époque du Petit Trianon, de Bagatelle. Il y a pourtant quelques exceptions. La « cavalerie » des écuries royales s'agrandit, au XVIII^e^ siècle, au-delà du raisonnable. Louis XIV n'avait besoin que de 500 chevaux : vers 1760 on en est à plus de 2 000, qui sont utilisés par le roi mais surtout par des membres de la Cour.

Le mythe de la prodigalité s'explique en grande partie par les pensions distribuées aux grands : les favoris et favorites de Marie-Antoinette ont beaucoup nui à la royauté. Mais la chose n'eût pas fait scandale un siècle plus tôt. La question est donc de savoir pourquoi, en un siècle, les esprits ont évolué...

Plus grave, la Cour est devenue un foyer d'intrigues. Dans une certaine mesure, celles-ci font partie du jeu politique général. Les *Mémoires* de Saint-Simon ne sont rien d'autre que la minutieuse description des « cabales », c'est-à-dire des regroupements de personnes capables de proposer une politique ; cela existe dans tous les régimes. Mais la Cour s'expose ainsi à la critique politique, et ces cabales contribuent au discrédit rapide des meilleurs ministres. Elles ont donc leur part de responsabilité dans l'échec et la succession rapide, à partir de 1750, des contrôleurs généraux : aucun d'entre eux n'a le temps de faire ses preuves.

La haute noblesse a abandonné la révolte pour transposer son désaccord dans le monde de la « politique politicienne ». A la veille de la Révolution, elle verse dans l'opposition ouverte au pouvoir royal. Au XIXe siècle, on a attribué la Révolution à un complot animé par le duc d'Orléans ; cette thèse a été rejetée depuis, mais l'accusation n'est pas tout à fait dépourvue de fondement. Entre la branche aînée et celle des Orléans, il y a une dysharmonie qui n'est pas sans danger. Les Orléans sont plus riches que la famille royale, et ils ont beaucoup développé le mythe du bon roi Henri et la légende politique du Régent. Tout cela est loin d'être innocent. Ne le sont pas non plus les pamphlets dont la majorité émane de la Cour. Rappelons-nous la campagne haineuse et mensongère — quoique fondée sur quelques demi-vérités — que la sous-littérature érotico-politique a déversée sur la personne et la famille du roi au XVIIIe siècle. La « canaille » littéraire, comme l'appelait Voltaire, a été en partie inspirée et protégée par certains milieux de la Cour. Plus, le proche entourage du roi a investi de l'argent dans l'affaire, faisant vendre, pour en toucher les bénéfices, au nez et à la barbe de la censure impuissante tous ces pamphlets qui ont contribué à discréditer le roi dans une partie de la population. Si Louis XV a prêté le flanc aux accusations fondées sur le fameux « Parc aux Cerfs », on tourna en dérision l'impuissance de Louis XVI. Sa fidélité conjugale fut moquée, comme la collection de conquêtes de Louis XV, et Marie-Antoinette rencontra aussi peu d'indulgence que Mme de Pompadour ou la Du Barry.

Cette Cour devint donc objet de critiques, en apparence souvent justifiées. Cour-écran, et pourtant Cour mourant d'ennui. Ni Louis XV ni, encore moins, Louis XVI ne surent jouer de l'admirable instrument qu'avait créé le virtuose Louis XIV : l'étiquette, cette manière de distinguer les personnes et les mérites, devint lettre absurde, imposée à tout le monde. Norbert Elias a évoqué Marie-Antoinette attendant, nue, sa chemise, tandis que se poursuivait le ballet de révérences des dames qui se passaient l'objet jusqu'à celle qui avait le droit prééminent de donner la chemise à la reine. Louis XIV eût brutalement fait cesser ce genre de pratiques. Louis XVI n'en fit rien. Il avait perdu le sens de l'étiquette ; celle-ci n'apparaissait plus que comme une pénible contrainte, que l'on fuyait : la Cour se trouvait maintenant plus souvent à Paris qu'à Versailles, où ne demeuraient plus que la famille royale, quelques bureaux et les conseils.

### *Des Troyens à Voltaire : la France*

De la lente confrontation entre les peuples du royaume et la monarchie sort, en trois siècles, l'image d'une France individualisée. Celle-ci trouve sa voix en 1572 avec Ronsard, qui lui voue une *Franciade* où il rattache les Francs aux Troyens, comme l'*Énéide* de Virgile faisait remonter Rome à Énée. Mais le mot même de « France » reste peu employé. Dix ans plus tôt dans son *Discours sur les malheurs du temps,* le poète lançait ce cri déchirant :

« Ainsi la France court en armes divisées depuis que la raison n'est plus autorisée. »

Dans *La Grande Monarchie de France,* Claude de Seyssel soulignait les deux pôles autour desquels s'ordonnait le royaume : le roi comme représentation « charnelle », d'une part, et « la France » de l'autre, mais non pas le royaume ni le peuple, « car rien n'est si grand après Dieu qu'un roy de France ». Certains titres d'ouvrages sont également significatifs — *Le Manifeste de la France aux Parisiens et à tout le peuple de Français, ou Recherches sur la France* — et attestent dès le XVIe siècle cette personnification du pays. Un difficile échange roi-France-État-royaume-peuple s'instaure à travers toutes les « polices » (entendez politique et administration). La France prétend à l'héritage d'Athènes et des trois Rome : l'antique avec son Empire, la chrétienne, et enfin celle des artistes. Du Bellay proclame la France « mère des arts, des armes et des lois » et lui confère le privilège absolu d'offrir au monde européen la beauté, la force et l'organisation de la société. Mais en est encore exclu le peuple. Aux deux siècles suivants l'image s'enrichit. Elle finit par faire concurrence au souverain lui-même : la France est « à la fois personne, culture, histoire, terre et règne élu », « degré extrême de l'autorité invocatoire ». Elle domine de très haut souverains et peuples, pays et population.

C'est aux pires moments de la Ligue qu'apparaissent tous les mots dont on usera dans les siècles à venir : patrie, nation, France, Français. C'est à ce moment-là, aussi, que surgit l'appel à « tous ceux qui ont quelque amour à leur Patrie ». Thème repris plus tard par Fénelon, à l'usage du duc de Bourgogne, à travers le dialogue entre le connétable de Bourbon et Bayard : « Pour moi, dit ce dernier, vous êtes ce grand connétable, ce prince du plus noble sang qu'il y ait au monde, et qui travaille à déchirer de ses propres mains sa patrie et le royaume de ses ancêtres... Je sors de la vie sans tache ; j'ai sacrifié la mienne à mon devoir : je meurs pour mon pays, pour mon roi, estimé par les ennemis de la France, et regretté de tous les bons Français... Il vaut mieux périr en combattant pour la patrie... Quelle horrible gloire que celle de détruire son propre pays. »

Dialogue pathétique, affrontement de la mentalité nobiliaire et de la mentalité nouvelle. Le connétable ayant fait valoir que « sa patrie était ingrate après tant de services rendus », qu'il avait souffert toutes les injustices, qu'il avait été persécuté et obligé de fuir, et qu'il devait se venger, poursuit : « Le roi, étant injuste et si aveuglé par sa mère, méritait-il que j'eusse de si grands égards pour lui ? » et s'entend répondre par Bayard : « Si le roi ne le méritait pas, la France tout entière le méritait. La dignité de la Couronne dont vous êtes l'un des héritiers le méritait. Vous vous deviez d'épargner la France. » Page révélatrice : la France est une « personne », indépendante du roi, comme la Couronne. Sommes-nous vraiment loin de la religion de la patrie propre à la Révolution ?

Après Fénelon, citons Voltaire : « A peine notre Henri IV eut-il le temps de réparer les brèches de la France et le sang qu'elle avait perdu pendant près de quarante années de guerres civiles et de fanatisme. Repassons le temps qui suivit le crime épouvantable de sa mort, jusqu'au moment où Louis XIV régna par lui-même : tout fut odieux et funeste, et ce temps contient encore quarante années. Voilà donc quatre-vingts ans pendant lesquels, si j'en excepte les dix belles années du héros de la France, je ne vois que confusion, discorde, séditions, guerres civiles, fanatisme affreux, tyrannie de toute espèce, pauvreté et ignorance. Je ne crois pas que depuis François II jusqu'à l'extinction de la Fronde en France il y ait eu un seul jour sans meurtre... Ce sont donc ces quatre-vingts années qui sont funestes et désastreuses, et non pas le siècle de Louis XIV, pendant lequel notre nation, aujourd'hui célèbre dans toute l'Europe par l'opéra-comique, fut le modèle des nations en tout genre. J'ai moins fait l'histoire de Louis XIV que celle des Français. » Et d'ajouter plus loin : « Qu'il me soit permis de défendre la cause d'un siècle à qui nous devons tout et d'un roi qui n'a pas été assurément indigne de son siècle. »

Ils nous sont toujours familiers, ces appels — « Je me suis toujours fait une certaine idée de la France » — et ces controverses qui opposent la gloire de la France au bien-être des Français......

# DEUXIÈME PARTIE

# La France
# de la Renaissance :
# de la gloire aux massacres

CHAPITRE PREMIER

# Les chocs du XVIe siècle

Faut-il insister sur la « modernité » du XVIe siècle ou, en revanche, montrer combien il s'enracine dans le Moyen Age ? Il est un mélange inextricable des deux. Mais les élites ont annoncé les jugements *a posteriori* des historiens — à commencer par celui de Michelet — qui mettent en valeur la novation. Humanisme, Renaissance, protestantisme, élargissement du monde, autant de chocs et de défis qui, à nos yeux, surpassent — et de beaucoup — les médiocres résultats des longues guerres de François Ier : un royaume simplement maintenu — à quel prix ! — pour en arriver en 1559 au traité de Cateau-Cambrésis qui donne à la France Metz, Toul et Verdun. Quant aux huit guerres de Religion, ce long affrontement n'aboutit qu'en 1596 à l'édit de tolérance de Nantes. Quant à l'incidence sur la France des phénomènes européens, elle apparaît souvent comme bien limitée.

## *L'Amérique*

A vrai dire, le mot « choc » eût surpris les contemporains, au moins en ce qui concerne l'Amérique qui n'est guère entrée par la grande porte dans les préoccupations françaises. Ce sont les petites gens du littoral, à l'instar du sire de Gouberville, qui en ont le mieux ressenti les effets. Le Cotentin a connu le dindon américain bien avant la Cour. L'esclave noir, et même l'Indien sont des figures connues sur les quais de Rouen, où se négocie aussi le « bois de brazil ». Il est des curieux que l'aventure a tentés, et l'on peut en dresser la liste comme le fit Montaigne pour son chapitre *Des cannibales*. En dépit de Dieppe et de

Rouen, tout cela est peu de chose à côté des aventures des conquistadors espagnols.

Le monde intellectuel français a mal perçu l'importance de la découverte de l'Amérique. La géographie des humanistes français est restée désespérément tournée vers celle des Anciens. Et quand on en prit conscience, le mirage des métaux fabuleux, des royaumes incroyables où tout était à saisir — or, argent, pierres précieuses, perles, femmes, esclaves — s'empara de la France, il était bien tard. Les meilleures places étaient occupées. Au Canada, en Floride, au Brésil, le rêve du Nouveau Monde fut décevant pour la France. Le proverbe « faux comme les diamants du Canada » a discrédité pour longtemps l'épopée de Jacques Cartier. Le Canada malouin n'est qu'un faux départ : ce n'est guère qu'un siècle plus tard que les choses sérieuses commenceront timidement. Au Brésil comme en Floride, la nature et ses surprises, mais surtout les Portugais et les Espagnols, mirent rapidement bon ordre à ces tentatives d'intrusion française dans leur domaine réservé.

Enlisée dans ses guerres continentales ou internes, la France n'avait ni l'argent ni la volonté de s'installer en Amérique. Les villes de l'Atlantique et de la Manche — Dieppe, Rouen, les havres bretons, Saint-Malo, La Rochelle, c'est-à-dire le chapelet de petites villes semi-républiques qui disposaient de corsaires, d'expérience, de navires et de quelques capitaux — pouvaient bien multiplier les coups d'épingle au géant espagnol et faire quelque butin, ce n'est pas ainsi que se fonde une puissance maritime. Seule exception, la grande pêche à la morue sur les bancs de Terre-Neuve, pêche d'économie de marché capitaliste, où les Normands, les Bretons et les Basques concurrencent les Anglais, les Espagnols et les Portugais. Les équipages des morutiers qui, annuellement, « vont sur les bancs » représentent à eux seuls dix fois plus d'hommes que tous les colons européens installés dans le monde au XVIe siècle. Et cela reste vrai pour la France pendant toute l'époque moderne.

La quête des métaux précieux n'est perçue, à travers tout un halo de légendes, que comme une aventure individuelle ou réservée à des groupes restreints. Il fallut du temps aux contemporains pour prendre conscience de l'importance de l'argent américain. Pour le public « informé », la controverse de Jean Bodin et de Malestroit la révéla — ou tout au moins la vulgarisa — au point, probablement, de la surestimer.

Le Canada occupe dans l'inconscient français une place de choix, sans doute parce qu'il a été dans toute notre histoire la seule vraie colonie de peuplement. Sa perte a encore renforcé ce sentiment, et cela malgré la médiocrité de ce peuplement : en 1763, la colonie compte 80 000 habitants, dont 60 000 resteront sur place.

Le contact avec le Canada a été précoce. C'est à la fin du XVe siècle que les pêcheurs basques français, bretons, normands et même saintongeais ont pris l'habitude de pêcher la morue sur les bancs et les rivages de Terre-Neuve et dans l'embouchure du Saint-Laurent. Cet apport de protéines animales a constitué l'une des bases de la nourriture populaire de certaines provinces ainsi qu'un produit non négligeable d'exportation. Durant tout l'Ancien Régime, Terre-Neuve a ainsi fourni du travail à 12 000 pêcheurs, soit le « noyau dur » des 50 000 à 60 000 matelots français. Si la pêche n'est pas facteur de peuplement, elle s'est très vite combinée à la recherche des fourrures : peaux de phoques d'abord, puis d'animaux terrestres, principalement le castor. De fait le Canada restera d'abord, jusqu'à la fin de la guerre de Sept ans, une question de fourrures. La collecte se fera dans les postes de traite : Tadoussac, puis Québec (1608) et Montréal (1642).

L'exploration officielle n'a fait que suivre. Le premier épisode est celui, avorté, de Jacques Cartier (1534-1541). Ce fut une déception : on cherchait le chemin de la Chine. L'hivernage se révéla redoutable, avec le scorbut. Vaine fut la quête des métaux précieux.

Les choses reprirent avec Samuel Champlain (1570-1635). Cette fois, le féroce combat entre les détenteurs du monopole officiel des fourrures et les marchands de Rouen, de Saint-Malo et de Rochefort aboutit enfin à une exploration systématique, puis à une prise de possession encore précaire, du fait du très faible nombre d'habitants. Le génie de Champlain a imposé d'emblée à la future colonie ses dimensions — la vallée du Saint-Laurent jusqu'aux grands lacs, et, en particulier le lac Ontario — et ses sites urbains, mais aussi, avec l'alliance de tribus indiennes, l'hostilité d'autres, surtout celle des Iroquois.

Après Champlain, les compagnies végètent : les îlots français risquent sans cesse d'être submergés. De surcroît, le contact européen crée, ici comme ailleurs, un choc microbien dont les premières victimes sont les alliés, étroitement liés aux missions des jésuites, comme les Hurons. Les « rebelles », en revanche, et en premier lieu les Iroquois, bénéficient longtemps d'une immunité microbienne relative, laquelle s'ajoute à une situation géographique (sur la vallée de l'Hudson) qui leur permet de bénéficier de l'appui hollandais et anglais. Devant une situation catastrophique, Louis XIV et Colbert sont obligés de prendre en 1664 les choses en main et de faire du Canada une colonie de la Couronne. Il s'ensuit, la défense anti-iroquoise étant assurée, une décennie de vrai peuplement : de 1665 à 1675, on compte 10 000 immigrants définitifs. L'avenir de la colonie est assuré.

Elle présente plus d'un paradoxe. Elle est très urbanisée. Près de la moitié de sa population est, jusqu'à la fin du XVIIe siècle, urbaine et concentrée dans les trois villes de Québec, Montréal et Trois-Rivières. En même temps, le Canada reste le pays des mille « coureux de bois » qui vont chercher les fourrures de plus en plus loin : vers le nord et la baie d'Hudson, où la rencontre avec les traitants anglais est rude ; vers le sud-ouest, où Jolliet, puis Cavelier de La Salle, atteignent le Mississippi, et même le golfe du Mexique; vers les immensités de l'ouest, enfin, où l'on entrevoit au XVIIIe siècle les Rocheuses. L'agriculture se développe lentement, dans les seigneuries étirées perpendiculairement aux fleuves: les «rangs». Plus que la culture, c'est l'élevage qui domine à un point inconnu en Europe. Colonie déséquilibrée donc, où l'élément militaire reste, par nécessité, important.

Sous la Régence, le «Mississippi» devient un mythe, dont subsistera seule la ville de La Nouvelle-Orléans. S'établit ainsi un immense empire terrien, du golfe du Mexique à celui du Saint-Laurent, sur l'axe Saint-Laurent/grands lacs-Ohio/Mississippi. La protection en est longtemps assurée par une mince ligne de petits fortins-relais, mais surtout par l'amitié indienne.

Voici donc un noyau de vrai peuplement, le Canada, et un embryon de colonie, la Louisiane. Mais, dans leur poussée vers l'est longtemps arrêtée par l'obstacle des Appalaches, les colons anglais des Treize Colonies disposent, tôt, de l'avantage du nombre. Au moment de la guerre de Sept ans, ils sont un demi-million contre moins de cent mille Français. Pourtant, les Canadiens l'emportent longtemps: les guerres de la fin du règne de Louis XIV sont marquées par une série de victoires. Mais le traité d'Utrecht (1713) prive le Canada d'une partie de ses débouchés maritimes (Terre-Neuve, Acadie). Après 1715, les contacts de frontières deviennent de plus en plus fréquents et durs. Longtemps la tactique de la guérilla, l'endurance et les qualités militaires des Français permettent de tenir, et cela jusqu'au début de la guerre de Sept ans. Le recours aux tactiques européennes, la médiocrité du commandement de Montcalm et les zizanies internes auront enfin raison de la colonie, qui est obligée de capituler. Et en 1763 le traité de Paris consacre un état de fait qui, aux yeux de Choiseul, a l'avantage de permettre la future explosion, contre les Anglais, de l'indépendance américaine.

## *Le choc protestant*

Le protestantisme français diffère profondément de celui de l'Allemagne qui est issu de la réforme amorcée par Luther (1483-1546) dans le Saint Empire au cours des années 1519-1530. Le luthéranisme proprement dit ne s'implanta que dans l'est de la France : l'Alsace a été l'un des grands foyers de diffusion du protestantisme luthérien en général et de nombre de sectes protestantes en particulier. Par rapport au luthéranisme, le protestantisme français est plus « radical », et d'implantation plus tardive. Il s'impose surtout à partir de Genève, où Calvin (1509-1564) s'est installé et fonde une république théocratique qu'il domine.

La divergence entre le luthéranisme et le calvinisme porte à la fois sur la théologie — principalement sur la présence réelle ou symbolique du Christ dans l'Eucharistie — et sur l'organisation, car les Églises allemandes sont soumises au prince protestant. Les communautés calvinistes françaises doivent être dotées d'une organisation capable de résister à la pression politique comme aux persécutions.

Les deux mouvements réunis sous le vocable de « Réforme » sont issus d'une évolution complexe. Longtemps, on a souligné le rôle des abus dans l'Eglise catholique traditionnelle. Ils ont certes existé, mais il n'en faut point exagérer l'importance. La Réforme est pour l'essentiel issue de la volonté de vivre plus profondément une religion épurée, avec un retour aux sources, et d'abord à la lecture directe de la Bible. La *devotio moderna* de la fin du Moyen Age, caractéristique de l'espace flamand, y est pour beaucoup, et plus encore les fortes personnalités de Luther et, surtout en France, de Calvin. Le recours direct au texte biblique et le refus de la « tradition » invoquée par le « catholicisme » provoquent le rejet de la plupart des sacrements. La messe est supprimée. Le fondement majeur de la théologie est dans la justification par la foi, non par les œuvres.

La Réforme a d'abord été portée par des intellectuels ainsi que par une partie du clergé, surtout des ordres mendiants. En France cependant, le problème était celui de la mainmise sur l'appareil monarchique. Alors que le luthéranisme avait utilisé la profonde division politique du Saint Empire, le calvinisme français avait à conquérir le pouvoir d'État. Or, en dépit d'une forte pénétration du calvinisme dans la Cour, et même dans la famille royale, la royauté a rapidement refusé le protestantisme. La conviction personnelle de François Ier, quelques provocations protestantes maladroites, et surtout la certitude de disposer grâce au concordat de Bologne d'un contrôle permanent sur l'Église de France, ont empêché de réitérer le phénomène anglais : la conquête religieuse par le haut.

Le protestantisme français est donc surtout un fait seigneurial — la conversion d'un Grand entraîne en partie celle de ses dépendants — et un fait urbain. La persécution du milieu du siècle, puis les guerres de Religion en ont fait un phénomène surtout méridional. La date tardive de la conquête de l'Est alsacien, ainsi que les clauses du traité de Westphalie (1648), ont fait que le luthéranisme a pu survivre dans cette partie du royaume. Il a ainsi échappé à la révocation de l'Édit de Nantes (1685), protégé qu'il était par un traité international et plus encore, par le désir de la monarchie française de ne pas pousser à la résistance les populations annexées. Notons, en revanche, qu'aux yeux des catholiques nordiques, la France a passé pour moins fidèle à Dieu que l'Espagne, et cela bien que Louis XIV disposât du préjugé favorable dû à une mère et une épouse espagnoles.

Le choc protestant se propagea beaucoup plus vite que le choc américain, encore qu'en ce domaine ait également joué le retard de l'imprimerie française. Le luthéranisme mordit peu en France, et il fallut attendre Calvin pour que la forme française du protestantisme trouvât sa spécificité, avec un impact accru. Dans les deux cas on retrouve le problème de l'État que Calvin, avec son habituelle acuité de vision, a admirablement défini en 1549 à propos de l'Angleterre. Jusqu'au milieu du XVIe siècle, le protestantisme s'est répandu presque exclusivement dans de petits États princiers ou dans des États-villes ; l'imposition par le haut apparaît au réformateur comme la solution la plus adéquate.

Les questions sérieuses se posent à partir du moment où le protestantisme représente, au moins dans certaines régions, une minorité importante. La grande crise s'amorce vers les années 1540 et atteint son apogée entre 1550 et 1560. C'est alors que les choses semblent basculer, d'autant plus que l'unité même de la France paraît être remise en cause.

Si l'on regarde la carte des guerres de Religion, on peut, très schématiquement, diviser la France en trois zones : 1° les provinces catholiques, ou plutôt de la Ligue, représentant l'essentiel de la France du Nord, de la Bretagne à la Bourgogne, de Nantes à Lyon, ainsi qu'une enclave méditerranéenne avec le Languedoc maritime et la Provence ; 2° les provinces « protestantes », prenant la France en écharpe d'est en ouest, du Dauphiné à la Gascogne et au Béarn, englobant le Bassin aquitain et le Périgord, avec un îlot particulièrement important en Poitou, Aunis et Saintonge, et avec une partie du Maine ; 3° les provinces « hésitantes », parfois qualifiées — par des historiens étrangers — de « neutres » : Bourbonnais et Auvergne, Marche et Guyenne bordelaise, Anjou et vallée de la Loire.

Il y aurait, sans doute, beaucoup à redire dans le détail. Ainsi la Normandie a-t-elle eu une importante minorité protestante. Les positions des dirigeants des provinces ne reflètent pas nécessairement l'attitude majoritaire des habitants. Mais le phénomène, proprement révolutionnaire, de la Ligue et la division politique qui en résulta empêchèrent les deux partis en présence d'accepter le maintien d'un *statu quo* qui eût conduit à la partition de la France : probablement une France méridionale protestante, sans Lyon et le littoral méditerranéen, et une France du Nord catholique, peut-être sans la Normandie. La meilleure preuve de la solidité de l'idée nationale est qu'aucun des deux camps n'a jamais admis la possibilité d'une telle évolution ; cela explique, en dehors des certitudes religieuses, le caractère rapidement inexpiable de la lutte, guerre civile autant que religieuse.

Après 1550, cependant, pendant une décennie et demie, la France pouvait basculer vers le protestantisme. Quelques révolutionnaires l'ont dit. Napoléon l'a même regretté. Mais vers 1565, pour des raisons que nous percevons mal, la question était virtuellement réglée : la France resterait du côté catholique. Lorsque arrive, en 1572, la Saint-Barthélemy, les jeux sont faits ; même politiquement, le massacre est inutile, il ne fait que renforcer les protestants dans leurs convictions. Ils savent déjà qu'ils ne domineront pas le pays. Il y faudrait un miracle, qui ne dépassera pas ce que, dans sa claire conscience des intérêts en jeu, voudra bien faire pour quelques-uns de ses conseillers un Henri IV aussi avisé que tolérant.

« Tue, tue » : le cri lugubre hurlé dans les rues de ce Paris du 27 août 1572, le massacre des protestants surpris, et de quiconque avait suscité quelque haine, ce massacre de la nuit de la Saint-Barthélemy constitue une tache indélébile de notre histoire. Le souvenir en est resté vivace, plus que celui d'autres terreurs, plus longues, et plus « efficaces ». Il a été prémédité de science froide par Catherine de Médicis et son entourage : c'est elle qui a arraché l'ordre à son fils Charles IX, dont l'événement hantera ensuite la courte vie.

L'amiral de Coligny prenait trop d'emprise sur le jeune roi. Pour réconcilier les Français, il projetait une guerre contre l'Espagne et voulait prendre pied aux Amériques. On fomenta contre lui un attentat, qui échoua. La justice remontait le fil de l'affaire. On persuada alors le roi qu'il était trahi, et l'on massacra les protestants présents à Paris, a commencer par Coligny. L'ordre de massacre fut ensuite diffusé dans le reste de la France, où il y eut peut-être 5 000 à 6 000 victimes. Il y en aurait eu plus si nombre de gens sensés n'avaient refusé d'obéir.

Catherine de Médicis gardait la réalité du pouvoir, mais dans des conditions aggravées. Elle cessait d'être l'arbitre entre les factions. Surtout, c'était une « cruauté inutile » : le protestantisme français avait cessé de se développer : il avait été à son apogée de 1560 à 1570. Les choses étaient désormais jouées : la France resterait catholique. Mais le massacre rendait les futures guerres civiles nécessairement atroces, en y infusant le double venin de la haine et de la revanche.

Nous ne saurons jamais combien la France compta de protestants au plus fort de leur expansion. Peut-être un petit tiers, probablement entre le cinquième et le quart de la population. Dans ces conditions, l'attitude du roi n'était que l'un des éléments déterminants. François Ier n'était pas un fanatique, et la pénétration du protestantisme dans son entourage, sa sympathie pour les humanistes et le besoin qu'il ressentait, comme tous les esprits éclairés, d'une revitalisation de l'Église, l'incitèrent à ne pas intervenir, au moins tant qu'il n'y eut pas de provocations. L'affichage des « placards » qui s'attaquaient à la messe sur la porte même de la chambre du roi fut à la fois, en octobre 1534, le détonateur et le prétexte d'une persécution qui connut sous son règne des hauts et des bas. Ainsi protégea-t-il autant qu'il le put quelques hommes de lettres, comme Clément Marot. Il y a sans doute dans le déclenchement des persécutions des réalités et des intérêts politiques plus profonds. Le concordat conclu à Bologne en 1516 avec la Papauté donnait satisfaction au roi de France, qui recevait le droit d'investiture à tous les évêchés ainsi qu'aux principales abbayes de France. Il avait ainsi la haute main sur l'Église et la possibilité de rémunérer ses fidèles les plus sûrs sans bourse délier : la laïcisation des biens d'Église ne pouvait donc rien apporter à la monarchie, ce qui n'était le cas ni en Angleterre ni en Allemagne. Le roi de

France avait partie liée avec l'épiscopat. Comme celui-ci n'avait été que marginalement touché par le calvinisme, alors que le bas clergé le fut plus qu'on ne l'a longtemps cru, il eût fallu un souverain aux convictions très solides en faveur de la Réforme pour concevoir un fort prosélytisme. Or Henri II était farouchement catholique. Après les années 1550-1570, les deux camps s'étaient, dans toute la Chrétienté, si fortement durcis que le rapprochement était malaisé.

Le demi-échec protestant en France s'explique par bien d'autres raisons encore : la médiocre diffusion de l'imprimerie et la faible vitalité des universités donnèrent des élites moins au fait des nouveautés intellectuelles que dans l'Europe rhénane. De plus, l'Église était moins uniformément riche en France qu'en Allemagne. Dans le Midi, en particulier, les ressources des petits évêchés n'étaient pas de nature à susciter le scandale ou provoquer l'envie : les centres de diffusion du protestantisme y furent les vieux foyers d'hérésie vaudoise et quelques coins de montagne fortement alphabétisés.

Située à cheval sur l'Europe du Nord et du Midi, la France fut donc le seul pays où une religion ne l'emporta pas nettement sur l'autre. Trop faibles pour conquérir le royaume, les protestants étaient trop forts pour en être éliminés. De cette double impossibilité, les faits finirent par dégager, au prix de vingt-quatre ans de guerres et de traîtrises échelonnées de 1562 à 1598, un *modus vivendi* unique en Europe et qui, par miracle, dura tant bien que mal, au XVIIe siècle, près de quatre-vingt-dix ans.

### *« Beau », « médiocre » ou « difficile » XVIe siècle ?*

Il fut de mode, un temps, de départager les siècles en bons ou mauvais et de magnifier un XVIe siècle prospère et brillant par opposition à un difficile et sombre XVIIe, pour aboutir au « Grand Siècle » de Michelet, le XVIIIe. Au-delà de la vanité évidente d'exercices par trop scolaires, il faut y déceler l'excès d'une histoire économique alors en pleine ascension. Naturellement, il y a une certaine part de vérité, et l'économie n'est pas seule en cause : la Renaissance, avec les châteaux de la Loire et Fontainebleau, l'humanisme et la littérature de Ronsard à Montaigne, sont bien réels. Mais le « sombre » XVII^e^ siècle des classiques n'est pas en reste.

Pour le XVI^e^, cependant, l'adéquation entre brillance et prospérité relève de l'interprétation en partie abusive des grands précurseurs de l'histoire économique que furent en France Simiand et aux États-Unis Hamilton. L'arrivée massive de métaux précieux d'Amérique par une Espagne incapable de subvenir à ses besoins et forcée de se ravitailler en grains et en mulets dans la France de l'Ouest aurait déclenché la hausse des prix. Favorable aux producteurs et défavorable aux rentiers du sol, la hausse aurait provoqué la « décadence » de la noblesse. En inversant le schéma, on aura la « crise » du XVII^e^ siècle. Bel exercice de logique, quasi scolastique, qui s'en va aujourd'hui en morceaux. Subsiste la hausse des prix, qui n'a pas attendu l'arrivée de l'argent du Potosi vers 1550-1560. Quant à la noblesse, elle s'était déjà profondément renouvelée après la guerre de Cent ans.

Nul doute que le génie romantique de Michelet ait été séduit par l'infinie jeunesse d'esprit de la « Renaissance » et n'explique l'illusion d'optique qui a simplifié et embelli une réalité plus complexe. Les études économiques et la démographie ont fortement contribué à la corriger. Vers 1515, on atteint un relatif et précaire équilibre entre le nombre d'habitants et les capacités de production : un « optimum » qui, malgré les prélèvements sociaux et ceux de l'État, préserve encore la majeure partie des acquis de la période précédente, celle de la régression de la population, et s'accommode de l'exubérance d'une démographie en pleine récupération. La population est jeune, plus encore que dans la période de stabilité de la démographie ancienne. Les salaires n'ont pas encore trop reculé, les prix n'ont pas encore trop monté : il reste des terres libres à défricher. La population bénéficie d'une alimentation moins exclusivement céréalière, en partie fondée sur la viande. C'est ainsi que le bien médiocre Louis XII devient par la force du hasard qui le fait régner au bon moment le « Père du peuple ». Ainsi s'explique l'optimisme fondamental d'un début de siècle où, à la lumière de l'Italie, les humanistes, tout fiers de redécouvrir une Antiquité parfaitement imaginaire, rejettent le passé « obscur » d'un Moyen Age qui n'a pas encore de nom. Il n'est, pour s'en convaincre, que de lire les lettres de Gargantua à Pantagruel.

Mais que continue l'envol démographique, que croisse la population des campagnes, qui diminuent les espaces à défricher, que se morcellent les héritages, et la situation se gâte. L'inflation engendrée par l'afflux des métaux précieux et l'accroissement des prélèvements s'ajoutent aux anciennes charges et tout se conjugue pour créer une situation difficile. Une série de récoltes médiocres suffit pour faire reparaître le spectre des disettes et des famines, pour provoquer l'appétit des spéculateurs (marchands blattiers, voire grands décimateurs) et pour préparer un terrain favorable aux épidémies, donc pour appauvrir les uns et enrichir une minorité. La hausse des prix est aussi la conséquence à court, à moyen et à long terme, des récoltes insuffisantes. Les guerres font le reste.

Un XVI^e siècle, donc, qui se dégrade sous l'action des mécanismes de rétroaction entre prix, production et capacités de production mais qui, malgré tout, maintient des dynamismes puissants dans nombre de secteurs.

Joies et peurs, espérances et terreurs coexistent au gré de la situation économique et sociale et surtout des événements qui forment la trame de la vie des hommes. *Grosso modo,* les contemporains — dont seule compte l'opinion — ont eu l'impression d'un début — et surtout d'un premier quart de siècle — facile, qu'illustre la victoire de Marignan et qui s'achève plus ou moins avec la défaite de Pavie

(1525) et cet événement-choc qu'est le sac de Rome en 1527 : il met fin à la grande Renaissance.

Moins de dix ans après l'éclat de Luther, un deuxième scandale bouleverse l'opinion européenne : le sac de Rome de 1527. Scandale double : ce sont les armées impériales, à la tête desquelles Charles Quint a placé le « traître » connétable de Bourbon, qui prennent Rome et la mettent à sac. Circonstance aggravante : ce sont pour l'essentiel des troupes allemandes et protestantes. Au scandale d'un empereur s'attaquant à la Papauté, s'ajoute celui de la destruction des splendeurs de la deuxième Rome, capitale de la Chrétienté et mère des arts. Le sac fut terrible, le butin énorme, le dégât irréparable. Il mit fin à la grande Renaissance romaine : les artistes partirent, et ne revinrent jamais, ce qui facilita le recrutement d'artistes italiens par François Ier et, d'une certaine manière, prépara la reprise du flambeau artistique par la France, bien plus tard il est vrai, et non sans quelque apport italien : Mazarin sera passé par là.

Suit la période difficile, mais pas encore dramatique : François Ier maintient, tant bien que mal, les choses en l'état, même s'il est parfaitement incapable de comprendre certains événements. Pour simplifier, disons que le deuxième quart de siècle est une période d'hésitation : passé l'optimisme, arrivent les doutes. A l'est monte la menace turque tandis qu'au sud grandit celle des flottes des « infidèles » menées par les renégats. Le roi s'en tire en faisant alliance avec le « diable » — au grand scandale d'une partie de l'Europe — ou avec les princes protestants, ces « mécréants » dont on persécute par à-coups les coreligionnaires en France. Tout cela sur fond de va-et-vient joyeux à l'aller, piteux au retour, des guerres d'Italie (1494-1559), qui dégénèrent dès les années 1515-1520 en affrontement avec les Habsbourg.

Dans cette lutte épuisante, on finit, des deux côtés, par s'user. Surviennent les déroutes financières du milieu du siècle, qui ouvrent une autre ère d'affrontements. Au long règne de François Ier (1515-1547), au court passage sur le trône d'Henri II qui se termine en 1559 par un vulgaire accident de tournoi, succède l'incertitude des règnes brisés de trois frères : François II, époux de Marie Stuart, vouée à la hache, roi un an à peine (1559-1560) ; Charles IX, certes roi pendant quatorze ans (1560-1574), mais à jamais marqué par la Saint-Barthélemy ; enfin le si discuté Henri III au dernier quart du « siècle de la Renaissance ». Son avènement, en 1574, coïncide avec des prises de conscience de scissions qui risquent de devenir définitives.

Le quatrième quart du siècle est celui des luttes sans merci, où se mêlent les interventions anglaise, allemande et espagnole. La France est redevenue ce qu'elle était pendant la guerre de Cent ans : un enjeu, un champ clos où s'affrontent les idéologies, où s'entrecroisent les réseaux d'intérêts. Si puissante au début du siècle, elle laisse le champ libre à l'Espagne, devenue, autour du dur noyau castillan, le cœur de l'agrégat de Charles Quint puis l'empire de ce très grand souverain, si méconnu et si vilipendé, qu'est Philippe II. Les difficultés françaises culminent dans la grande crise de la dernière décennie. Guerres intestines implacables, sauvages luttes privées d'une noblesse déchaînée : en un mot, les désolations sont revenues. S'y ajoutent les épidémies, les hausses de prix vertigineuses, les pénuries réelles, les pénuries plus ou moins artificiellement organisées, les famines, l'éternel cortège des malheurs de la guerre qu'aggravent les hordes de loups sortis de leurs tanières.

Comment qualifier ce siècle où se mêlent l'idéal et l'atroce, qui s'ouvre sur un cantique à la gloire de l'homme et dont l'art révèle, jusque dans les tombeaux des rois à Saint-Denis, la beauté du corps humain et la hideur des décrépitudes, mais qui s'achève dans des paniques de fin des siècles, et en d'inexpiables haines ? Que sonne l'heure de celui qui, par la force et la séduction, la corruption et la flatterie, voire le mépris, saura, sinon réconcilier, du moins faire comprendre qu'il est un temps pour toute chose, et d'abord pour la paix, et ce sera Henri IV. Il faudra sa mort dramatique en 1610 pour que les Français, mesurant ce qu'ils ont perdu, attribuent au « bon roi » mort des mérites qu'ils ne lui reconnaissaient pas de son vivant.

A travers tous ces drames et cette déchéance grandissante, la France a survécu envers et contre tout. Bravant, comme s'ils n'existaient pas, les périls de la dislocation, la machine administrative — pour sommaire qu'elle soit — dure, fonctionne et accomplit finalement un immense travail qui portera ses fruits au siècle suivant. En dépit de tout, le roi de France trouve l'argent nécessaire à ses plaisirs : il est de la fonction du roi d'incarner les rêves fous qu'aucun système économique, qu'aucune personne ne peut accomplir, sauf lui. Et l'on trouve l'argent pour cette parure de rêve que sont, plus qu'on ne l'imagine, le réseau des châteaux de la Loire et du Poitou, et surtout le joyau de Fontainebleau. Miracle encore, l'argent n'a jamais manqué pour les guerres du roi, donc guerres de la nation parce que guerres de survie nationale. L'histoire financière du XVIe siècle reste mal connue. Pourtant, les finances ont tout rendu possible. C'est alors que se mettent en place la fiscalité et les mécanismes de crédit sur lequel reposera tout l'Ancien Régime.

Siècle de lucre et de stupre, de gloire et de honte, de joyeuses espérances et de grandioses confusions. Siècle d'ombres et de lumières, encore empêtré dans un Moyen Age odieusement renié mais qui, en réalité, n'en finit pas d'achever son crépuscule. Les uns n'ont vu que sa modernité, les autres n'ont voulu démontrer que son enracinement dans le passé. En un mot, un siècle plein de bruit et de fureur, siècle des dames galantes et des Marguerite de Navarre, siècle des châteaux. Siècle de la montée, encore invisible, des grandes familles qui, comme les Pontchartrain, seront les cadres des deux siècles à venir. Siècle de reconstitution de paysages agraires. Joie de vivre et désir de mourir, espérance et désespérance, l'orgueil d'un Ronsard, assuré de hanter les rêves de l'avenir des hommes, scepticisme parfois écœuré d'un Montaigne dissimulant ses désillusions sous les oripeaux de l'Antiquité. Sûrement siècle passionné, tumultueusement contradictoire, tantôt proche de nous, tantôt lointain.

La gloire et le raffinement du début sombrent dans l'immense vague de violence de la deuxième moitié du siècle. Une société se mesure à ses moyennes et à ses extrêmes, mais aussi et surtout à ses idéaux. Les tendances de l'historiographie privilégient les uns ou les autres, et les idéaux d'une société sont souvent relégués au rayon érudit de l'histoire de l'art. Mais l'historien se penche maintenant sur la sorcellerie, la démonologie, les marginalités. Or le XVIe siècle voit le réveil ou plutôt la métamorphose de la sorcière, cet affreux « bouc émissaire ». Les grands massacres affolés sont pourtant lorrains ou nordiques, et ils échappent largement au domaine royal, ce qui n'est point un hasard.

Le XVIe siècle, c'est Fontainebleau, les demeures de la Loire, la multitude des habitations seigneuriales, ce sont les grands écrivains ; mais ce sont aussi les humbles et moins humbles artisans sculpteurs de pierre. Le Moyen Age s'était achevé sur l'admirable *Pietà* d'Avignon. Le XVIe siècle voit l'apothéose du corps féminin dénudé par le maître de Flore et par d'autres plus ou moins anonymes, dans l'incomparable galerie des crayons de Clouet et de ses émules, tout comme il crée ces statues de Troyes où se mêlent « styles » ancien et nouveau. La France du XVIe siècle est une synthèse, réussie, de la novation et de la tradition.

## CHAPITRE II

# De la royauté considérée comme un chef-d'œuvre de l'art de vivre

Quand, au soir de Marignan, l'armée française, cavaliers nobles et fantassins roturiers, mercenaires « lansquenets » allemands et auxiliaires italiens unis dans un même enthousiasme acclament le vainqueur, tous éprouvent vaguement le sentiment qu'une page de l'histoire vient de se tourner. Impression fausse : Marignan n'est qu'une bataille parmi d'autres, et le royaume français d'Italie n'existera pas.

Pourtant, parmi les cent dates de l'histoire de France, 1515 — par sa facilité mnémotechnique — nous restera toujours à l'esprit. Les contemporains l'ont cru à la folie, et l'on se souvient de ce que disait le vieux chroniqueur : « Il n'était gentilhomme qui, cette musique ouissant, ne tira son épée de son fourreau ». Musique de la nouveauté, exerçant sur les sens des guerriers l'effet magique des péans antiques, celle de Janequin permet de mesurer l'aune immense des espérances. Les seigneurs de Cour avaient encore en 1515 les sens et les sentiments à fleur de peau, les réactions irrépressibles. Peines et joies étaient excessives. Les catastrophes individuelles ou collectives ne connaissaient ni rémission ni pardon.

Au-delà de l'acclamation, au cœur d'une chaude nuit, après une rude journée parfois indécise, il y avait, quand même, une raison profonde à ce cri lancé par tout un peuple à l'Europe : les Suisses, pour la première fois, étaient vaincus. Nous mesurons mal aujourd'hui la portée de cet événement. Reprenons Machiavel : ce qu'il redoute pour l'Italie, ce n'est pas tant la France — on pourra toujours la berner, et on pourra s'entendre — que les Suisses avec leurs razzias, pires que les pilleries françaises, et leurs exigences indéfiniment renouvelées ; c'est leur attitude imprévisible, leur défaut d'esprit politique, la conscience qu'ils ont de leur force, leur absence de noblesse. Les Vénitiens n'en pensent pas moins, et ils sont bien renseignés. Pareille crainte peut ne paraître à l'historien que spectres sans fondements ; les Suisses sont en réalité la plus formidable des puissances militaires, réputée quasi invincible. Les avoir vaincus à Marignan, et de manière indiscutable, fonde la gloire — au sens antique du mot — mais aussi la réputation de Fortune — ce mot si mal traduit par « chance », mieux par « baraka » — du Très Chrétien.

Désormais, quoi qu'il arrive, les Suisses préféreront être du côté de la France. Ils seront un jour les derniers défenseurs de Louis XVI ! La répercussion internationale de l'événement de 1515 aura son pendant en 1642, quand, à Rocroi, les redoutables « bandes » de *tercios* wallonnes autant qu'espagnoles — l'autre armée invincible — seront à leur tour écrasées. Condé, alors dans sa prime jeunesse, en tirera une gloire que sauront dire Bossuet, Voltaire et Victor Hugo. Le même effet se retrouvera, cette fois contre la France, quand Napoléon lui-même sera défait à Leipzig dans la « bataille des nations » ; auparavant, seuls ses lieutenants avaient été vaincus, et il n'avait plié en Russie que devant un vainqueur anonyme, le général Hiver.

## *François Ier*

Qui donc est François Ier ? Au physique, un géant de plus de deux mètres — son armure est gigantesque — dont la taille impressionne d'autant plus que le Français du XVIe siècle est bien plus petit que celui dont on a mesuré la croissance d'après les documents du contrôle des troupes du XVIIIe siècle et les mensurations des conseils de révision napoléoniens et contemporains. L'aspect du roi, en soi, n'est pas vraiment séduisant : un visage ingrat, coupé par un long nez. L'âge n'améliorera guère cette physionomie. Mais les yeux frappent par leur mobilité : ils décochent des *pistoledades* foudroyantes. Le menton est volontaire, mais les joues sont un peu molles ; elles se détendront. Finalement, des traits communs, sans originalité particulière. Somme toute, si l'on excepte sa taille, un Français quelconque, n'était le goût.

Car François Ier a le culte du beau, qu'il cultive d'abord sur lui-même. Les grands portraits sont certes d'apparat, et revêtent une signification politique, mais ils traduisent pourtant un goût très sensuel des belles étoffes et de l'agencement des couleurs, un goût que l'on serait tenté de qualifier de féminin. Ce serait oublier que, jusqu'au début du règne personnel de Louis XIV, l'homme se pare autant et parfois davantage que la femme. Peut-être est-ce là pour François Ier une manière de faire oublier sa taille, tellement supérieure à celle de ses sujets. On retrouvera la même attitude chez un Louis XIV tentant de se donner quelques centimètres de plus. Or, argent, rubans, moires, velours et damas, pierres précieuses : le roi est une idole parée et qui adore l'être. La coiffure inattendue, crânement perchée sur cette tête un peu grosse, complète le portrait.

Souriant, affable, galant avec les dames, au demeurant fort sensuel, comme il se doit en cette longue lignée d'éternels amoureux que sont les Valois, il se pardonne aisément l'aimable péché de la chair. Grand mangeur s'il en fut — une tradition qui deviendra familiale — il a un tempérament de plein air : c'est l'homme des longues chasses, toujours prêt à payer de sa personne. Il est courageux, voire téméraire. Chevalier à la joyeuse figure, il adore les grands coups d'épée et les exercices périlleux. On le retrouvera, ce caractère, chez maint roi de France, courageux comme doit l'être le premier des gentilshommes. Gentilhomme et noble, François l'est en effet jusqu'au bout des doigts, infiniment conscient d'être le roi : son entourage de femmes abusives le lui a répété.

Et le moral ? Et l'intelligence ? Là, l'historien hésite. Indiscutable est le côté impulsif et rancunier : François Ier sacrifiera souvent la prudence politique la plus élémentaire. Mais est-ce trait personnel, ou d'époque et de milieu ? On l'a dit peu intelligent, ce qui ne veut rien dire. Il a un penchant pour la nouveauté, il est ouvert et curieux de tout. Ainsi, au début de la Réforme, il faudra bien des maladresses, pour ne pas dire de provocations, pour le décider à la persécution des protestants ; son entourage saura, en ce domaine, profiter de sa captivité madrilène.

Le roi est homme de la Renaissance par un trait caractéristique : la passion des œuvres d'art. Cela est de mode ; mais, surtout, il finit par y prendre goût, la musique passant avant tout. Plaisir des oreilles, plaisir des yeux, plaisir des choses savantes, des conversations faciles sur des sujets difficiles, l'habitude et le désir de s'entourer d'êtres beaux, savants et intelligents — voilà ce qui est pour lui primordial.

La morale compterait plutôt moins, à la manière italienne. De plus, François le Fastueux aime donner à profusion. Ses favoris, ses favorites recevront beaucoup, et s'emploieront à créer autour d'eux autant de centres provinciaux à l'image de la Cour du roi. On y répandra idées et formes nouvelles. En donnant, le roi n'est pas sans arrière-pensées.

Et en politique ? Que de portraits péremptoires ! Soyons plus prudents. Un règne est-il déterminé par la seule personnalité du roi ? L'entourage et les interactions d'un milieu qui dépend beaucoup, il est vrai, du choix du roi, importent aussi. Le roi François n'est cependant guère disposé à laisser limiter son autorité. Autant que choses et hommes le permettent, il est un roi « absolu » et sûr d'incarner la France ; si sûr, même, et de lui et de la force du royaume, qu'il en abuse ; la violence lui est un instrument naturel et évident, dès qu'il n'en entrevoit pas d'autre.

François Ier, Henri IV, Louis XIV : des manières différentes, mais, quant au fond, la même inflexible volonté, les mêmes certitudes que partage Richelieu et auxquelles communie Colbert. A certains points de vue, François Ier est un modèle aux incarnations multiples. Faire du roi de France le plus puissant de l'Europe — c'est-à-dire de l'univers — est un programme qui ne changera guère. Il n'est spécifique ni des monarques européens en mesure de réaliser ce rêve, ni des souverains turcs. C'est là un trait commun à l'époque.

## *Projets politiques*

Le tout est de savoir comment réaliser ces ambitions. Encore faut-il cerner le projet gouvernemental de François qui s'est voulu le Grand.

Au cœur de son projet : l'art. Empruntons à Pierre Francastel sa formule : « Faire de la France l'équivalent de la Rome antique et de la Florence moderne, réaliser une synthèse de l'Antiquité et de ce qu'on appellera plus tard la Renaissance. C'est la tentative... de transférer en France le centre humaniste et laïc de l'Italie ». On a beaucoup reproché à François Ier de n'être de son temps qu'en art, et d'être resté médiéval en politique. L'Italie est pour lui le grand modèle, non seulement artistique, mais aussi politique, car la politique est l'un des arts les plus parfaits quand elle est bien menée. La continuation des guerres d'Italie, vite transformées en un affrontement européen généralisé gros d'orages, est une politique lucide. Il ne faut pas la juger à l'aune des concepts de « frontières naturelles » ou de « pré carré » à arrondir, et moins encore de « nationalités ». Mais, paradoxalement, cette politique débouche sur une conception « vraiment lucide » de l'État français. François Ier est ici plus « moderne » que le Téméraire ou Charles Quint, « attachés au concept de la fédération » (P. Francastel). Plus lucide que Charles le Téméraire ? Ce n'est guère difficile. Que Charles Quint ? Voire ! Au vrai, la conception de l'État que peuvent avoir les hommes du XVIe siècle est-elle bien la nôtre ?

Un jour que l'on ennuyait Henri IV en lui demandant d'expliquer sa politique, il répliqua : « Je fais la guerre, j'aime et je bâtis. » Réponse à rapprocher des paroles de Louis XIV sur son lit de mort : « J'ai trop aimé la guerre et les bâtiments ! » D'un mot historique de ce type, il n'y a pas trace chez un François Ier qui ne l'eût pourtant pas récusé. Et si ces formules avaient cependant un fond de vérité ? Regardons les dépenses de la royauté, et pas seulement en France. Presque constamment, entre 1515 et 1789, plus de la moitié des sorties d'argent sont affectées à la guerre. Le reste est surtout destiné à rembourser les emprunts et les dettes, nés principalement de la guerre. Le petit reste va aux bâtiments et aux « maisons royales » : la Cour et ce que l'on peut appeler l'administration. Cela est vrai dans toute l'Europe, du moins chez les grands princes. Il n'y a rien pour le commerce, l'industrie et l'agriculture. Les choses ne changeront qu'au XIXe siècle. Une situation si répandue dans l'espace et dans le temps — au moins trois siècles — mérite qu'on s'y arrête autrement que pour tirer des leçons de morale.

Était-il possible au roi de France de ne pas faire la guerre ? Saint Louis l'avait bien faite : c'était déjà une justification. François Ier avait en quelque sorte hérité des guerres d'Italie. Singulier tropisme qui, tout au long du Moyen Age, a poussé vers le sud le Saint Empire et la France. Les raisons, pour n'être pas les nôtres, n'en étaient pas moins bien réelles.

Quant à l'art, ce n'est pas l'agréable superflu réservé à une élite mais un besoin vital, associé ou non à cette exigence essentielle qu'est la religion. Après Charles V, les princes de la famille royale — le duc de Berry, entre autres — avaient assumé la charge du mécénat. Mais l'architecture est restée, dans la tradition royale française, l'art autour duquel les autres arts — voire une partie de la politique — s'organisent. Et l'implantation géographique de cette politique de construction a son importance : sous Charles VII par nécessité, sous Louis XI et ses successeurs par habitude, la « vie créatrice » de la première Renaissance française s'était réfugiée sur les bords de la Loire, voire en Provence : Jean Fouquet ou Enguerrand Quarton (en Avignon) en sont les symboles. Paris était délaissé.

François Ier fait un double choix : il réhabilite Paris, et il perpétue la tradition de la Loire qu'il infléchit en créant Chambord, le premier ensemble architectural adapté à la fonction royale. C'est en Occident une grande première, à la fois artistique et politique.

La France, comme la royauté, ne peut se passer de Paris. Les témoignages abondent à ce sujet, en ce premier XVIe siècle. Ainsi Ronsard : « O grande en biens, en savoir et en tout, je te salue. » Au déclin du siècle, le Bordelais Montaigne lui fait écho : « Je ne suis Français que par cette grande cité, la gloire de la France et l'un des plus nobles ornements du monde ». Plus cynique, Henri IV aurait prononcé le fameux « Paris vaut bien une messe ». C'est dire que le vieil adage du temps de Charles VII, « Là où est le roi, est la France », n'a plus cours puisque c'est la volonté délibérée de Paris de rester catholique qui oblige le Vert-Galant à se soumettre. Paris a renforcé le catholicisme français avec les arquebuses des guerres de Religion comme les fusils de Communards de 1871 ont installé la République. François Ier a senti que Paris était, comme le dira un jurisconsulte du XVIIe siècle, « la France de la France ». Son siècle couvre donc Paris de constructions qui ont nom Saint-Étienne-du-Mont, l'Hôtel de Ville, les Tuileries, une partie du Louvre, Saint-Eustache. Henri IV, à cet égard, accomplit davantage la volonté du siècle précédent qu'il n'en annonce un nouveau : il reprend les travaux de Fontainebleau, il ressuscite ou laisse éclore la « deuxième École de Fontainebleau », et il reprend les très grands travaux parisiens.

L'installation définitive de la Cour à Paris signifie qu'à l'immense marché populaire va s'ajouter le très gros marché de produits de luxe qu'est la Cour. La ville suscite chez les étrangers un émerveillement envieux devant une abondance de victuailles et de produits de toute espèce sans équivalent en Europe, sinon, sur un autre mode, à Constantinople. La Cour est donc l'un des moteurs économiques de Paris, et les contemporains ont noté sur tous les tons la fascination, l'attrait, pour tout dire le vertige passionné et parfois enfantin qu'exerce « Paris, la grande ville ». La noblesse du XVI^e^ siècle n'est pas encore parisienne, mais elle se rue vers la capitale dès qu'elle le peut, cadets de Gascogne en tête. François l'a si bien compris qu'il a tenté d'équilibrer ce courant, afin que le nouvel art de vivre se répande dans les « provinces ». C'est sous François Ier que ce dernier mot prend une connotation quelque peu péjorative qui ira croissant alors que Paris est le « miroir du monde », le « pôle de toutes les nations du monde », la « mère des Arts ». A qui voudrait faire la litanie de Paris au XVIe siècle les textes ne manqueraient pas. Figurerait aussi bien entendu la liste des « fleurs du mal », tonnée du haut des chaires par la foule « la plus compacte du monde » de prédicateurs, de moines et de prêtres de toute espèce.

Choix conscient ou simplement accepté de la part de François Ier ? On ne sait au juste. Il est probable que les institutions parisiennes ont lourdement pesé, de même que les plaisirs et les jeux d'une société bigarrée, plus que jamais friande de la « noveltée » venue d'ailleurs. En témoigne à sa manière l'évolution du costume de Cour : celui-ci ne cesse de chercher ses modèles, pour les hommes en Allemagne et en Italie, pour les femmes en Espagne et en Italie.

La réconciliation de Paris, longtemps bourguignon — la capitale a repoussé Jeanne la Pucelle — avec la royauté s'achève donc sous l'égide de François Ier. S'il n'en a pas été l'initiateur, il a été très conscient de ce qui s'opérait, par nécessité politique, administrative et fiscale, car une nation ne peut vivre sans fiscalité centralisée. Mais Paris a également servi, sous l'impulsion de François Ier, à la gloire de la

France. Le roi arrache à l'Italie son sceptre de première nation du monde et de créatrice de la « Renaissance » — encore que le mot soit plus tardif — pour donner cette couronne à la France.

François Ier a tenté deux politiques. La première répond au tempérament rapace de cette France jeune. Du Bellay déplorait l'état des ruines antiques en Italie et chante le pays natal (« Heureux qui, comme Ulysse... »). Il fallait donc attirer, au prix fort, les plus grands artistes — Léonard de Vinci, Andrea del Sarto et quelques autres — pour favoriser l'éclosion d'un art français. Mais ces artistes firent ce qu'ils avaient l'habitude de faire. La greffe ne prit pas, surtout en architecture. Les Italiens s'adaptèrent mal. Les Français réagirent.

Après 1530 François Ier continua de faire appel aux artistes italiens. Mais les choses avaient évolué, l'Italie avait abordé l'ère de la *maniera,* la recherche du style, ce que nous dénommons le « maniérisme ». Ce fut l'arrivée de Rosso, du Primatice, artistes encore jeunes, certains même très jeunes, donc malléables et capables d'apprentissage : on ne s'en fit pas faute, jusqu'à envoyer certains se former à Bruxelles à l'art de la tapisserie. La greffe, cette fois, réussit. Les plus belles réalisations de la sorte sont les châteaux de la Loire. Il est désormais une Renaissance française : la savoureuse synthèse de l'italianisme et de la tradition française « gothique » rénovée.

On commence même à penser que la greffe a pris plus tôt que ne semblent l'indiquer les monuments encore debout. La résurrection archéologique du château de Bonnivet — des fragments lapidaires se trouvent aux musées de Poitiers et de Cluny — témoigne de la somptueuse réussite de cette symbiose : l'escalier à vis de Chambord, attribué à Léonard de Vinci, a été précédé par celui de Bonnivet à jamais disparu. Entre Marignan et Pavie, Bonnivet, Chambord et Fontainebleau — avec Oiron et tant d'autres — annoncent les programmes architecturaux et les écoles de peinture de la France moderne, et d'une partie de l'Europe.

Cette floraison artistique a des prolongements considérables. La Cour et les petites cours provinciales propagent les nouveaux modes de se vêtir, de se loger, de se meubler, de construire ; elles suscitent la création de petits et grands ateliers qui fabriquent les produits de luxe que fournissait auparavant l'Italie. La réussite, complète en architecture, est moins probante dans les autres domaines.

Ce changement était favorisé par la modification de la géographie commerciale. A l'orée du siècle, Lyon était devenu une grande place internationale, en partie grâce à l'arrivée massive d'hommes d'affaires et de capitaux italiens. Un temps, Lyon put concurrencer cette autre place d'argent qu'était Genève. Dans le Nord, Bruges, dont le port s'envasait progressivement, perdait son monopole commercial au profit d'Anvers. D'Italie, les armées royales avaient ramené du butin, un fait souvent omis par les historiens et qui tient pourtant une large part dans l'enrichissement de la France. Or, à côté des artistes emmenés de gré ou de force par le roi, il y avait des « ouvriers » des métiers de luxe, et même des tailleurs. Sans pourtant s'imposer totalement, le modèle vénitien tient ici une grande place. A Tours, à Lyon, à Paris, avec des succès mitigés on tente d'installer des « industries » nouvelles. L'imitation des modes royales joue à plein. De 1540 à 1550 les chausses masculines ont des « crevés » et des « taillades », destinés à montrer la finesse du linge de corps, mais surtout les étoffes précieuses « nouvelles » ; elles ont aussi des poches, où l'on place les montres en forme d'œuf qui viennent de Nuremberg. Montres encore bien volumineuses, et passablement imprécises, mais elles sont le signe que les strates supérieures de la société abandonnent l'à-peu-près, sans entrer vraiment dans l'ère de la précision et de la mesure du possible. Ce qui est sûr, c'est que la Cour devient le modèle unique, au détriment des modèles locaux offerts par les cours « provinciales » de la fin du Moyen Age.

Rien de tout cela n'est absolument neuf. L'idée du « mercantilisme », selon laquelle il convient d'importer le moins possible et d'exporter le plus possible, donc de fabriquer soi-même ce que l'on est en mesure de produire, a été empruntée depuis plus d'un siècle à cette Italie tant enviée. Elle est explicite dans plus d'un édit de Charles VII et surtout de Louis XI. Plus qu'on ne l'a dit, quelque chose qui ressemble à l'idée de balance des comptes — ou plutôt de balance des « changes » — commence à poindre.

## *L'héritage des guerres d'Italie*

Apprendre des Italiens : telle pourrait être la devise de toute l'Europe. Et la meilleure manière d'apprendre, c'est de se rendre chez eux. En outre, les rois de France y avaient, aux yeux des contemporains, des droits d'héritage parfaitement justifiés.

Rappelons quelques dates. A partir de 1483, Charles VIII revendique contre la Maison d'Aragon l'héritage des Anjou sur la Sicile et Naples. Au traité de Senlis (1493), il concède aux Habsbourg l'essentiel de l'héritage de Marie de Bourgogne, fille du Téméraire et épouse de Philippe le Beau : la Franche-Comté et l'Artois. Estimant ainsi acquise sa liberté de mouvement en Italie, il prend Naples en 1495, ce qui provoque une large alliance des Italiens contre la France ; les troupes françaises battent alors en retraite. A partir de 1498, Louis XII, cette fois en qualité d'héritier des Visconti, revendique le Milanais qu'il occupe en 1499. Passons sur les péripéties suivantes qui aboutissent en 1511 à la « Sainte Ligue pour la libération de l'Italie », en fait une coalition européenne regroupant contre Louis XII l'Angleterre, l'Espagne — en dépit du fait qu'en 1504 le traité de Blois a reconnu Naples à l'Espagne — et la presque totalité de l'Italie. L'année 1513 a vu les défaites françaises de Novare en Italie et de Guinegatte en Artois, et l'évacuation du Milanais. François Ier hérite donc d'une « nécessité » : effacer ces défaites :

la retentissante victoire de Marignan élimine les redoutables Suisses et permet la reconquête du Milanais.

Cette victoire est complétée par une autre, que l'habituel compartimentage en chapitres distincts ne permet pas de situer dans son contexte international : en 1516, François Ier obtient du Parlement la signature du concordat de Bologne, qui, en donnant pratiquement au roi de France le droit de choisir les évêques et les abbés des grands monastères, reconnaît d'une certaine manière l'existence d'une église gallicane étroitement contrôlée par le Très Chrétien. C'est là un formidable atout politique. Cette même année 1516, l'annexion du Milanais par la France (traité de Noyon) vient renforcer la position française et donne des inquiétudes au nouveau roi d'Espagne Charles Quint.

Dès lors commence la grande rivalité, trop négligée du point de vue français, entre François Ier et Charles Quint pour la couronne impériale. Elle s'achève par la victoire, d'ailleurs chèrement payée, d'un Charles Quint élu en 1519, c'est-à-dire au moment même de l'affaire Luther : la paralysie de l'empereur occupé par la longue campagne pour l'élection et pris entre ses promesses électorales, la menace turque et la rivalité avec la France sont responsables de la facilité avec laquelle le luthéranisme peut progresser dans l'espace allemand. Quoi qu'il en soit, l'aventure italienne n'est plus désormais qu'un élément, parmi d'autres, d'un affrontement qui va se prolonger plusieurs siècles.

De quoi s'agit-il exactement ? A un État français homogène dans sa masse territoriale et solidement uni autour de son roi, s'oppose un empire riche en hommes et en ressources fiscales. L'ensemble paraît extravagant parce qu'il est dispersé aux quatre coins de l'Europe ; l'Espagne et ses 10 millions d'habitants ; la totalité des Pays-Bas avec leurs deux millions d'habitants — c'est, de très loin, le pays le plus riche et le plus rentable, fiscalement, après les grands États-villes d'Italie du Nord — et toute l'Italie du

Sud avec la Sardaigne et la Sicile, sans oublier l'immense domaine autrichien, avec les restes de la Hongrie royale, et les bribes du domaine bourguignon, avec la Franche-Comté. De plus, Charles Quint revendique l'héritage du Milanais, dont on sait la valeur stratégique : c'est une plaque tournante pour l'argent et les soldats vers les Pays-Bas. L'empereur est aussi très attaché à l'héritage de Charles le Téméraire, c'est-à-dire à la Bourgogne. La rivalité franco-habsbourgeoise est donc avant tout une vieille affaire de famille mal réglée aux yeux des deux partenaires. Ne sourions pas de cette conception de l'État comme « propriété de famille » ; elle dissimule des réalités profondes.

En premier lieu, les Habsbourg ont peur de la puissance française. On a abusé, dans l'histoire des mentalités, de cette notion de peur ; mais, si jamais ce mot a eu un sens, c'est bien dans le domaine politique. Elle ressort des correspondances, diplomatiques ou non, de toute l'élite intellectuelle d'Europe. On la sent même chez ceux qui se voient proches de la France. Charles Quint lui-même, en Bourguignon qu'il prétend être, a reçu une formation essentiellement française : sa langue maternelle est le français, et personne n'est plus éloigné que lui, au début de son règne, de ses sujets espagnols. De même les princes protestants vont-ils chercher l'alliance française essentiellement parce qu'ils ne trouvent pas d'autre solution. Au fond l'Europe connaît deux grandes peurs : celle du Turc — surtout à partir de la défaite des Hongrois à Mohacs (1526) — et celle du Français.

Au-delà de la peur, on pourrait invoquer d'autres raisons. François Ier agace profondément Charles Quint, et réciproquement. Il y a enfin, et peut-être surtout, l'opposition de deux idéaux pas toujours très clairs et rarement bien formulés.

Du côté de Charles Quint il y a le vieil idéal « médiéval » : l'irréductible idée d'Empire universel. Qu'il y ait aussi chez lui une profonde motivation religieuse est évident : élevé par l'un des plus grands humanistes, le futur pape Hadrien VIII, Charles est un chrétien fervent. Tout comme Isabelle la Catholique lors de la conquête de Grenade ou au moment de décider l'expédition de Christophe Colomb, il a cru sentir « la main de Dieu ». La « miraculeuse » conjonction des héritages, l'élection à la couronne impériale au sens religieux du terme « élection » (le choix de Dieu), la mission de protection contre l'Islam — une tradition espagnole — et la facile conquête des empires indiens avec leurs miraculeux trésors, tout a dû concourir, aux yeux de Charles Quint et de son entourage, à le désigner pour une mission divine : la rénovation de l'Église et de l'Empire chrétien.

Or, face au péril turc et à la montée d'un protestantisme dont il comprend d'ailleurs plus d'une revendication, Charles Quint rencontre cet être léger et vain, ce François Ier dont tout l'éloigne. Dans le sévère jugement de l'empereur, la vérité a une large part. Sauf dans le domaine artistique, François Ier ne le vaut pas : ni sur le plan humain, ni sur le plan politique. En dépit de ses faiblesses, Charles Quint est un homme passionnant, cultivé jusqu'au bout des ongles, animé d'un véritable idéal, un chevalier et un gentilhomme capable de respecter la parole donnée à Luther malgré tout ce qui les séparait. Cet affrontement est donc aussi un drame humain. L'Empire universel, c'est le rêve des humanistes. Natifs de Germanie ou de Gaule, « nationalistes » les uns et les autres, parfois à l'excès, ils ont tous en même temps pris des noms romanisés, « latins », et tous se réfèrent à l'Empire romain auquel les attache tout leur savoir. Et Charles Quint est leur élève, bien plus que François Ier. Le concept d'Empire universel est certes médiéval, mais il est aussi d'essence humaniste. Ce qui explique, parfois, le dilemme des humanistes français.

L'aspiration à l'Empire universel n'empêche pourtant pas Charles Quint, également homme de son temps, de s'appuyer sur un État né de l'idée nationale, cette Espagne devenue, après la répression de la révolte des *Communeros* (1520-1522) et avec sa puissance fiscale et militaire, le cœur d'un Empire universel «où le soleil ne se couche jamais». Le royaume de Naples prend aussi au financement des opérations militaires une part croissante. C'est à cet égard une situation de type colonial. A partir de 1540, les ressources des Amériques, par le truchement des crédits génois, espagnols, flamands et surtout allemands, financeront les opérations militaires de Charles Quint.

## *La France et les Habsbourg*

La lutte entre François et Charles Quint commence en 1521 par une guerre de cinq ans, qui s'achève sur le désastre français de Pavie (1525), exacte symétrie de Marignan. Voici, d'un côté, l'empereur animé du vieil idéal universel, mais sachant utiliser les compétences et les méthodes modernes; de l'autre, le représentant de l'avenir, le champion des États nationaux, mais impulsif et souvent mal entouré, entraîné par exemple par Bonnivet, grand connaisseur en arts nouveaux, chevalier sans peur sinon sans reproches, mais tout imbu encore du vieil esprit des donneurs de coups d'épée et de lance.

L'inévitable arriva: alors que l'artillerie française pouvait emporter la décision, les charges intempestives d'une noblesse irréfléchie laissèrent l'avantage aux troupes de Charles Quint. Qui ne connaît le mot du roi de France à sa mère: «Tout est perdu, fors l'honneur», formule d'un autre âge, témoignant d'une conception du sens de l'honneur qui n'était pas celle de l'empereur?

Pescara et Frundsberg, leurs lansquenets allemands et les *tercios* espagnols l'avaient emporté. Prisonnier à Madrid, François Ier, au cours de longues et humiliantes négociations, promit tout ce qu'on voulut; il était bien décidé, en dépit de ses serments sur les Évangiles, à tenir le moins possible. La paix de

Madrid (1526) donna à Charles Quint le Milanais, Naples, Gênes et surtout, plus grave, la Bourgogne. En France, les régentes Louise de Savoie et la reine Claude faisaient de leur mieux. A peine le roi était-il libéré que se déclencha la deuxième guerre (1526-1529). Elle se termina, par épuisement réciproque, sur la « Paix des dames » négociée par Marguerite d'Autriche et Louise de Savoie, et signée à Cambrai en 1529. La perte de Milan était consommée, mais la France conservait l'essentiel : la Bourgogne.

Charles avait bien d'autres affaires sur les bras : le Turc d'un côté, les protestants de l'autre. En 1532, plus ou moins poussé par le roi de France, le barbaresque Khaîr el-Din, dit Barberousse, vint menacer les côtes italiennes et ibériques et les lignes de communication maritimes de l'Empire espagnol. En dépit, ou à cause, de la prise de Tunis par Charles Quint (1535), fut alors conclu en 1536 l'accord entre la « Porte » et la France, avant une troisième guerre (1536-1538), qui se termina par un armistice négocié à Nice, en 1538, par le pape Paul III. Le prestige impérial avait terriblement souffert du sac de Rome, perpétré en 1527 par une soldatesque parmi laquelle se trouvaient d'assez nombreux protestants. En 1529 le Turc avait poussé une pointe sur Vienne et, si le siège avait échoué, la prise de Buda avait consolidé en 1541 la possession de la Hongrie par les Turcs. La même année, l'expédition contre Alger, pourtant soigneusement préparée par l'empereur, tourna court et faillit s'achever en désastre.

La quatrième guerre franco-habsbourgeoise (1542-1544), terminée par le traité de Crépy (1544), eut pour conséquence l'abandon définitif de Naples par François Ier, contre celui de la Bourgogne par Charles Quint. Le roi de France abandonna ses alliés en promettant à Charles Quint son aide contre les princes protestants d'Allemagne : l'empereur avait les mains libres, et fut près de l'emporter en Allemagne, après sa victoire de Mühlberg sur l'électeur de Saxe et les princes protestants, victoire que magnifia Titien (1547).

L'Europe n'eut plus peur de la France, mais de l'empereur. On s'était accoutumé à l'idée de l'« équilibre européen », une formule appelée à un grand avenir. En 1551, la quasi-totalité des princes allemands, secrètement réconciliés, se tourna vers Henri II, successeur de François Ier mort en 1547.

A vrai dire, à la mort du souverain français, tout n'allait pas pour le mieux. En 1547, Charles Quint passait pour le grand vainqueur de cette interminable série de guerres. Mais Henri II devait recueillir les fruits de la longue patience et de l'énorme effort financier de la France. Le traité de Chambord, conclu en 1552 entre les princes protestants allemands et le roi de France, livra à celui-ci, en échange de subsides, le « vicariat » sur Metz, Toul et Verdun : les « Trois-Évêchés ».

Les contemporains n'ont guère compris la portée de l'événement. Plus tard, le traité a suscité un flot de publications, en particulier du temps de l'antagonisme franco-allemand au XIXe et au XXe siècle. Remarquons d'abord que la cession définitive et totale à la France n'intervint qu'au traité de Westphalie, en 1648. Ce qui a sa signification : pour plus d'un négociateur allemand, ce n'était en 1552 qu'un accord de circonstance. D'autre part, prêter aux Français la volonté délibérée de s'avancer vers le Rhin — frontière naturelle — est sinon erroné du moins excessif. Très peu de conseillers royaux ont vu si loin ; pour la plupart, il fallait saisir un gage. Les raisons linguistiques n'étaient pas non plus absentes, mais le plus sûr argument fut donné par Charles Quint lui-même. Lorsque, de 1552 à 1556, la guerre sévit pour la cinquième fois, l'empereur, allié à l'Angleterre, essuya un grave revers devant Metz que défendait François de Guise. Aigri et incompris, Charles Quint abdiqua en 1556, partageant son Empire pour se retirer en Espagne dans la solitude du couvent de San Yuste. Il y mourut deux ans plus tard.

Chez les Français, on pensait que des territoires si péniblement acquis devaient être conservés à tout prix. Partout où la bannière fleurdelisée avait flotté, elle devait rester. Les limites des Trois-Évêchés étaient compliquées, faites de multiples enclaves isolées, assez proches les unes des autres ; celles-ci constituaient une série de jalons menant, par le col de Saverne, vers la vallée du Rhin, cœur d'une civilisation avancée et voie de communication essentielle entre le Nord et le Sud. De plus, la possession des trois forteresses coupait le duché de Lorraine en deux, affaiblissait la position militaire de celui-ci et obligeait les Espagnols à reporter leurs lignes de communication vers l'Alsace. Les Trois-Évêchés restèrent donc français alors que peu de gens l'avaient prévu ou délibérément cherché. Enfin, sans doute laissa-t-on ces conquêtes à la France car elle faisait moins peur : les guerres civiles allaient la faire apparaître pendant longtemps comme moins dangereuse que l'Espagne de Philippe II. Elle allait être un champ de bataille livré aux reîtres allemands, aux *tercios* espagnols et aux troupes anglaises.

### *Apparition du protestantisme*

On peut s'interroger sur les sentiments religieux de François Ier. L'idéal chrétien de Charles Quint ne fait aucun doute alors qu'au mieux François Ier avait une sorte d'attachement sentimental, mais teinté d'hésitations, pour la religion de ses ancêtres. Pour essentielles qu'elles lui parussent, ces préoccupations ont longtemps passé derrière les problèmes politiques. Peut-on dire qu'il a, comme beaucoup, pratiqué la « tolérance » ? Qu'il ait été poussé à la conciliation par son entourage féminin, c'est certain. Mais, comme pour beaucoup de ses contemporains, la question religieuse ne lui paraissait guère urgente.

Un vague besoin de « réformes » — savait-on exactement lesquelles ? — était très répandu. L'essentiel, aux yeux du roi, était acquis dès le début du règne : le concordat de Bologne (1516) assurait au roi une mainmise sur l'Église, donc un levier politique efficace, et elle assurait à la noblesse française un débouché considérable. Au demeurant, l'Église fournissait au roi son meilleur personnel politique.

L'anticléricalisme a toujours existé en France. C'était une vieille tradition médiévale, à laquelle avait sacrifié, brièvement il est vrai, Saint Louis lui-même. Rien de comparable en tout cas avec la violente haine qui déferle, toutes classes sociales confondues, contre l'institution ecclésiastique et ses représentants en Alsace et dans certaines régions d'Allemagne, dans la *Pfaffengasse* — littéralement: la ruelle aux « corbeaux » — ainsi qu'on surnomme alors la vallée du Rhin.

Sur l'état de l'Église en France les avis sont partagés. Certains en font un tableau très noir: haut clergé politisé, bas clergé ignare, voire débauché, peuple mal instruit. Et d'allonger la liste des comptes rendus et des visites pastorales où l'on déplore que certains fidèles ne sachent pas répondre à l'élémentaire question: « Combien y a-t-il de dieux ? » On trouve pourtant des zones de lumière à côté de ces ombres. Des paroisses imposent à leurs prêtres la célébration de grand-messes chantées, les processions, l'ostension du Saint Sacrement. Des synodes prônent les réformes. Quant à l'art sacré révélateur de la vitalité de la foi, il n'est pas négligeable. Songeons à l'extraordinaire floraison de la musique polyphonique — religieuse mais aussi profane — de l'école dite franco-flamande: un Josquin des Prés est célèbre dans toute l'Europe.

En matière religieuse, la France suit plus ou moins le mouvement lancé en Allemagne. Encore faut-il tenir compte de la chronologie. Jusqu'en 1530 le luthéranisme s'est répandu en Allemagne le long d'une bande nord-sud articulée autour de deux grands pôles: de la Frise au Mecklembourg en passant par le Schleswig et le Brunswick, puis, en Allemagne moyenne, du Rhin à la Saxe; ailleurs le protestantisme est isolé dans quelques petites villes. Les môles catholiques sont encore nombreux, même dans le Nord. Tout a basculé, en revanche, en 1545 : à cette date, les protestants refusent de participer au concile de Trente. Le catholicisme allemand est devenu minoritaire, avec seulement deux régions assurées, la Lorraine et la Bavière. L'Autriche et la Styrie semblent perdues. La Hongrie est protestante. A l'Est, seule résiste la Pologne et une partie de la Silésie. La Suisse, majoritairement protestante, fait face à la Bourgogne et à la Franche-Comté restées catholiques.

Charles Quint est à l'apogée de sa puissance. S'il ne parvient pas à reconquérir l'Allemagne au catholicisme, il a enrayé la progression et le luthéranisme amorce même son reflux. Cette chronologie n'est évidemment pas sans influence sur la France : en 1530, le protestantisme allemand était pour François Ier un allié intéressant et la conversion de la France au protestantisme pouvait apparaître comme un danger illusoire. Il en va tout autrement autour de 1545, et la chronologie des guerres est ici on ne peut plus parlante. La contagion devient un risque non négligeable. Le roi mène donc désormais une politique de bascule, où les mobiles politiques et religieux sont plus mêlés qu'il n'y paraît.

Tout phénomène théologique est d'abord un fait intellectuel ; prêtres et humanistes évoluent en fonction de l'attitude du pouvoir, que celui-ci agisse par conviction ou pour raison politique. Les peuples, eux, suivent. Ainsi, en 1555, la paix d'Augsbourg entre les princes catholiques et luthériens d'Allemagne reconnaît-elle aux chefs d'État le « droit de réforme » d'où découle le fameux adage *Cujus regio, ejus religio* (tel prince, telle religion). C'est probablement au même moment, entre 1550 et 1565, que le calvinisme français gagne le plus grand nombre de fidèles. Pour éclaircir la question des origines des mouvements protestants, il convient donc de bien distinguer trois niveaux : les « intellectuels », les princes, les peuples.

Globalement, le clergé français est nombreux sinon pléthorique : tout le mouvement de contre-réforme au

XVIIe siècle tendra à limiter l'effectif des séculiers à un chiffre compatible avec les ressources de l'Église et avec une bonne formation : de 1500 à 1700, dans la plupart des régions françaises le clergé séculier a diminué de moitié. Le haut clergé est, on l'a dit, « dans la main » du roi. La France ne connaît pas, comme l'Allemagne, de princes-évêques indépendants susceptibles de faire bande à part. Le roi de France a, d'autre part, obtenu que les prélèvements pontificaux soient modérés et ne mettent en péril ni les finances royales, ni l'état d'esprit du clergé et de la population. Un mot d'ordre à l'allemande, *Los von Rom* (détachons-nous de Rome), n'eut guère d'écho en France du point de vue temporel. Par conséquent, ni la noblesse, ni le haut clergé, ni le roi, ni l'entourage royal n'ont eu de raisons collectives pour soutenir le protestantisme. Et le roi de France dispose en outre d'un moyen de pression : le Comtat Venaissin.

Comparativement, certains abus de l'Église sont moindres en France que dans le Saint Empire. N'étant pas princes temporels, les évêques ne mènent pas, comme les papes ou certains électeurs allemands, de politique de souveraineté. Ce qui ne veut pas dire qu'aucun évêque ne joue de rôle politique. Le fameux tableau de Holbein représentant une ambassade française en Angleterre est là pour le rappeler, tout comme le rôle diplomatique tenu auprès de Paul III par le cardinal Jean du Bellay, cousin du poète. Mais ces évêques agissent pour le roi de France, non pour leur dynastie propre. Quant à leur formation, elle est solidement dominée par la Sorbonne. Et les attaques auxquelles celle-ci est soumise attestent sa fidélité à la monarchie ; c'est aussi le cas, quoique à un moindre degré, des parlements.

Ni la majorité du clergé — régulier ou séculier — ni le pouvoir politique ne passent en France au protestantisme. Les conversions sont soit individuelles, soit par petits groupes, selon une géographie qui reste à expliquer. Tout autour du Comtat Venaissin, de vieilles lignes de clivage réapparaissent : une partie du protestantisme sud-alpin a pris la succession des groupes vaudois (M. Vénard). Mais d'autres implantations restent encore inexpliquées. La carte de la densité des pasteurs protestants dans la France de 1876 publiée par H. Le Bras et E. Todd recouvre à la fois celle des places de sûreté protestantes de l'Édit de Nantes et celle des provinces sur lesquelles la Ligue a eu peu d'influence. Le protestantisme serait un phénomène essentiellement méridional, si l'on met à part le gros bloc, aisé à circonscrire comme à définir, du luthéranisme alsacien.

Cette carte est en partie trompeuse. Elle gomme la présence protestante dans les villes. Les histoires du XIXe siècle ont pensé que la prééminence du protestantisme urbain en France tenait à l'absence d'une version populaire de la Bible, alors que les masses allemandes disposaient de la traduction de Luther. « La simple traduction en langue vulgaire pose, de Brest à Marseille et d'Amiens à Toulouse, plus de problèmes qu'elle n'en résout, dans la mesure où le français du XVIe siècle est, à peine moins que le latin, une langue des élites. » Explication séduisante mais inadaptée. D'une part, en effet, les Alpes du Sud et les Cévennes étaient à la fin du XVIe siècle parmi les régions les plus alphabétisées du pays. D'autre part, le français étant la langue des élites et le protestantisme ayant touché par priorité les élites, la variété des parlers n'aurait pas dû constituer un obstacle. C'est dire que le protestantisme français, au contraire de l'allemand, n'a pas conquis la majorité de ces élites qui auraient ensuite imposé comme en Allemagne le principe « tel prince, telle religion ».

Une carte représentant le protestantisme français comme un phénomène surtout méridional serait également erronée : elle refléterait la situation de la deuxième moitié du XVIe siècle. Auparavant, le protestantisme s'était implanté ailleurs que dans le Midi. Le sire de Gouberville, un Normand, a eu, d'après son Journal, plus que des velléités « évangéliques » ; dès qu'il s'est senti menacé, il est rentré dans le rang, et pas seulement du fait de la pression sociale. Et Calvin était d'origine picarde. Cas d'exception ? Il ne faut pas oublier que la traversée nord-sud du royaume durait aussi longtemps que celle de l'Atlantique ou un voyage à Riga : la rapidité et l'efficacité de la répression par le pouvoir temporel étaient directement proportionnelles à la distance qui séparait de Paris les communautés réformées. L'action royale s'est donc exercée plus tôt dans les régions septentrionales.

On a aussi constaté que les sensibilités religieuses ne s'affirmaient pas partout de la même manière. Les contrées qui ont le mieux accepté la Contre-Réforme sont aussi celles qui, du XVIIe au XIXe siècle, ont le plus facilement reçu les nouveautés, en particulier la « déchristianisation ». Inversement les plus rétives à la Contre-Réforme — après l'avoir été à la Réforme — refusèrent davantage les idées nouvelles et demeurèrent plus volontiers fidèles. Mais il arriva aussi, comme en Bretagne, que la Contre-Réforme sache intégrer à ses préceptes des pratiques de la religion « populaire ».

Ces conclusions pourraient s'appliquer — mais il faut rester prudent — au monde protestant. La Réforme ne surgit pas n'importe où : elle s'impose là où le peuple, plus ou moins conduit par des autorités locales (grands seigneurs, clergé passé au calvinisme, moines surtout) a par tradition la volonté et la conviction d'être le peuple de Dieu et d'imposer ses vues. Observations qui ne valent guère pour les villes, où l'individualisme est plus fort. En tout état de cause, la conversion est presque partout en France un phénomène minoritaire.

Est-il besoin d'ajouter que le calvinisme français porte la marque de son fondateur ? Sans vouloir schématiser, on peut opposer le caractère pragmatique de Luther, toujours soucieux de ne pas choquer les peuples, au côté intellectuel de Calvin. Il suffit à cet égard de comparer l'attitude des deux réformateurs envers la musique sacrée. Le premier, musicien jusqu'au bout des ongles, conserve tout un pan des rites latins ou plutôt les adapte à sa liturgie ; il veut donner au peuple de Dieu une musique qui ne renie aucun des apports musicaux du passé. De ce souci naît le fameux choral. Tant par ses écrits que par ses choix en matière de musique, Luther donne à l'Allemagne des éléments majeurs de sa civilisation, une civilisation qui, comme au Moyen Age, reste aussi populaire que savante.

Il n'en va pas de même chez les calvinistes. Le chant des psaumes — nombre de traductions sont dues à Marot, et Goudimel, entre autres, en fait d'admirables adaptations — devient le signe de ralliement des calvinistes français à tel point qu'il suffit parfois à provoquer des réactions violentes. Mais, interprétant littéralement la première épître de saint Paul à Timothée, Calvin écarte pratiquement du temple toute forme de musique. Ce refus de complaire aux sens, cette *restitutio,* cette épuration, dont il importe de rappeler l'aspect profondément iconoclaste, peut répondre à l'appel de certaines sensibilités. Il défie et heurte irrémédiablement la sensibilité populaire de certaines régions. Éternel problème de la représentation du sacré, l'iconoclasme étant inscrit en filigrane dans l'interdiction judaïque de représenter Dieu.

On se heurte ici encore aux diversités de la société française, tout comme à de nombreuses divergences parmi les « intellectuels », en particulier sur la manière de faire connaître la foi au peuple. L'ascension sociale aime l'ostentation et cherche plus ou moins consciemment à se faire pardonner : elle entend célébrer la plus grande gloire de Dieu en lui offrant un cadre digne de Lui. En revanche, la pensée qui se veut pure et souhaite remonter aux humbles origines du christianisme est rarement le fait d'hommes sacrifiant à la richesse : elle se porte plus volontiers vers un culte privilégiant en Dieu le Christ né dans une étable, et elle oublie les offrandes des Rois Mages. Laurent de Médicis avait fait peindre dans sa chapelle de Florence les Rois Mages dans le somptueux style gothique que les Allemands appellent le « style doux ». Plus tard, Philippe de Champaigne, peintre austère, représentera le miracle de la Sainte Épine. En Flandre, en 1556, les iconoclastes cassent tout, y compris les œuvres des plus grands maîtres.

Le peuple, lui, réagit très diversement, car il n'y a pas une seule religion populaire, mais des sensibilités très diverses. Les théologiens catholiques du XVIIe siècle, qui édicteront des conseils aux peintres pour qu'ils mettent les thèmes religieux à la portée des gens simples et pauvres, tiendront compte de cette diversité même s'ils n'en font pas état.

Un dernier élément. Au point de départ de la littérature en allemand moderne (le *Hochdeutsch*) se trouve l'admirable traduction de la Bible par Luther. Plus tard, l'Angleterre disposera de cet autre chef-d'œuvre qu'est la Bible de James. Les peuples anglo-saxons et germaniques ont donc appris à lire, en guise d'abécédaire, dans ces textes anciens et poétiques venus d'Orient. L'éducation s'est faite, jusqu'en plein XXe siècle, dans et par le Livre des livres. En France, quels que soient les mérites des traductions — humanistes comme celle de Lefèvre d'Étaples, protestantes comme celle de Théodore de Bèze ou catholiques comme, plus tard, celle de Lemaistre de Sacy —, aucune n'a joué le rôle national des versions allemande ou anglaise. Osons une opinion personnelle ; aucune version française n'approche, et de loin, les deux autres. Il n'est pas indifférent que le peuple français ait appris à lire, dans le meilleur des cas, dans un catéchisme bien fait ou dans les manuels de civilité chers plus tard aux frères des Écoles chrétiennes. On n'éduque qu'en élevant, et un manuel de civilité n'est pas la Parole de Dieu. Les intellectuels français, des deux côtés de la barrière confessionnelle, n'ont pas su faire ce qui a été réussi ailleurs.

CHAPITRE III

# Les guerres de religion

## *La déchirure du tissu chrétien*

Le problème des origines reste plus ou moins mystérieux, notamment en matière religieuse, où dans les délicates balances des consciences pèsent tant d'éléments impondérables. Mais c'est un fait que Calvin, après un séjour à Strasbourg (1538-1541), séjourne à Genève entre 1540 et 1550: décennie pendant laquelle le calvinisme français émerge avec force. L'*Institutio christianae religionis,* d'abord écrite en latin (1536) mais bientôt traduite en français et augmentée (1539 et 1559), pose les bases de cette nouvelle version du protestantisme. Le 20 novembre 1541, Calvin publie ses *Ordonnances ecclésiastiques* et se dote de ce qui a manqué au luthéranisme: une solide organisation autonome, indispensable face au pouvoir royal.

Calvin avait dédié l'*Institution* au roi, mais François Ier n'avait pas été convaincu. Le roi était un sceptique, pour le moins réservé sur les querelles religieuses. Mais il avait besoin de l'Église de France comme instrument politique et comme source de revenus; il avait aussi besoin du Parlement de Paris, lequel était hostile aux réformes. Chez Henri II, au contraire, les convictions religieuses ne font aucun doute. Il abandonne ses prétentions italiennes pour mieux se consacrer à la lutte intérieure. Le problème devient d'ailleurs politique avec la conversion au protestantisme de familles proches de la famille royale, les Bourbons et les Châtillon, tous héritiers potentiels du trône. En 1559, se réunit le premier synode national protestant. Devant l'hostilité du pouvoir, il prend l'allure et le caractère d'une faction politique.

Tant qu'a vécu Henri II, sa solide poigne a limité les dégâts. Mais il laisse trois fils. L'aîné, François II, âgé d'à peine quinze ans et voué à une mort précoce, vient d'être marié à Marie Stuart, proche parente des Guise, donc de la très catholique Maison de Lorraine. La persécution redouble, mais François II disparaît en 1560. La régence revient alors à la reine mère Catherine de Médicis, issue de la grande famille des banquiers-princes de Florence.

Sa tâche ne pouvait qu'être des plus difficiles. L'esprit du temps n'était guère favorable au gouvernement d'une femme. Celle-ci était, de surcroît, italienne et entourée d'une Cour largement italianisée. Or les Italiens n'avaient pas bonne presse, et les banquiers italiens de Lyon tenaient un rôle considérable dans les affaires financières du royaume : la xénophobie allait jouer à fond.

Les portraits nous montrent Catherine de Médicis la tête soigneusement coiffée d'un bonnet de veuve, très strictement vêtue : une manière comme une autre de réagir contre celle qui, du vivant d'Henri II, l'a tant fait souffrir, cette Diane de Poitiers dont nombre de peintres ont représenté les charmes. Quant au moral, sa correspondance révèle une Italienne qui se méfie et livre peu le fond de sa pensée. Ses convictions religieuses ? Elle a ses souplesses, que l'on peut interpréter comme on veut. Le choix des moyens lui importe peu : très femme de la *virtù* italienne, ses idées ne sont pas très éloignées des préceptes de Machiavel. A-t-elle une idée directrice ? Elle aime le pouvoir pour le pouvoir, et sa régence est une revanche sur le temps où Henri II l'écartait des affaires. La force des choses, c'est-à-dire la mort de ses deux aînés, prolongera cette régence sous Henri III. Charles IX meurt à vingt-quatre ans à peine. Henri III en a vingt-trois. Le chagrin de la reine mère est grand, mais son maintien au pouvoir ne lui déplaît pas. Très certainement, elle adore ses enfants, et veut transmettre le trône intact, avec toutes ses prérogatives, à ceux pour qui elle gouverne. Et, comme la situation est difficile, elle joue les uns contre les autres, s'appuie tantôt sur les uns, tantôt sur les autres.

C'est dire le pragmatisme d'un gouvernement au jour le jour, au gré des évolutions : sans doute est-ce pour elle la seule politique possible. Catherine est--elle intelligente ? On en a discuté et on en discutera. Elle est bien au fait des intrigues politiques, se meut avec aisance dans les inextricables imbroglios d'une Cour perfide entre toutes.

Il est facile de juger aujourd'hui, mais qui eût fait mieux ? Cela ne signifie pas que Catherine n'a pas commis d'erreurs : elle porte une large part de responsabilité dans le massacre de la Saint-Barthélemy. Elle a été terriblement haïe. Mais tout le monde, de 1559 à 1575 environ, a été obligé de compter sur ou avec elle.

Les dangers étaient immenses des deux côtés. Chez les catholiques, la montée des Guise, forts de leurs succès militaires, de l'appui de la Lorraine et du poids de l'Église, suscite l'organisation de ce qui est un parti politique tout autant qu'un formidable groupe de pression : la Ligue, phénomène unique dans l'histoire de l'Ancien Régime. Les protestants ont pour chefs les Bourbons : à François de Guise s'oppose Louis de Bourbon, prince de Condé. La noblesse se divise. Pour beaucoup de ses membres, les « partis » religieux sont deux groupes nobiliaires. En finissant la guerre extérieure afin d'avoir les mains libres, la royauté avait pris le risque terrible de rendre disponible une noblesse dont les ardeurs guerrières allaient trouver à s'employer.

Tentons d'introduire dans la succession des guerres de Religion quelques points de repère essentiels. Au point de départ, Catherine, inquiète de la puissance des Guise qui ont dominé par l'intermédiaire de Marie Stuart le court règne de François II, favorise les Bourbons et accorde à ceux que l'on appelle désormais les huguenots (de *Eidgenossen* : confédérés ?) une relative tolérance, que sanctionne l'édit de Saint-Germain (1562). Mais le massacre de Vassy, perpétré par les Guise en 1562, dans des conditions mal définies, déclenche les guerres de Religion proprement dites, qui durent de 1562 à 1598 : trente-six longues années, au cours desquelles a failli sombrer le royaume de France.

Histoire terrible qu'on ne peut détacher d'un dramatique arrière-plan économique. La deuxième moitié du XVIe siècle voit en effet s'aggraver le refroidissement du climat amorcé vers 1300. Ce refroidissement, par paliers insensibles, s'accentue en particulier dans la décennie de 1590 à 1600 ; il durera tout au long du XVIIe siècle, pour culminer dans les années 1690-1720 avec le « petit âge glaciaire ». S'y ajoutent les épidémies de peste, favorisées par la dissémination qu'opèrent les armées, les ravages et les destructions de la guerre civile et étrangère. Le bilan est d'autant plus terrible que l'armée, livrée à elle-même et délivrée du pesant joug de l'État, redevient pillarde et sauvage.

Cette merveille qu'avait été, à ses origines, la Renaissance, fine fleur de culture portée par une incomparable volonté de savoir et de créer, et par une démographie jeune, s'étiole et agonise. La noblesse, mais aussi la bourgeoisie et le peuple prennent des habitudes de violence. Jusqu'à Louis XIV, en dépit de Richelieu, un meurtre s'appellera une « rencontre », pour peu que le rang social du meurtrier soit élevé. Dans toute la société, la violence barbare se déchaîne, souvent par nécessité d'autodéfense. Ces temps ne sont beaux que dans les romans de cape et d'épée. Il est fini le temps des dames, celui des Diane : seules, les veuves « sévères » comme Catherine de Médicis ou les robustes viragos se font entendre. C'est un autre XVIe siècle.

## *Idéologies*

Du désordre naissent souvent des idéologies ; les guerres de Religion ne manquent pas à la règle. Politique et religion se mêlant adroitement, la personne du roi, longtemps inviolable, va cesser d'être sacrée. Les théories des « monarchomaques » apparaissent. Théodore de Bèze, quoique avec des nuances, du côté protestant et le jésuite Mariana pour les catholiques soutiennent la légitimité du tyrannicide. Henri III, débarrassé des Guise par l'assassinat, tombera à son tour sous le poignard d'un fanatique. Et Henri IV lui-même sera, en 1610, la victime de Ravaillac. Tout est désormais possible, et d'abord ce qui avait été pendant longtemps impensable.

Des excès se dégage aussi une réflexion. Dès les années 1560, apparaissent les rudiments d'un tiers parti, les « Politiques », qui trouve en 1576 dans Jean Bodin, avec son maître livre *Six livres de la République,* un théoricien partisan d'une monarchie absolue qui transcende tous les « partis ». La *res publica,* la chose publique, passe avant les intérêts et les opinions des partisans.

Pieux souhaits, et idéal pour le moment inaccessible, qui demandera ses martyrs. Pour l'instant la tolérance n'existe que dans la Pologne des derniers grands rois où, en 1573, la *Pax dissendendum* est un cas unique en Europe. En France, après huit ans de désordres et de tueries, on est las de la guerre ; la paix de Saint-Germain, l'une de ces multiples trêves des guerres de Religion, reconnaît en 1570 aux protestants une relative et précaire liberté de conscience et quatre places militaires de sûreté. L'équilibre est établi. Le protestantisme a cessé d'avoir le vent en poupe. De fait, il est en recul.

L'un des chefs du parti protestant, l'amiral de Coligny, profite de cette rémission pour tenter de refaire l'unité nationale. Pour autant que l'on puisse analyser sa politique, il semble qu'il ait sciemment poussé à la guerre contre l'Espagne, espérant que, dans la lutte commune, les partis s'entendraient. L'un des moyens de cette politique avait aussi consisté en expéditions coloniales : Floride, Brésil. Placées comme des échardes à deux emplacements stratégiques du système colonial ibérique, elles avaient provoqué la réaction des Espagnols : ceux-ci liquidèrent sans vaine miséricorde ces intrus mal pensants. Ces faits eurent, dans toute l'Europe protestante, un énorme retentissement, délibérément grossi par une habile propagande. Dès lors naît la fameuse « légende noire » de la colonisation espagnole, dont sortira tout un pan de l'argumentation philosophique du XVIIIe siècle.

En France, Coligny se rapproche du jeune Charles IX, qu'attire ce personnage exemplaire, et qui échappe ainsi à sa mère, laquelle n'avait guère envie de se laisser écarter. C'est pourquoi, profitant du mariage d'Henri de Navarre — le futur Henri IV — avec sa fille Marguerite, Catherine organise un guet-apens, auquel Coligny échappe de justesse. Catherine, affolée, imagine alors et réussit à persuader le jeune roi de « couvrir » le fameux massacre de la Saint-Barthélemy (24 août 1572). Nuit de règlements de compte et pas seulement contre les protestants. On compta quelque 3 000 morts à Paris, dont l'amiral, tué dans des conditions ignominieuses, et environ 6 000 morts dans l'ensemble du pays. Quelques évêques et quelques gouverneurs sauvèrent l'honneur de l'humanité. Désormais, les Guise allaient gouverner.

La situation se compliquait. Charles IX était de santé fragile ; il mourut le 30 mai 1574, sans héritier. Son frère Henri III lui succéda. Comme lui aussi ne paraissait pas devoir avoir de successeur direct, l'héritier probable devenait le roi de Navarre, l'un des chefs protestants. On vit se fortifier, contre pareille éventualité, la Sainte Ligue dont les Guise devinrent les chefs. La « guerre des trois Henri » (Henri de Navarre, Henri de Guise et Henri III) était ouverte ; elle devait durer de 1585 à 1589.

La Ligue voulait interdire à un huguenot de s'emparer du trône, pour empêcher la France de devenir protestante. Au-delà des processions de moines parisiens armés de piques et d'arquebuses, des récits de massacres et des prédications enflammées, la Ligue est le premier « parti » révolutionnaire, voire totalitaire, qu'ait connu la France; que, bien plus tard, on ait considéré ce parti comme de « droite » ne change rien à l'affaire. Le plus étonnant est qu'il s'est constitué en quelque sorte « spontanément », échappant largement à l'emprise de ceux qui acceptaient d'en être les chefs.

Le groupe de pression protestant a été constitué et dirigé par des cadres, le plus souvent nobles ou bourgeois des villes. Cela est particulièrement sensible là où le protestantisme ne se développa pas, comme en Bretagne : c'est à l'abri du frère de l'amiral, dans les seigneuries de Coligny d'Andelot, qu'eurent lieu les premiers prêches de pasteurs venus de l'extérieur. Les parlementaires bretons « évangélistes » ou protestants — comme les Montbourcher, les Du Fail — avaient été en partie formés dans les universités italiennes où la reine Claude de France pouvait les protéger. A Vitré, la bourgeoisie protestante ne réussit pas davantage à recruter. Dans les Cévennes en revanche, ce sont des tisserands et des artisans qui diffusèrent le protestantisme, ici plus populaire qu'élitiste.

La Ligue connaît, certes, des phénomènes analogues : il est impossible de généraliser mais, en majorité, ce « parti » essentiellement septentrional est profondément populaire. Ce mouvement populaire, dont les cadres intermédiaires sont les frères des ordres mendiants, a pris des aspects étonnamment actuels. L'encadrement des masses, avec ses surveillances, ses dénonciations, ses haines, ses familles partagées, ses exécutions, ses émeutes spontanées ou dirigées contre des opposants possibles, ses tortures, son espionnage, ses intolérances : c'est tout le cortège des justices partiales et des embrigadements forcés. L'esprit de parti, sous le masque de la religion, l'emporte sur tout le reste.

## *Les guerres*

La longue période de trente-six ans qui va de 1562 à 1598 a été, assez arbitrairement, subdivisée en huit guerres de Religion. Les troubles ont été, en réalité, permanents. Seules, les paix — en fait des trêves — marquent sinon des interruptions totales, du moins de relatifs adoucissements. De 1562 à 1576, se succèdent les six guerres qui répondent à proprement parler au dénominatif classique des « guerres de Religion »: leur durée n'excède jamais deux ans. De 1576 à 1598, deux guerres sont plutôt les guerres de la Ligue.

En 1562, il apparaît que l'entente est impossible après le vain colloque de Poissy (1561) et surtout le massacre de Vassy (en Lorraine) perpétré par les Guise. La guerre est inévitable. A ce moment, les protestants dominent l'espace entre La Rochelle et Blois. Ils disposent du Havre et de Rouen d'où ils peuvent recevoir des renforts anglais.

L'armée protestante de Condé se rassemble alors derrière la Loire, marche sur Orléans pour tenter de s'emparer de Paris. L'entreprise échoue devant l'arrivée de troupes espagnoles venues du sud. Condé opère alors en Normandie. Mais, le 15 décembre 1562, l'armée royale l'emporte à la bataille de Dreux. La première guerre s'achève sur la pacification d'Amboise (19 mars 1563), qui permet aux protestants le libre exercice du culte dans une ville de chaque bailliage ou dans le chef-lieu d'une grande seigneurie voisine. Seule exception : Paris, où seul le culte catholique est autorisé. Calvin et les principaux chefs du protestantisme reprocheront vivement au duc de Bourbon, le chef militaire protestant, d'avoir conclu et signé la pacification.

La deuxième guerre de Religion éclate en 1567 avec le « complot » protestant qui tend à s'emparer de la ville de Meaux, laquelle commande une partie du ravitaillement de Paris (26 septembre 1567). Mais le siège de Paris échoue à la bataille de Saint-Denis

(10 novembre 1567). Il est désormais acquis, au moins pour vingt ans, que les protestants ne disposent pas de forces suffisantes pour l'emporter dans une bataille en rase campagne. L'accord de Longjumeau renouvelle la pacification d'Amboise (23 mars 1568).

La disgrâce du chancelier Michel de l'Hospital (30 septembre 1568) marque l'affaiblissement des groupes partisans de la paix civile. La troisième guerre de Religion qui en résulte est marquée par une offensive royale dans l'Ouest où la résistance protestante s'est déplacée autour de La Rochelle et du Poitou. Le monde calviniste français est désormais centré sur le Midi, le Massif central et la Navarre. Le duc d'Anjou — le futur Henri III — remporte les victoires de Jarnac (13 mars 1569) et Moncontour (3 octobre 1569). Mais La Rochelle reste protestante et Coligny entreprend une contre-offensive en Bourgogne (Sancerre, Vézelay, La Charité-sur-Loire). L'édit de Saint-Germain donne finalement quatre places de sûreté aux protestants : La Rochelle, Cognac, Montauban, La Charité (8 août 1570). La royauté a marqué des points, mais le vainqueur politique est alors Coligny. Inquiets de l'influence qu'il prend sur le roi, des conjurés regroupés autour des Guise et de la reine organisent un attentat contre l'amiral qui échoue le 22 août 1572. Comme l'enquête policière semble devoir remonter aux sources, les conjurés arrachent à Charles IX le massacre de la Saint-Barthélemy (24 août 1572).

Désormais, cependant, la royauté est trop faible pour l'emporter. Les armées de mercenaires sont difficiles à manier. L'argent manque. Les troupes royales ne peuvent occuper le terrain adverse de manière durable. D'où l'inanité des guerres ultérieures, de la quatrième à la septième. Lors de la quatrième, le siège de La Rochelle est un échec (février-mars 1573).

Dès lors, les guerres deviennent de plus en plus politiques. L'accord de Millau n'est en 1574 qu'une trêve d'épuisement provisoire. La cinquième guerre de Religion prend un caractère particulier du fait de l'arrivée des « reîtres » protestants d'Allemagne (bataille de Dormans en octobre 1575). La paix de Beaulieu — dite aussi de Monsieur — est sans doute pour les protestants la plus favorable de toutes les paix (6 mai 1576). Outre le désaveu, par la royauté, de la nuit de la Saint-Barthélemy et le maintien des avantages acquis aux huguenots, la paix crée un apanage spécial pour le duc d'Alençon à La Charité-sur-Loire.

La réaction catholique est immédiate : c'est à ce moment que se forme la Sainte Ligue ou encore Sainte Union catholique. Elle signifie la rupture entre les Valois et les Guise, même si Henri III tente habilement d'en réduire la portée en se mettant à la tête de la Ligue. La sixième guerre de Religion se caractérise par une offensive catholique qui s'empare aussi bien de La Charité que de Brouage. La paix de Bergerac (17 septembre 1577) n'empêche pas la discorde de s'aggraver au sein de la famille royale. Catherine de Médicis perd le contrôle de ses propres troupes. Le roi se brouille avec son frère, le duc d'Anjou. Protestants et modérés — les « Politiques » — se dissocient aussi. D'où la septième guerre de Religion, ensemble confus de batailles et de tueries : le seul événement important est la prise de Cahors par les troupes royales, en mai 1580, qui conduit à la paix de Fleix (26 novembre 1580).

Tout change avec la huitième et dernière guerre, la plus longue (1585-1598). Les perspectives de succession dominent alors les pensées. La mort, le 10 juin 1584, du duc d'Anjou signifie qu'à la mort de Henri III, le seul successeur légitime sera le cousin Bourbon, Henri de Navarre, le futur Henri IV. Et il est protestant. La première conséquence en est la reconstitution immédiate de la Ligue. Certes la victoire de Navarre, le 20 octobre 1587 à Coutras, assure aux réformés une suprématie militaire en rase campagne qui durera jusqu'à la fin de la guerre mais n'empêche nullement les victoires des Guise à Vimpry et à

Auneau à la fin de l'année 1587. Surtout les grandes villes — à commencer par Paris — se sont ralliées aux Guise et à la Ligue. Le 12 mai 1587, Henri III est obligé de fuir Paris, où demeure cependant la reine mère.

Les Etats Généraux réunis à Blois le 9 octobre 1588 n'aboutissent à rien. Henri III a donc recours à l'assassinat des deux Guise — le duc et son frère le cardinal — les 23 et 24 décembre 1588. Les catholiques de la Ligue privés de leurs chefs, Henri III se rapproche, avec les Politiques, de Henri de Navarre. Ils reprennent le vieux plan huguenot : s'emparer de Paris. Mais, le 1er août 1589, Henri III est assassiné à son tour par un moine fanatique, Jacques Clément.

Le roi a eu le temps de désigner Henri de Navarre comme son successeur. L'assassinat provoque cependant dans l'armée royale une telle vague de désertions, que Henri IV est obligé de lever le siège de Paris et de se rendre en Normandie où il attend des renforts anglais. Le 26 août 1589, Henri IV prend Dieppe ; le 21 septembre il remporte la brillante victoire d'Arques. Mais une nouvelle tentative sur Paris échoue à nouveau malgré une nouvelle victoire à Ivry (14 mars 1590). Le siège de la capitale fanatisée par la Ligue est levé en mai, surtout devant la menace que fait peser l'arrivée de renforts espagnols venant du nord.

La situation est alors bloquée : ni le roi ni la Ligue ne peuvent l'emporter militairement. Sans doute le roi détient-il l'initiative. Le 19 avril 1590, il prend Chartres. Il ne fait donc pas figure de vaincu, et c'est ce qui rend possible une abjuration — elle ne paraît pas le fait du vaincu — devenue d'autant plus nécessaire qu'en février 1591, à l'appel de la Ligue, une garnison espagnole s'installe à Paris. Le 25 juillet 1593, le roi abjure le protestantisme. Il entre enfin à Paris le 22 mars 1594. La garnison espagnole s'enfuit. Le 17 septembre 1595, est scellée la réconciliation du roi avec la Papauté.

Les choses sont cependant loin d'être décidées. Les protestants les plus intransigeants ont reconstitué en 1594 un parti armé, et la guerre devient internationale avec l'intervention de l'Espagne, à laquelle la France déclare la guerre le 17 janvier 1595. La France est alors prise en tenailles : au nord, l'offensive espagnole débute par une victoire des Espagnols à Doullens (24 juillet 1595), qui compense quelque peu leur défaite de Fontaine-Française (17 janvier 1595). L'invasion par la Bourgogne a échoué ; une paix de compromis devient possible, acquise au début de 1596 quand Henri IV réussit à se réconcilier avec son principal adversaire, le duc de Mayenne. En dépit de la prise de Calais par les Espagnols, les dernières résistances internes sont maîtrisées au cours de cette année 1596. Ainsi le duc de Mercœur abandonne-t-il l'idée de se constituer en Bretagne une principauté autonome. L'année 1597 est encore marquée par la bataille sur la frontière de la Somme. Conquise par les Espagnols le 11 mars 1597, Amiens est reprise, difficilement, en septembre. Entre-temps, l'Espagne a fait, une nouvelle fois, banqueroute.

L'épuisement réciproque aboutit enfin à la paix de Vervins et — contrepartie interne — à l'édit de Nantes. La paix de Vervins (2 mai 1598) se borne à confirmer les clauses du traité de Cateau-Cambrésis (1559). Quant à l'édit de Nantes (13 avril 1598), il garantit le libre exercice du culte protestant par l'octroi d'un nombre important de places de sûreté, dans lesquelles les réformés peuvent tenir garnison. Henri IV a été obligé de concéder au parti protestant un dispositif stratégique qui couvre l'ensemble du Midi de la France au sud de la Loire, à l'exception du Centre : il s'articule sur les deux places de Jargeau et de la Charité-sur-Loire, destinées à assurer éventuellement un accès aux troupes protestantes de l'Allemagne. Ce sont cependant là de bien petites villes ; les seules vraiment importantes sont La Rochelle, Saumur, Niort, Montauban, Castres et Montpellier. Toutes les grandes villes restent catholiques. En dehors des places de sûreté, une quarantaine de villes disposent en outre d'une administration protestante : c'est le cas de Nîmes, Villeneuve-lès-Avignon, Privas, Castres, Oloron, Montauban, Jarnac et Sully. Ces places de sûreté ont toujours constitué, au long des guerres de Religion, l'une des clauses majeures de toutes les paix.

C'est à partir de l'édit de Boulogne (6 juillet 1573) que l'on utilise le terme de R.P.R. (Religion prétendue réformée).

Pour certains historiens, on ne peut s'arrêter là. Et d'ajouter aux huit guerres de Religion du XVIe siècle une neuvième (1621 à 1622) et une dixième (1625 à 1629) sous Louis XIII. Elles aboutissent, en effet, à l'élimination des places de sûreté. La neuvième guerre de Religion n'est marquée par aucune grande bataille, la suprématie de l'armée royale étant évidente. Aussi la paix de Montpellier (16 octobre 1622), si elle confirme les articles de l'édit de Nantes, ne conserve plus aux protestants que deux places majeures : La Rochelle et Montauban.

La dixième guerre fut menée, comme on le verra, par Richelieu. Celui-ci avait commencé par garantir la paix de Montpellier (6 février 1626), mais la persécution larvée avait provoqué la levée de boucliers protestante qui aboutit au siège de La Rochelle. Après la vaine tentative de débarquement anglais dans l'île de Ré, la place capitula le 28 octobre 1628. Le duc de Rohan s'était maintenu dans la France du Midi ; après le massacre de la garnison de Privas, il demanda la paix. La grâce d'Alès (juillet 1629) confirma de nouveau l'édit de Nantes mais supprima toutes les places de sûreté. En ce sens, les guerres de Religion s'achèvent effectivement en 1629 : une révolte ouverte des protestants est désormais impossible. Le chemin est ouvert à la révocation de l'édit de Nantes en 1685.

### *Le sens du conflit*

L'analyse détaillée des guerres de Religion fait apparaître quelques indications intéressantes. Tout d'abord, les victoires des protestants sont rares. Très souvent, les « pacifications » et les « paix » leur sont infiniment plus favorables que ne l'aurait voulu l'issue des batailles. C'est le futur Henri IV qui remporte la première vraie victoire protestante, à Coutras le 20 octobre 1587 ; et il a à son actif la quasi-totalité des succès de son parti, si l'on excepte quelques sièges que les catholiques ont dû lever. Longtemps le parti protestant n'a pas disposé de chefs militaires capables de se mesurer aux Guise. Il a dû de survivre au fait que, pendant la dernière phase de l'affrontement, on a vu surgir en la personne d'Henri de Navarre un chef militaire et politique de grande envergure.

Une deuxième remarque s'impose : le champ de bataille « glisse » vers le sud à chaque guerre civile, non cependant sans que quelque contre-offensive protestante se fasse au nord. Lors de la première guerre, la Normandie et la région d'Orléans sont les grandes bases des huguenots. Dès la troisième guerre en 1569, les combats ont lieu dans le Centre-Ouest : le Poitou, l'Aunis et la Saintonge forment, avec La Rochelle en particulier, la zone de repli. La septième guerre de Religion se déroule presque exclusivement en 1580 dans le Sud-Ouest. C'est à l'occasion de la phase terminale de ces guerres que, grâce à Henri IV, on retrouve des champs de bataille en Normandie et au centre du Bassin parisien. Et en France, la victoire dépend toujours de celui qui s'assure de Paris.

Répétons que la division traditionnelle des guerres de Religion en huit affrontements a quelque chose d'artificiel ; les intervalles des guerres « officielles » — officialisés par les trêves — sont remplis de tueries qui en préparent d'autres. De même, la liste des grands combats ne signifie pas qu'il n'y ait pas eu de batailles ailleurs. Le constat n'en est que plus significatif : assez solidement installés au cœur même du royaume dans les années 1560, les protestants ne sont plus en mesure de s'y maintenir seuls ; leurs bases glissent vers la France méridionale. L'emplacement des places de sûreté concédées par l'édit de Saint-Germain le 8 août 1570 est révélateur ; deux d'entre elles, La Rochelle et La Charité-sur-Loire, sont au contact de la France du Nord et de la France du Sud, tandis que les deux autres, Cognac et Montauban, se trouvent dans la France méridionale. Le Centre-Ouest et le Midi aquitain sont bien devenus les refuges du calvinisme français ; pour le moment les protestants des Cévennes et, dans une moindre mesure, ceux des Alpes restent protégés par la montagne. A la fin du siècle, on compte entre un million deux cent cinquante mille et un million et demi de huguenots qui disposent, grâce à l'édit de Nantes, de quelque quatre-vingts places fortes de « sûreté ».

Les deux partis, et surtout les protestants, ont pris appui sur l'étranger. Dès la première guerre civile, les Anglais interviennent au Havre ; ensuite ils débarquent en Bretagne. Mais le repli de leurs alliés vers le sud diminue l'efficacité de cette aide. Celle des Allemands est plus substantielle, et elle a plusieurs fois poussé la Cour à la paix : les cinq mille « reîtres » que d'Andelot avait recrutés en Allemagne jouèrent un rôle en 1568 dans la conclusion de la paix de Longjumeau. A partir de la troisième guerre, Jean-Casimir, fils de l'électeur Palatin Frédéric III et grand *condottiere* du monde protestant, mit un terme à l'indécision de la bataille de Dreux (1562). Il n'est pas le seul : c'est pendant cette même troisième guerre qu'apparaît Wolfgang de Bavière, duc des Deux-Ponts.

Le parti royal n'est pas en reste. Catherine de Médicis, inquiète de l'ascendant pris par Coligny sur Charles IX, se rapproche de l'Espagne. Même si cette puissance n'entre officiellement en guerre qu'en 1591, à l'appel de la Ligue, la présence des troupes espagnoles dans les Pays-Bas du Sud pèse sur le déroulement des événements. Et finalement, à partir de 1591, la reconquête de son royaume se transforme en une guerre franco-espagnole classique.

C'est dire combien le politique prend le pas sur le religieux. En témoigne le choix des chefs. Le premier grand chef protestant est Louis Ier de Bourbon, prince de Condé. Quand il signe, le 19 mars 1563, l'édit de pacification d'Amboise, c'est un acte religieux autant que politique. Les réactions violentes de Calvin et des Coligny traduisent bien l'immense déception des chefs religieux et politiques devant un accord où Condé n'oublie pas son appartenance à la famille royale. Aucun parti ne peut se passer des apparences de la légalité et négliger l'ordre de succession dynastique ; la faiblesse de la Ligue est de ne disposer que d'un très lointain parent de la famille royale, de surcroît prisonnier de son adversaire.

Il ne fait pas de doute que la succession, à rythme rapide, de trois frères sans héritier, a aiguisé les convoitises. Malgré tout, ces concurrents ont longtemps observé une certaine règle du jeu. Plusieurs chefs, et non des moindres, ont été, à un moment ou à un autre, faits prisonniers et ont servi d'otages sans qu'il leur soit fait aucun mal. Ces mœurs n'ont changé qu'avec l'arrivée des Guise et la fondation de la Ligue. Dès lors pour Henri III, il ne s'agissait plus de combattre les seuls protestants : son pouvoir était tout aussi menacé par ses prétendus soutiens catholiques. Il crut ne pouvoir s'en tirer que par l'assassinat, dont les Guise furent tout au long de la guerre les victimes. Membres d'une lignée princière apparentée à la Maison de Lorraine, et donc princes « souverains », ils auraient pu prétendre à la succession de France. Et, à un moment donné, ils ont été les dirigeants de fait.

Attardons-nous, un instant, sur la succession d'Henri III et la crise déclenchée par la mort de son frère le duc d'Anjou — longtemps duc d'Alençon — en 1584. Par droit « naturel », son héritier était Henri de Navarre, de la branche des Bourbon-Vendôme, qui remontait à Robert de Clermont, fils de Saint Louis. Ascendance lointaine, certes, mais indiscutable, en tout cas moins éloignée que d'autres : la branche en voie d'extinction remontait par les Valois-Angoulême à Philippe III le Hardi, autre fils de Saint Louis. Au Navarrais, la Ligue opposait son propre oncle, le cardinal Charles de Bourbon. Agé (63 ans en 1584) et ecclésiastique, le cardinal ne pouvait avoir d'enfants : le faire roi n'aurait repoussé les échéances que pour un temps vraisemblablement court.

Restaient alors deux possibilités, dont la première était contraire à la « loi salique » puisqu'elle s'appuyait sur une descendance d'origine féminine et qui plus est étrangère ; il s'agissait de l'infante Isabelle, fille de Philippe II et d'Élisabeth de France, fille d'Henri II. Cette solution était par conséquent doublement irrecevable. Le duc de Lorraine, Charles III, en proposait une autre : son fils, dont la femme n'était autre que Claude de France, autre fille d'Henri II. Quoique tout aussi irrecevable en droit, cette candidature avait l'avantage d'écarter un rattachement à l'Espagne. Et c'était une solution française.

Pour la renforcer, Charles III lança un grand mouvement de recherche et de propagande, mené avec toutes les garanties apparentes et en particulier après des travaux d'historiens : les ducs de Lorraine descendraient de Charlemagne et, appartenant ainsi à la « deuxième race », se seraient trouvés plus légitimes que les Capétiens eux-mêmes. En dépit de la parenté, cette solution ne faisait pas l'affaire des Guise : ils se rallièrent donc à la candidature la moins dangereuse pour eux, celle qui permettait d'attendre et voir venir : celle de Charles de Bourbon, le cardinal oncle d'Henri de Navarre. Ce prétendu « Charles X » rallia donc, derrière la Ligue reconstituée, le duc de Lorraine et Philippe II. Pour ces derniers aussi, c'était une solution d'attente. Henri III, pour briser ou du moins neutraliser la force de la Ligue, se plaça à sa tête. Mais ce genre d'exercice de haute voltige était des plus difficiles. Constatant l'échec de cette politique, que consacrait l'entrée triomphante d'Henri de Guise à Paris, le roi s'enfuit à Blois, où il réunit les États Généraux et fit assassiner les Guise (23 et 24 décembre 1588). La solution « française » des Guise, seule acceptable pour la Ligue, échouait. Seules demeuraient aux yeux de celle-ci les candidatures « étrangères ».

Y compris dans le camp de la Ligue, il n'était pas réellement question de reconnaître un roi espagnol ou lorrain. Il ne s'agissait pas seulement d'un état d'esprit, partagé par la bourgeoisie de Paris et des « bonne villes de France », l'un des supports sociaux de la Ligue. La grande question était désormais de savoir ce qui, sur le seul plan temporel, passait en premier : la cause catholique ou celle de la légitimité, symbole et représentation de l'indépendance nationale.

## *L'image des rois*

Les guerres de Religion, effectivement issues à l'origine d'un phénomène religieux, posent avec une acuité nouvelle la question des rapports du spirituel avec la politique (à l'intérieur et à l'extérieur) et, par conséquent, avec l'image du pouvoir royal confrontée à celle des rois eux-mêmes. Si Henri III avait eu des enfants — ou si le duc d'Anjou avait survécu —, on peut affirmer que la Ligue n'eût pas pris cette ampleur. Mais, en tout premier lieu, elle rejetait un roi de France protestant, qui eût fait basculer l'Europe dans la Réforme.

La réaction « nationale » a donc joué en France un rôle capital. Ce mot est pourtant ambigu, il ne s'agit pas du sentiment national du XIXe siècle. Tout un tiers parti s'est constitué entre les ligueurs catholiques et le parti armé protestant. Au début lié au duc d'Anjou, ce groupe a beaucoup évolué, des « Malcontents » au « Tiers Parti ». Il a fini par rassembler, au service d'Henri III puis d'Henri de Navarre, à la fois des protestants — qui avaient quelque mérite — et des catholiques qui osaient se mettre au service du prétendant protestant : un parti divers dont le modèle, tout au début des guerres de Religion, avait été le chancelier Michel de l'Hospital.

L'attitude du Tiers Parti repose rarement sur la tolérance. Elle procède de trois considérations : le sentiment de la légitimité de la famille royale — qu'on ne peut remplacer de n'importe quelle manière quand elle s'éteint — en premier lieu. Les règles de succession ont été établies et ont fait leurs preuves : réaction des juristes qui, dans l'entourage royal, ont toujours exercé une influence considérable, mais aussi des bourgeois, voire du peuple parisien. En second lieu, le sentiment national, entendu surtout négativement — xénophobie — rejette l'Espagnol comme le Lorrain, qui ne sont pas français. Gouverné de loin, le pays risque de n'être plus qu'une partie de l'immense empire espagnol et, malgré la popularité que les Guise ont acquise à la famille de Lorraine, celle-ci n'en reste pas moins, fondamentalement, étrangère. En dépit d'alliances répétées, la suite le montrera : le mari de Marie-Thérèse d'Autriche sera, au XVIIIe siècle, l'adversaire acharné de la France, quoique descendant direct de Philippe d'Orléans (mais aussi de la Palatine). Dernière cause : les gens raisonnables pensent depuis longtemps à une solution moyenne, acceptable pour tous. Les guerres ont poussé l'inexpiable trop loin ; le désordre, les meurtres, les destructions, ont été tels des deux côtés que ni la Ligue ni un gouvernement purement protestant ne pourraient réussir à imposer une paix durable.

Aux yeux des catholiques comme des protestants, les événements sont ressentis et interprétés comme une punition divine. François Ier a été un « grand » roi. Le faste, la bonhomie, la protection des Arts et des Lettres lui ont valu l'adulation des écrivains, et sa captivité celle du peuple. D'Henri II à Henri III, il n'est plus de rois selon le cœur du peuple ou des écrivains ; il y a de toutes parts une immense frustration. Elle est en partie, à l'origine de la popularité d'Henri IV et du mythe de Louis XIV.

Henri II, comme son père, s'est appuyé sur les princes protestants allemands contre l'Espagne, tout en menant en France une violente persécution contre les huguenots. Charles IX a été le roi de la Saint-Barthélemy. Plus grave encore, il a donné une impression de versatilité et de faiblesse envers sa mère. Avec lui Catherine de Médicis, souple à l'excès, évoluant entre les partis au gré de ce qui lui paraît le plus adéquat pour la conservation de son pouvoir et de celui de ses fils, réussit un certain temps. Mais il lui arrive ce qui arrivera un siècle plus tard à Hugues de Lionne : elle est réputée si trompeuse qu'on ne s'y fie plus. On l'accuse aussi, et même davantage, d'avoir imbu Henri III de ses principes. Fénelon reprendra fidèlement les accusations des Mémoires du temps : « Voilà les belles maximes (l'art de dissimuler est l'art de régner) que Du Guast et quelques autres vous avaient inspirées. L'abbé d'Elbène et les autres Italiens vous avaient mis dans la tête la politique de Machiavel. La reine votre mère vous avait nourri dans ces sentiments... elle vous avait appris à être dénaturé. Vous le fûtes contre elle » (*Dialogue des morts entre Henri III et Henri IV,* LXVIII.)

Pour ses contemporains, Henri III portait toutes les tares. Parjure : il s'était réconcilié avec le duc de Guise « en rompant avec lui la même hostie », quelque jours avant de s'enfuir de Paris. L'assassinat des Guise, dont celui d'un cardinal — un sacrilège, pour les catholiques de l'époque — aggrava son cas. Il avait aussi été attaqué dans ses mœurs. Certes, il affectait la plus grande dévotion, allant le jour des Cendres à la procession, masqué, en sac de pénitent, avec un grand fouet. Il portait des chapelets à grains de tête de mort, multipliait les pèlerinages, s'entourait de moines de tous ordres, comme les hiéronymites qu'il avait fait venir d'Espagne. Il collectionnait les images pieuses. Mais cela ne l'empêchait ni de s'adonner à la magie — cela était l'habitude du temps — et de se moquer à la fois du catholicisme et du protestantisme, ni de multiplier des extravagances peu compatibles avec la dignité d'un roi de France. Son chapelet géant s'accompagnait d'un panier, suspendu à son cou, qui contenait de petits épagneuls de luxe, sélectionnés et achetés à grands frais en France et en Italie.

Si ses mœurs avaient encore été acceptables... mais les orgies royales étaient connues: si la légende, comme toujours, dépasse la réalité, celle-ci était bien suffisante. Tout Paris l'avait vu « courir la bague » — un jeu médiéval que Louis XIV affectionna également — déguisé en femme: la ville et l'Europe s'en gaussaient, sachant que certains repas pris avec ses « mignons » étaient servis par « des femmes nues et déchevelées ». Son entourage de mignons, qui constituait une espèce de garde du corps, était particulièrement objet de scandale. Toutes choses qu'une propagande hostile ne pouvait manquer d'exploiter à outrance: on accusa le roi des « crimes les plus noirs », de s'entourer de favoris capables d'« inventer de nouveaux plaisirs, violant aussi bien la religion que la pudeur ». Henri III eut sa légende noire. Ce n'était certes pas le roi qui pouvait séduire les peuples et les historiographes.

Il en a été longtemps de même pour Henri IV. Sa légende est en grande partie posthume. L'assassinat de 1610 lui fit une réputation qu'il n'avait pas la veille. Encore était-elle bien meilleure que celle qu'il avait pendant sa jeunesse. Réputé « ami des femmes » au point d'abandonner pour une rencontre galante la poursuite d'un adversaire battu, il passait pour peu sérieux, peu appliqué « aux grandes affaires ». « Homme loup », « efféminé », il avait eu sa part des amourettes de la Cour, lorsque Catherine de Médicis l'y avait retenu de force et avait déchaîné sur lui, comme sur tant d'autres, son fameux « escadron volant ». Converti, puis reconverti, il passait, aux yeux des extrémistes des deux camps, pour un relaps: ce temps n'était guère tendre pour ceux qui *volens nolens* étaient obligés de se plier aux situations. Ce fut une révélation que de découvrir en lui un bon général, résistant aux fatigues des marches de nuit, capable de créer la surprise par sa rapidité, bref de le voir devenir « un autre homme, ferme, vigilant, laborieux, tout à ses devoirs ». Il y a, dans ce jugement de Fénelon, beaucoup de vrai : né sur le trône, il eût pu être un roi « mou », « penchant à la mollesse ». Le sort en fit un roi redoutable, un roi selon le cœur du peuple, c'est-à-dire un roi dont ce peuple put être fier, plus tard.

Continuons cette série d'images qui, pour être d'Épinal, n'en contiennent pas moins leur part de vérité. Louis XIII déçut parce que, derrière l'honnête homme, se dissimulait mal le fait que son règne fut celui du gouvernement de Richelieu. Quant à la régence qui suivit, on retrouva après 1643 une étrangère, espagnole celle-là, doublée d'un Premier ministre italien. Ce fut la Fronde et son nouveau cortège de malheurs. On attendait un grand roi. Cette attente se retrouve dans les complaintes des historiographes du roi. De Guillaume Budé jusqu'à Voltaire, ils ont brossé au-delà de toute décence le portrait du roi idéal, donnant la gloire aux Français du temps comme à ceux de l'avenir, leur procurant la juste paix, la défense du droit et apportant aux membres de la république des Lettres ce qui leur semblait dû.

Les contemporains de Catherine de Médicis ou d'Henri III, voire de la jeunesse d'Henri IV, avaient donc bien peu de raisons de s'enthousiasmer pour les personnes royales. A plus d'un égard, c'est injuste. Si Henri III n'avait pas été assassiné à Saint-Cloud, quelle eût été la situation ? La monarchie s'était redressée et la Ligue, sans être vaincue, se trouvait en mauvaise posture. Qu'on le veuille ou non, la mort du roi la remit en selle. On peut supposer que l'avènement d'Henri IV se fût fait avec moins de sang et de larmes...

Cette accumulation de griefs contre les monarques dissimule aussi les progrès du fonctionnement de l'administration. Non négligeables déjà pendant la première moitié du siècle, ceux-ci furent remarquables après 1550. Une bonne partie des grandes mesures législatives touchant l'ensemble de la société furent prises, envers et contre tout, durant ces règnes désastreux. Les contemporains s'en sont relativement peu aperçus car l'exercice du pouvoir a été difficile et, par moments, l'application des lois plus ou moins effective. Mais les impôts rentrèrent quand même, signe supplémentaire de la solidité de ce royaume déchiré, aux rois si contestés et si contestables. Ils sont beaucoup mieux rentrés que la dîme, dont les revenus s'effondrèrent, ce qui est normal en pays protestant et qui l'est moins en pays catholique. Il est vrai que si les ressources de l'Etat n'ont pas manqué, la vénalité des offices y est pour quelque chose.

CHAPITRE IV

# La vie quotidienne

## *Des hommes*

Les guerres, pour cruelles qu'elles soient, n'arrêtent pas la vie quotidienne. Si le royaume de France a tenu, le mérite en revient tout d'abord à la solidité du monde paysan, puis à la fidélité des cadres « administratifs » qui, groupés autour du roi, ont continué d'échafauder, tant bien que mal, un édifice juridique et institutionnel complexe. Les paysans sont restés très majoritaires, en dépit d'une croissance urbaine qui ne fléchira pas durant toute la période moderne. La France est toujours le pays le plus riche d'Europe, et donc le plus puissant. L'humanisme et la Renaissance peuvent le parer des atours les plus glorieux, le fond est fourni par l'humble travail de la paysannerie.

Le peuple de France, comparé à celui des autres pays du continent, demeure très désavantagé. Le Français « statistiquement moyen » a une espérance de vie très courte — 27-28 ans environ — et cette moyenne s'élève peu pendant la période. Pour autant qu'on le sache, il se marie plus tôt au XVIe siècle qu'aux XVIIe et XVIIIe : vers 22-23 ans pour les femmes, vers 24-25 ans pour les hommes. La mortalité infantile est terrible : la moitié des enfants meurent avant 20 ans. La mort épargne davantage les adultes plus résistants. On est orphelin très jeune : vers 17-18 ans de l'un des parents, très vite des deux (moyenne probable : vers 23-24 ans). Dans ces conditions, l'héritage est nécessité. On profite tôt des biens de la famille, souvent avant une majorité juridique qui est très tardive (25 ans) : avant cet âge, il faut, pour se marier, le consentement des parents, à moins d'user à trois reprises de la sommation respectueuse, ce qui est pratique rare. La durée moyenne du mariage est courte : à peine quinze à dix-sept ans. Les mariages interrompus sont fréquents. La durée de fécondité de la femme est restreinte, la ménopause intervenant bien avant 40 ans, vers 36-37 ans dans maint secteur du monde paysan. La natalité est forte, mais moins qu'on ne l'imagine ; entre quatre et cinq enfants vers le milieu du XVIe siècle.

Contrairement à ce que donneraient à penser les Mémoires émanant de la haute société, où l'on décrit adultères, troussages de filles et mœurs lestes propres à une Cour italianisée, les naissances illégitimes sont, à la campagne, peu nombreuses. Les bâtards ne sont pas encore les parias qu'ils deviendront plus tard, et un Henri IV les multiplie sans vergogne. Dans son manoir cotentin, le sire de Gouberville héberge et fait élever ses enfants bâtards au sein de sa propre famille. Pour autant qu'on le sache, les relations prénuptiales sont certes nettement plus répandues au XVIe siècle qu'au XVIIe siècle, mais les naissances illégitimes dépassent rarement 5 à 10 % du total des naissances...

La France est finalement très sage. La Réforme d'abord, puis la Contre-Réforme, la rendront plus sage encore. Simplement, la liberté de ton est restée, comme au Moyen Age, très grande : l'insulte sexuelle et l'anecdote leste sont une habitude que notent les étrangers. Les privautés prénuptiales existent ; il n'est que de lire les *Baliverneries* ou les *Contes d'Europe* de Noël du Fail pour s'en assurer. La mortalité qui, lors des crises, en particulier des pestes, s'élève en « clochers » vertigineux, est presque aussi forte que la natalité, mais la nuptialité est assez stable en dehors des périodes de crise. Le souci de préserver les patrimoines maintient, tant dans les élites que dans le monde paysan, un fort taux de célibat : au moins 10 %. Au total, des traits qui ne surprendraient pas les gens des deux siècles suivants, mais dans une atmosphère plus détendue et plus libre.

Outre les épidémies de peste, la grande question demeure la famine. Un seul pays d'Europe a réussi, dès le XVIe siècle, à la vaincre à peu près : malgré son isolement, l'Angleterre semble, pour des raisons mal élucidées, avoir surmonté ce cauchemar. En France, la très ancienne litanie des Rogations, qui demande à Dieu des récoltes abondantes, reste profondément vraie : *A peste, fame et bello, libera nos, Domine,* « De la peste, de la famine et de la guerre, délivrez-nous, Seigneur ! ». Redoutable trilogie : la guerre, amplifiant les effets des deux autres maux, provoque de redoutables carnages. La faim peut être d'origine climatique, c'est surtout évident pour la dernière décennie du XVIe siècle. Elle peut être aussi la conséquence de la destruction des récoltes par les gens de guerre ; elle peut être enfin provoquée ou aggravée par la spéculation des détenteurs de grains.

## *Se nourrir*

Dans cette France prospère mais très diverse l'alimentation ne change que lentement. L'agriculture s'enrichit de variétés nouvelles ; certaines auront un avenir. C'est l'une des conséquences de la découverte de l'Amérique et des innovations venues d'autres pays d'Europe. Mais les humanistes y contribuent également, qui retrouvent les ouvrages de l'Antiquité et s'intéressent aux plantes. Rabelais passe pour l'introducteur de la laitue romaine. L'astrologue Nostradamus est aussi connu par son livre de cuisine que par ses obscures prédictions. Le sucre d'importation apparaît, dans la haute société, comme un nouveau moyen de conserver les fruits. Le haricot, venu d'Amérique — par l'intermédiaire de la Papauté — et introduit en France par la suite de Catherine de Médicis, est la seule plante qui connaisse une diffusion rapide : l'identité des modes de culture et de préparation en sont la cause. Si le maïs ne mord sur la France qu'au siècle suivant, d'autres plantes connaissent un développement rapide. Dans l'Ouest, le sarrasin se répand très vite tandis que, parti du pays Basque et de Normandie, le pommier à cidre procure au paysan une ressource qui lui permet surtout de trouver l'argent liquide des impôts.

Toute la noblesse française s'intéresse aux cultures fruitières. C'est une véritable mode, qui remonte à la fin du Moyen Age. L'art de la greffe se propage et, grâce à lui, la sélection des espèces augmente considérablement le nombre des variétés de pommiers, de poiriers, voire de cerisiers. Le jardin s'enrichit des asperges, des artichauts, des melons : toutes plantes venues soit d'Italie, soit du sud de l'Espagne.

La culture de la vigne se développe également, de l'Alsace au Midi aquitain. L'amélioration des relations commerciales y fait souvent renoncer au nord de la Loire mais elle se maintient autour de la capitale grâce à l'énorme marché qu'elle représente. Le Bassin parisien est ainsi le grand producteur de vin après la région bordelaise, dont la production s'écoule surtout vers l'Angleterre et les pays du Nord. Mouvement important : dans les bonnes années, les exportations bordelaises de *claret* atteignent presque le même volume qu'aujourd'hui. Autour de Nantes apparaît aussi le muscadet. Le vin est avec le sel la grande exportation du pays.

Dans le domaine des cultures industrielles, l'effort fait pour implanter le mûrier (par exemple dans le jardin des Tuileries) répond au désir de la royauté de créer une industrie française de la soie. Les régions de grand élevage sont prospères. Le Poitou exporte ses mulets en Espagne : le troupeau de 10 millions de mulets espagnols ne se développe que grâce à ces importations. La Normandie et le Charolais, comme le Mamertin, ravitaillent Paris en bovins.

Cette énumération peut paraître impressionnante ; elle recouvre une réalité des plus variables. Le mercantilisme royal de la fin du siècle met l'accent sur les progrès à réaliser dans l'agriculture, et le *Théâtre de l'agriculture* d'Olivier de Serres est distribué gratuitement à raison d'au moins un exemplaire dans chaque paroisse de France. C'est un important succès de librairie, mais son effet est réduit. Pourtant, la « révolution agricole » des XIXe et XXe siècles est virtuellement dans ce livre, en particulier pour ce qui est des procédés de constitution des prairies artificielles et d'assolements. *La Maison rustique* des deux humanistes Estienne et Liébault a plus de succès : bible de tous les propriétaires fonciers évolués jusqu'à la fin du XIXe siècle, *La Maison rustique,* par sa variété, par ses longues descriptions de la résidence rurale mais aussi par ses préjugés hérités à la fois de l'Antiquité et des usages paysans, répond mieux aux modes de pensée du temps. Se protéger contre les effets de la lune rousse, choisir le moment de la cueillette des simples en fonction des fêtes des saints, prémunir les plantes contre les insectes et le mauvais œil du voisin par des rognures d'ongle, des cheveux coupés ou des produits de la menstrue féminine, tout cela voisine avec des recettes de bonne femme et des recommandations efficaces issues d'une longue expérience.

Ces manuels — comme les recueils des droits honorifiques des seigneuries, les cahiers de doléances de 1789, les rapports des visiteurs épiscopaux des diocèses — constituent un trésor archivistique capable de nous faire connaître les humbles soucis, les rituels, les préjugés de ces paysans méfiants devant toute nouveauté n'ayant pas fait ses preuves, qui continuent de mener leurs cultures comme le faisaient leurs ancêtres, non sans malice ou résistance passive, particulièrement pendant les guerres civiles, afin d'échapper le plus possible aux prélèvements fonciers.

La principale nouveauté alimentaire est sans doute le brutal développement du marché du poisson salé et séché, principalement de la morue. Le poisson avait fait partie de l'alimentation de la société citadine depuis plusieurs siècles ; l'extension de la pêche aux bancs de Terre-Neuve — exploités d'abord en secret, puis ouvertement dès l'extrême fin du XVe siècle ou plus certainement dès le début du XVIe — en est à la fois la conséquence et la cause. Cette pêche devient l'apanage des Basques, des Normands et des Bretons.

Les marchés urbains de la France du Nord, ruraux et urbains de la France du Midi, donnent ainsi, à l'insu des rois, à quelques provinces les bases d'un long développement maritime. Ce phénomène capital est l'exemple même de la création d'une économie de marché : une denrée d'abord réservée aux privilégiés finit, par suite d'une chute rapide des prix consécutive à une forte augmentation de l'offre, par devenir denrée de consommation populaire.

La pêche lointaine exige d'importants capitaux. Le marché financier s'y adapte donc, sous la forme très particulière du « prêt à la grosse aventure », qui relève à la fois de l'assurance maritime — en cas de perte, rien à rembourser — et du prêt à intérêt, très rémunérateur (jusqu'à 30-35 %), auquel s'intéressent les milieux de la Cour et de la ville, et les notaires de toute la France.

Bel exemple encore de la réaction à une pénurie de protéines : la pêche à la morue pallie, semble-t-il, la diminution de l'offre de viande consécutive à l'extension rapide des terres à céréales aux dépens des friches et des pâtures, phénomènes eux-mêmes liés à l'augmentation de la population.

E. Le Roy Ladurie a admirablement décrit ces spasmes du paysage agricole. Lorsque la population diminue, les surfaces cultivées se rétrécissent et les rendements s'améliorent, car on abandonne d'abord les terres les plus infertiles. L'élevage peut alors se développer sur les parcelles abandonnées. Ensuite la reprise de croissance de la population entraîne une augmentation de la consommation des grains, donc la hausse de leur prix et l'extension des terres cultivables. La superficie des pâtures diminue ; la production de la viande se raréfie. Le prix de la viande s'envole d'autant plus sûrement que la demande urbaine en produits carnés se maintient, rien n'étant plus difficile à changer que les habitudes alimentaires.

Avant la guerre de Cent ans les cultures avaient commencé de reculer; puis pendant une longue et lente reconstruction, menacée à chaque alerte politique, les terres labourables avaient réoccupé le terrain perdu. Les forêts avaient suivi un rythme inverse, s'accroissant lors des crises, reculant en période de paix. Les terres vraiment utilisables atteignant leur plus grande extension possible, un nouveau cycle recommence.

Pour schématique que soit cette description, elle s'applique à bon nombre de régions de France. Recul puis reconquête partielle des terres à charrue sous Henri IV; nouveau recul pendant les troubles de la minorité de Louis XIII et surtout sous la Fronde; reconquête ultérieure, cette fois plus ou moins définitive, jusqu'au début du XXe siècle. Mais à la différence de la reprise qui suivit la guerre de Cent ans, les variations de superficie sont désormais beaucoup plus restreintes.

## *La vie des villages*

Ce que peut être la vie villageoise, les contes de Noël du Fail permettent de le deviner, si l'on n'oublie pas que sa vision, plus ou moins idéalisée, est celle d'un gentilhomme parlementaire, tout comme le témoignage plus précieux encore du sire de Gouberville. Il faut aussi savoir que, dans les deux cas, il s'agit de régions aisées et relativement ouvertes sur le monde (le bassin de Rennes et le Cotentin). La proximité d'une ville importante telle que Rennes signifie une possibilité de marché; dans le Cotentin, avec la proximité du littoral, et avec les rêves qu'il suscite et les ouvertures qu'il ménage (l'esclave noir n'y est pas inconnu), la paysannerie est très liée au grand commerce. C'est aussi vrai des autres régions côtières; certains paysans, en Bretagne occidentale, se font marins et parfois patrons, le temps d'une saison, s'ils possèdent une barque en copropriété: ils pratiquent la pêche proche ou lointaine, ou s'adonnent à quelque menu commerce avec le Portugal. Si l'occasion s'en présente quelques-uns se transforment même en pirates, comme le signale l'ambassadeur de France à Lisbonne Jean Nicot, ou fréquentent les « bordeaux » de Séville, comme le raconte Cervantès dans ses *Nouvelles exemplaires.* Mais il s'agit là de cas plutôt isolés : un noble seigneur patron de village — avec tout ce que cela implique de paternalisme — ou bien, pour le héros des *Baliverneries* ou des *Contes d'Eutrapel,* un paysan aisé. Gouberville et Du Fail évoquent donc le sommet d'une paysannerie assez prospère de régions riches. Rien de comparable avec les vignerons alsaciens ou bourguignons et encore moins avec les gros fermiers de l'Ile-de-France et des environs immédiats de Paris, qui représentent en quelque sorte l'aristocratie d'une paysannerie infiniment diversifiée. Rien de comparable non plus avec les petites paysanneries exploitées qui mènent vers 1525 une farouche révolte dans les plaines rhénanes, ou avec les mondes clos des massifs montagneux, qui participent à certains égards d'une autre civilisation.

Aux yeux de nos témoins, la ville commence d'agir au-delà de la portée de la cloche municipale. L'intérieur de la maison paysanne construite avec les matériaux du cru grâce à l'entraide villageoise ou familiale — surtout dans les communautés « taisibles » où règne l'exploitation semi-collective, « clanique » ou « de parentèle » — s'enrichit d'un nombre limité d'objets. C'est là un trait constant : l'environnement quotidien du Français, quel qu'il soit, se diversifie rapidement en dépit des périodes d'appauvrissement.

Parallèlement, au dire de Noël du Fail, les mœurs des villes s'introduisent dans les villages, en liaison ou non avec l'apparition encore modeste du livre sous la forme élémentaire de l'*Almanach du berger.* Dans ce type d'ouvrage, le comput a plus d'importance que toute autre préoccupation. Le temps paysan se rythme, chaque jour que Dieu fait, au son de la cloche qui « apaise les orages, chante les naissances et les mariages, pleure les morts » ; il se scande, tout au long de l'an et des saisons, au vol des oiseaux, aux signes observés depuis le néolithique, au calendrier des saints.

Même en ces régions plutôt en avance, on suit le cours des choses. Lors des « bris d'images » dans le Nord, les paysans fournissent une bonne partie des troupes des deux camps. Dans la région d'Avignon, les interrogatoires de l'Inquisition cités par Marc Vénard le montrent bien, tout campagnard comprend la différence entre catholicisme et protestantisme. Ce qui n'empêche pas une ignorance évoquée à satiété par les sermons : il arrive, on l'a vu, qu'on ne sache pas combien il y a de dieux. Tout est question de temps, de lieux, et de personnes. En France plus qu'ailleurs, ce monde paysan juxtapose tous les types d'ethnologie européenne en une étonnante mosaïque.

Le monde paysan n'a rien d'idyllique, c'est un monde de violence. Les communautés, la plupart du temps et surtout dans le Midi et le Nord-Est, font face à l'étranger ; il est toujours suspect en tant que tel.

Les psychologies nous semblent souvent primitives, mais, sur ce point, les « rustres » ne se différencient guère des « élites ». Les gens de robe sont sans doute tenus à une certaine dignité ; le paysan, lui, porte des hardes adaptées à son travail. Quand il fait chaud, on se baigne nu. Le calendrier flamand de la Bibliothèque nationale de Munich représente bien ces mœurs sans gêne et bon enfant. Il est vrai que les premiers textes réglementant à Paris la baignade en plein air ne remontent qu'à Henri IV.

Liée au remodelage des propriétés après la fuite des paysans pendant les guerres, la structure des exploitations rurales traduit un renouvellement certain des hiérarchies paysannes. Le cas le mieux connu est celui de la Gâtine poitevine, qui a bénéficié de la magnifique étude du Dr Merle. La « désolation » des campagnes de l'Ouest avait provoqué, ici comme ailleurs, l'abandon et le retour à la friche des parcelles de la seigneurie médiévale qui représentaient pour le paysan une quasi-propriété, moyennant paiement du cens et des droits seigneuriaux. La noblesse, ancienne ou nouvelle, profita de cette déshérence pour regrouper les parcelles éparses à l'intérieur du « domaine » — la réserve — et créer de nouvelles exploitations, moins nombreuses parce que plus grandes. L'exploitation, dans l'Ouest, avoisine désormais les 40 hectares, et l'on peut en attendre des revenus plus élevés.

La rente seigneuriale a ici été partiellement remplacée par le système de la location : le métayer représente la strate supérieure de la paysannerie, loin devant les « bordagers » ou les tenanciers de « closeries ». Bel exemple d'utilisation d'une conjoncture défavorable, qui réduit la portée des affirmations péremptoires et abstraites sur les conséquences positives de la hausse des prix.

Celle-ci aurait dû, en effet, se traduire par l'enrichissement des vendeurs de denrées, c'est-à-dire de la paysannerie aisée qui a des surplus, et par l'appauvrissement des rentiers du sol aux revenus fixes : fixes, ils l'étaient dans la seigneurie, mais même pas pour la totalité de la seigneurie, puisque tout ce qui dépendait de la réserve était sous un régime locatif qui suivait l'évolution de la monnaie et réagissait aux variations de l'offre et de la demande. Dans le cas de la métairie de l'Ouest, que l'on rencontre — moins massivement — dans toute la Bretagne orientale et sur les marges armoricaines, la hausse des prix joua également en faveur des rentiers du sol qui avaient regroupé une partie ou la totalité des censives. Les membres de la petite paysannerie, de la noblesse ou de la bourgeoisie qui n'avaient pas effectué le regroupement des parcelles furent, eux, victimes de l'évolution monétaire.

### *Exploitation et prélèvement*

Le rentier du sol est autant et plus un bourgeois — un habitant des villes — qu'un noble. Il devient même seigneur, puisque l'achat et la possession pendant un certain temps d'une seigneurie permettent, jusque vers 1570, de s'agréger à la noblesse. La grande majorité de la bourgeoisie française est depuis longtemps rentière de la terre, celle-ci étant une affaire « rentable » grâce à l'expansion démographique et à la croissance des villes. Noble ou non, le propriétaire est souvent représenté, soit par l'homme d'affaires de la seigneurie, le procureur général syndic, soit par le fermier général ; le premier est un agent seigneurial, le second un locataire pouvant lui-même sous-louer.

L'intermédiaire entre les gens de la ville et de la campagne est le notaire. Dominant l'écrit et le savoir juridique, il fait le lien entre les mondes de l'oral et de l'écrit, entre lesquels la diffusion de l'imprimerie creuse un fossé infranchissable. On commence à peine de soupçonner les diversités de la géographie notariale. Or c'est principalement par les minutes notariales, et par les registres paroissiaux, que nous connaissons le monde paysan ; en dehors des textes littéraires, celui-ci n'a guère laissé, en effet, du moins au XVIe siècle, d'autres traces.

L'extrême variété des sources interdit les généralisations. Les récits de voyageurs étrangers en France décrivent un monde rural aussi peu engageant que les gravures sur bois de Dürer : ce ne sont que huttes aux toits de roseaux, de joncs ou de chaume — l'ardoise et la tuile marquent dans le paysage la supériorité sociale — aux ouvertures rares, fermées l'hiver de volets pleins et l'été de quelque papier huilé. La vitre est très rare, même en ville, et les voyageurs venus d'Angleterre — un pays producteur, mais aussi importateur de verre belge et surtout lorrain — notent à la fin du XVIIe siècle que les villes, au sud de Lyon, ne connaissent point le verre.

Les contacts entre maîtres et locataires sont fréquents, la double résidence faisant partie des critères de la vie noble. Présent ou non l'été, le seigneur exerce une forte emprise ; lui-même ou le haut justicier imposent plus ou moins leur religion, mais cet exemple illustre les limites de cette influence : partout en France, le seigneur entraîne une partie de la population paysanne, mais très rarement la majorité.

La seigneurie n'est pas uniformément en recul. Au contraire, profitant de la carence de l'administration, bien des seigneurs multiplient les usurpations sur le Domaine royal ; ce mouvement se prolongera tout au long de la première moitié du XVIIe siècle, d'où les efforts désespérés de Colbert pour récupérer les droits seigneuriaux par une « réformation du Domaine ». L'usurpation est particulièrement grave en matière judiciaire : la basse justice permet au seigneur d'être, par l'intermédiaire de ses agents, à la fois juge et partie, pour son plus grand profit et celui de ses intendants et agents. Au vrai, le seigneur ne cherche guère le gain : les droits de justice seigneuriaux, fort variables, sont rarement lucratifs. Mais il s'attache plutôt aux moyens de pression et d'arbitrage que confèrent au seigneur-propriétaire les droits judiciaires.

L'image du paysan opprimé et pressuré doit être nuancée. Celui-ci a toujours su se défendre ; en ces siècles d'insécurité, il est souvent armé. En dépit des interdictions seigneuriales, le braconnage est considéré comme une nécessité. L'arme est le propre de l'homme et, dans les pays de montagne, le loup restera jusqu'au XIXe siècle un danger autant qu'un mythe. Pour le noble et le seigneur, la chasse est un droit que l'on n'abandonne jamais, et le paysan considère comme un devoir impérieux pour le maître que de débarrasser le pays des bêtes sauvages. Pour le reste, la pêche clandestine et le braconnage font partie des sports nationaux que tout un chacun pratique au même titre que les délits forestiers, avec le sentiment de récupérer des droits dont il a été injustement dépouillé. Outre les plaisirs que procure la recherche du fruit défendu, le braconnage constitue un précieux apport alimentaire, principalement en protéines animales.

Face aux systèmes d'exploitation agricole, l'attitude des paysans est identique : attente longue et infiniment rusée des défaillances du maître. Balzac, à l'aube du XIXe siècle, montre une région qui finit par avoir raison du bon droit et par chasser les intrus qui ne sont pas du pays. Il n'en va pas autrement au XVIe siècle ; sans doute même est-ce pire, les temps troublés offrant de nombreuses occasions de biaiser. Et le malheur des temps veut que l'on soit, de temps à autre, pillé, ou pire, mais les chroniques des gens qui savent écrire évoquent assez peu les sournoises embuscades tendues par les paysans qui viennent à bout de nombreux malandrins, nobles ou non. Ainsi, dans le Morbihan, les paysans de la région de Grandchamp rendent-ils dangereuses les sorties hors de leurs maisons fortifiées de hobereaux mués en pillards par la guerre civile.

Le paysan sait aussi tourner la loi face à l'Église. Les courbes de levée traduisent dans toute la France une chute considérable des revenus de la dîme. Il s'agit, toujours à la faveur des événements, d'une véritable grève de la dîme, qui n'est pas loin de compenser de façon occulte la baisse des revenus due aux rigueurs climatiques. Cette grève va jusqu'à fausser la valeur de la courbe de la dîme, instrument idéal, en théorie, pour mesurer les variations de la production céréalière. Elle touche plus particulièrement les deux dernières décennies du siècle, qui virent se dérouler la lutte de la Ligue et d'Henri de Navarre. Le phénomène s'étend également hors des frontières et affecte, par exemple, le Brabant.

La courbe des dîmes permet, plus généralement, quelques constats sur le niveau de la production agricole. Le XVIe siècle est pour les revenus agricoles une période de croissance parallèle à celle de la population. Mais elle n'atteint pas un niveau supérieur à ceux de la fin du XIIIe et du début du XIVe siècle; il n'est même pas toujours sûr que l'on parvienne partout à ces niveaux. En termes de productivité par tête, il y a plutôt diminution: c'est, par rapport au début du siècle, la paupérisation probable du monde paysan.

Celle-ci se traduit par deux phénomènes classiques: d'une part, les salaires réels des ouvriers agricoles baissent un peu partout; d'autre part, la surface des exploitations paysannes tend à diminuer, étant donné que la population augmente. Toutes les terres convenables à l'agriculture sont en exploitation et, à partir du milieu du XVIe siècle, les rendements chutent. Cependant, la forêt reste très importante et son recul ne sera guère notable avant la seconde moitié du XVIIe siècle. Cette évolution entraîne une hausse du prix des produits agricoles et des grains en particulier. Longtemps attribuée au seul effet « monétariste » de l'arrivée sur le marché européen des métaux précieux d'Amérique, cette hausse a, en réalité, de multiples origines. La première est l'incessante augmentation des coûts de production: les terres à céréales nouvellement remises en culture sont beaucoup plus onéreuses à exploiter. La seconde tient à la croissance de la population, et surtout à la croissance urbaine.

Les conséquences de la hausse des prix ne peuvent être appréhendées en bloc, car les cas d'espèce sont multiples. La rente foncière a beaucoup augmenté, avec cependant de fortes nuances régionales: nettement moins dans le Midi que dans le Nord. La concurrence entre les preneurs de locations devient vive, et ce sont les plus à l'aise qui en tirent le meilleur profit.

En gros, on note dès 1500 des signes d'essoufflement de la progression de l'agriculture traditionnelle; la rapide croissance des quatre dernières décennies du XVe siècle ne se poursuit pas au XVIe. La production stagne, puis s'arrête partout entre 1560 et 1570 et, dans les régions privilégiées, entre 1570 et 1600.

Ces pays favorisés sont, tout naturellement, les mieux intégrés à l'économie de marché, ceux qui disposent d'un réseau de villes en expansion : les Pays-Bas, au sens très large, l'ensemble de la région parisienne dans un rayon d'une centaine de kilomètres autour de la capitale, et enfin les régions littorales qui disposent d'excédents exportables : ainsi la Bretagne — surtout le Vannetais — a normalement d'importantes quantités de céréales à vendre, et elle les exporte sur le marché espagnol. Mais ces données, valables essentiellement pour la production céréalière, ne reflètent pas toute la réalité, car l'agriculture française s'est diversifiée. Il serait donc dangereux de généraliser trop vite à partir de la production céréalière. Tout est d'abord une question régionale.

L'introduction ou l'extension de plantes industrielles (lin, chanvre, houblon, plantes tinctoriales, comme autour de Toulouse), le développement de l'élevage (la multiplication des petits troupeaux de moutons), l'apparition ou la diffusion de cultures légumières et fruitières, tout cela profite d'abord aux régions à forte densité de population : population urbaine — elle provoque la demande — et population rurale, car les cultures spécialisées demandent une main-d'œuvre abondante. La diversification des productions est rarement due aux grandes exploitations ; au moins pour la période moderne, et contrairement à beaucoup d'idées reçues, l'innovation vient des moyennes et surtout petites exploitations. C'est l'une des raisons pour lesquelles, une fois de plus, les Pays-Bas et la France du Nord-Est sont plus favorisés que la France du Midi et en particulier le Languedoc.

L'industrie rurale progresse beaucoup au XVIe siècle. Dans beaucoup de régions, l'artisanat constitue en effet une réponse à la stagnation céréalière. Dans les régions touchées par la diversification de la production agricole, on constate aussi une diversification des structures sociales. Le monde rural n'est plus uniquement paysan, et l'agriculteur y côtoie de plus en plus d'artisans. Certes, il a toujours fallu satisfaire sur place les besoins les plus urgents (maréchaux-ferrants, bourreliers, humbles fabricants d'outils) mais au XVIe siècle on voit se renforcer un artisanat qui dépend de la ville et travaille pour elle. D'une part, il y a l'activité saisonnière de paysans qui utilisent leur disponibilité hivernale pour pratiquer une activité rémunérée ; d'autre part, il y a des artisans spécialisés (par exemple dans la toile) qui ne travaillent pas la terre — sinon quelque petit lopin de jardin ou de vigne, voire une parcelle de terre à céréales — et n'élèvent que quelques moutons ou bien, dans l'Ouest où les bovins sont plus nombreux que les ovins, une seule vache.

La popularité d'un roi dépend donc de conditions sur lesquelles il n'exerce guère d'influence. Louis XIII, somme toute, est un roi bien quelconque, pour ne pas dire médiocre. Il passe cependant pour le « Père du peuple » car son règne coïncide avec la dernière phase de récupération d'après la guerre de Cent ans, une phase dont les effets positifs l'emportent encore sur les inconvénients. On peut aussi s'interroger sur la popularité du « bon roi Henri », dont l'histoire-image d'Épinal a résumé le règne par la formule de la « poule au pot ». Chaque paysan dispose, au moins une fois la semaine, du produit de sa basse-cour : un slogan d'origine gouvernementale. Le monde paysan, rétrospectivement, a ainsi remercié le roi d'une paix qu'il était certainement en train de rompre. Le règne d'Henri IV a bénéficié de circonstances favorables. Après la décennie de 1590 à 1600, à tout point de vue difficile avec ses hivers très longs et durs, et ses étés pourris, avec des épidémies de peste particulièrement virulentes et un déchaînement de la guerre civile, les années 1600-1610 ont été beaucoup plus favorables. Le temps est redevenu normal, les hivers moins durs ; les épidémies, quoique latentes, se calment quelque peu. Surtout, la paix a permis à chacun de reprendre ses habitudes. Le seul rétablissement de l'ordre, la suppression des guerres privées, la diminution des effectifs des armées et surtout la réduction de leurs passages sont, comme dans toutes les sociétés préindustrielles, les conditions d'une bonne reprise agricole.

Le rétablissement de la paix n'a cependant pas que des avantages. Il signifie aussi la régularisation de levées fiscales que l'on tente d'esquiver, parfois non sans succès, et, par-dessus tout, le rétablissement de la perception de la dîme. Les courbes de rentrées de la dîme se redressent assez vite après 1600, mais elles ne retrouvent leur niveau antérieur qu'après plusieurs décennies : le paysan s'est remis à payer la dîme, mais en rechignant.

## *Le monde des villes*

La dynamique du XIVe siècle est urbaine. Il est d'ailleurs révélateur que les hommes de ce temps se soient mis à imaginer la ville idéale ; de la littérature à la peinture, abondent les plans et les utopies, d'abord en Italie puis en France. A la croissance autorégulée d'une ville médiévale poussant comme une plante se substitue le rêve de toute l'époque moderne, une cité créée de toutes pièces pour satisfaire la logique autant que les besoins quotidiens. Mais il n'existe pas de véritable ville moderne, car le monde est trop vieux. Tout a déjà été pensé. Et le réseau urbain français est si dense qu'il n'est guère possible d'y insérer des villes capables de se développer, sinon lorsqu'elles doivent remplir une fonction nouvelle spécifique.

Ce réseau urbain est dominé par Paris. On discute encore, et l'on discutera longtemps, de sa population. L'opinion la plus répandue tend à ne pas trop surestimer un chiffre qui a dû se situer, au XVIe siècle, entre 200 000 et 250 000 habitants, ce qui ne représente guère que 1,5 % de la population française. Population cependant vouée à gonfler : vers 1650, Paris atteindra et dépassera les 600 000 habitants, doublant ainsi en l'espace d'un siècle, alors que la population française s'accroît dans des proportions plus modestes : la capitale représente alors 2 ou 2,5 % du total.

Nulle ville à Paris comparable: Ronsard de l'affirmer, Montaigne de le confirmer, les visiteurs étrangers d'opiner. Paris est la capitale politique, mais ce mot n'a pas encore le sens qu'il aura sous Richelieu. La royauté reste encore itinérante par nécessité. Profitant d'un répit entre deux guerres de Religion, Catherine de Médicis, avec ce flair politique qui l'a longtemps caractérisée, joue la carte de la présence du roi dans les provinces. De 1564 à 1566, Charles IX, la reine et la Cour effectuent à travers toute la France un fabuleux périple. Voyage unique par sa longueur, par la durée des séjours-étapes, révélateur des dispositions du pouvoir envers les régions. On suit la Seine de Paris à Troyes, avec un détour par la Champagne, province frontière. Puis, par Vitry et Bar-le-Duc, on va descendre les vallées de la Saône et du Rhône et rejoindre, en traversant la Provence, Hyères. On gagne Marseille par la côte, puis on contourne la Camargue pour emprunter la grande route méridionale de Narbonne à Bordeaux ; on pousse, par Bazas, une pointe jusqu'à Saint-Jean-de-Luz ; de Condom, on remonte ensuite vers Angoulême, Marennes et La Rochelle. On rejoint la vallée de la Loire, puis Nantes, et, à petites journées, on suit la rive droite par Châteaubriant, Angers, Langeais, Blois. Par Bourges, on redescend, à travers la Limagne, jusqu'au Mont-Dore avant de regagner Paris par Clermont et Riom, La Charité-sur-Loire, Auxerre et Meaux.

Sont laissés de côté les régions montagneuses du Midi, le Massif central, les Alpes et les Pyrénées, mais aussi tout le Nord-Ouest, la Bretagne et la Normandie, ainsi que les frontières du Nord-Est. Les commodités d'hébergement expliquent beaucoup de ces mises à l'écart; il n'était pas facile de loger cette cohorte bruyante et exigeante, et de trouver des bonnes villes capables de payer, ne fût-ce qu'en partie, leur quote-part des festivités. Mais indépendamment de ces cas évidents, Catherine de Médicis et Charles IX sont passés par toutes les régions sensibles, celles où se dérouleront les guerres civiles ultérieures. Ce voyage veut rassembler autour de la personne royale toutes les villes qui, par leur poids additionné, peuvent faire pencher la balance en faveur de la royauté. Remarquons encore que les provinces non visitées représentent le tiers de la population du royaume : sans doute le futur parti royal y paraissait-il assez solidement implanté.

A ce grand déplacement, unique par son ampleur, il faut ajouter les multiples séjours de la Cour dans la vallée de la Loire. Au XVIe siècle, la Cour réside à peu près 40 % du temps hors de Paris. Le poids de la Cour, avec ce qu'elle représente de pouvoir d'achat voué aux emplettes de tout genre, est donc saisonnier — hivernal — et Paris connaît un rythme commercial très différent de ce qu'il sera à partir de Louis XIII, c'est-à-dire régulier tout au long de l'année.

Paris, capitale par intermittence, n'est pas non plus, du moins pendant la première moitié du XVIe siècle, l'unique centre d'affaires. Lyon constitue la base de départ des expéditions d'Italie, et c'est là que se traitent les affaires militaires. Lyon offre en outre, de longue date, un refuge à tous les exilés italiens. Presque toutes les grandes familles bancaires italiennes, florentines en particulier, y sont établies.

Elles ont beaucoup prêté aux rois de France. Bien que François Ier ait échoué dans la vente aux enchères de la couronne impériale, à cause du soutien apporté à Charles Quint par le grand capitalisme de l'Allemagne du Sud, le roi de France a reçu le secours des financiers italiens établis à Lyon, qui y gagnèrent ce qu'y avaient gagné les banques allemandes. Entre 1556 et 1584 quelque soixante-dix banques internationales établies à Augsbourg — dont les Herbrot, Haug-Langenauer, Herwart, Manlich et Paumgartner — sont entraînées à la suite des États, dans une débâcle financière. Le désastre est identique à Lyon. Même si quelques-unes des firmes augsbourgeoises se retrouveront sous Mazarin, les choses sont beaucoup plus graves à Lyon.

La fin des guerres d'Italie constitue pour Lyon une mauvaise affaire, d'autant plus que la péninsule cesse d'être l'un des centres vitaux du monde européen. Non qu'on y voie le déclin « absolu » trop longtemps décrit, mais la montée du monde atlantique est telle que le centre de gravité économique commence à se déplacer lentement du sud vers le nord et de l'est vers l'ouest. Genève, parce que protestante, poursuit aisément son essor, qui concurrencera Lyon. Les inconvénients de la géographie sont patents : ville frontière, à deux pas de la Franche-Comté espagnole, Lyon est une ville fidèle sans aucun doute, dont le pouvoir, tout au long de l'époque moderne, saura se souvenir, mais une ville qui perd du terrain.

Certains historiens pensent que Lyon, sur sa lancée du début du siècle, eût presque pu devenir une capitale et retrouver ainsi le rôle qu'elle avait dans la Gaule romaine. Elle eût pu jouer cette carte si le monde méditerranéen avait gardé l'importance qu'il avait à la fin du Moyen Age. Mais, vers 1650, les activités dynamiques s'orientent vers l'océan et non plus vers la mer interne. Les élites lyonnaises n'ont pas su s'adapter. La vénalité des offices fait, en outre, pencher la balance vers la partie la plus peuplée du royaume, et la plus riche, la France du Nord. Non que le monde italien ne compte plus pour la France : l'aristocratie génoise continue de prêter à l'Etat français jusqu'à la veille de la Révolution. Mais ces affaires, désormais, passent par le canal de quelques notaires parisiens. La sédentarisation de la Cour, liée en partie aux guerres de Religion, va dans le même sens. Ajoutons que les deux grandes villes de France font face à des frontières espagnoles, mais Lyon en est trop proche alors que Paris est quand même dans une position qui permet d'amortir une invasion. Joue, enfin, l'avance démographique parisienne : la population de Lyon, qui a peut-être dépassé, ou du moins frôlé, les 100 000 habitants au cours de la première moitié du XVIe siècle, recule au cours de la guerre civile. Paris a au moins le double et probablement nettement plus. C'est pour Lyon un handicap difficile à rattraper. Ainsi s'amorce après 1550-1560 le repli lyonnais, qui profitera à Rouen, ville tournée, elle, vers la mer. Lyon ne retrouvera son chiffre de population qu'au XVIIIe siècle.

Rouen, dont la population oscille entre 60 000 et 80 000 habitants, joue la carte de la mer. Elle est la capitale de cette province qui, du XVe siècle jusque dans les années 1680, reste la première province maritime de France, cela étant lié au ravitaillement de Paris. La ville, cependant, va subir à sa manière les conséquences des guerres de Religion. Elle s'est, en effet, entourée d'énormes remparts, et ce corset l'enserrera pendant toute la période préindustrielle : les faubourgs sont relativement peu de chose. Paris, Lyon, Rouen : voilà les trois très grandes villes françaises du XVIe siècle. Toutes les autres, y compris Bordeaux et Toulouse, se trouvent bien au-dessous de la barre des 40 000 habitants.

Ces chiffres ne constituent que des ordres de grandeur, mais ils permettent de dégager deux grandes tendances. D'une part les villes, parties il est vrai de très bas, connaissent depuis le milieu du XVe siècle une forte poussée qui dure jusque vers le milieu du XVIe. D'autre part, à la suite des pestes, des guerres, des chertés et des luttes religieuses, beaucoup de villes — pas toutes — stagnent et parfois reculent au cours de la deuxième moitié du XVIe siècle. Quelques-unes, comme Paris, profitent pourtant de l'exode rural provoqué par la guerre. Toulouse, après un siècle d'or jusqu'en 1560, stagne ensuite jusqu'à la Révolution au niveau de 40 000 à 45 000 habitants. Le cas, déjà évoqué, de Lyon est peut-être le plus spectaculaire. Au début du XVIe siècle, des villes aussi importantes que Bordeaux, Marseille, Rouen et Toulouse ont entre 20 000 et 40 000 âmes : Marseille, en fin de siècle, ne dépasse pas les 45 000. Bordeaux, qui part de 30 000 habitants, gagne en définitive beaucoup moins que les autres villes, et ne compte que 40 000 habitants vers 1660 ; son essor fulgurant date seulement, pour l'essentiel, de la deuxième moitié du XVIIIe siècle. En dehors du royaume, Lille ne progresse pas, gardant tout au long de la Renaissance quelque 40 000 habitants, et plutôt moins. Dans l'Ouest, les grandes cités sont en essor continu. Nantes passe de 15 000 habitants sous François Ier à 25 000 sous Henri IV et à 40 000 à la fin du règne de Louis XIV, Rennes suit à peu près le même rythme. Angers compte, vers 1570, 25 000 âmes et Le Mans entre 15 000 et 16 000 ; Tours doit se situer dans le même ordre de grandeur.

Cette énumération souligne, s'il en était besoin, combien ces villes sont petites. Certains chiffres laissent rêveurs. Au début du XVIIe siècle, Beauvais, La Rochelle, Poitiers se tiennent aux alentours de 3 000 âmes ; Saint-Malo — avec le faubourg de Saint-Servan — ne dépasse pas de beaucoup les 5 000, Alençon et Laval les 2 000.

Le « capital » urbain français est donc vraiment, même à la fin du XVIe siècle, très limité, et il y a parfois un contraste entre le rôle que jouent certaines villes et leur population, phénomène qui rappelle l'Antiquité ou certaines époques du Moyen Age.

Tout l'effort naval français se concentre sur Dieppe, Le Havre, Saint-Malo, La Rochelle et Bayonne. Le Havre, fondation de François Ier, ne dépasse pas 5 000 habitants ; Dieppe doit se situer aux alentours de 4 000 ; Bayonne en a peut-être 10 000. Naturellement, les très grandes villes attirent des activités, encore que l'Europe méridionale compte à l'extrême sud des villes très populeuses à l'activité bien limitée. Mais certaines petites cités paraissent extraordinairement efficaces et novatrices, alors que d'autres stagnent.

Toutes sont des villes militaires. Jusqu'au début du règne personnel de Louis XIV, la ville se définit par des fonctions militaires. Une enceinte la sépare du plat pays, et les portes sont fermées toutes les nuits. Contrairement à celle du plat pays qui ne dispose que très exceptionnellement de ses propres milices, la population urbaine assure sa propre défense. La ronde de nuit, représentée avec génie par Rembrandt pour les Pays-Bas, fait partie des obligations essentielles. Les villes royales — surtout les villes frontières, où le pouvoir militaire, par essence régalien, appartient au souverain — ont une importance stratégique plus prononcée encore. Mais il n'est, jusqu'au milieu du XVIIe siècle, aucune ville dénuée de fonction militaire, même si l'on trouve des agglomérations sans enceintes, comme en Bretagne Carhaix, l'antique capitale Osismii : malheur à elle, qui est pillée par la première bande de paysans venue !

Ne pouvant entretenir une armée pour garnir les murs de toutes les grandes agglomérations, le roi leur déléguait son pouvoir militaire, souvent d'ailleurs contre leur propre seigneur. Elles devaient donc entretenir leurs fortifications et disposer d'un arsenal. Toute ville importante a son artillerie, et la vallée du Rhin n'a pas le monopole de ces canons qui font, par exemple, l'orgueil de Strasbourg. Jusqu'à la Fronde, l'essentiel de l'artillerie terrestre est la propriété des villes. Le souvenir en durera longtemps, comme en témoignent en 1871 les canons de la Commune.

Sécurité extérieure et intérieure sont les deux volets d'une même obligation, qui pèse lourd sur les finances municipales. Mais ce poids financier ne supprime pas pour autant les contraintes humaines. En théorie, tous les bourgeois en âge et en état de porter les armes sont astreints au service dans les milices, avec une hiérarchie qui, à peu de chose près, est partout la même. Les milices se regroupent par quartiers, « centaines » et « dizaines ». Parfois, cette organisation déborde le cadre militaire, policier et festif. S'il n'y a pas de gouverneur nommé par le roi, l'autorité militaire appartient au corps municipal, lequel la délègue au maire.

Cela permet beaucoup de choses, à commencer par une relative indépendance, mais cela impose, en raison de l'évolution rapide des techniques, une course avec le progrès. Les guerres de la Ligue entraînent un continuel renforcement de murailles qui s'adaptent aux effets des tirs d'artillerie : ce sont des fortifications basses enterrées, garnies de casemates, de barbacanes et de dispositifs qui doublent, en chicane, les portes. Le dispositif « en étoile », venu d'Italie, permet les tirs flanquants. Curieusement, ces fortifications modernes disparaîtront plus vite que les enceintes médiévales et bien peu subsistent de nos jours, sauf dans le cas assez aberrant des renforcements de Rouen. Ces défenses nécessitent, en effet, beaucoup plus de place qu'à l'époque médiévale.

Le rôle militaire des villes se renforce entre 1560 et 1660. Il a, cependant, une faiblesse majeure : les milices bourgeoises n'aiment pas se déployer hors des enceintes. On ne trouve pas en France de villes capables, comme les villes libres du Saint Empire (Nuremberg, par exemple), de mobiliser de petites armées. Le bourgeois préfère rester près de chez lui et de ses affaires ; et opérer en campagne suppose une organisation souple, appuyée sur des finances solides, toutes conditions rarement remplies. D'ailleurs la taille même des villes ne permet pas de mobiliser beaucoup d'hommes : une défaite grave entraînerait la disparition d'une partie essentielle de la population urbaine.

Cantonnés à l'intérieur de leurs enceintes les citadins jouissent cependant, à l'égard du pouvoir royal et des autres pouvoirs, d'une indépendance de fait qui peut être considérable. Les villes mènent donc, pendant les guerres de Religion, pendant les troubles de la minorité de Louis XIII et sous la Fronde, une politique autonome. Leur alliance est sollicitée, notamment par une autorité royale qui ferme les yeux sur beaucoup de leurs agissements. Cette indépendance est surtout évidente pour les villes portuaires qui disposent d'une petite flotte et sont en état de braver des armées terrestres. Pendant la Ligue, Saint-Malo balance ainsi entre les partis et reste souvent neutre. Pour s'emparer d'une ville il faut la surprendre de nuit, ou bénéficier d'une trahison, car les sièges sont longs et coûteux. Le plat pays est livré au plus puissant sans recours, alors que les villes forment des îlots de sécurité relative. Au XVIe siècle et jusqu'en 1660, le roi est fréquemment obligé de négocier avec elles.

Facteur d'indépendance, le rôle militaire des villes constitue pourtant un handicap : elles se ruinent en fortifications, d'ailleurs dépassées aussitôt que construites. On tente d'en diminuer le coût en obligeant les paysans des alentours à participer, d'une manière ou d'une autre, à leur édification ou à leur entretien. Certains y trouvent leur compte. Il semble que la famille Colbert doive, à Reims, une partie de sa première ascension à sa participation, comme entrepreneurs, à la construction de fortifications. Mais les réquisitions du plat pays exacerbent souvent l'hostilité latente des campagnes pour les villes.

Le corset de pierres et de terre dont la ville s'entoure n'est efficace qu'à condition de laisser dégagé un champ de tir suffisant. Voilà qui pose l'éternel problème des faubourgs : l'extension urbaine est contradictoire avec la sûreté militaire.

Toutes les révoltes importantes trouvent peu ou prou appui auprès des milices urbaines. Ainsi apparaît une ligne majeure de clivage de l'époque moderne. Jusqu'au milieu du XVIIe siècle les villes restent relativement maîtresses de leur destin et sont à tout moment capables de mettre en cause l'autorité politique. Les guerres de Religion et la Fronde démontrent la nocivité de ce système ; de 1661 à 1789, s'opèrent une déstructuration quasi totale du réseau militaire urbain, et une démilitarisation très poussée des villes. Les enceintes — inutiles, sauf sur les frontières, depuis 1661 — tombent en ruine quand elles ne sont pas rasées. Corrélativement le système d'encadrement de la population s'effondre presque totalement. La noblesse et les oligarchies municipales ne disposent plus de troupes, sinon pour l'apparat et la police. C'est là, répétons-le, une étape majeure de l'évolution vers la « centralisation » du pouvoir monarchique, évolution qu'accompagnent dès le XVIe siècle des réformes législatives.

Les châteaux royaux, de leur côté, deviennent dès le début du XVIe siècle des demeures de plaisance. Ils perdent en pratique tout rôle militaire. Contrairement aux villes, dont le rôle militaire est essentiellement passif, comme en témoigne le nom même de « places de sûreté » donné aux villes-refuges protestantes, la royauté dispose de forces mobiles : la défense statique n'a plus de raison d'être.

L'évolution de la technologie joue contre la ville ; il ne suffit pas d'avoir des armes, encore faut-il qu'elles ne soient pas dépassées. Au XVIe siècle, où la guerre est faite de coups de main opérés le plus souvent avec des effectifs réduits pour des objectifs limités, et ne met pas en jeu de moyens importants, les centres urbains peuvent encore faire face à condition de disposer de finances solides. De ce point de vue, il faudrait peut-être parler de la crise de 1560 à 1660, plutôt que de « crise du XVIe siècle ». La faiblesse de la royauté amène un retour aux pratiques des guerres privées de la noblesse, mais aussi un certain renouveau du modèle de la ville-refuge ; les habitants se sentent plus solidaires qu'en période de paix et de prospérité, et le monde paysan, chassé des campagnes, s'y met à l'abri.

Les périodes d'insécurité agissent ainsi très vivement sur la trame du réseau urbain : dans les régions très peuplées, la densité en villes doit correspondre à la densité de la population rurale ; de très petites villes, assez proches les unes des autres, peuvent parfaitement servir de refuges. Le réseau urbain tend alors à se régulariser. Au contraire, le développement commercial favorise toujours les villes qui jouissent d'une bonne situation géo-stratégique par rapport aux courants commerciaux dominants, et celles qui ont des dirigeants dynamiques.

Cette évolution explique aussi bien la croissance rapide dans la première moitié du XVIe siècle que la stagnation des grandes villes de 1560 à 1660. Face à l'exode qui n'apporte à la ville qu'un surcroît d'épidémies et de difficultés de ravitaillement, les élites urbaines tentent de limiter puis d'éliminer, à la première occasion venue, les surplus indésirables.

## *La monarchie absolue*

L'absolutisme royal n'est pas seulement une théorie politique; c'est la conséquence d'une nécessité historique. Dans l'immense tâche réalisée par les souverains du XVIe siècle, retenons quelques points forts.

Parallèlement aux guerres d'Italie, l'effort principal de François Ier et d'Henri II porte sur la continuité intérieure du royaume: c'est l'extension du domaine royal à la quasi-totalité du royaume définitivement débarrassé des grands apanages et des principautés. Dans un deuxième temps, l'époque des guerres de Religion se caractérise par la montée en puissance des officiers, dont le réseau est en place dès les années 1550, et par la multiplication des grandes ordonnances de ce « roi de la basoche » que fut Henri III, avec son souci prédominant de donner au royaume des règles de « police générale ». L'œuvre est inégale et, en raison des guerres, il ne pouvait en être autrement. Mais si l'on compare l'état du royaume et de son administration en 1515 et en 1598, l'évolution est évidente. Elle mettra du temps à porter ses fruits mais, dans une certaine mesure, les réalisations de Richelieu et de Louis XIV eussent été impossibles sans cette mise en place hésitante, issue des circonstances plutôt que d'un dessein rationnel.

Le rôle du roi peut être cerné par des formules qui en sont le révélateur. Les ambassadeurs vénitiens soulignent ainsi la volonté de François Ier de se voir qualifié de « Sa Majesté », et non plus par la vieille formule « Le roi nostre sire ». Cette appellation est empruntée au Saint Empire romain et à l'Italie; c'est la seule qui convienne à la « grande Monarchie de France » (Seyssel).

Le passage de la monarchie médiévale à un État où tout le monde est « sujet » du roi se traduit tout d'abord par l'élimination des grands feudataires capables de faire opposition à la force du roi. Au soleil royal — emblème des Valois que devait reprendre Louis XIV — tout doit céder et l'on ne saurait tolérer qu'à l'intérieur du territoire quiconque puisse disposer d'un semblant d'indépendance.

Ni François Ier ni Henri II n'ont eu beaucoup de scrupules. Avec le connétable de Bourbon François s'est laissé — poussé ou non par sa mère et par sa femme — porter par le ressentiment. Plus profondément, il y a une volonté clairement affirmée de « nettoyer » le royaume. Charles, duc de Bourbon, comte de Montpensier et de La Marche, avait épousé Suzanne de Beaujeu, fille d'Anne de Beaujeu, la très remarquable fille de Louis XI ; celle-ci, qui avait tant fait pour éliminer l'écharde que constituait la Bretagne pour le domaine royal, est bien involontairement responsable de la dernière grande réunion de terres semi-indépendantes de la Couronne. En 1521, la mort de Suzanne ouvre une importante succession. Comme elle n'avait pas d'enfants vivants, ses apanages (l'Auvergne, Montpensier, Clermont-en-Beauvaisis), reviennent de droit à la Couronne, Louise de Savoie, cousine de la défunte, revendiquant pour elle et pour son fils, François Ier, le Bourbonnais et le comté de Châtellerault.

Plaidé, comme il était logique, devant le Parlement de Paris, le procès tourna en faveur du roi. François Ier eût certes pu agir avec plus de modération. Mais le connétable, qui était en tractations avec Charles Quint depuis 1519, se sentit menacé et s'allia en 1523 avec l'empereur. Puis il s'enfuit, dans des circonstances rocambolesques, et mit les grandes capacités militaires que François lui enviait au service des Habsbourg. Naturellement, ses biens furent confisqués ; en dépit des pressions impériales, et des clauses du traité de Madrid favorables au connétable, François Ier ne céda pas. Le bon droit n'était pas, en l'occurrence, nécessairement du côté du roi. Mais l'année 1524 mérite de rester dans l'histoire du pays: désormais, le « Domaine royal » se confond, à peu de chose près, avec le royaume lui-même.

Un autre procès, très différent, souligne aussi la volonté royale de ne plus se laisser déborder à l'intérieur. Si les grands apanages et les domaines des princes feudataires ne représentaient plus un danger, les grands financiers qui soutenaient le pouvoir royal pouvaient en devenir un. Charles VII s'était ainsi déjà débarrassé de Jacques Cœur. François Ier élimina de même Jacques de Beaune de Semblançay, que l'on peut considérer comme le premier surintendant des Finances. Celui-ci connut des difficultés financières en 1521, et deux procès se succédèrent, en 1524 et en 1527. Acquitté au premier, Semblançay fut condamné au second et exécuté pour avoir soutenu le crédit royal en le faisant dépendre des grands marchands de Lyon, italiens surtout.

D'autres procès de financiers suivirent. Les plus importants furent ceux de Raguenau (1530), de l'amiral Chabot de Brion et du chancelier Poyet (1540-1542). Là encore, derrière la façade des vengeances du roi ou de la Cour, se dessinent des méthodes de gouvernement dont les successeurs de François Ier, jusqu'au Régent, vont user et abuser. L'opération se déroule à chaque fois de la même façon: quand un fournisseur de crédit qui a acquis trop de titres à la gratitude royale n'est plus en mesure de prêter, le pouvoir s'en débarrasse. En outre, faire rendre gorge à des financiers transformés en boucs émissaires a toujours passé pour une concession — rentable — aux exigences populaires. En même temps l'annulation pure et simple des dettes envers le créancier disgracié permet de renouveler le personnel, c'est-à-dire de remplacer un clan de financiers par un autre. L'aspect le plus intéressant du procès de Semblançay est ainsi l'attaque menée contre les grands banquiers italiens de Lyon. Ces procédés, quasi codifiés, devinrent monnaie courante au début de chaque règne, avec des cours de justice dont celle qui condamna Fouquet n'est que la plus connue. Mais à partir de Louis XIV s'amorce une évolution : lorsque s'épuise le crédit d'un contrôleur général, on le révoque, mais sans procédure judiciaire.

L'affaire de Bourbon, achevée en 1531, est liée à la réunion de la Bretagne au domaine royal (1532). Une menace subsistait encore : elle venait de la Maison d'Albret qui, par des combinaisons diverses, devait réunir à la fin du XVIe siècle le Béarn, le duché d'Albret, le comté de Foix, celui de Bigorre et la partie française du royaume de Navarre. Le problème fut résolu par l'ordre de succession naturelle du royaume : après l'extinction des Valois-Angoulême en la personne d'Henri III, les Bourbon-Vendôme arrivèrent sur le trône avec Henri IV. L'écharpe blanche, signe de ralliement des Bourbons calvinistes, allait devenir en quelque sorte le symbole de la royauté d'Ancien Régime !

En 1546, l'ambassadeur de Venise pouvait noter que « nul pays n'est aussi uni, aussi facile à manier que la France ». Et d'ajouter : « Sa force... est unité et obéissance. » Ce constat devait pourtant se révéler pour longtemps erroné, mais, d'une certaine manière, les guerres civiles le confirmèrent à terme : l'État résista à la secousse, l'administration continua de fonctionner. Un bien grand mot, d'ailleurs, pour désigner une juxtaposition d'institutions héritées du Moyen Age ou créées au cours du XVIe siècle.

La France fiscale est divisée en trois groupes de provinces : les pays d'États (Bretagne, Languedoc, Provence et Bourgogne), les pays d'imposition nouvellement acquis du Nord-Est (on y comptera après le XVIIe siècle la Lorraine, les Trois-Évêchés, l'Alsace, la Franche-Comté et la région de Trévoux, le Nord avec Lille et Valenciennes), et les pays d'élection, c'est-à-dire le reste du pays, de la frontière espagnole à la Picardie, de la région de Tours au Dauphiné.

L'élection est un tribunal de contentieux financier statuant à propos de la taille, mais aussi des aides.

D'origine médiévale, ce tribunal, déconsidéré, a été réduit à peu de chose par les intendants qui sont désormais chargés de répartir les impôts entre les paroisses, comme aussi de servir de tribunal de contentieux fiscal. Les pays d'États provinciaux sont ceux que représente une assemblée élue des trois ordres. Ceux d'Auvergne disparaîtront en 1651, ceux de Normandie en 1655. Ces assemblées sont, dans une large mesure, responsables de la répartition et de la levée des principaux impôts. Elles sont censées négocier avec la royauté le montant des impôts régionaux et protéger efficacement ces provinces contre la pression fiscale, ce qu'elles font au prix d'une répartition qui favorise noblesse et clergé.

L'encadrement local est précisé par l'édit de Crémieu (19 juin 1536), qui maintient le rôle essentiel des bailliages dans le Nord et des sénéchaussées dans le Midi. Mais les compétences de leurs titulaires sont modifiées. Leurs lieutenants de justice conservent leurs attributions et coiffent toutes les juridictions subalternes — en particulier seigneuriales — avec leurs trois degrés traditionnels : haute (pour les crimes), moyenne et basse, cette dernière étant surtout compétente en matière dite « féodale », donc seigneuriale. Les baillis et sénéchaux, officiers de robe courte, donc nobles, perdent une partie de leurs attributions administratives et financières ; ils n'ont, de plus en plus, qu'une apparence de pouvoir, car les conseils de bailliage ou de sénéchaussée agissent directement sur les prévôts (trois à cinq par circonscription). En contact direct avec les administrés ces prévôts deviennent les personnages clefs de la « petite administration », avant de céder, au XVIII^e^ siècle, leurs compétences réelles aux subdélégués des intendants.

La grande innovation est en janvier 1552 la création de soixante présidiaux : Henri II constitue sous les parlements — ils virent la chose d'un très mauvais œil — un échelon judiciaire supplémentaire. A peine moins importante est la codification des coutumes locales, dont la révision, province par province, a duré tout le siècle et s'achève dans les années 1570 sous l'égide du président de Thou. Elles resteront en vigueur pendant tout l'Ancien Régime, de même que le nouvel appareil judiciaire.

Les Français vivent donc sous deux lois ; la loi générale du royaume, faite d'édits et d'ordonnances royaux complétés par les lettres patentes, et la coutume locale. L'Ancien Régime judiciaire est donc d'une infinie diversité, ce qui est facteur de souplesse mais aussi de complications : cela a l'avantage, pendant longtemps, de donner satisfaction aux justiciables en matière de successions ; les coutumes tiennent compte, dans une très large mesure, des réalités locales.

La réformation des coutumes a été faite par de remarquables juristes, comme en Bretagne Bertrand d'Argentré. Novateurs, ils l'étaient à leur manière, et leur vocabulaire est riche en termes qui feront fortune : *patrie, pays, nation, citoyens,* et qui recevront, dès la fin du règne de Louis XIV, valeur de mots d'ordre. Ces réformations s'inspirent beaucoup du droit romain, dont la connaissance s'est profondément renouvelée pendant la Renaissance. Les juristes de la France du Nord ont soigneusement veillé au maintien des droits d'aînesse dans la noblesse ; du moins les ont-ils adaptés aux temps nouveaux de façon très variable de la Bretagne à la Champagne, en passant par la Normandie et l'Ile-de-France. Mais les réformations ont conservé des pans entiers de la vieille « féodalité », en codifiant les institutions de la seigneurie dans un sens souvent favorable aux seigneurs.

Sous une apparence d'immobilité, les coutumes ont pourtant évolué en trois siècles, souvent par l'effet d'une jurisprudence très interprétative. Nombre d'articles sont tombés purement et simplement en désuétude. D'autres ont connu d'importantes adaptations. Cette jurisprudence, réunie et discutée tout au long du XVIIIe siècle, forme le fonds dont les révolutionnaires, puis Bonaparte, tireront le Code civil.

Une partie des coutumes allait devenir caduque par la généralisation de certaines ordonnances royales en matière judiciaire et, en fin de compte, il n'a jamais été nécessaire de procéder à de nouvelles « réformations ». L'un des exemples les plus nets de cette intrusion royale est la grande ordonnance de Blois (mai 1579) qui concerne les problèmes de la vie quotidienne, en particulier dans les villes (hôpitaux, enseignement, temporel de l'Église), et qui fut complétée au fil des années par une série d'ordonnances sur la législation et la police des marchés, et sur les maîtrises et les corporations.

Même une lecture rapide des ordonnances fait toucher du doigt leur fragilité ; elles se suivent sans bien tenir compte des textes précédents. Certaines confrontations sont à cet égard assez surprenantes. La royauté souffre là de la faiblesse de ses archives et de leur médiocre utilisation, ce qui explique le rôle considérable des parlements, et de celui de Paris en particulier : l'une de leurs attributions essentielles consiste à vérifier la compatibilité des textes. C'est là-dessus que se fonde le fameux droit de remontrance au roi, dont Colbert prend conscience qu'il représente un danger majeur pour l'administration. Mais les surintendants des Finances et les contrôleurs généraux se trouveront en position d'infériorité face au Parlement de Paris jusqu'au moment où seront créés auprès des premiers commis des bureaux spécialisés, chargés de fournir au pouvoir les arguments historiques et juridiques dont il aura besoin, en particulier dans les pays d'États.

## *Gouverner*

Mais c'est au sommet de l'État que se produisent les transformations les plus importantes. On va du système des grands officiers — connétable, chancelier, amiral, grand maître de l'Hôtel du roi et enfin grand chambellan — vers le système ministériel. Certains grands officiers disparaissent : le connétable, depuis l'affaire de Bourbon, est considéré comme trop dangereux. D'autres offices se transforment en sinécures sans fonctions politiques, mais aux fonctions curiales non négligeables. D'autres encore conservent leur importance : l'amiral — un office très important — et le chancelier. Au début du XVIe siècle, les fonctions domestiques de ces offices sont incluses dans leurs fonctions d'État. Le XVIe siècle tend à les différencier, mais Colbert et Louvois eux-mêmes auront encore des fonctions privées — et même parfois très privées — au service de Louis XIV et de son entourage, en plus de leurs attributions officielles.

En dessous des grands officiers quatre secrétaires d'État émergent du nombre des notaires-secrétaires du roi. Leur titulature devient officielle en 1547 et ils exercent alors des fonctions que nous qualifierons de proprement ministérielles. A l'origine, chacun d'eux administre une portion géographique du royaume, qui n'est pas un secteur unique mais un assemblage de provinces dispersées. Puis, peu à peu, se superpose une spécialisation : secrétaire d'État à la Guerre, à la Marine, aux Affaires étrangères, et enfin à la Maison du roi. Ces quatre hommes, avec le chancelier et le responsable des finances royales forment progressivement une sorte de gouvernement soumis à la volonté royale. L'ancien Conseil où le roi « demandait conseil » se spécialise. C'est en 1497 qu'est créé le « Grand Conseil », divisé ultérieurement en deux sections : le Conseil pour le fait des Finances et le Conseil des Parties, d'essence judiciaire, qui s'occupe surtout du contentieux financier. Subsiste aussi le Petit Conseil — ou Conseil étroit ou Conseil des Affaires — qui se réunit à la discrétion du souverain, de manière très informelle, et ne laisse aucune trace écrite de ses délibérations.

L'autre rameau de la *Curia regis* médiévale est formé par l'ensemble des parlements qui, au fur et à mesure de l'extension du domaine royal, se sont ajoutés celui de Paris. Les créations de parlements ont continué à l'époque moderne, la plus importante du XVIe siècle étant, en 1554-1556, celle du Parlement de Bretagne. Les parlements ont acquis au cours du siècle le droit d'enregistrer les ordonnances et autres textes du roi, et de vérifier leur compatibilité. Ce qui n'était au début qu'une simple formalité a permis aux parlementaires d'intervenir dans la politique royale. Un signe : la régente, pendant la captivité de François Ier à Madrid, a dû associer étroitement le Parlement de Paris aux négociations. Il s'ensuit, sous Henri II, une forte réaction royale, très efficace précédent sur lequel s'appuieront au XVIIIe siècle les bureaux de Versailles. Comme les compétences des uns et des autres sont mal ou pas du tout définies, les conflits potentiels sont nombreux.

L'essentiel pour la monarchie, c'était cependant la maîtrise des Finances. Or, les dépenses royales connurent sous François Ier un accroissement considérable, qui ne retrouve d'équivalent que de 1630 à 1640 : un accroissement dû essentiellement aux dépenses militaires, à cette course folle entre la richesse conférée par les trésors d'Amérique à la monarchie espagnole et la capacité contributive des Français. Contrairement à de tenaces légendes, les constructions et autres dépenses de prestige, quoique importantes, ne comptent que pour environ 10 %. Aussi le système fiscal médiéval ne suffit-il plus. La taille a-t-elle beau subir des « crues », l'impôt direct rapporte peu, du fait des innombrables exemptions, collectives et individuelles. La grande innovation est donc de reporter l'espoir de rentrées sur les impôts indirects.

Le règne de François Ier est décisif à cet égard. C'est à lui que remonte le système d'affermage de la gabelle, et aussi la généralisation du système des douanes expérimenté depuis Louis XI, en entendant douanes au sens large : traites foraines comprises. Enfin, les aides s'accroissent dans des proportions importantes. Il faut encore recourir à des ressources extraordinaires variées : confiscation et vente d'une partie des biens du clergé (opération mal connue, tournée en partie par l'Église), cession ou engagement d'une portion du Domaine royal, vente de lettres de noblesse, rachat d'impôts pour une somme forfaitaire — bien des exemptions d'impôts reposent, jusqu'au milieu du XVIIe siècle, sur des pratiques analogues — et surtout ventes d'offices, sans oublier les emprunts. C'est une situation très caractéristique de l'Ancien Régime : en temps de guerre les ressources fiscales ordinaires ne servent plus qu'à gager des anticipations qui fournissent à peu près seules les moyens nécessaires à la résistance de l'État. C'est dans ce contexte que se situent les procès de financiers.

Parmi les officiers de Finances, huit « trésoriers de France » détiennent les cordons de la bourse : quatre pour les finances ordinaires, quatre pour les finances extraordinaires. Sur leurs caisses — qui sont privées et non d'État — ils subviennent aux dépenses. Situation dangereuse, qui explique la renaissance sous François Ier du Trésor de l'Épargne, alimenté par les receveurs généraux et fonctionnant un peu à la manière d'une caisse d'État. L'ensemble des grands officiers de Finances, au nombre de dix-sept, est regroupé sous Henri II et prend le nom de « trésoriers généraux ». Tenus de livrer les sommes prévues à date fixe, ces officiers et, à un titre moindre, tous les officiers de Finances, sont les prêteurs de l'État. Ainsi, les propres officiers du pouvoir royal avancent à l'État son revenu, ce qui est d'ailleurs une manière de soutenir leur propre crédit. Comme le crédit de l'État n'est lui-même pas indiscutable, celui-ci emprunte par personnes ou par collectivités interposées. L'essentiel des emprunts passe par les célèbres rentes de l'Hôtel de Ville de Paris : la royauté draine ainsi une grosse partie de la petite et de la moyenne épargne parisienne.

Ces emprunts posent pourtant un problème de conscience, l'Église ne tolérant que dans certaines limites le prêt à intérêt. Ils sont donc conclus sous la forme de rentes constituées. Ainsi se développe vite un fort mouvement de création d'une quasi-monnaie de papier, le contrat de « constitut », qui, par simple cession notariale, permet par exemple de payer un achat. C'est là une forme de crédit sur lequel repose toute la vie économique et sociale de l'ancienne France.

Pour l'organisation financière locale, les cadres du Moyen Age subsistent tels quels. Un certain nombre de paroisses sont regroupées dans des élections, à la tête desquelles se trouve un élu chargé de la répartition des impôts directs. Ces élections sont réunies dans le diocèse : la circonscription ecclésiastique servira de cadre fiscal jusqu'en 1789. Enfin les diocèses sont groupés en généralités, dont le nombre passe de seize en 1542 (édit de Cognac) à dix-neuf en 1660. Tout cela est encore relativement souple, et en voie d'évolution. Il ne faut pas attribuer au XVIe siècle les cadres, plus rigides et contraignants, du siècle suivant. La différence, pourtant capitale, entre pays d'États et pays d'élections, est très loin, même à la fin du siècle, d'être clairement ressentie. Quant au contrôle financier, il est toujours exercé *a posteriori* par les chambres des comptes, la principale étant celle de Paris.

Au total, un appareil financier fait de pièces et de morceaux, auquel on ajoute en cas de nécessité quelque organisme fiscal supplémentaire, et où les contradictions, les conflits de compétence et surtout l'opposition entre l'intérêt de l'État et celui de ses officiers de Finances sont fréquents. Mais telle est la situation un peu partout en Europe. En tout cas la machine fonctionne, quitte à faire, de temps à autre, banqueroute, ce qui est un autre moyen de résoudre les problèmes les plus urgents. Il suffit alors de réduire des quatre cinquièmes les rentes dues, ou d'annuler purement et simplement une partie des dettes. Faire rendre gorge à des financiers n'est rien d'autre, en fin de compte, qu'organiser une banqueroute limitée à un groupe.

Sous l'Ancien Régime tout s'explique par la guerre. L'État de la Renaissance est un État qui fait la guerre. Ses dépenses essentielles sont militaires; ses dettes sont d'origine guerrière. Ses institutions nouvelles répondent à des besoins militaires. Au $XV^e$ siècle on avait déjà créé les gouvernements, et les gouverneurs avaient été choisis parmi les princes et les familles princières. L'institution était née près des frontières, mais elle s'était progressivement écartée de sa fonction première en s'affranchissant de la tutelle royale. C'est ce que l'on pourrait appeler la «dérive» institutionnelle de l'Ancien Régime. Devant une institution de plus en plus difficile à contrôler, la royauté crée donc une hiérarchie parallèle et laisse subsister l'ancienne. Les gouverneurs militaires étant de moins en moins efficaces, Henri II crée ainsi un corps nouveau: les commissaires départis à la suite d'une armée, que nous connaissons mieux sous le nom d'intendants. Comme les gouverneurs, les intendants sont d'abord des représentants du roi auprès des armées. Ils sont chargés de la logistique.

Destinée à résoudre des problèmes très concrets, et avant tout celui du ravitaillement des armées, l'institution se révéla utile et efficace, et fut progressivement étendue: d'abord affectés aux armées en opérations — à l'intérieur et à l'extérieur — les intendants devinrent des sortes de *missi dominici,* n'exerçant pas leur charge sur un territoire précis mais envoyés pour une opération ou une mission définie et limitée dans le temps. La fonction fut étendue aux provinces frontières terrestres, puis à l'ensemble du territoire, de manière très empirique et fort souple: selon les nécessités. Rien de plus contraire à l'exécution d'un plan, rien de plus organique: la nécessité crée la fonction.

CHAPITRE V

# France, mère des Lettres et des Arts

## *Art de Cour, art du peuple*

L'historien a le devoir de faire parler les peuples. Mais l'art savant est souvent à l'origine, à travers de nombreux relais et au prix de lentes transformations, de l'art populaire.

La fin du Moyen Age, avec son cortège de guerres, a vu s'amorcer une évolution essentielle. Les frères de Charles V s'étaient mués en collectionneurs — leur meilleur et peut-être leur seul sujet de gloire — à la fois d'objets du passé mais aussi d'œuvres d'art contemporaines. Au XVe siècle, la vie artistique s'était donc réfugiée souvent très loin de l'antique capitale : en Provence comme, surtout, dans la vallée de la Loire. En dépit de Fouquet, l'art reste, vers 1500, gothique pour l'essentiel avec des apports renaissants.

Sous François Ier intervient un facteur nouveau : le roi tient à titre de gloire de « faire le mécène » dans un esprit résolument nouveau. Ayant connu l'Italie et ses bouillonnements, il transcende l'idée d'art de Cour, et l'étend à toute la nation. C'est peut-être par là que la notion de monarchie absolue trouve sa grandeur. Face aux hommes du passé qu'ont été les grands mécènes Philippe le Bon, voire Charles Quint, François Ier entend transférer le grand centre artistique laïcisé d'Italie en France. Le mot de transfert est à prendre au pied de la lettre : cette politique consiste aussi à faire venir les plus grands artistes italiens. L'idée n'est pas absolument neuve, et les siècles antérieurs ont connu plus d'une tentative de cet ordre. La facilité avec laquelle cette politique est acceptée en France n'est guère surprenante : on y est, de longue date, habitué aux étrangers. Peut-être aussi la mobilité de la Cour dans la vallée de la Loire, et plus tard à Fontainebleau, favorise-t-elle la greffe : plus ou moins isolés de Paris, les artistes français sont plus perméables aux influences italiennes que le roi veut leur faire suivre.

Un décalage pourtant subsiste, très inégal selon les domaines, entre les Français et les Italiens. Malgré leur bonne volonté les premiers restaient, par leurs techniques et leurs goûts, proches de la période antérieure. Les techniques architecturales des Français et celles des Franco-Flamands pour la musique vocale avaient atteint un haut degré de maturité. Le conflit se traduisit par l'échec de l'installation des très grands artistes. Ni Léonard de Vinci — excepté, peut-être, son escalier en vis à double révolution pour Chambord — ni Andrea del Sarto ne réussirent à fonder une école. Ceci pourrait expliquer le recours, après 1527-1530, à des Italiens plus jeunes et plus influençables, comme le Rosso ou le Primatice. Parfois même, comme ce fut le cas pour le Primatice, on les pria de parfaire leur éducation à la française ou à la franco-flamande. C'est ainsi que l'art devint art de savants, ou à tout le moins art d'hommes éduqués à l'école de ce que nous appelons la « Renaissance ».

C'était à la fois un enrichissement et un appauvrissement. L'enrichissement vient du double apport de l'Antiquité et de l'Italie : non pas celle de la « Haute Renaissance », terminée après le sac de Rome en 1527, mais celle du maniérisme. Et cet apport de l'Antiquité est moins celui de la Grèce ou de la Rome classiques que celui de l'Antiquité hellénistique.

L'appauvrissement réside dans le rétrécissement du public pour lequel travaillent les artistes. L'art médiéval était d'essence populaire : il s'adressait au peuple de Dieu. Certes l'art populaire subsiste et, par un curieux retournement, le maniérisme pourtant élitiste se retrouve dans la première moitié du XVIIe siècle popularisé par la généralisation de retables dont la forme, avec le symbolisme des *portae caeli,* renoue avec parfois près d'un siècle de retard sinon avec l'art du peuple entier, du moins avec celui de sa partie la plus éclairée, des membres des fabriques de paroisses et autres commanditaires. Cela dit, comment ne pas constater que l'art connaît maintenant un apogée, et qu'on le pratique entre savants. Un fossé sépare de plus en plus culture populaire et culture savante. L'unité du peuple de Dieu est rompue en faveur de ceux qui n'ignorent ni la mythologie, ni les lettres, ni les arts antiques.

Art savant, donc nécessairement art de Cour. Du Bellay a beau chanter son Liré natal et ses toits d'ardoises, l'auteur de *Défense et illustration de la langue française* a d'abord fait sa carrière à la suite du cardinal son oncle en pleurant sur les ruines de Rome la Grande, l'Antique. Art de roi aussi, de représentation royale. A la vulnérabilité des civilisations princières, toujours susceptibles de tomber sous les coups irrémédiables de quelque *condottiere,* il s'agit de substituer l'art d'un roi de France appelé à l'éternité. Tout cela transparaît à Chambord et surtout à Fontainebleau. Il n'est plus besoin de construire un palais-forteresse : la place forte s'édifie sur la frontière, et le palais ne garde de son ancienne vocation que parfois, comme à Chambord, le plan.

Rural ou urbain, ce palais est l'œuvre de novateurs. On détermine mal la part des Italiens, grands et moins grands — les Serlio de Cortone, les Primatice, les Rosso Fiorentino, voire Léonard de Vinci — et celle des Français, maîtres d'œuvre à peine entrevus qui ont pour noms Philibert Delorme, Jean Bullant, Jacques Androuet du Cerceau, Gilles Le Breton et d'autres encore, tels les bâtisseurs de Bonnivet. En tout cas le style est homogène : il suffit à désigner ce que l'on a appelé la « Renaissance française » : des structures françaises habillées, parfois avec un extraordinaire brio, à l'italienne.

En cette architecture, le symbolisme est surreprésenté, entre la chevauchée fantastique des cheminées truffées de galeries, et l'eau, toujours renouvelée, qui forme comme le soubassement de la partie la plus spectaculaire de l'édifice. Des grandes cours s'envolent les escaliers en colimaçon. Les arcades vides s'ouvrent sur les vis internes en plein air. L'essentiel est l'organisation de l'arrivée, ces entrées de pierre qui évoquent les entrées royales dans les villes. Ce savant agencement de l'espace, quasi théâtral mais aussi fonctionnel, débouche sur de longues galeries-promenoirs. Cette thématique de l'entrée trouvera, au fil de l'époque moderne, dans toute l'Europe de nombreuses imitations, qui sauront orchestrer les jeux et les combinaisons des escaliers, des réceptions couvertes ou non et des enfilades qui finissent en décors de glaces, où tout se mire et où tout se confond en une image transposée des reflets des plans d'eau.

### *Des châteaux et des femmes*

Au-delà de ce goût, qui se prolonge dans la poésie baroque de la deuxième moitié du siècle, il y a un dessein politique et, dans une certaine mesure, économique. Ces châteaux sortis de l'imagination sont construits sur le modèle italien, mais par des Français. La Cour est l'école des mœurs mais surtout l'école des ateliers. Ce n'est pourtant pas le modèle unique : le roi veut que ses protégés l'imitent et fassent de leurs résidences provinciales d'autres palais-châteaux ; l'architecture est, en France, l'art majeur.

On connaît encore très mal les ateliers de province. Dans leur grammaire italianisante qui va du malhabile emprunt aux plus éblouissantes inventions, survit l'extraordinaire qualité des artisans du gothique qui savaient à la perfection manier le bois de France, la pierre blonde de Loire ou blanche de Paris, les riches étoffes. Parallèlement à l'art royal et à celui des petites cours de province, le gothique flamboyant des églises de village et celui des abbayes les moins riches accompagnent avec vigueur les éblouissants châteaux de la Loire et du Poitou. Ces architectures mêlées reflètent le rêve ambigu d'un monde nobiliaire où se côtoient encore de rudes chevaliers d'un Moyen Age déjà idéalisé et de délicats « freluquets » élevés à l'italienne, qui savent conter longuement « muguette » et ne pas « sentir le rustre », et qui s'affirment comme experts en beautés formelles et plus encore charnelles.

Les poètes participent à ce moment : l'amour courtois se transmue, mais puise aux réalités très concrètes des *Blasons du corps féminin* retrouvé : digne d'être évoqué puisque les poètes antiques l'ont chanté. C'est la même ambiguïté, mais plus ouvertement révélée, que dans les arts plastiques. Aux romans de chevalerie succède *Amadis de Gaule* : la fée a toujours des pouvoirs magiques, mais c'est surtout pour les galants. La rudesse subsiste sous cette écorce, à la vérité fort mince. Le *Courtisan* décrit en 1528 par l'Italien Castiglione a beau enseigner l'art de plaire, la maîtrise de soi et le raffinement en tout, à commencer par le vice, et prêcher une « civilisation des mœurs » de Cour, la réalité quotidienne, surtout envers la femme, reste dure, même chez les princes. Sans illusion aucune, Marguerite de Navarre conte sans s'indigner, tant les choses vont de soi, de grasses et terribles histoires dont la femme, la plupart du temps, sort humiliée. Quand Rabelais évoque les joies — éthérées ou plus concrètes — des savantes et laïques abbayes de Thélème, il définit un idéal dont la réalité est d'autant plus éloignée que, vingt ans plus tard, la France plonge dans des guerres de Religion où l'on massacrera femmes et enfants souvent en premier.

Cela vaut à la femme une promotion plus sensible, sans doute, qu'à toute autre époque. Voici le temps des femmes écrivains annoncées au XVe par Christine de Pisan : la princesse Marguerite de Navarre et Louise Labé, la Lyonnaise, avec ses chants d'amour. De l'amour platonique à l'amour vénal, la Renaissance française aura tout chanté : Ronsard, de Cassandre à Marie, ne fait pas exception. Un véritable « Art d'aimer » s'est construit à travers le « joyeux » XVIe siècle, celui des années 1500-1550.

Les poètes ont même chanté l'amour conjugal. Mais cette réhabilitation du mariage est plus sévère, plus raisonnée ; elle découle de l'action des réformateurs religieux et d'une relecture de la Bible, en particulier du Nouveau Testament. Le XVIIIe siècle passe pour le siècle de la femme, mais le XVIe mérite plus sûrement encore cette appellation : la peinture lui est entièrement vouée.

La peinture française de la Renaissance se trouve quelque peu dans l'ombre entre l'éblouissante aurore de la peinture sur chevalet des XIVe-XVe siècles et l'explosion du XVIIe siècle. A part les Clouet, le XVIe siècle n'offre pas de noms comparables à ceux qui ont illustré ces deux époques en France et, encore moins, à ceux des grands Italiens et Allemands. Un solide ensemble de portraits, quelques tableaux religieux — mais peu de grandes envolées — et des fresques dans les palais royaux, comme à Fontainebleau celles des Italiens. Les deux écoles de Fontainebleau — la première au milieu du siècle, la seconde sous Henri IV — exaltent la femme. C'est *Diane au bain,* ou ce sont les allégories de Caron.

Les peintres adorateurs du corps féminin sont restés, pour une large part, anonymes. Il y a sur ce point entre la littérature et la peinture une exceptionnelle correspondance qui tient naturellement, à l'évolution d'une haute société où la femme trouve une certaine liberté de ton et de mœurs.

Grande est aussi sa liberté dans les affaires. Les grandes dames surveillent leurs fortunes et, quand un Vendôme tente de vendre les forges de l'Ouest, une réplique féminine vient annuler l'affaire : tout acte notarial exige la présence et la signature — du moins par procuration — de la femme. Il est vrai que la femme de la haute société paie cher cette liberté. Le choix de son mari lui échappe totalement, alors que, dans le peuple, l'absence de biens favorise le choix de l'« amitié ».

La relative émancipation de la femme se retrouve dans les idéaux d'un certain humanisme : l'abbaye de Thélème est mixte, et le programme ambitieux de Gargantua vaut autant pour l'homme que pour la femme. Dans la réalité, l'éducation des femmes se limite, après la mise en nourrice, au séjour dans un couvent, à quoi succède le mariage. Mais c'est autour de la femme mariée, dans son salon, au cours de ces causeries-veillées, ces rencontres — volontaires ou involontaires — que décrit l'*Heptameron* de Marguerite de Navarre, que se polissent, au début à l'école des Italiens, les mœurs, la langue et les usages du monde. Dans la première moitié du siècle, on va chercher la civilisation en Italie ; celle-ci se trouve ensuite chez elle, autour de la reine, à la Cour de France. Le phénomène se prolongera sous Henri IV et Mazarin. A la grande fureur de certains, les rois de France n'ont en effet jamais cherché, au XVIe siècle, à isoler les reines de leur entourage d'origine, ce que fera un Louis XIV, dont le premier geste sera toujours, à partir de 1661, de renvoyer la totalité de l'entourage des princesses étrangères.

### *Poésie et érudition*

La Renaissance est, plus que tout, une entreprise d'érudition et de mise au point. Il s'agit de reconstituer ce qui subsiste de la littérature antique en rétablissant les textes dans leur pureté. On cherche aussi à restituer par la traduction le texte de référence de la chrétienté, la Bible. Dans les deux cas la méthode critique est la même. La France, sans être très en retard, se situe quand même dans ce domaine derrière l'érudition allemande ou italienne ; en dépit des apparences, les humanistes sont peu nombreux en France, et la connaissance des langues anciennes autres que le latin reste le privilège de quelques élites.

La littérature française en langue latine reste donc, jusqu'à la fin du XVIe siècle, quantitativement majoritaire. Elle supporte parfaitement la comparaison avec la littérature en langue vernaculaire ; mais comme elle ne fait plus partie de notre bagage intellectuel et même universitaire, c'est l'une des lacunes majeures de notre connaissance. Les élites restent donc fondamentalement bilingues. Lorsqu'on écrit en français, on pense en latin : un latin qui n'est plus celui du Moyen Age, car on est revenu à Cicéron, l'auteur antique le plus publié — vingt à trente fois plus que n'importe quel autre auteur ancien — jusqu'au XIXe siècle. Cette recherche de la pureté se traduit par un recul du vieux latin scolastique, le « latin de cuisine » dont se gaussent les humanistes ; ce qui est mettre le ver dans le fruit car la langue cesse d'évoluer, et ce latin se transforme lentement mais sûrement en une langue « morte ».

Le développement de l'administration royale nécessite l'utilisation du français comme langue commune face à la grande variété des langues régionales et des dialectes locaux. L'ordonnance de Villers-Cotterêts rend obligatoire, en août 1539, l'enregistrement des baptêmes et des décès, et remplace le latin par le français dans tous les actes notariaux et juridiques. Ceci exclut le latin de la vie courante. Quant à la première obligation, elle ne portera effet que tard dans le XVIe siècle, et le mérite essentiel en reviendra à Louis XIV.

Les Universités sont tenues à l'écart du mouvement : la nouveauté emprunte d'autres chemins. Les Universités restent le domaine de la glose et du commentaire, et les contemporains en éprouvent le sentiment très vif qui s'exprime parfois avec violence ; ainsi Rabelais dans *Gargantua.* On a rarement eu en France une conscience aussi nette d'en avoir fini avec une époque méprisée ; jamais l'impression de « renaissance », dans tous les sens du terme, n'a été aussi forte : nous en avons hérité le concept ridicule de « sombre Moyen Age ».

La scolastique, en particulier, mérite une réhabilitation, au moins partielle. A la source de la science moderne, sa logique impeccable est l'ancêtre lointaine de la nôtre, dont l'informatique n'est qu'un dérivé. Mais son langage spécialisé, longtemps efficient, a fini par rendre difficilement communicables les notions et les opérations. Il devint alors nécessaire de remettre en cause le langage et les commentaires, donc de recourir aux références fondamentales : la littérature et la science antiques, la Bible. Bien que la France soit un peu en retard sur ce plan, de remarquables traductions de textes de l'Antiquité paraissent alors, comme celles des *Vies parallèles* de Plutarque ou du *Daphnis et Chloé* de Longus par Amyot. Est-ce un hasard si ces deux œuvres, si différentes, ont exercé une telle influence jusqu'à Ravel ?

Plus que la langue classique, celle du XVI<sup>e</sup> siècle se prêtait aux traductions savoureuses. L'humanisme français n'en est que plus répréhensible de n'avoir pas comblé le fossé entre savants et non-savants par un grand livre capable de favoriser l'émergence d'une culture commune à tous, aux humbles et aux riches, aux esprits éclairés et aux illettrés.

L'intervention royale fut déterminante pour le développement de l'humanisme français. Sur les conseils de Guillaume Budé, historiographe du roi, François Ier créa le Collège royal ; le futur Collège de France était indépendant de la Sorbonne et de toute autre institution (1530-1539). Primitivement limité à trois chaires de langues anciennes (grec, latin et hébreu, pour l'étude de la Bible), il s'enrichit ensuite — signe des temps — de deux chaires de médecine et de sciences. L'Imprimerie royale, de son côté, édita les grands érudits français et étrangers : Postel (langues orientales), Latomus (latin), Vatable (hébreu), Poblacion Toussain (grec). En même temps, Budé faisait ouvrir la Bibliothèque du roi.

Les Universités ne furent pas toutes imperméables à la novation, à laquelle il était d'ailleurs impossible d'échapper, au moins en droit. Les relais provinciaux de l'humanisme n'ont pas non plus manqué ; tantôt un évêque érudit, voire poète, comme à Rennes Lépinay, tantôt des cercles constitués à l'instigation d'un animateur, comme les « cénacles » créés à Fontenay-le-Comte par le grand juriste Tiraqueau, ou à Lyon autour du médecin Symphorien Champier, avec Louise Labé et quelques réformateurs comme Dolet. Ce furent encore des cercles plus purement religieux, comme à Meaux celui des « évangéliques » autour de l'évêque Briçonnet et de Lefèvre d'Étaples. Quelques Universités — Orléans, Toulouse, Bourges, Montpellier — propageaient aussi les idées nouvelles. Leur mérite n'est pas mince si l'on songe aux dimensions de ces villes. Dans la vallée du Rhin le phénomène est beaucoup plus accentué, mais il échappe à la France.

L'humanisme français n'est pas un mouvement de fond, et ses protagonistes restent peu nombreux. Il ne s'incarne pas moins dans de très grandes œuvres, longtemps classiques. Ainsi Rabelais, avec ces œuvres singulières que sont *Gargantua* et *Pantagruel* dont les étrangers mesurent difficilement la place dans la littérature française : celle d'une grandiose machine à inventer des mots comme à les tourner en dérision, à accumuler les plus lassants et les plus divertissants chapelets de joyeusetés, à discourir sur le savoir et le non-savoir, la gloire de Dieu et celle des hommes qu'Il a créés si divers. A l'autre bout du XVIe siècle Montaigne répond en écho par interrogation : « Que sais-je ? », aveu de l'impuissance humaine à fonder quelques certitudes fondamentales. Au début du siècle, l'« intellectuel » s'est rué avec délices sur le capital d'un savoir redécouvert. A son crépuscule, revenu de tout et d'abord des hommes, le voyageur à l'œil sagace et le bon connaisseur de cette littérature antique (qui fournit une citation sur trois des *Essais*) doutent de tout.

La troisième tendance de ce mouvement des esprits pourrait être incarnée par Marguerite de Navarre. Sœur de roi (François Ier), reine de Navarre en 1527, grand-mère du futur Henri IV, elle est au courant de tout ce qui se fait. Mystique dans le *Miroir de l'âme pécheresse* (1553) et le *Dialogue en forme de vision nocturne,* elle est aussi un grand poète, avec ses

*Cantiques spirituels,* les *Prisons de la reine de Navarre* et les *Marguerites de la Marguerite des princesses* (1547), et avec des *Comédies.* L'œuvre est dominée par un ensemble complexe, l'un des textes les plus révélateurs — et aussi l'un des plus désenchantés — du siècle de la Renaissance: l'*Heptameron* (1559). Chrétienne et platonicienne, mal comprise de son vivant et plus mal encore après, car l'assimilation de l'*Heptameron* à une gauloiserie dénote une certaine cécité des commentateurs, la reine de Navarre donne au contraire le témoignage d'une sensibilité féminine unique par sa pureté, sa sincérité et son attachement à l'amour divin. A côté d'elle, son imitateur, le parlementaire rennais Noël du Fail, fait pâle figure, mais il est aussi représentatif de son temps et c'est un bon témoin qui sait voir et raconter. Ce n'est pas le cas de cet autre témoin privilégié qu'est le sire de Gouberville, dont le *Journal* est un fatras qui exige un élagage et une analyse thématique.

L'humanisme du XVIe siècle est un immense jardin de poésie qu'éclaire la Pléiade, et un non moins immense savoir dominé par une réflexion morale. Rabelais et Montaigne sont en effet, au plus profond d'eux-mêmes, des moralistes et annoncent une longue lignée. Tous illustrent l'adage « Science sans conscience n'est que ruine de l'âme ». A l'optimisme du début succède cependant à la fin du siècle une résignation stoïcienne. L'époque est riche, mais rude, et il n'est pas possible de s'en isoler. Seul un homme assuré de pouvoir se mettre, au moins momentanément, à l'abri, comme Montaigne, pouvait le tenter. D'autres écrivains sont plus engagés. Le poète lui-même intervient ou se sent tenu de le faire, même s'il s'expose aux critiques et doit ensuite écrire sa propre défense: c'est l'histoire, désabusée, de Ronsard. Le siècle s'achève sur l'un des pamphlets politiques les mieux venus de la longue histoire politique de la France: la *Satire Ménippée,* œuvre de professeurs et de juristes mais puisant son inspiration dans le quotidien, et qui témoigne de la lassitude des Français devant les incessantes guerres civiles.

*La Beauté*

Quels que soient les domaines ou les tendances — « moderne » ou au contraire « gothique » — le XVIe siècle voue un culte à la beauté, à commencer par celle du corps humain, et il recherche la perfection de la Forme. Cet esthétisme favorisé par le retour à l'Antiquité procède d'une laïcisation fondamentale : l'homme a conscience de la fragilité. « Mignonne, allons voir si la rose... »

La formule d'Horace, *Carpe diem,* « Cueille le jour », préside à tous les arts et tout d'abord à l'art de vivre. D'où un goût pour les décors de verdures et de fleurettes étoilées, déjà visibles au XVe siècle sur les tapisseries des *Dame à la licorne* et autres fées. Mais les enchantements des contes populaires que commencent à répandre les Calendriers des Bergers et les almanachs à l'usage des paysans sont une chose. La réalité en est une autre, même si elle est idéalisée, formalisée, embellie. Et elle entre aussi dans la tapisserie, avec ces images de vendange et de moisson, idylles de paix, qui sont le reflet de ce qui pourrait être et qui n'est pas encore.

Il est encore des fanatiques qui chantent la gloire des combats menés par chacun pour son Dieu et trucident à qui mieux mieux leur prochain sans toujours distinguer amis et ennemis. Le Nantais Pierre Boaystuau, après avoir décrit les choses extraordinaires et les monstres qui hantent les imaginations, se lamente dans sa *Complainte et Quérémonie des pauvres laboureurs,* chantant les durs travaux et les misères d'une campagne qu'un Claude Gauchet se plaît, lui, à trouver saine en sa simplicité ; on retrouve là le thème du « petit Liré » et de la vie « moyenne », éloignée des exaspérations de la vie urbaine. La vogue du retour aux champs — mais des champs aménagés par les modes de la ville — continue là sa longue pérégrination à travers l'imaginaire français.

Les misères de la guerre trouvent pourtant quelques commentateurs, comme le vieux Ronsard des *Discours* (1558-1564). Blaise de Montluc fait du récit de sa vie un panégyrique sans scrupules et vante sa cruauté au service de sa cause. Dans le camp protestant, Agrippa d'Aubigné évoque tout aussi sauvagement, mais avec plus de poésie, les mêmes combats dans ces *Tragiques* qui sont à la fois satire et épopée, l'une des rares épopées vraies que compte la littérature française. Et n'oublions pas Calvin, avec en particulier l'*Institution chrétienne,* ce chef-d'œuvre à la langue admirable.

La musique continue son chemin. L'évolution de la polyphonie vocale, commencée vers 1420, se poursuit jusque vers 1600 autour du grand foyer franco-flamand, d'où rayonnent ces musiciens qu'appelle toute l'Europe princière, de chapelles royales en chapelles pontificales et de maisons princières en capitales, diffusant motets, messes et chansons à la française. Aux deux grandes générations du XVe siècle — la première de 1420 à 1460 avec Dunstable, Dufay et Binchois ; la seconde de 1460 à 1490, celle des Ockeghem et Busnois, tandis que dure Dufay — succèdent trois écoles au XVIe siècle. La troisième génération (1490-1520) est celle d'Obrecht, d'Isaak, de Mouton et surtout du grand Josquin des Prés. Une quatrième génération (1520-1560), avec Gombert, Janequin (qui célèbre les femmes de Paris et *La Bataille de Marignan*), Willaert et Clemens non Papa, est celle du XVIe siècle triomphant, mais elle est en si droite ligne l'héritière du XVe siècle que le mot de « Renaissance » n'a guère ici de sens.

Cette énumération traduit bien l'internationalisme cosmopolite d'une musique dominant les autres arts qui, eux, sont de plus en plus « nationaux », parfois même « nationalistes » au sens extrême du terme. Aux vociférations d'un tenant du Saint Empire comme l'humaniste Wimpfeling, de Sélestat, répondent les outrances de la *Franciade* de Ronsard, qui fait après d'autres remonter les Francs aux Troyens, et le slogan lancé par le Lorrain Jean le Bon en 1568 : « Quand Paris boira le Rhin, toute la Gaule aura sa fin. » La musique, elle, va de Cour en Cour. Elle accumule un énorme trésor de messes, de motets, de danses et de contredanses que publie un chanoine de Langres, Attaignant (Paris, 1527), tout comme quelques autres imprimeurs de musique, Petrucci à Venise, Schöffer à Mayence, Oeglin à Augsbourg et Susato à Anvers.

La musique reste vocale. L'instrumentation est réduite ; vers 1570, l'orchestre de Munich que dirige Roland de Lassus comporte une viole de gambe, une *viola da braccio,* trois flûtes, une viole, une trompette... C'est en Italie qu'apparaît, tout au début du XVI^e^ siècle, le violon ; Brescia et surtout Crémone imposent bientôt leur production. Florence invente l'opéra, et le théâtre — en tant que bâtiment — trouve en Italie sa forme définitive. Face à la montée des écoles nationales en Allemagne, en France, en Angleterre et en Espagne, l'Italie semble trouver dans la musique une compensation à son déclin politique.

Notre vision de la vie de l'esprit est, à beaucoup d'égards, réduite parce que les « arts plastiques » l'emportent souvent, en qualité comme en quantité sur la littérature. Combien d'admirateurs d'églises et de tableaux, ou d'auditeurs de musique, par rapport au nombre de lecteurs ? Or la lecture et la culture écrite sont au XVI^e^ siècle l'apanage des privilégiés. En gros, 95 % des Français sont alors illettrés : ils ne savent ni lire ni écrire, et comptent, dans le meilleur des cas, jusqu'à deux ou trois cents. Le XVI^e^ siècle garde bien une civilisation orale, à la vision réduite par une grille symbolique. On invoque Dame Nature, mais sa nudité reste voilée par la manière de voir les choses. Les représentations des villes ne sont en rien la reproduction du réel. Le grand aquafortiste Merian, qui a gravé les villes d'Europe, ne voit que ce qui lui convient, et jamais les faubourgs. Et, comme dans la civilisation chinoise, la montagne est redoutée : on l'agrandit en une vision d'épouvante qui ne disparaîtra qu'au XVIII^e^ siècle sous l'influence d'un Rousseau et d'un Gœthe.

La situation de la littérature est identique. Une page de Montaigne et une de Corneille sont séparées par un demi-siècle. Dans le premier cas la lecture est difficile à l'homme d'aujourd'hui, tandis que la langue de Corneille nous est très proche. L. Febvre a décrit cette évolution rapide, que l'on retrouve en Allemagne avec la généralisation de la langue de Luther et, à des degrés divers, dans les autres pays.

Le XVIe siècle vit encore — parodions l'expression de Baudelaire — dans une forêt de symboles ; le lys évoque la pureté avant d'être fleur ; le réalisme pictural se borne à bien représenter chaque plante en juxtaposant les fleurs de toutes les saisons en une vision de paradis céleste (ou terrestre). Cette forêt de symboles est pleine de « correspondances » : de même que la langue est d'une extraordinaire richesse descriptive, elle est très démunie pour l'abstraction : au faible degré d'abstraction de l'image répondent les difficultés du langage à produire des concepts.

Il en résulte une sensibilité bien différente de la nôtre. L'attitude de l'ensemble de la société envers l'art se manifeste d'abord par une extrême sensibilité à la musique. Il n'est gentilhomme qui à l'audition de *La Bataille de Marignan* (chanson à quatre voix de Janequin) ne tirât son épée. Rien de tel pour la lecture. Le Moyen Age — et c'est une conquête essentielle sans laquelle il n'y eût pas existé d'imprimerie — a intériorisé la lecture en la rendant silencieuse ; en outre, cette activité s'exerce de plus en plus assis et non plus debout. On discutera vainement pour savoir si le XVIe siècle est plus « moderne » que « conservateur » : la Renaissance n'ordonne en tout cas pas le plaisir des sens selon notre hiérarchie, et nous avons beaucoup de difficulté à en pénétrer l'intimité.

Pourtant, les humanistes ont inventé quelque chose de fondamental : la culture générale, transmise de surcroît par l'école. Ils ont trié dans l'immense corpus de la littérature antique ce qu'un « honnête homme » devait connaître, et constitué ainsi une sorte de canon du savoir, en prenant pour critère un latin idéal et une philosophie non moins idéale. Cette épuration avait sans doute des arrière-pensées religieuses. Protestantisme et catholicisme se sont en effet trouvés confrontés au même problème ; le rapport des sciences et des mœurs antiques au christianisme. Comme, en même temps, le sens de la pudeur gagnait du terrain avec le savoir-vivre, les critères d'élimination ont été doubles : d'une part la beauté de la forme — la pureté du langage et de la syntaxe fondés sur le latin « classique » — et d'autre part la perfection morale. On s'est alors mis à découper les textes antiques pour n'en garder que les passages conciliables avec la morale chrétienne. Les morceaux choisis ont, certes, été inventés au Moyen Age, mais le XVIe siècle les a élevés à la hauteur d'une institution. Bossuet ne procède pas autrement quand il épure les textes *ad usum Delphini,* « à l'usage du Dauphin » et, à travers lui, tous les enfants de France.

Cette évolution s'est faite spontanément. Comment, en effet, maîtriser le *Thesaurus* latin et grec en moins d'une vie. Et encore ! *Ars longua, vita brevis,* disait-on : « L'art est immense, la vie est si brève. » Rabelais n'en conçoit l'acquisition que dans l'impossible programme de Gargantua : on apprend constamment — et on prie — même pendant le repas, sur la chaise percée, et cela dans des abbayes de Thélème dont c'est la finalité, où les ancêtres côtoient les jeunes et les adultes les adolescents.

Programme utopique : dans la réalité des choses, seule l'école pouvait résoudre le problème. La France du XVIe siècle se couvre, comme toute l'Europe évoluée, d'un réseau dense d'écoles urbaines créées à l'initiative des corps municipaux. Les guerres civiles en détruisent rapidement une bonne partie — la quasi-totalité dans le Sud-Ouest — et une fois de plus, c'est l'État qui prend le relais : s'il se soucie peu de ces écoles auxquelles il n'apporte rien, il suscite pour les établissements d'enseignement une clientèle en puissance. Les offices n'exigent pas seulement des moyens financiers mais aussi un minimum de formation : art oratoire (la rhétorique), maniement des idées générales (les humanités), spéculation philosophique.

Les Églises, quelles qu'elles fussent, y trouvèrent leur avantage ; en Angleterre, les luttes politiques qui éclatèrent en 1548-1549, quand la catholique Marie Tudor succéda à Henry VIII, conduisirent les réformateurs à affermir très tôt les enfants des couches dirigeantes dans leurs convictions. Luther pensait de même, et Calvin mesura l'efficacité du collège de Jean Sturm à Strasbourg. Les catholiques leur emboîtèrent le pas, et les jésuites pillèrent sans vergogne les idées des protestants dans leur *Ratio Studiorum*, la règle des études.

## *Découverte de l'enfance*

Au début, ces écoles s'adressaient à tous les publics. La notion même de classe n'existait pas ; côte à côte, adultes et jeunes apprenaient les mêmes choses. Progressivement, beaucoup plus lentement qu'on ne l'imagine, on créa des classes d'élèves de même âge et de niveau comparable. Évolution logique, inévitable, parce que rationnelle.

Philippe Ariès a montré que l'époque moderne avait découvert l'enfance, et la « vertu d'une retraite préparatoire où l'on donnerait, non pas un métier, mais une formation à l'état d'homme ». Le collège médiéval s'offrait comme un cadre que les humanistes remplirent. On se mit à souligner la spécificité d'un âge à protéger, à l'instar de la « Sainte Enfance » du Christ, en l'isolant du monde perverti des adultes dans le refuge protecteur de l'école.

Le écoles accueillirent d'abord un public socialement mêlé : on a évalué à plus de 20 % la proportion d'enfants de laboureurs dans les collèges de jésuites de Champagne. Mais l'école devint progressivement un filtre doublement éliminateur. Les filles en furent écartées : à l'enthousiasme de l'abbaye de Thélème succède l'abandon pur et simple de l'éducation féminine. Fénelon, le premier, osera protester dans son *Traité de l'éducation des filles* (1687) : « Rien n'est plus négligé que l'éducation des filles. L'éducation des garçons passe pour une des principales affaires par rapport au bien public. Pour les filles, il ne faut pas qu'elles soient savantes ; la curiosité les rend vaines et précieuses. Il suffit qu'elles sachent gouverner un jour leur ménage et obéir à leurs maris sans raisonner. » Le XVIe siècle, siècle de la femme, est donc celui qui aura écarté la femme de la grande innovation du temps. Élimination très rapide, comparée au rejet plus lent des couches populaires...

La découverte de l'enfance remonte en fait, très loin, au XIIIe siècle et à l'intérêt pour la naissance du Christ. Songeons à la place centrale de Noël dans la liturgie, à la vogue des crèches depuis saint François d'Assise, aux thèmes de la peinture, aux Rois Mages, à la Présentation au temple. Le XVIe siècle connaît plusieurs enfants-rois en qui on place tous les espoirs : les trois fils de Catherine de Médicis ont été l'objet d'un attendrissement politique dans lequel l'âge a joué un rôle. Il y a aussi l'influence de l'Antiquité, du moins de l'Antiquité hellénistique qui parle de l'enfance ou la représente. Surtout, la nécessité de faire pénétrer la jeunesse dans le monde de la culture écrite par une formation spéciale pousse les adultes à réfléchir sur les singularités de l'enfant. Il est fini, le temps des placements en très bas âge comme page au service d'un grand pour apprendre la vie au contact des adultes. Dans la haute société noble et surtout bourgeoise, les rudiments s'acquièrent soit à domicile avec un précepteur privé, soit par l'« enfermement » dans un collège, parfois atténué par la présence d'un précepteur. On passe ainsi de la nourrice campagnarde au préceptorat ou au collège. Le système est affiné par la spécialisation des collèges ; de « plein exercice » dans les très grandes villes, d'« humanités » (sans philosophie) dans les villes intermédiaires, « de simple exercice », où l'on n'apprend que les rudiments, dans les petites agglomérations. Ces innovations se mettent en place dans la deuxième moitié du XVIe siècle. Le grand développement des collèges se situera plus tard, au XVIIe siècle. Cette éducation qui coûte de plus en plus cher contribue à sa manière à valoriser l'enfant.

La découverte de l'enfance se décèle également dans le regard qu'on porte sur elle ; les peintres en sont de bons témoins. Notons que les enfants n'ont jamais été absents des retables du Moyen Age : ils figurent dans les cortèges des donateurs, et les enfants royaux sont portraiturés. Les deux Holbein créent ainsi à travers l'Europe germanique et anglo-saxonne un marché du portrait d'enfants — bien représenté au musée de Reims — et cette multiplication entraîne la diversité et pousse à l'observation.

Dans le domaine éducatif la France urbaine — surtout celle du Nord — suit en fait la vallée du Rhin, comme elle l'a suivie pour le livre. Vallée riche, lieu de contacts violents entre les religions, vallée des imprimeurs et de l'alphabétisation précoce, de la grande peinture (religieuse et privée), vallée des villes, vouées à l'humanisme, vallée des artilleries municipales : la France noue avec elle de multiples contacts, que renforcent les exilés des deux côtés. Empêtrée dans les guerres d'Italie, la France a d'abord les yeux fixés sur la péninsule. Puis elle se replie sur elle-même, sur ses conflits internes. Il n'empêche que, sous l'écume des massacres et des destructions, s'écoulent en silence vers elle les grands courants de l'Europe. Il est impossible d'isoler l'histoire de France.

## *Un nouvel art de vivre*

L'Europe sécrète en effet un nouvel art de vivre, une nouvelle manière de se comporter jusque dans les plus humbles gestes de la vie quotidienne. Le XVIe siècle accroît ainsi le fossé entre le peuple et les élites. Le progrès est, dans un premier temps, fondamentalement inégalitaire ; jamais il n'a creusé de fossé plus profond qu'au moment où est entré dans le monde l'écrit. Tel est, peut-être, en définitive, le plus profond des drames français. Il isole tous ceux qui ne participent pas de/et à l'écrit.

Dans la réalité quotidienne la plus humble, tout le manifeste. La cuisine paysanne par exemple, ne s'enrichit que de quelques produits comme les haricots. L'alimentation populaire est déjà plus riche en ville. Au dire des étrangers qui s'extasient de l'opulence des marchés parisiens, les composants carnés tiennent une place plus grande qu'on ne l'imagine souvent : 100 kg de viande par habitant et par an au début du XVIIe siècle, et tout semble indiquer qu'il en était de même au XVIe siècle. Il n'est pas possible, matériellement, que les riches mangent seuls cette quantité. Le peuple, enfants compris, en consomme au moins 40 à 60 kg. En 1557, Girolamo Lippomano écrit que le porc est une nourriture réservée à « ceux qui sont véritablement pauvres ».

L'utilisation systématique du houblon permet de mieux conserver la bière qui, venue de Flandre, remplace la cervoise. Le cidre conquiert le Nord-Ouest. L'alcool apparaît partout. La mode italienne apporte avec elle les sorbets glacés (vers 1550) en attendant les crèmes glacées qui n'arriveront, toujours d'Italie, qu'un siècle plus tard. La gastronomie reste pourtant encore très médiévale. La viande est noyée sous les épices. Les grandes mutations du goût se situent au XVIIe siècle.

En attendant, l'art de la table se transforme. Lors des grands repas, on ne se réunit plus dans la cuisine : la salle à manger apparaît. La manière de dresser une table devient un art, au sens propre du terme, parmi d'autres. Lié à l'industrie linière, le linge de table devient courant. Couteaux et cuillères se placent à côté des assiettes d'argent ou de faïence, tandis que les boissons sont offertes dans une verrerie fine (italienne ou lorraine) placée en arrière, et non sur la table : les domestiques veillent aux besoins des convives. Revenant de Pologne par Venise, Henri III en aurait rapporté la fourchette, qui rencontre au début peu de succès : ni Montaigne ni même Louis XIV ne l'aimeront et elle ne se généralisera vraiment qu'au XVIIIe siècle. Le vocabulaire lui-même reflète ces raffinements : fi des termes triviaux, du mot chair, par exemple, qui évoque des choses par trop ambiguës. De même, on dédaigne la soupe, populaire, comme l'ail qui empeste l'haleine, et les bouillies. Vive le pain, de préférence celui, blanc à souhait, que font les boulangers de Gonesse pour les Parisiens. Il n'est plus question, sur les tables honnêtes, que de potages, de fruits variés et abondants et des légumes nouveaux que chaque matin, après le lait, les paysannes des environs viennent « crier » sous les fenêtres de la noblesse ou de la bonne bourgeoisie. Tenue à table, tenue au lit, tout change. La forme des instruments conditionne la manière de s'en servir, même s'il existe un décalage entre leur utilisation rationnelle qui est tardive et leur usage au moment de leur apparition. Le décalage est d'ailleurs le même en agriculture : la luzerne et le trèfle font, de longue date, partie du jardinage, et la « révolution agricole » eût été possible dès le XVIe siècle si on les avait fait passer du jardin au champ. Pourtant l'introduction des ustensiles nouveaux progresse assez vite, surtout dans les campagnes qui avoisinent les grandes villes.

Il faut que le modèle soit puissant et unique pour modifier les comportements. Or la Cour des derniers Valois, telle que nous la représentent les tableaux, souffre de plusieurs handicaps à cet égard. Les modes ne sont, elles-mêmes, pas encore bien fixées. Les rois manquent de prestige. Henri III n'est pas Louis XIV, et les mœurs de la Cour deviennent barbares avec les guerres de la fin de son règne. Une partie de la noblesse de France n'apparaît que rarement à Paris ou à Fontainebleau après 1580. Protestante ou catholique elle est en campagne et ce n'est pas là que les mœurs s'affinent. Enfin, les habitudes de Cour sont suspectes d'italianisme — avec tout ce que cela implique de trouble — et souffrent de la réputation douteuse que les prêtres ligueurs font à des mignons qui, pourtant, ne le méritent pas toujours. Ce n'est qu'un siècle plus tard, grâce à *La Princesse de Clèves* de Mme de La Fayette, que les mœurs de Cour des Valois bénéficieront d'une certaine réhabilitation. Chez les protestants, les idées sur la Cour ne sont pas meilleures : tout un courant de pensée assimile le raffinement à un luxe indu, injuste et corrupteur. Le vieux fond français réapparaît, et réapparaîtra à travers la querelle de Voltaire et de Rousseau sur le Mondain. Comment d'ailleurs les mœurs de la Cour s'imposeraient-elles si la personne du roi n'est pas elle-même inattaquable ?

Dans cette atmosphère, resurgissent les peurs paniques. L'astrologie vient à la mode par l'intermédiaire de l'Italie. La peur du démon s'allie à la cruauté des hommes pour provoquer de monstrueux procès de sorcellerie. Tandis que s'édifie l'idéal d'un homme nouveau, voici que flambent les bûchers. Les Églises en portent leur part de responsabilité. L'essentiel, toutefois, se trouve peut-être ailleurs que dans le domaine religieux : dans le mouvement général des idées.

Dans une civilisation orale, le trésor des connaissances empiriques et des savoir-faire se transmet par les anciens. On apprend en regardant, mais surtout en imitant. Naturellement la civilisation orale charrie le meilleur et le moins bon. La médication, les saignées et les purges répétées à tout et surtout hors de propos étaient de redoutables pourvoyeurs de mort.

Mais les menus pouvoirs de ceux qui savent suscitent une inquiétude avivée par l'inconscience de quelques rebouteux ou sorcières de village ou de quartier : ils sont occultes. Ils représentent la survie prolongée de croyances abâtardies, vagues au possible, mâtinées d'influences orientales et païennes, qui paraissent coupables. L'intrusion de l'écrit dévalorise ce savoir et leurs détenteurs dans un monde savant juché sur ces fragiles certitudes, puis chez tous ceux qui, sensibles au prestige du savoir livresque, ont à la fois besoin et peur de cette culture populaire. Ajoutons que l'atmosphère du village n'est guère idyllique, la malignité des gens de la campagne égale bien celle des citadins. La magie, dans la haute société, représente une évasion. Dans le peuple, la survalorisation du savoir ancestral, en réaction contre sa dépréciation, débouche sur l'espoir d'une autre évasion : dans la fête populaire l'inversion des rôles a toujours occupé une place essentielle. Et si, pour prendre sa revanche sur une vie médiocre, il fallait recourir à l'Inverse par excellence, au Malin ? Le savoir des civilisations orales porte aussi la possibilité de faire le mal.

Cela n'est pas nouveau, et il y a eu au Moyen Age des épidémies de bûchers. On peut en dégager une géographie de la sorcellerie, et noter la spécialisation de certains villages, voire, au XVe et surtout aux XVIe et XVIIe siècles, de provinces et de régions entières. Mais si la sorcellerie est permanente, elle est brusquement persécutée : ce n'est pas tant la sorcellerie en tant que telle qui pose problème, mais sa répression. Sans doute y a-t-il une part de cupidité ; la fortune des sorciers et sorcières est confisquée et partagée ; mais c'est là une explication de portée limitée. La sorcière type est souvent veuve, en tout cas isolée, et déjà quelque peu mise à l'écart du village. Elle est la plupart du temps pauvre, voire misérable. Tel village de Lorraine paie des juges pour s'en débarrasser, mais on voit des sorciers proposer de l'argent pour que l'on interrompe les poursuites. Sous la torture, on avoue n'importe quoi. Que l'on lise la *Démonolâtrie* du procureur général de Lorraine, Nicolas Remy, pour s'en convaincre. Même un grand esprit comme Jean Bodin s'en mêle : cinq ans après sa *République* (1576), l'une des très grandes œuvres de la réflexion politique, il fait paraître en 1581 la *Démonomanie des sorciers*. Pour lui, il y a en Europe près de deux millions de sorciers et de sorcières et Bodin souhaite qu'ils n'aient qu'une tête pour qu'on puisse les brûler d'un coup. Michelet a décrit la fascination exercée par ces femmes que le peintre alsacien Hans Baldung Grien représente jeunes et belles accompagnées de vieilles sorcières décrépites, en un contraste que le XVIe siècle a toujours aimé : femmes jeunes s'offrant ou offertes aux vieux lubriques, jeunes filles face à quelque miroir que vient ternir la mort, sorcières de tous âges se préparant pour quelque sabbat.

Cela aussi, ces morts inutiles et terribles dans les bûchers, c'est le XVIe siècle. Brièvement, après l'édit de Nantes, il y a quelques années de rémission, coïncidant avec le règne d'un Henri IV mort à temps pour sa réputation, car la guerre extérieure menace alors. La première moitié du XVIIe siècle prolongera durement la seconde partie du XVIe, les révoltes populaires se superposant aux guerres civiles et à la confrontation permanente avec la Maison de Habsbourg. Les historiographes du roi attendent alors le grand roi qui donnera au pays gloire, repos et paix. Ils auront deux quasi-rois, deux premiers ministres, et avec eux la gloire, mais sans le repos et sans la paix. Épreuve dramatique d'un temps où Callot grave *Les Misères de la guerre* en cette Lorraine où plus que jamais brûlent les bûchers. Le siècle de la beauté s'estompe pour faire place à celui dont émerge, par ses qualités comme par ses faiblesses, celui que la postérité qualifiera de « Grand » : Louis Dieudonné, roi de France.

# TROISIÈME PARTIE

# Le XVII$^{e}$ siècle

## *Un siècle déstabilisateur*

Dans un manuel universitaire de l'entre-deux-guerres un historien anglais définissait le XVIIe siècle comme « celui des révolutions ». Il l'entendait ainsi non seulement au sujet de l'Angleterre mais de tout le continent européen. C'est, en effet, le siècle déstabilisateur par excellence, que l'on a trop figé sous le masque de marbre de Versailles, trop enseveli sous l'éclat de la littérature classique, trop encensé comme un modèle accompli. Voltaire avec son *Siècle de Louis XIV* l'a fait oublier : ce roi n'a gouverné qu'à partir de 1661. Ce règne forme pourtant le deuxième apogée de notre histoire et, que l'on aime ou non le monarque absolu, il a marqué notre pays dans sa forme comme dans son esprit. Mais cela lui a été singulièrement facilité par « ce grand cardinal de Richelieu » (Colbert), de même que par l'insinuant cardinal Mazarin.

Ces choses sont évidentes en matière politique et artistique. La grandeur du siècle se situe pourtant ailleurs. En 1715, un tiers des hommes savent lire, et la plupart écrire : progrès immense, si l'on songe que dans l'Empire romain moins de 10 % de la population participaient de la culture écrite. Dès 1630, la révolution linguistique est faite : on est passé, presque sans transition, d'un français approximatif à une langue précise. En 1600, peu de gens, on l'a dit, savent compter, et faire les quatre opérations élémentaires dont en 1700 l'acquisition est effective dans les couches sociales tant soit peu élevées. La monétarisation de l'économie, amorcée au XVIe siècle, se poursuit. D'un coup, certaines sciences « explosent », et d'abord l'astronomie ; les mathématiques l'ont précédée et l'ont rendue possible, qui ont fait, en moins d'un siècle, plus de progrès que dans toute l'histoire antérieure. La technologie s'affine ; quoique encore artisanale, elle atteint des sommets inégalés. C'est en pleine guerre de Trente ans qu'en Hollande et en Italie l'optique invente, en quelques années, le télescope et le microscope. S'ouvre alors un Univers que l'on n'avait jamais soupçonné si grand, comme se laisse entrevoir le champ de l'infini petit. En moins de vingt ans, les représentations mentales de l'Univers et de l'existence s'en trouvent bouleversées. Descartes ne fait alors que dresser un constat avec son génie particulier, et Pascal s'interroge sur les deux infinis.

En même temps, se produit cet événement majeur que les historiens rationalistes ont trop réduit : la Contre-Réforme catholique. Une vague gigantesque emporte le pays en un foisonnement de mystiques et de réformateurs des deux sexes, une cohorte infiniment diverse qui se traduit aussi par une littérature étonnante, encore largement méconnue.

Répondant à un double défi — la ruine de la vision médiévale, aristotélicienne et chrétienne du monde et la vague mystique —, les libertins, de leur côté, tentent de se libérer non seulement de l'institution ecclésiastique mais aussi du christianisme lui-même en affichant ouvertement pour la première fois, en Occident, leur incroyance. Ils vivent la libération des mœurs comme le signe de la libération de l'esprit.

Confrontée à la science qui prend son essor et au défi des libertins, l'Église applique les décisions du concile de Trente en veillant à l'instruction du clergé ; à la fin du siècle, l'exigence d'une religion éclairée évince le mysticisme comme en témoigne le douloureux combat qui oppose Bossuet et Fénelon. En 1700, jamais la France n'a été plus christianisée, le clergé meilleur. Et pourtant, l'Église a déjà virtuellement perdu la grande bataille du siècle suivant. Deux tendances s'affrontent : les pessimistes posent le terrible problème de la grâce, qui domine tous les débats du siècle, et les optimistes croient en l'homme. Entre libertins et croyants, protestants rigides et catholiques jansénistes, protestants éclairés et molinistes, la question posée est le destin de l'homme, et les conceptions de vie sont extrêmement contrastées.

La poésie, qui a dominé le XVIe siècle, ne recule pas. La poésie baroque de la première moitié du siècle, largement religieuse, est d'une grande richesse. Les foisonnements de cette poésie de l'eau et de l'illusion s'opposent à la solidité classique où la tragédie — genre majeur avec la comédie — singularise les deux morales de Corneille et de Racine. La France est-elle essentiellement classique ? Dans quelle mesure est-elle « baroque » ? Les deux, sans doute, à la fois, et simultanément. Dans les brillantes fêtes du début du règne de Louis XIV, les costumes que nous décrivent les planches du Louvre sont on ne peut plus baroques, alors que le décor est tout à fait classique. Tout est contradictoire en ce siècle dont nous n'avons pas fini de découvrir l'infinie diversité.

Concrètement, le royaume, en 1715, a pris une configuration presque définitive. Le pentagone est devenu hexagone. L'extension est marquée par les dates de 1648 (traités de Westphalie après la guerre de Trente ans), 1659 (traité des Pyrénées après la guerre avec l'Espagne), 1668 (traité d'Aix-la-Chapelle après la guerre de Dévolution), 1678 (traité de Nimègue après la guerre de Hollande) et enfin, 1697 (traité de Ryswick après la guerre de la Ligue d'Augsbourg). Un empire colonial s'est édifié, encore peu rentable mais voué à une brillante expansion. Le sentiment national est sorti raffermi des épreuves de la première moitié du siècle. A tous égards, le tournant se situe après 1661 ; le début du règne personnel — l'une des grandes aspirations du siècle précédent — se traduit par le retour à la paix civile, la démilitarisation et le désarmement à l'intérieur des frontières. Les villes, décorsetées de leurs remparts, s'agrandissent et connaissent un regain de dynamisme.

Le maître mot du siècle pourrait être rationalisation. L'État se rationalise, comme la science, comme la langue. L'État se cherche, enquête sur soi-même. On tente d'établir une politique cohérente, appuyée sur une connaissance progressive des hommes et des choses. Passé les grandes conquêtes du début du règne de Louis XIV, tout se déroule comme si, désormais, les dirigeants sentaient le besoin de limiter le pays au raisonnable. C'est Vauban qui parle, le premier, du « pré carré ». Et c'est au traité d'Utrecht que, *volens, nolens,* Louis XIV est obligé de souscrire à la formule : tout ce qui est « à l'eau pendante des Alpes du côté du Piémont » revient à la Maison de Savoie. Pourtant, le roi a rêvé de la couronne du Saint Empire et, dans les clauses du traité des Pyrénées, Mazarin a fait préciser que cette chaîne s'inscrivait parmi les anciennes frontières de la Gaule...

## CHAPITRE PREMIER

# Guerres et paix

(1598-1659)

### *Vers la guerre totale*

« Que vois-je durant ce temps ? Quel trouble ? Quel affreux spectacle se présente ici à mes yeux ? La monarchie ébranlée jusque dans ses fondements, la guerre civile, la guerre étrangère, le feu au-dedans et au-dehors ; les remèdes de tous côtés plus dangereux que les maux... Que dirai-je ? Était-ce là de ces tempêtes par où le ciel a besoin de se décharger quelquefois ; et le calme profond de nos jours devait-il être précédé par de tels orages ? Ou bien étaient-ce les derniers efforts d'une liberté remuante qui allait céder la place à l'autorité légitime ? Ou bien était-ce comme un travail de la France prête à enfanter le règne miraculeux de Louis XIV ? »

Telle est l'apostrophe que lance Bossuet, le 9 août 1685, du haut de sa chaire, dans l'oraison funèbre d'Anne de Gonzague de Clèves, princesse Palatine. Admirable analyse, dénuée de la flagornerie que nos contemporains veulent parfois y voir. Elle représente l'opinion de ceux qui ont souvent souffert dans leur personne, dans leurs biens pour l'idée qu'ils se font de la France. Et l'immense soulagement, pour une fois unanime, qui accueille la prise de pouvoir de Louis XIV est-il à l'origine de la lâche complaisance des prédicateurs et des confesseurs pour les aventures féminines du roi ? Mesurons-nous le contraste entre la situation du royaume au début du siècle et vers 1685 ?

De 1598 à 1610, l'oasis de paix est plus évidente pourtant pour nous que pour les contemporains : il y a quand même une courte guerre avec la Savoie, et il y a surtout, à l'arrière-plan, l'affaire du duché de Clèves et l'orage qui se lève sur l'Europe centrale et auquel, vers 1610, Henri IV fait plus que penser. Il n'empêche que c'est bien l'accalmie et la reconstruction : une décennie qui laissera, après coup, un impérissable souvenir.

Le personnage de Sully fait partie, avec celui d'Henri IV, de la grande mythologie de la III^e République, sous la forme d'un grand-père barbu et sympathique prononçant la phrase célèbre : « Labourage et pâturage sont les deux mamelles de la France. » Comme toutes les mythologies, celle-ci contient sa part de vérité. Sully est bien ce responsable des finances, soucieux de l'équilibre des budgets, capable d'épargner un important trésor de guerre et d'assainir une situation financière dégradée au lendemain des terribles guerres civiles. Il est, plus encore, l'homme du mercantilisme le plus étriqué, soucieux, il est vrai, de rétablir une agriculture et un monde paysan durement touchés. Il est l'homme de la reconstruction et des excédents budgétaires. D'emblée aussi l'on atteint certaines limites. Comme pour Colbert, le désintéressement n'est pas son fort. Et il a moins que Colbert compris l'importance du grand commerce maritime et de l'industrie. Son maître Henri IV a heureusement fait aussi confiance à d'autres qui, comme Laffemas, ont su au moins tâter des techniques nouvelles : l'industrie de la soie, par exemple.

Sully est un homme d'un parti de son temps : un protestant rigide et austère, qui avait assez d'envergure pour entrevoir les nécessités politiques du moment. S'il a su ne pas s'opposer à la conversion de Henri IV au catholicisme, il a su, aussi, assurer à ses coreligionnaires de solides garanties, y compris les places de sûreté de l'édit de Nantes. Homme de travail, il a assuré la continuité de l'État dans les domaines quotidiens, face à un roi certes avisé, mais aussi brouillon et par moments dangereux avec ses préférences féminines et sa progéniture illégitime.

Le mérite majeur de Sully est d'avoir été, à l'intérieur d'un groupe de travail formé d'hommes disparates, un élément modérateur, réfléchi, voire terre à terre. Son maître le dépassait de beaucoup; du moins a-t-il su, par moments, le freiner et l'obliger à la réflexion. Il lui a d'ailleurs survécu. Politiquement, il a assuré les débuts de la régence de Marie de Médicis. Son trésor de guerre a permis de durer quelques années, et d'acheter des consciences. Ses successeurs ne l'ont, jusqu'à Richelieu, pas valu. N'oublions pas qu'il fut, en sa jeunesse et sa maturité, un homme de guerre, fidèle entre les fidèles de son maître et de son Dieu.

L'assassinat de Henri IV vient en 1610 tout remettre en question: c'est un retour en arrière, la reine Marie de Médicis étant bien la plus mauvaise régente possible. Donc, de 1610 à 1625-1626, une situation instable, ponctuée de révoltes princières et protestantes, de petites campagnes. En fait, ce sont les neuvième et dixième guerres de Religion, cette fois mâtinées d'ambitions déçues. C'est aussi le retour de l'anarchie, dont les peuples font les frais, et le retour des grands. Rien n'est plus représentatif de ce regain de violence que les tragédies qui regorgent de sang et de meurtres qui ne se passent même pas dans les coulisses, mais sur la scène. On tue sur scène, comme on tue lors des « rencontres » du Paris diurne et surtout nocturne, et l'on montre le cœur pantelant arraché à la poitrine. Le viol sur scène paraît chose normale, et Alexandre Hardy en met en scène deux dans la même pièce. Rien ne traduit mieux la mort de la Renaissance.

Troisième phase: de 1625-1630 à 1642, la dure poigne du cardinal rétablit l'ordre. La prise de La Rochelle (1629) est, à sa manière, la conclusion des guerres de Religion; et elle met fin, provisoirement, à l'opposition contre la monarchie absolue. Mais, dès cette date, avec la guerre de Trente ans, la guerre externe remplace la guerre interne, d'abord indirectement, par le soutien financier accordé contre l'empereur au Danemark (de concert avec l'Angleterre et la Hollande) puis à la Suède. Après la mort de Gustave-Adolphe sur le champ de bataille de Lützen (1632), les Suédois se maintiennent de plus en plus péniblement en sorte qu'à partir de 1635 Richelieu doit faire entrer la France elle-même dans la guerre.

Guerre indirecte ou directe, paix troublée par les révoltes populaires, tout cela se paie par la brutale augmentation des prélèvements de l'État : entre 1630 et 1640 les impôts quadruplent. Il s'agit sans doute là de la plus forte augmentation fiscale de l'histoire de la France avant 1914. Cette césure des années 1630-1640 marque donc profondément la France. Elle débouche sur la célèbre journée des Dupes (1630).

Arrêtons-nous un moment à cette croisée des chemins. Fallait-il mener une politique de paix totale, permettant d'effectuer les réformes nécessaires à l'intérieur en sacrifiant délibérément la position extérieure, ou bien — ce fut le choix de Richelieu — fallait-il faire d'abord la guerre, avec ce qu'une lutte à mort comportait de problèmes financiers pouvant empêcher les réformes souhaitées par le clan Marillac et les réformateurs religieux ?

Deuxième question étroitement liée à la précédente : la succession de Louis XIII. Louis XIV ne naîtra qu'en 1638. La santé du roi est très mauvaise, comme celle de Richelieu. Les astrologues de toute l'Europe ne cessent de prédire la mort prochaine du souverain, à commencer par celui de Marie de Médicis, Fabroni, plus ou moins d'accord avec les Pères de Chanteloube et Saint-Germain de Mourgues : curieuse alliance, dont Richelieu a longtemps fait partie. Il est vrai que le cardinal a sorti des prisons vaticanes Tommaso Campanella, qui lui « promettait que Monsieur — le duc d'Orléans — ne régnerait jamais et que le roi aurait un fils qui lui succéderait ». Campanella n'était pas seul à le prédire ; Anne d'Autriche cherchait la ceinture de la Vierge, censée avoir des vertus fertilisantes, et consultait des « saintes » telles que Marie Rousseau, une mystique « populaire » liée avec tout ce qui comptait dans la Contre-Réforme française, notamment Bérulle.

Les relations conjugales du roi avec la reine étaient au plus mal, en partie pour des raisons d'incompatibilité d'humeur, car le roi était prude, et assez singulier dans son comportement avec les femmes. Surtout, la mésentente était politique, Anne d'Autriche étant évidemment favorable à un rapprochement avec les Habsbourg. Or pas d'enfant royal, pas de survie de la monarchie française. Le problème se posait, en des termes assez proches de ceux du temps d'Henri III, mais il n'y avait plus de solution de rechange comme l'avait été Henri de Navarre. L'héritier le plus probable était cette fois-ci Gaston d'Orléans. Les protestants avaient toutes les raisons de s'inquiéter, et les partisans de la passivité à l'extérieur pouvaient penser qu'en ce cas mieux valait ne pas s'engager dans une lutte avec les Habsbourg. Arrière-pensées dont on ne parlait jamais en France, mais qu'évoquaient les ambassadeurs étrangers. Le pari que prit Richelieu de mener la guerre extérieure reposait sur un acte de foi : la naissance d'un enfant royal pouvait, seule, justifier cette coûteuse politique.

La lutte allait être longue. Nous, qui en connaissons les résultats, savons que les craintes étaient vaines, que la puissance de l'Espagne allait déclinant. La durée même de cette guerre contre l'Espagne, prolongée après le traité de Westphalie (1648) jusqu'en 1659, montre toutefois que cette puissance n'était pas encore négligeable. Entre deux pays également épuisés par la guerre, la victoire fut longue à favoriser l'un des deux camps.

Richelieu savait que la guerre coûterait cher. Ce qu'il ne pouvait prévoir, c'est que le coût et les conséquences intérieures en seraient encore plus élevées que prévu. Au-delà des dévastations et des pertes démographiques, le recours aux finances « extraordinaires » finirait par imposer non point une réforme en règle, mais un ensemble de mesures de circonstance, plus graves les unes que les autres : un « bricolage » au sens le plus précis du terme, faisant dépendre l'État de la volonté des munitionnaires, des traitants et des partisans, en un mot des hommes d'affaires. L'Ancien Régime avait désormais partie liée avec un véritable groupe de pression, heureusement divisé en clientèles concurrentes. Tout le jeu gouvernemental allait consister à les dresser l'une contre l'autre, les rois et leurs ministres menant le jeu dans une large mesure. Toute l'époque fut dominée par les conflits et les ententes entre les membres d'une quinzaine de clientèles importantes, qui finirent par former la texture même — mais occulte — de l'État.

Ce système ne rend pas toute réforme impossible, bien au contraire. La plus notable est l'extension rapide, justement entre 1630 et 1640, d'une institution mise en place sous Henri II : les intendants, ces commissaires départis à l'exercice de la justice, au maintien de la « police », et surtout à la bonne levée des impôts. Court-circuitant les réseaux traditionnels, ils dressent contre eux les inexplicables haines de tous ceux qui se sentent lésés. On le voit bien en 1648. Chargés de faire rentrer les impôts, seul gage des emprunts et des offices vendus, les intendants sont l'instrument de la monarchie absolue en guerre, ce que Roland Mousnier résume d'un mot particulièrement heureux : la « dictature (cardinalice) de guerre ».

Certains historiens ont estimé que le choix de la guerre contenait, virtuellement, l'impossibilité d'une « révolution financière » à l'anglaise et par conséquent l'exaspération de l'absolutisme. L'Ancien Régime étant totalement irréformable, la Révolution devenait inévitable. Les Marillac voyaient-ils aussi loin ? Ils pensaient en termes religieux à la fois la politique extérieure et la politique intérieure.

Tout au long du XVIIe siècle il existe un groupe de conseillers — le « Petit Concile » autour de Bossuet n'est que l'une de leurs manifestations — qui aspire profondément à un État chrétien, juste, équilibré, aussi peu citadin que possible : un royaume réformé, comme celui de *Télémaque,* où les impôts seraient légers, du fait de la modicité des besoins de l'État. Sur le plan extérieur ils souhaitent que le catholicisme l'emporte dans une Europe réunifiée religieusement : ils refusent donc qu'on empêche l'Espagne de réaliser cette unité. Sur les deux plans, ces idées poussées à l'extrême conduiraient la France, une fois le Saint Empire absorbé par la Maison d'Autriche, à voir se dresser contre elle l'énorme puissance de la dynastie austro-espagnole.

Dans son *Dialogue des morts* entre Richelieu et Oxenstierna — le grand chancelier qui sauve la Suède après la mort de son maître Gustave-Adolphe, tué dans sa victoire à Lützen le 16 novembre 1632 — Fénelon résume bien le dilemme en des termes cependant favorables aux adversaires de Richelieu : « J'ai agi suivant ma religion contre les Impériaux catholiques qui... tyrannisaient toute l'Allemagne : vous avez, en mauvais prêtre, relevé par nous les protestants et abattu les catholiques en Allemagne... », proclame Oxenstierna. Et Richelieu de lui répondre : « Je ne pouvais éviter cet inconvénient sans laisser l'Europe entière dans les fers de la Maison d'Autriche qui visait à la monarchie universelle. » Mais face à Mazarin, dans un autre Dialogue, Fénelon penche plutôt en faveur de Richelieu, même s'il ne cache pas la tyrannie cardinalice : « Richelieu : Ce n'est point cruauté que de punir les coupables dont le mauvais exemple en produirait d'autres. L'impunité attirant sans cesse les guerres civiles, elle eût anéanti l'autorité du roi, et eût coûté le sang de je ne sais combien de milliers d'hommes au lieu que j'ai rétabli la paix et l'autorité en sacrifiant un petit nombre de têtes coupables. »

Laissons là ce débat : que fût-il arrivé si les deux reines, la mère et l'épouse, Marie de Médicis et Anne d'Autriche l'avaient emporté ? Encore une fois, le fond du débat est l'attente de la naissance d'un successeur. Les faits avaient démontré que pour les peuples le seul rempart était la personne royale. De ce point de vue, les deux cardinaux ayant attiré sur eux les plaintes et les reproches, la monarchie pouvait apparaître comme la seule solution possible. Les historiographes du roi, depuis Guillaume Budé, n'ont rien dit d'autre.

## *L'armée du roi*

Tout alla bien jusqu'à la mort de Richelieu et à celle de Louis XIII survenues en 1642 et 1643, à quelques mois de distance. Ces morts inaugurent la quatrième phase. Avec le petit Louis Dieudonné, suivi par le duc d'Orléans, le problème de la succession ne se posait plus en France ; mais il commençait à se profiler à l'horizon en Espagne. La régence fut assurée par Anne d'Autriche, conjointement avec Mazarin. Après la « dictature de guerre », qui recouvrait tout du « grand manteau rouge » du cardinal, ce fut une tentative de dictature par la persuasion. La guerre durant, les révoltes populaires s'aggravant et le déficit financier s'amoncelant, on parvint une fois de plus à la banqueroute en 1648. Heureusement, la guerre venait de se calmer, et ne laissait en présence que l'Espagne et la France.

Ainsi furent cumulées la guerre extérieure, qui s'éternisait en raison de la faiblesse de chacun, et la dernière des guerres civiles, la Fronde. Celle-ci s'acheva en 1653, mais il en subsista des traces profondes, et elle faillit reprendre dans les années suivantes. Quand en 1659 la paix des Pyrénées fut signée avec l'Espagne, la France était exsangue. Elle accueillit l'annonce de la mort de Mazarin et celle du règne personnel du jeune roi avec l'immense espoir de voir réalisé ce que toute la société souhaitait depuis un siècle : un règne pacifique dans la gloire et la prospérité.

De fait, si la gloire ne manqua pas, les guerres devaient reprendre assez vite ; on eut juste le temps de restaurer, tant bien que mal, les finances. Mais il n'était plus question de guerre intérieure. Pour plus d'un siècle, le désordre ne fut plus qu'affaire de clans religieux et de contestation parlementaire, manifestations secondaires comparées à la forte accalmie que la France était pratiquement seule en Europe à connaître à ce point. En 1661, finissait donc la période commencée avec le traité de Cateau-Cambrésis (1559) et les premières guerres de Religion. Même la révocation de l'édit de Nantes (1685) ne pouvait remettre en question la sécurité intérieure.

Qui dit guerre dit armée. L'histoire militaire de la France a été trop longtemps ignorée. Au-delà de l'histoire-batailles, qui reste indispensable car les batailles ont « fait » la France, l'histoire des armées et de l'État militaire est déterminante. La mutation provoquée par l'alternance incessante des guerres civiles et extérieures est considérable. Non que la France ait mené le mouvement. Ce n'est pas en période de guerre civile que pouvaient s'expérimenter de nouveaux armements et, tenue à l'écart des grandes guerres continentales entre 1600 et 1635, l'armée française n'a pas suivi l'évolution technique. Elle se trouvait donc manifestement en retard. On le vit bien en 1636, quand les Espagnols s'emparèrent par surprise de Corbie après avoir brisé le barrage de la vallée de la Somme, et parvinrent à proximité de Paris. L'argent, une fois de plus, leur manqua cependant au moment décisif. Mais l'alerte avait été chaude. Il fallut du temps pour rétablir la situation : ce fut l'œuvre de Michel Le Tellier, le père de Louvois.

L'armée la plus moderne était celle de la Suède : armée nationale, mais profondément liée par le sentiment religieux. Techniquement très évoluée, elle s'inspirait des idées des Nassau émises en Hollande au début du siècle et relevant de la philosophie stoïcienne. Sa puissance de feu, forte et mobile, avait été acquise au prix de l'allégement des mousquets et des canons, dont certains devinrent portatifs. Se battant pour son roi et pour le luthéranisme, elle constitua un modèle inégalé. Très vite pourtant, elle dégénéra et perdit sa spécificité.

Il existait en Europe un autre modèle militaire: l'espagnol, avec ses redoutables *tercios*, ces groupes qui rassemblaient des Wallons et des petits nobles espagnols appauvris, dévoués à leurs chefs, fiers de leur invincibilité, de leur réputation terrifiante et, dans une large mesure, de leur foi catholique. Ils formaient des « carrés » en dressant leurs longues piques (près de 6 mètres) derrière lesquelles les mousquetaires pouvaient à loisir recharger leurs armes. Il fallut attendre la victoire de Condé à Rocroi (1643) pour briser le mythe de leur invincibilité.

Du XVIe siècle, toutes les armées avaient hérité des troupes mercenaires. Les plus célèbres furent les Suisses, fidèles au drapeau mais surtout à leur solde, dont dépendait leur efficacité. Toute l'Europe pauvre s'était ruée vers le mercenariat: des pays de montagnes (Suisse, Ligurie, Pays basque) et des régions surpeuplées comme la Souabe avec ses *Landsknechte* (lansquenets), ainsi que des catégories sociales vouées au métier des armes, comme les fameux reîtres (*Reiter*, cavalier) qui se recrutaient dans la noblesse de l'Allemagne du Nord-Ouest. Mais le mercenariat fut remis en question par la guerre de Trente ans. Comment un État dévasté pouvait-il, à la longue, fonder son armée sur ce système? D'ailleurs le recrutement se ralentissait; rentable, malgré les pertes humaines, pour les pays pauvres au XVIe siècle, le mercenariat l'était beaucoup moins au XVIIe siècle: vers 1700, la différence entre les salaires locaux et les soldes des mercenaires devenait minime. Au XVIIIe siècle, elle disparut.

Restait un troisième « modèle »: l'armée de Wallenstein, qui, profitant de l'impécuniosité des États, se mettait à leur service. C'était une armée non confessionnelle, avec une sévère discipline où la peine de mort était appliquée et qui se rétribuait elle-même: la guerre nourrissait la guerre et les soldes, du vivant de Wallenstein, étaient payées très régulièrement, mais aux dépens des pays, amis ou ennemis, où passait l'armée. Inutile d'insister sur les conséquences terrifiantes d'un tel système.

L'armée de Richelieu est une improvisation permanente, un compromis entre tous ces modèles. Ce n'est pas vraiment une armée nationale, quoiqu'elle y tende ; ce n'est pas une armée de mercenaires, quoique ceux-ci représentent entre le quart et le tiers des effectifs ; ce n'est pas, enfin, une armée confessionnelle, quoique les catholiques y dominent largement, car les officiers sont, sinon incroyants, du moins souvent indifférents.

Comme toutes les armées du temps, l'armée française est obligée de vivre sur le pays, mais plutôt moins que d'autres car elle a des ordres stricts. Les victimes peuvent se plaindre au Conseil du roi : les Archives de la Guerre montrent que le peuple ne s'en prive point et qu'on tente à Paris de l'écouter, procédure qui a l'immense avantage de permettre à l'historien de dessiner la carte des dévastations. Ainsi, en Alsace, les troupes françaises sont-elles considérées comme les moins terribles ; on préfère se placer sous leur protection, sans joie, par nécessité et résignation, par simple choix du moindre mal.

Le retard technique fut assez long à rattraper. Lentement, mais sûrement, l'artillerie française redevint l'une des meilleures, sinon la première d'Europe. Elle surpassa les autres sous Louis XIV, dans les années 1670. Quant aux effectifs, ils s'accrurent : 15 000 à 20 000 soldats permanents sous Henri IV ; 150 000 sous Richelieu, ces chiffres étant aléatoires car la désertion est un trait permanent de ce temps. La force majeure de l'armée française résidait dans ses intendants à la suite des armées qui, de concert avec les commissaires des guerres — l'un des offices les plus lucratifs, qui semble à l'origine de la fortune de Colbert — et plutôt mieux que dans les autres armées, assurent le ravitaillement et les soldes.

Instrument de plus en plus efficace, l'armée française commence, vers 1640, à inspirer à l'Europe un respect grandissant, même si Richelieu exprime de fortes réticences sur les « capacités militaires » des Français.

## *Les résultats positifs*

Le premier résultat, ce sont les annexions. Henri IV amorce le mouvement par la guerre de Savoie (1600-1601) : l'invasion de ce duché débouche sur le traité de Lyon (17 février 1601) qui, en échange de la forteresse de Saluces (l'une des fameuses « portes » de l'Italie), donne à la France la Bresse, le Bugey, le pays de Gex et le Valromey, et fixe la frontière « au cours du Rhône ». Lyon la fidèle, seconde ville de France, se trouve ainsi mieux protégée. Surtout l'avancée coupe l'une des routes par lesquelles hommes et argent allaient de l'Espagne vers les Pays-Bas par le golfe du Lion, Gênes, l'Italie du Nord, les cols alpestres et la Franche-Comté. Résultat partiel, l'un des objectifs majeurs de la stratégie d'Henri IV n'étant pas atteint : la route passant par l'Alsace et les cols suisses restait ouverte aux Espagnols. D'où le traité, conclu avec les cantons suisses le 29 janvier 1602 : les Suisses s'engageaient à ne pas laisser passer les troupes espagnoles et se liaient étroitement au roi de France, lui assurant en outre un recrutement de mercenaires ; avantage non négligeable, mais de portée malgré tout limitée.

Il faut attendre le traité de Westphalie (1648) pour voir se préciser la poussée française vers l'est. Laissons de côté les clauses qui concernent le Saint Empire. En dehors de la confirmation du traité de Cateau-Cambrésis — donc de l'annexion déjà ancienne des Trois-Évêchés (Metz, Toul et Verdun, avec leurs enclaves) — le traité de Westphalie concerne surtout l'Alsace. Les deux parties acceptèrent des clauses volontairement ambiguës, qui consistaient pour l'essentiel dans la cession à la France des « droits de la Maison d'Autriche » en Alsace : l'Alsace du Sud (le Sundgau) et, de manière beaucoup plus vague, la protection de la « Décapole » (les dix principales villes d'Alsace, sans Mulhouse et Strasbourg). Le texte était ainsi tourné que seul le rapport ultérieur des forces pouvait déterminer la suite des événements : c'était laisser la porte ouverte à une reprise de ces positions par les Habsbourg, ou à une conquête de l'ensemble de l'Alsace par la France. Même si la France se voyait reconnaître un certain droit de regard, c'était à la fois peu et beaucoup. Peu, car la superficie des territoires réellement acquis était minime ; beaucoup, parce qu'en fait l'armée française campait maintenant sur le Rhin et avait en gage les deux fortifications-passages de Brisach au sud, et de Philippsburg (près de Spire) au nord, sans oublier un couloir à travers une Lorraine occupée de fait. En somme, une série de points d'appui et d'îlots de souveraineté française disséminés à travers toute la Lorraine et l'Alsace, loin devant la frontière française qui bordait la Picardie, la Champagne, le Barrois et la Bourgogne.

Ces acquisitions furent complétées en 1659 par le traité des Pyrénées qui terminait l'interminable guerre franco-espagnole. Au sud, était rattaché à la France le Roussillon, c'est-à-dire la porte orientale de l'Espagne, débouchant sur cette Catalogne que les deux cardinaux avaient poussée de toutes leurs forces à la révolte : politique « de diversion » voire « subversive » dont les dirigeants du XVIIe siècle ont été friands. Au nord l'annexion de l'Artois garantissait la ligne de la Somme et sortait de son isolement la place forte la plus isolée du royaume, Boulogne. Enfin, tout au long de la frontière avec les Pays-Bas espagnols, une série de forteresses (Maubeuge, Givet, Thionville) allait à la France. Cette fois encore, les résultats parurent minces en regard de l'ampleur de la victoire française ; pour Mazarin, ces acquisitions étaient surtout le gage de quelque chose d'infiniment plus important : le mariage de l'une des infantes, filles du roi d'Espagne, avec le jeune roi Louis XIV, qui aurait ainsi des droits à la succession d'Espagne. Quoique les Espagnols aient pris leurs précautions, Mazarin avait fait en sorte que la dot ne pût être payée de sitôt.

On discerne dans les deux traités deux tendances. D'une part — surtout dans celui des Pyrénées — sont affirmées la désignation des frontières montagneuses comme frontières « naturelles » et celle des cours d'eau et lignes de partage des eaux comme limites ; c'est la création d'une frontière linéaire, fixée sur la carte et matérialisée là où c'est nécessaire par des bornes. D'autre part, dans le Nord-Est, on maintient les vieilles pratiques de zones-frontières larges, où se mêlent forteresses avancées en plein territoire étranger et enclaves étrangères en France. Dans ces avant-postes se tiennent en temps de paix des garnisons destinées à donner l'alarme et à briser en cas de conflit l'élan ennemi. Il reste que ce sont là des jalons provisoires. On se réserve, au gré des circonstances, de les reporter loin en avant ou, plus modestement, de les faire servir de prétexte pour combler progressivement les interstices.

Pour l'avenir cependant, ces choix sont lourds de conséquences. L'avancée est profonde à l'est, moins au nord-est, comme si l'on avait suivi la pente de la moindre résistance afin de ne pas trop inquiéter Hollandais et Anglais. A moins que ne se soit imposé un simple choix stratégique : couper les voies de communication des Espagnols vers le nord ; car, Brisach contrôlant la route de la rive droite du Rhin, les Pays-Bas espagnols se trouvaient isolés. Déjà sous Mazarin, les milieux politiques d'Amsterdam répétaient le dicton : « Les Français amis, mais non voisins. » En 1661, la puissance française commence à faire peur. On pouvait jusque-là compter sur les troubles internes de la France. Mais maintenant ?

### *Les résultats négatifs*

La guerre avait été terrible à l'intérieur, et pire à l'extérieur. Accru en superficie, en force militaire, en gloire et en renommée, le royaume sortait cependant en partie ravagé de la tornade européenne.

On peut dessiner la carte des dévastations et discerner quatre grandes zones. Dans l'Est fraîchement conquis, en Lorraine et en Alsace, la démographie a évolué comme dans l'Empire, c'est-à-dire d'une façon catastrophique. L'Alsace a perdu 40 % de sa population des années 1620 ; la Lorraine, d'après Cabourdin, est à peu près dans le même cas. Tout ou presque y est à reconstruire. Le long de la frontière de l'ancien pentagone la situation n'est guère plus brillante ; les pertes humaines sont inférieures de moitié, mais les destructions et les pillages, à en juger d'après les plaintes adressées au secrétariat de la Guerre, ont été très graves. On en voit quelque chose dans les tableaux de paysans des frères Le Nain, qui montrent le Laonnais à cette époque. Ce ne sont pourtant pas des peintures « réalistes », mais des images destinées à un certain public parisien : la réalité s'y mêle à une vision idéale de la vie paysanne. Rien de comparable aux eaux-fortes de Callot, véritables reportages sur la Lorraine martyre. Cette zone, « route » de guerre, court de la Somme à travers toute la largeur de la Picardie jusqu'à la Seine, englobe le Soissonnais, le Valois, la Champagne, le Barrois, mais aussi toute la Bourgogne, et va jusqu'aux environs de Lyon. S'y ajoute, au sud, le Roussillon. Troisième grande région de dévastation ; le centre du Bassin parisien avec les campagnes d'Île-de-France, de la Beauce et de la Brie, de larges franges de la vallée de la Loire jusqu'à Angers ; les désastres ont ici pour cause la guerre civile, telle que la décrit la Mère Angélique Arnauld quand elle organise les secours et la protection derrière les murs de Port-Royal-des-Champs. Des scènes horribles s'y déroulent : enfants grillés sur des broches, mères éventrées, viols. Seul avantage, mais considérable, sur la zone « rouge » : la plupart du temps, la guerre a passé vite ; elle a sévi là quelques années au plus. Souvent, les enceintes des châteaux de Brie et de Beauce — parfois même de simples palissades hâtivement édifiées — ont suffi à écarter les maraudeurs.

La « désolation » des paroisses au sud de Paris n'en a pas été moins terrible. Le Sud-Ouest déjà meurtri par les guerres de Religion a été, du moins à la fin de cette guerre-ci, relativement préservé.

Mais nulle région de France n'était totalement à l'abri des passages de troupes. La position du royaume s'y prêtait. Du Limousin au Languedoc et à la Provence, toutes les provinces en ont souffert. Au passage de troupes se sont ajoutées les expéditions pour la levée d'impôts *manu militari* : devant la fréquence des grèves d'impôts et des révoltes populaires, le collecteur d'impôts se faisait accompagner de soldats qui se comportaient en sorte qu'on ne désirât plus qu'une chose, leur départ. Passage et logement de troupes constituaient d'ailleurs le châtiment des révoltes et des désobéissances : les dragonnades n'en sont qu'une version particulière.

La France est retombée dans la barbarie. Celle-ci se sent déjà à la Cour d'Henri IV. Ils sont loin les temps des mignons raffinés des Valois, les manières italiennes, les raffinements de cœur et de corps de la Renaissance ! Voici venu le temps de Francion, ce héros d'un roman de Sorel, qui évoque un étudiant lancé dans le milieu des filous et des maquerelles, et pour qui ne compte que l'argent. Mais la guerre étrangère métamorphose parfois les mœurs rudes et sans scrupules en héroïsme au moins verbal qui émeut chez Corneille. Comme toujours, l'excès de désordre engendre une réaction. Dans les salons des femmes de la haute et de la moyenne société, un renouveau de courtoisie se manifeste. Apparaissent alors les « précieuses » qui ne sont pas encore ridicules. Elles civilisent ces jeunes nobles qui se reposent l'hiver des duretés de la guerre et s'abandonnent aux délassements raffinés conçus par Cyrus et Clélie, aux pastorales et aux bergeries. Qui oublierait le rôle de la préciosité ne comprendrait rien au XVII^e siècle.

On ne peut, pour les 22 000 ou 23 000 paroisses que compte le royaume, mesurer de façon homogène le recul de la population française lors des crises du milieu du siècle. Les chiffres de 1640 — dans les limites actuelles 22 millions d'habitants, et pour le royaume d'alors une bonne vingtaine, soit nettement plus que ne pensait un Vauban qui parlait de 18, voire de 13 millions — se retrouvent en 1710-1720. La répartition des densités est très différente de celle d'aujourd'hui : le littoral de la Manche dépasse 60 habitants au $km^2$, de même que la vallée de la Garonne, la région de Lyon et l'Auvergne. A la fin de l'Ancien Régime, l'Alsace et la Lorraine du Nord auront réparé leurs pertes de la guerre de Trente ans et auront rejoint cette moyenne élevée. Au-dessous de 40 habitants au $km^2$, on trouve la majeure partie de la Champagne et le nord de la Bourgogne, la rive gauche de la Loire, le sud du Massif central et des Alpes, les Pyrénées avec les Landes. Les régions conquises comptent parmi les plus fortement peuplées du royaume : ce qui sera notre département du Nord bénéficie de la forte densité et de la prospérité des Flandres.

Comparons au reste de l'Europe. En 1700, le Saint Empire compte quelque 15 millions d'habitants, l'Italie plus de 13, l'Espagne 10, le Portugal entre 1 et 2. Les îles Britanniques en ont près de 10. La Russie doit avoir, à ce moment, atteint ou légèrement dépassé le chiffre de la population française. C'est là l'atout majeur du Roi Très Chrétien et les conquêtes du milieu du siècle renforcent cet avantage. Mais en 1650-1660, après la Fronde, la France n'a pas dépassé les 18 millions : elle a perdu 10 pour 100 de sa population par rapport aux années 1630-1640, où le Saint Empire avait 10 ou 12 millions d'habitants. Quand, vers 1670, l'armée de Louvois compte quelque 150 000 ou 160 000 hommes, il y a un soldat pour à peu près 120 Français et il faudrait ajouter à ce chiffre les marins : en temps de guerre, Tourville en utilisera plus de 30 000. En partie à cause des ravages subis par l'Europe centrale, et en dépit de ceux qu'elle a connus, la France n'a jamais été plus impressionnante par le poids de sa démographie.

CHAPITRE II

# Monarchie absolue, ministériat et contestation

Le demi-siècle de Marie de Médicis, de Richelieu, de Mazarin et du prince de Condé est très différent en ses principes du précédent. Sans doute avons-nous insisté sur la similitude des troubles, sur l'alternance de désordre à l'intérieur et de la lutte à mort à l'extérieur, sur l'identité des conséquences d'une contestation permanente du pouvoir. Quelque chose, pourtant, a profondément changé.

Les guerres de la Ligue avaient remis en question, non seulement le principe de la monarchie absolue, mais encore celui de la légitimité. Tant du côté de la Ligue — véritable parti totalitaire dans certaines villes du Nord et à Paris — que du côté protestant s'étaient élevées des voix, et non des moindres, pour prôner un principe supérieur à la royauté et justifier l'élimination du roi par la force, voire par l'assassinat. Cette opinion est ancienne et a été très clairement énoncée au XIIIe siècle par saint Thomas d'Aquin et au début du XVe siècle par Jean Petit : toute tyrannie peut et, à partir d'un certain degré, doit être combattue. Mais, les possibilités de succession se restreignant, les extrémistes des deux camps vont jusqu'à nier le principe fondamental de la légitimité royale : la naissance. On essaie bien de sauver au maximum les apparences, mais avec les Guise-Lorraine on en dépasse les limites.

Cette contestation disparaît dans la première moitié du XVIIe siècle, même si les esprits mettent du temps à se calmer : l'assassinat d'Henri IV est là pour le rappeler. D'atteintes à la personne royale il ne sera plus, après 1610, réellement question avant l'attentat de Damiens contre Louis XV en 1757. A Paris et à

Versailles le roi est peu protégé, aisément accessible. En dépit des troubles, il redevient — pour les catholiques comme pour les protestants — une personne sacrée. De 1610 à 1661, les deux minorités — le roi quoique légalement majeur en 1651 n'exerce pas le pouvoir — occupent près de la moitié de la durée des règnes. Parce qu'enfant, le roi est intouchable. Et l'enfant Louis XIV deviendra ce roi que les poètes idéalisent, que les historiographes souhaitent voir régner, ce roi qui cristallisera les modèles hérités de l'Antiquité et du Moyen Age et dans lequel une nation tout entière se reconnaîtra.

L'assassinat d'Henri IV a suscité un scandale et inspiré une profonde répulsion, ce qui n'avait pas été le cas pour celui d'Henri III : en 1583, une partie de la France avait voulu y voir un châtiment divin pour le meurtre du duc de Guise, dirigé par le roi. En 1610, on soupçonne des arrière-plans troublants. On ira jusqu'à se demander si la haine de Louis XIII pour sa mère ne repose pas, comme chez Hamlet, sur l'idée, jamais confirmée ni infirmée, d'une complicité ou au moins d'une complaisance de Marie de Médicis.

## *La pourpre et le pouvoir*

Et pourtant, ce demi-siècle a vu aussi l'action de rois majeurs limitée par le ministériat. Une étude d'ensemble manque encore, sur un phénomène qui dépasse largement le cadre français — les premiers ministres espagnols ou autrichiens ne le cèdent en rien à nos cardinaux — et qui, pour être à ce point général, doit bien avoir de profondes raisons. Louis XIII est si secret qu'il n'est point facile d'y voir clair, mais il ne fait pas de doute que Saint-Simon, dans son *Parallèle des trois rois Bourbons*, élève un monument de respect quasi filial à Louis XIII et le considère comme plus grand qu'Henri IV et Louis XIV.

Peut-être, en effet, Louis XIII est-il le roi le plus conforme à la morale chrétienne, le plus profondément croyant, le seul à ne pas avoir été compromis dans des affaires masculines ou féminines. Mais que fût devenu son règne sans Richelieu ? Intelligent certes, mais sans grand flair politique, le roi s'est laissé conseiller par un homme capable de respecter sa volonté de conserver la totalité du pouvoir et de lui suggérer des règles de conduite en lui laissant l'impression qu'il pouvait choisir. Ce couple politique perpétue le lien médiéval de fidélité entre le souverain et son serviteur conseiller.

Différent est l'effacement du jeune Louis XIV devant Mazarin. Non que l'adolescent ait toujours aimé le cardinal, parfois fondé à éprouver quelque inquiétude : l'entourage royal a, en effet, tenté de monter le jeune roi contre son tuteur, et Louis XIV, le désignant un jour comme « le Grand Turc », a laissé apparaître un ressentiment profond. Mais la reconnaissance, l'admiration aussi, ont fini par l'emporter. Plus que l'élève de Richelieu, le Grand Roi a été celui, pas toujours inspiré, de Mazarin.

La pourpre cardinalice leur seyait bien à tous deux. Hommes d'Église, ils bénéficiaient d'une quasi-sacralisation transformant toute tentative d'assassinat en sacrilège. Richelieu, pour sa part, est profondément chrétien ; il est l'auteur de livres de spiritualité, et se veut réformateur dans la ligne du concile de Trente. Qu'il ait fréquenté Ninon de Lenclos est humain ; même les libertins comme Tallemant des Réaux ne s'en sont guère offusqués. La question est plus ouverte pour Mazarin : les récits divergents de sa mort laissent quelque doute. Fut-elle chrétienne, au sens le plus classique du terme, ou indifférente, et teintée du regret d'avoir à quitter les collections patiemment rassemblées, qui dénotent un attachement aux splendeurs du monde ?

Cette conjonction du pouvoir spirituel et du pouvoir temporel que traduit, par exemple, la cuirasse revêtue devant La Rochelle par un Richelieu pourtant réformateur — en Espagne, le cardinal Ximenes en a fait autant —, cette réunion des deux glaives eut quelque chose de profondément inquiétant. Dans toute l'Europe, le ministériat fut ressenti comme une délégation de pouvoir indue, difficilement tolérable à la longue. Le gouvernement direct n'était possible, certes, que dans un État aux dimensions restreintes. Le pouvoir judiciaire donné aux parlements résidait en une délégation de pouvoirs qui cessait en présence du roi, quand celui-ci tenait un lit de justice pour forcer le Parlement à enregistrer un édit. La vente et plus encore l'hérédité des offices procédaient aussi de la délégation de pouvoirs. Mais c'étaient là des délégations partielles. Le Premier ministre, lui, semble disposer d'une délégation générale. Là gît le scandale. En grossissant démesurément l'attitude mentale des contemporains, Alexandre Dumas a pourtant faussé la vision historique de nombreuses générations.

Discutable en son principe, le ministériat apparaît surtout dangereux dans son application. Participant du pouvoir absolu, il donne à ses titulaires une puissance immense au moment où l'État est pleinement maître de ses décisions (entre 1630 et 1646 par exemple), et ils paraissent l'exercer à leur profit personnel comme à celui de leurs familles. Richelieu et Mazarin ont amassé d'énormes et scandaleuses fortunes. Richelieu disposait à sa mort d'un capital d'une trentaine de millions de livres (presque le tiers des revenus théoriques de l'État) et Mazarin d'environ soixante millions : près des deux tiers des revenus de l'État. Les contemporains ignoraient ces chiffres ; mais on s'en doutait, et la rumeur publique les grossissait. Encore ne s'agit-il là que des fortunes individuelles. L'enrichissement de toute la famille choquait davantage encore. Les deux cardinaux ont répandu la manne autour d'eux, en sorte qu'un bilan réel devrait incorporer les biens de la parentèle proche et éloignée, ce qui doublerait peut-être les chiffres.

Non que l'on discutât, sinon par exception, le principe même de cet enrichissement. Ce système constituait une nécessité de gouvernement : sans lui, la reconquête du pouvoir par Mazarin après la Fronde eût été très difficile. Mais dans les grandes familles proches du pouvoir, on pensait qu'un tel enrichissement devait bénéficier à tous ceux qui pouvaient y prétendre, en particulier pour des raisons familiales. Or le ministériat privait les proches parents du roi de cette manne. Les reproches sont identiques en Espagne, ou en Autriche.

Pourquoi le ministériat s'est-il donc imposé ? Les circonstances particulières y sont pour beaucoup : la jeunesse de Louis XIV. Mais c'est un Louis XIII adulte, et très conscient, qui choisit Richelieu. Les qualités des deux hommes suffisent-elles à expliquer leur accession au pouvoir ? On peut risquer une hypothèse : la longue crise interne de 1550 à 1660, les guerres internationales, la paralysie partielle des appareils administratifs et l'indépendance des détenteurs d'offices nécessitèrent l'émergence d'un pouvoir parallèle pour équilibrer les institutions défaillantes et l'égoïsme des groupes de pression. Tout État repose sur des réseaux de clientèles mais quelle peut être la clientèle d'une régente — une femme, une Italienne, une Espagnole détestée et méprisée — et quelle peut être la clientèle d'un enfant, voire d'un adolescent ? Le pouvoir a besoin de compter sur des réseaux de fidélité à toute épreuve, et qui durent. L'avantage des hommes d'Église est qu'ils n'ont point de descendants. Avantage inestimable, pour le roi, mais qui comporte des contreparties.

Familles et clientèles savent bien que la position du ministre est précaire : il suffit que le roi retire sa faveur pour que tout l'édifice s'écroule d'autant plus sûrement que les adversaires en profiteront. Et la mort frappe, en ces temps, singulièrement vite. Richelieu est, tout comme Louis XIII, un éternel malade. Mazarin est étranger. Tous deux — et plus encore leurs fidèles — savent qu'ils sont détestés. Il faut en profiter vite et bien, afin de conserver une clientèle solide. Et pour la récompenser, il faut être soi-même puissant.

Le roi en personne agit par des clientèles interposées dont l'étude reste à faire. Sous Louis XIV, maîtresses et ministres seront deux maillons adverses et pourtant complémentaires. La fortune est nécessaire aux ministres et malheur à qui n'a plus de crédit. Si l'on est Premier ministre il faut disposer de la première fortune du royaume après celle du roi, à condition, tout de même, qu'il existe un large écart entre les deux. Quand la fortune privée du roi se confondra avec l'État et à mesure que se perfectionnera l'appareil administratif, ce problème perdra de l'importance. Le ministériat apparaît ainsi comme une étape assurant le passage difficile d'une monarchie contestée à une monarchie absolue et assurée d'elle-même.

La situation nous semble immorale ; les contemporains l'acceptent. L'enrichissement est toujours scandaleusement rapide et suppose des méthodes peu avouables. Le ministre reçoit des gratifications prises directement, avec les rémunérations, sur le Trésor royal. Les chiffres en sont souvent élevés. Il y a, aussi, les paiements en nature : offices de haute valeur donnés ou vendus à vil prix, abbayes et évêchés réservés aux parents du ministre. Tout cela est normal. Moins avouables sont les participations occultes aux affaires des gens qui manient l'argent du roi : parts d'exploitations forestières dans lesquelles les Colbert ont trempé aux côtés de Mazarin, intérêts dans les « affaires extraordinaires » du roi, d'autant plus recherchés par les sociétés par actions que leurs participants sont plus proches de la source des créations d'offices et des lancements d'emprunts.

## *L'absolutisme par procuration*

Il ressort de tout cela que les mots « monarchie absolue » sont quelque peu illusoires. Les contemporains parlent le plus souvent de « monarchie tempérée ». Les deux expressions sont, en tout cas, très éloignées de ce que contiennent les mots « tyrannie » et « despotisme ». Là, sans doute, se trouve l'un des inconvénients évidents du système du ministériat : avec Richelieu et Mazarin, le ministériat apparaît à la fois comme une usurpation sur la monarchie elle-même et comme une menace de tyrannie, dans l'immédiat et dans l'avenir.

Avec des personnalités très différentes, les ministres gèrent le pouvoir d'une manière absolue, peu soucieuse des précédents et des situations acquises. Dans les deux cas, c'est un gouvernement de dictature de guerre. C'est particulièrement évident avec Richelieu : issu d'une grande famille noble quoique appauvrie, l'homme est majestueux, comme on peut le voir sur le grand portrait en pied peint par Philippe de Champaigne. Il sait écouter, observer, porter un regard aigu — perspicace et sceptique mais distant — sur les hommes, et utiliser leurs défauts comme leurs qualités. Il suscite les dévouements et les haines. Il gardera cette constance jusque dans sa litière de malade, jusqu'à son lit de mort. Sa garde, redoutée, lui confère un prestige que beaucoup lui reprochent ; il foudroie autant qu'il gouverne.

Le « doux » Mazarin est d'une étoffe plus souple, moins rêche. Humble d'aspect — on l'a surnommé un moment « le clystère bénin » — lénifiant et insinuant comme seul un Italien de la Cour pontificale pouvait l'être, onctueux et expansif, promettant tout à tous, et ne tenant rien, il est aussi faux et hypocrite que son prédécesseur Richelieu pouvait être impressionnant. Incapable de fidélité sinon envers sa famille, la reine et le petit roi, renouvelant les subtiles intrigues de la Cour des Valois et cherchant à dresser les uns contre les autres, quitte à s'empêtrer dans ses propres rets, il est aux antipodes de Richelieu. Louis XIV tiendra, curieusement, des deux : aussi secret et faux que l'un, promettant aussi peu, et tenant autant que l'autre... On en arrive, parfois, à se demander s'il n'a pas connu Richelieu. Tous trois sont également sceptiques quant aux hommes et ne redoutent pas d'employer les petits à côté des grands moyens. Tous trois, enfin, sont jaloux de leur pouvoir.

On voit combien ces caractères et ces méthodes, confrontés aux nécessités militaires et financières, heurtent les conceptions de « monarchie tempérée » que, pourtant, les premiers ministres ne renient pas. En France, le pouvoir royal reste un pouvoir subordonné, voire « subsidiaire », pouvoir d'arbitrage entre régions, provinces, clans, familles et clientèles. Il doit respecter le droit divin et le droit humain — que le pouvoir royal n'a pas le droit de modifier au-delà de certaines limites — et avant tout les privilèges contractuels que ravivent les serments du sacre. Les possibilités d'action sont limitées sur une telle mosaïque. Mais le ministériat, comme la monarchie de droit divin sont contraints, du fait de la guerre, d'élargir la marge de manœuvre nécessaire à leurs arbitrages.

Il faut donc jouer sur les hommes. Quant aux institutions, on les modifie subrepticement. Le cas échéant, on sacrifie quelques hommes, essentiellement des subalternes : il arrive pourtant qu'on lâche provisoirement une institution détestée — comme les intendances en 1648 — pour la rétablir progressivement et sans le dire. Peut-être le plus grave dans le ministériat réside-t-il dans la déviation du droit d'appel qu'il entraîne dans les faits. A tous les échelons, il est en effet de multiples possibilités d'appel, remontant jusqu'au Parlement de Paris, puis au Conseil du roi, et enfin au roi lui-même, selon des procédures lentes et compliquées qui permettent aux sujets (surtout les riches et les puissants) d'obtenir le « dit » du droit. Avec un roi enfant ou adolescent, ou quand le roi partage le pouvoir avec un Premier ministre, les règles du jeu se trouvent faussées par l'interposition d'une personne, d'un clan et d'une clientèle entre le souverain et son peuple. Le ministériat a permis à la France de franchir une étape difficile, fait supporter l'impopularité à d'autres qu'au roi ; il a aussi fait espérer le gouvernement personnel d'un roi idéal. Avec la gloire et la puissance des victoires militaires, cette attente a conféré au début du règne personnel de Louis Dieudonné, devenu Louis XIV, un lustre et une justification dont peu de rois ont ainsi bénéficié.

## *La capitale*

C'est au cours de cette période agitée que Paris redevient pleinement capitale de la France. La Cour n'a pas cessé ses pérégrinations mais elle ne les choisit pas ; elles s'imposent d'elles-mêmes, au gré des révoltes et des barricades. En temps normal cependant, le roi et le Premier ministre ne se déplacent plus qu'en guerre. Le reste du temps, le cercle des déplacements saisonniers se restreint entre Fontainebleau et Saint-Germain-en-Laye, avec pour centre le Louvre et les Tuileries. La royauté se confond avec la capitale. Elle ne disparaîtra que quand Paris n'en voudra plus. L'installation à Versailles, vers 1680-1685, ne contredit pas cette prééminence de Paris : la plupart des bureaux ministériels restèrent dans la capitale, et les gens de la Cour eurent résidence double, parisienne et versaillaise. La dictature de guerre et le ministériat se traduisent donc par une centralisation plus poussée, une localisation accrue dans la capitale. Finies les grandes pérégrinations du Val de Loire : les châteaux s'endorment dans un sommeil que ne troublent plus guère que de rares intrusions de chasse ou de comédie.

L'évolution est logique. Elle répond à l'accroissement et à l'enrichissement de la population parisienne. Épicentre de tous les tremblements de terre politiques et foyer incontesté, depuis la Ligue, du catholicisme royal, cœur vivant de la Réforme catholique du XVIIe siècle, la Ville attire de plus en plus vers et en elle les réalités concrètes de tous les pouvoirs. L'exemple donné par F. Spooner pour la frappe monétaire est frappant. Les métaux précieux espagnols issus des mines des Eldorado péruviens et mexicains passent au XVIe siècle et jusque dans les années 1620-1630 par les ateliers provinciaux. Rennes est alors, grâce au port de Saint-Malo, le premier centre monétaire de France. Tout change vers 1630 : brusquement, l'atelier parisien l'emporte sur les autres, dont certains, au XVIIIe siècle, finiront par disparaître.

De même l'origine géographique des munitionnaires, des fournisseurs aux armées, des « partisans » et des manieurs d'affaires liés au gouvernement vers le milieu du XVII^e siècle est-elle instructive : près des deux tiers viennent du nord-est de la France, de la région parisienne, de Champagne et de Bourgogne. La géographie des offices, telle que permet de la décrire l'enquête colbertienne de 1664 donne une image qui n'est certes pas tout à fait superposable, mais assez similaire : les très gros offices, les plus onéreux mais aussi les plus rentables, se vendent en majorité dans Paris. La Ville et la France du Nord fournissent plus des deux tiers des officiers : le lien entre l'armée et offices est moins évident que dans le cas des munitionnaires, mais le chiffre reste quand même assez parlant.

Cet accroissement de puissance est compensé par la perte de l'influence politique directe : si « Paris et le roi » résument désormais la France, l'autonomie de la ville ne cesse de diminuer tout au long de la première moitié du XVII^e siècle, pour disparaître tout à fait aux lendemains de la Fronde. Le ressentiment envers une ville qui l'a obligé à fuir par une froide nuit d'hiver et à vivre quelques semaines dans le dénuement explique l'attitude de Louis XIV. Il ne faut pourtant pas le surestimer : il coïncide avec les intérêts politiques. Le gouvernement royal ne peut se détacher du marché financier parisien ; il refuse pourtant de lui laisser une institution qui lui permet de donner des avis politiques ou d'exercer des pressions.

Paris est en effet un énorme marché de capitaux dont une partie s'investit dans le service de l'État. La monarchie absolue n'a pu triompher de l'Espagne et des Habsbourg que grâce au Paris des rentiers, ce qui a amené à conclure que l'État a stérilisé l'économie française, comme le disait Colbert. Or, très vite, ce marché a attiré des capitaux étrangers : allemands, génois, suisses (genevois), puis hollandais, ces derniers s'investissant au XVIII^e siècle dans les affaires maritimes françaises. D'autre part, il ne faut ni sous-estimer ni surestimer les sommes investies dans les offices. En 1664, les 45 000 à 50 000 offices existant en France représentent au total un capital de quelque 500 millions de livres soit à peine l'équivalent de quatre ans et demi des revenus de l'État sous Colbert. Somme énorme à certains égards : son montant exclut totalement que l'État puisse la rembourser, ce qui donne aux détenteurs des offices une grande indépendance. Mais aussi somme modique, parce que les faibles gages payés par l'État en font un investissement peu rentable : le rendement des offices est de l'ordre de 2 % en 1664, bien qu'il y ait évidemment de grosses différences entre les divers types d'offices.

Ces offices ne sont rentables que grâce au prestige social et surtout aux pouvoirs régaliens qu'ils confèrent. Et leur véritable rentabilité se situe ailleurs que dans les gages payés par l'État. Les très gros offices de finance offrent à leurs titulaires des possibilités exceptionnelles d'enrichissement, mais aussi d'échec. Les contemporains n'ont vu que les succès, passant vite sur les échecs. Il importerait de savoir la proportion, suivant les époques et les types d'offices, des grandes réussites par rapport aux échecs. La seule étude d'ensemble, faite pour les munitionnaires de la guerre de la Succession d'Espagne, révèle un taux d'échecs de l'ordre de 90 %. Les traitants et partisans dénoncés par les contemporains et bien des historiens ne sont que la partie émergée de l'iceberg, dont la partie invisible est faite de l'immense majorité de ceux qui ont été tentés par la spéculation sur les « affaires du roi » et ont échoué : d'où des regroupements, des alliances de clans, des clientèles, et par conséquent une installation près du centre de décision, c'est-à-dire à Paris.

D'énormes possibilités en capitaux se concentrent donc dans la capitale, que viennent encore accroître les sommes issues de l'épargne de la grande, moyenne et petite bourgeoisie parisienne, drainée par les notaires. La contrepartie est évidente. La présence de la Cour et des nouveaux détenteurs de capitaux prêts à étaler leur fortune de parvenus crée un marché de luxe qui trouve à se satisfaire dans l'artisanat parisien de haute qualité; ce qui est gagné, souvent au détriment des armées, profite en définitive à l'artisanat parisien. Tout ce qui compte en matière d'art, de musique, de littérature, de théâtre, de mode, vient alors de Paris. La civilisation classique est fleur de Paris. Il reste, sans doute, dans la première moitié du XVIIe siècle des îlots provinciaux d'une certaine autonomie et d'un certain génie créateur. La peinture lorraine connaît avec Georges de La Tour un apogée dont les contemporains n'ont pas eu pleine conscience; mais La Tour devient quand même peintre du roi, et Louis XIII achète ses tableaux. Claude Gellée, dit le Lorrain, vient de la même province; mais, comme le Normand Nicolas Poussin, il s'installe à Rome au point que l'on peut se demander s'il n'est pas abusif de le compter parmi les peintres français et non pas italiens.

Mais la littérature classique de la seconde moitié du XVIIe siècle est exclusivement parisienne, ce qui explique sa perte de contact avec la nature; si d'aventure il est question de celle-ci, c'est avec une mise en scène de bergères d'opérette et de bergers enrubannés. Dès les années 1630-1640, le mot *provincial* acquiert une connotation péjorative; par réaction, on dénonce en province le danger qu'il y a pour la jeunesse à résider dans cette ville de perdition qu'est Paris: la capitale apparaît à la fois comme le centre de la Réforme catholique et comme un lieu de débauche.

Il y a une ombre au tableau, qui touche l'évolution de la politique générale du royaume. Ville fluviale, Paris n'est pas un port de mer et manque d'un véritable intérêt pour la mer. Non que la Cour et la Ville s'en désintéressent totalement, et le mercantilisme le regrette. Elles fournissent, par des contrats à la grosse aventure, des capitaux à la pêche à la morue de Rouen et surtout du Havre. C'est là peu de chose.

Plus grave, cette capitale terrestre et terrienne a les yeux fixés sur la frontière instable du Nord-Est, dont peut surgir à tout moment (comme en 1636) une invasion inattendue. Paris compte peu sur la mer, sinon pour importer du poisson frais, encore que la moitié de celui-ci soit pêchée dans les rivières et étangs du Bassin parisien. Il n'y a pas non plus à Paris de grande industrie manufacturière comme à Lyon.

Passé les incartades de la Fronde, Paris n'a plus voix au chapitre politique, ce qui ne l'empêche pas d'avoir une influence indirecte sur les grandes lignes de fond de la politique. Mais elle est le centre de civilisation qui, dès 1650, dicte les goûts artistiques, fixe les modes, attire les « capacités », draine les cerveaux de province. Elle procure des ascensions sociales impensables ailleurs, surtout lors des guerres civiles. Tout converge vers Paris. Les seules routes entretenues sont celles qui mènent aux centres de décision.

### *La contestation protestante*

Rassurés en 1598 par l'édit de Nantes, les protestants français s'étaient facilement ralliés à Henri IV. Le renouveau catholique ne pouvait cependant que les inquiéter. Après l'assassinat, décidé par le jeune Louis XIII, du favori de la reine mère, Concini, l'orientation donnée par le nouveau favori — du roi cette fois — Luynes les alarma. Tant à l'intérieur qu'à l'extérieur, le pouvoir favorisait le catholicisme, aidant même l'empereur à triompher du roi de Bohême à la Montagne Blanche (1620). Il s'ensuivit en France ce qu'on a pu appeler la « huitième guerre de Religion » contre les protestants mécontents du Midi. Luynes et le roi allèrent rétablir le catholicisme en Béarn et en Navarre et profitèrent de l'occasion pour réunir ces provinces à la Couronne (1620). Le roi assiégea Saint-Jean-d'Angély avec succès (2 juin 1621), mais il dut lever celui de Montauban le 10 novembre. Quant au favori Luynes, il mourut de la fièvre pourpre en décembre de la même année.

Il n'était plus question, désormais, de négociation ou de paix avec des sujets révoltés, mais simplement de grâce. Le jeune roi annonçait, ce faisant, la politique de Richelieu. Grâce insuffisante : il fallut tenir compte de la résistance des protestants, et leur accorder la paix à Montpellier en 1622.

Deux années plus tard, Richelieu étant arrivé au pouvoir, les chefs protestants Henri de Rohan et son frère Soubise reprirent les armes déposées à Montpellier et entraînèrent leurs troupes dans la neuvième guerre de Religion. Celle-ci traîna en longueur. Par l'intermédiaire des Anglais, Richelieu signa en 1626 une nouvelle paix à La Rochelle, car la menace protestante se conjuguait avec le danger espagnol : le cardinal joua sur la peur réciproque des uns et des autres. C'est pourquoi il décida d'en finir avec ces protestants qu'il présente dans son *Testament politique* comme l'obstacle qui conditionnait tous les autres. Depuis la mort d'Henri IV l'implantation protestante s'était solidement organisée. Poursuivie, cette évolution avortée aurait pu être intéressante. Dépassant les clauses de l'édit de Nantes, les huguenots s'étaient constitués, en quelques années, non seulement en un parti (ce qui avait été le cas pendant la seconde moitié du XVI^e siècle), mais aussi en une organisation à la fois politique et militaire. Des assemblées provinciales avaient été coiffées par une assemblée à l'échelle nationale, elle-même coiffée par les princes protestants ; rien de pareil n'avait été prévu à Nantes en 1598, et cette forme semi-parlementaire s'opposait à toute évolution vers la monarchie absolue. Parallèlement, cet appareil politique s'était doté d'une structure militaire, qui avait fait ses preuves entre 1620 et 1626 : le pays avait été découpé en huit circonscriptions militaires calquées sur les gouvernements généraux du royaume, et l'armée protestante avait reçu un commandant en chef. On voyait donc apparaître un embryon d'État dans l'État, naturellement aggravé par le particularisme des grands féodaux.

Supposons que les choses aient pu évoluer : il en serait sorti une France fédéraliste, catholique et protestante, liée au sommet par une union personnelle. Ni le roi ni le cardinal, ni le parti « dévot » — celui de la Contre-Réforme catholique — ne pouvaient tolérer ce dualisme.

Poussés par les Anglais, les protestants se soulevèrent une fois de plus. L'épicentre de la révolte était La Rochelle ; le duc de Buckingham y amena une aide militaire anglaise, et s'empara de l'île de Ré. L'armée royale, le roi et le cardinal en tête, réquisitionnèrent alors toutes les embarcations du littoral, reprirent l'île et assiégèrent la ville. Pour empêcher l'arrivée des renforts anglais, on construisit une énorme digue. La flotte de secours anglaise ayant été repoussée le 11 mai 1628, la ville, réduite par la famine, capitula le 28 octobre après une résistance héroïque.

Les protestants étaient donc seuls, les Anglais les ayant abandonnés. Par un retournement significatif le prince de Rohan s'allia avec l'Espagne. Mais il était trop tard. Il fallut aux protestants en passer par la volonté royale. L'édit de grâce d'Alès (28 juin 1629) signifiait la fin définitive de leur parti : on retranchait de l'édit de Nantes ses clauses de sauvegarde militaire. Les fortifications des villes rebelles étaient rasées. L'organisation politique des huguenots disparut.

L'une des forces de contestation du pouvoir monarchique absolu disparaissait. Depuis 1560, le protestantisme n'avait cessé de s'affaiblir en dépit des apparences. Une partie de la haute et moyenne noblesse s'était convertie au catholicisme. Celle de Cour tenait aux avantages du pouvoir, celle du Midi s'était urbanisée, et elle avait acheté nombre d'offices, ce qui la rendait vulnérable. Quant aux villes protestantes, elles restaient isolées ; constituées en véritables républiques, elles ne s'entendaient pas entre elles. Souvent, aussi, les dirigeants protestants dominant là un petit peuple resté plus ou moins catholique, les heurts sociaux s'amplifiaient des différences religieuses. Tout le monde, enfin, redoutait les princes protestants qui, à l'instar des catholiques, entendaient profiter de la faiblesse royale pour imposer leur volonté propre. La guerre fit augmenter les prélèvements financiers pour soutenir la bonne cause et provoqua les révoltes populaires. Enfin un incontestable affaiblissement de la foi accompagna ces difficultés. Les protestants ne se soulevèrent donc pas en masse en 1628, ce qui est une raison majeure de la relative rapidité du succès royal, lequel accentua les tendances précédentes. Jusqu'en 1685, un grand courant de conversions, sincères ou de convenance, allait courir à travers la noblesse huguenote. Il décapita progressivement le protestantisme.

Ce recul protestant ne présentait pas que des avantages pour le roi. La prise de La Rochelle fut aussi une défaite économique. Le port, cette république commerçante si prospère, se trouva durablement affaibli. La population en fut réduite à quelques milliers d'habitants. Brouage, puis Rochefort, allaient être créés aussi bien pour des raisons stratégiques que pour contrebalancer et surveiller La Rochelle.

### *Les princes et les Grands*

La mort d'un roi jeune, une régence féminine : autant de dangers mortels pour l'État. Les liens de fidélité personnelle priment encore très largement. L'abstraction qu'est l'État est encore mal assimilée. Et une régence offre de nombreuses occasions de participer à la lutte pour le pouvoir. Du haut en bas de l'échelle, nobles et bourgeois réagissent de même.

La tentation est donc vive chez les Grands, surtout chez ceux qui ont le commandement d'une province, de se rendre aussi indépendants que possible et de retenir au passage les revenus de l'État. Il suffit d'ailleurs que l'un d'eux s'engage dans cette voie pour que les autres s'estiment autorisés à en faire autant ou obligés de prendre leurs précautions. L'étendue des clientèles augmente encore le danger :

comme le royaume repose sur elles, la disparition de la seule puissance capable de les assembler et de les mettre plus ou moins à son service laisse le champ libre à tous les appétits. Le phénomène se colore, naturellement, de motivations variées, dont les religieuses sont les plus avouables. Enfin, les agents de la royauté ne peuvent plus compter sur leur soutien naturel, et leur tâche s'en voit singulièrement compliquée.

Dès l'annonce de la mort du roi en 1610, la noblesse provinciale revient donc à ses vieilles habitudes, imitée par nombre de chefs de petites bandes. On se met en campagne pour piller. Le banditisme de grand chemin se transforme en petites guerres privées et en désordre généralisé, la sédition d'un Grand entraînant dans son sillage toute sa clientèle. Les campagnes que l'histoire a enregistrées montrent que les Grands en révolte ouverte dépassent de beaucoup les voleries et les pillages du quotidien. L'action de l'étranger, espagnol ou anglais, s'y superpose. Rien en tout cela de spectaculaire, et les courbes démographiques reflètent mal ce laisser-aller général. Mais l'insécurité et la menace qui plane en permanence sur les personnes et les biens engendrent une difficulté de vivre.

Au début de la régence de Marie de Médicis, on disposait du trésor de guerre d'Henri IV. On remboursa les dettes de jeu et d'autres, on donna des hôtels, on offrit des sommes d'argent ; et l'on occupa les Grands par des fêtes. Il n'y avait probablement pas moyen de faire autrement : le chantage faisait partie de la panoplie des féodaux. Tous les anciens ligueurs participèrent à la curée : Mayenne, Condé, Nevers, Bouillon, Longueville, Guise.

Concini, que l'histoire a cependant décrié, conseilla bien Marie de Médicis en lui suggérant d'aller promener le jeune roi pour réveiller les fidélités, puis de réunir en 1614 les États Généraux. On y vit le heurt brutal de la noblesse et des détenteurs d'offices, la première demandant la suppression de la vénalité des charges, les seconds s'en prenant à certains privilèges. De son côté, le clergé fut attaqué sur le droit du pape à déposer un roi. La paralysie fut totale ; c'est ce qu'on en espérait probablement. La régente put donc dissoudre les États Généraux, sans problèmes comme sans résultats (1615).

Les réserves d'Henri IV étant alors dilapidées, le gouvernement tenta de réduire les pensions des nobles et de supprimer la vénalité des offices. Ce fut une levée générale de boucliers, sous l'égide du Parlement de Paris. Le ton monta. Certains parlèrent de mettre en tutelle la royauté. Le pouvoir recula et tout rentra, si l'on peut dire, dans l'ordre. Concini — le maréchal d'Ancre — congédia les « barbons » — les anciens ministres d'Henri IV — et, choisissant excellemment les hommes, créa en 1617 un ministère énergique. Richelieu, confesseur de la reine, entra au Conseil. Les princes révoltés, dont le cousin du roi, Henri de Condé, furent emprisonnés. Cette énergie n'eut pas le temps de porter ses fruits : un coup de théâtre remit tout en cause. Concini et la reine n'avaient pas pris l'élémentaire précaution de mettre le jeune roi dans leur jeu. Très imbu de son autorité, Louis XIII monta soigneusement un complot. Le 24 avril 1617, il fit arrêter et assassiner Concini. La reine mère fut éloignée, premier exil d'une longue série. Dans l'immédiat, c'était une catastrophe pour la royauté : l'initiative du roi sauvait les princes.

Le nouveau favori, Charles d'Albert de Luynes, se servit aussi bien que Concini : le désintéressement n'était pas à la mode ; au vrai, pour se faire un parti, il fallait de l'argent. En 1620, les princes se révoltèrent une nouvelle fois, mais ils commirent la faute de se retrancher chacun dans son gouvernement. La petite armée royale ne fit qu'une bouchée de leur résistance et les écrasa à la « drôlerie » des Ponts-de-Cé, près d'Angers (7 août). Cette victoire permit de s'en prendre aux protestants, sans grands résultats comme on l'a vu. La mort de Luynes en décembre 1621 posa derechef tout le problème ; l'année 1622 fut pour le roi bien décevante. Finalement, grâce à l'entremise de Richelieu, Louis XIII se réconcilia avec sa mère et, en dépit de la méfiance que lui inspirait cet aumônier politique devenu cardinal en 1622, il le fit entrer, le 29 avril 1624, au Conseil royal. Son habile politique de conciliation entre catholiques et protestants valut au cardinal d'être, le 13 août de la même année, nommé à la tête du Conseil.

Ainsi maître de la pièce « la plus difficile à conquérir et à garder d'Europe » Richelieu allait progressivement s'imposer. On sait le sens de son action, dégagé lentement des leçons des échecs répétés des années 1624 à 1628. La victoire de La Rochelle ne mit cependant pas entièrement Richelieu à l'abri des difficultés, et cela d'autant plus que la catastrophique récolte de 1629 et la reprise temporaire de la guerre extérieure l'amenèrent à demander aux officiers un effort financier. Ce fut, rapidement, la révolte ouverte des petits officiers, puis celle des parlements, pendant que des émeutes rurales éclataient chaque jour. L'alternative était claire. Il fallait choisir entre la guerre et la paix : cette dernière permettait de faire les réformes — vénalité des offices, etc. — mais posait la question de la survie de la France dans une Europe devenue, par son abstention, espagnole. Richelieu choisit la guerre. Ce n'était pas le choix du parti dévot que conduisait le chancelier Michel de Marillac, appuyé sur la reine mère et la plus grande partie des réformateurs religieux.

La crise éclata le 10 novembre 1630. La reine mère était brouillée de longue date avec Richelieu, qu'elle considérait comme un traître ; elle tenta de le faire renvoyer. Celui-ci, comme au théâtre, arriva par un escalier dérobé, et eut une terrible altercation avec Louis XIII. La Cour le crut perdu. Convoqué le lendemain au petit pavillon de chasse de Versailles, et s'attendant au moins à l'exil alors que la Cour s'empressait auprès de Marie de Médicis au palais du Luxembourg, le cardinal fut, contre toute attente, confirmé par le roi. Marie repartit en exil, pour ne plus jamais revenir. On parla de la « journée des Dupes ».

On vit alors une nouvelle révolte des princes; conduite par le propre frère du roi, Gaston d'Orléans, une coalition unit le duc de Lorraine, allié des Habsbourg, et Henri de Montmorency, gouverneur du Languedoc. Cette reprise des errements de la Ligue s'accompagna d'un élément nouveau qui annonçait la Fronde: le Parlement de Paris refusa d'enregistrer la déclaration du roi taxant Gaston et les révoltés de lèse-majesté. Louis XIII exila les meneurs, mais promit de conserver la vénalité des offices: la monarchie absolue reposait et devait reposer sur un compromis tacite passé avec les cours souveraines désireuses de garder leurs privilèges. Finalement, après la victoire de Castelnaudary (1632), la révolte fut matée.

Pour le reste de la décennie que dura le cogouvernement de Richelieu et de Louis XIII, les menées des grands, toujours dirigés par l'inévitable Gaston rentré en France en 1634, ne furent plus que des complots. Ne cédant le pas qu'au roi, le cardinal-ministre marchait «devant les princes», Condé compris, et foudroyait tout ce qui pouvait menacer l'amitié soupçonneuse que, non sans hésitation, lui vouait le roi. L'affaire la plus chaude fut celle de Cinq-Mars, magnifiée plus tard par Vigny. L'ironie du sort voulait que Richelieu lui-même eût placé Cinq-Mars auprès du roi, dont il devint le favori. S'alliant avec Bouillon et Gaston d'Orléans, Cinq-Mars traita avec l'Espagne. Avertis, le roi et Richelieu firent arrêter et décapiter l'imprudent (12 septembre 1642). Gaston l'avait, au dernier moment, trahi. La mort, rapprochée, du ministre (4 décembre 1642) et du roi (14 mai 1643) laissa la France dans une situation difficile.

L'amitié — le seul mot qui convienne dans une relation qu'il est honnêtement impossible à l'historien de définir — qui unissait le cardinal Mazarin à la reine Anne d'Autriche mettait le nouveau cardinal dans une situation plus favorable que celle dont Richelieu avait disposé, vis-à-vis de Louis XIII. La naissance, le 5 septembre 1638, du futur Louis XIV (après vingt-deux ans de mariage), puis celle du futur Monsieur, avaient repoussé la terrible perspective d'une succession « ouverte » dans le domaine de l'improbable. Pourtant, les mêmes causes engendrant les mêmes effets, la régence s'annonçait orageuse. Tout ce qui s'était courbé sous la férule de l'omniscient cardinal se redressa, à la seule exception des protestants.

Dès la première année, la Cabale des Importants — que dirigeait le duc de Beaufort, petit-fils de Henri IV et de Gabrielle d'Estrées — tenta d'assassiner Mazarin, qui s'en tira comme Concini au début de l'autre régence : pensions et fêtes assurèrent tant mal que bien une fidélité à éclipses, la guerre extérieure éloignant heureusement de la Cour, la belle saison durant, les jeunes gens les plus dangereux. Il en fut ainsi jusqu'en 1648, dans une crise financière permanente, toujours accrue par les besoins de la guerre. Quand Mazarin se trouva presque acculé à la banqueroute, en dépit de la paix de Westphalie qui aurait dû accroître des rentrées fiscales, ce fut, à nouveau, l'explosion.

Mais cette crise était d'une nature très différente de celles qu'avait affrontées la régence de 1610. Cette fois, l'alliance à éclipses des Grands et des parlements, déjà poussée assez loin lors du conflit de 1630, trouvait des racines dans l'évolution même d'une question financière qui avait pris des proportions considérables.

## *La Fronde*

Les impôts habituels étaient tout à fait insuffisants pour satisfaire aux dépenses croissantes de l'État. De 1515 à 1600, les dépenses étaient passées d'environ 100 tonnes d'argent fin à 200 ; de 1600 à 1650 de 200 tonnes à 1 000 tonnes. Les recettes correspondantes se montaient respectivement à 80 tonnes en 1515, 200 en 1600 et 600 tonnes vers 1650. La différence avait été comblée essentiellement par la vente des offices et par les emprunts. La part des ventes d'offices, déjà en déclin, l'emporte encore jusqu'en 1648 sur les emprunts, qui vont croissant. Dans ces chiffres ne sont pas compris ni les prélèvements en nature opérés par les armées sur le plat pays, tant en France même qu'à l'étranger, ni les retenues et frais de gestion des officiers de finances et des fermiers d'impôt.

La part considérable, mais décroissante, des ventes d'offices dans les recettes s'explique aisément: l'hérédité bloquait de plus en plus le marché, et il était impossible de multiplier à l'infini le nombre d'offices du même type. La santé financière de la monarchie dépendait donc étroitement des officiers, représentés par les parlements, du nombre des offices disponibles et, également, des souscripteurs d'emprunts. Or la vente des offices tenait aux avantages qu'ils procuraient, en tenant compte de l'inflation qui avait fait grimper les prix en flèche dans la première moitié du XVII^e siècle. Les offices étant devenus propriété héréditaire et constituant une part importante du capital mobilier de leurs détenteurs, toute réforme du système, quelque souhaitable qu'elle fût, était pratiquement impossible. De plus, le milieu des officiers était en même temps bailleur de fonds. Plus grave encore, la haute noblesse de Cour et de province avait elle-même très largement souscrit aux emprunts de l'État. Ne pas payer les intérêts — élevés du fait du peu de confiance inspiré par l'État — revenait à léser la haute noblesse, à commencer par les Condé, qui descendaient d'un frère d'Antoine de Bourbon, le père d'Henri IV. Le pouvoir ne se trouvait donc plus en 1648 seulement en butte à une révolte de féodaux, mais bien à celle des bailleurs de fonds les plus importants: c'était infiniment dangereux.

Pour n'être pas totalement nouvelle, cette situation avait pris des proportions que peu de contemporains soupçonnèrent. Quand les parlements présentaient leurs remontrances, les remèdes qu'ils proposaient étaient tout à fait illusoires ; réduire les dépenses de la Cour, faire rendre gorge aux spéculateurs, s'en prendre à la guerre considérée comme une « espèce de sport royal » (R. Mousnier). C'était mettre en cause toute la politique extérieure française et compromettre le succès de la guerre en cours : une véritable trahison. C'était aussi faire prendre des vessies pour des lanternes, car les mesures proposées eussent été insuffisantes. Était-ce là simple ignorance, ou mauvaise foi ? Probablement les deux ; en tout cas, ces propositions recueillaient l'enthousiasme des foules : la vieille recette allait admirablement réussir tout au long de l'époque moderne.

A la vérité, la guerre avait créé une situation révolutionnaire que personne ne maîtrisait intellectuellement. Qu'il y eût un monde de profiteurs, c'était évident, mais il se justifiait par les carences de l'État, très mauvais payeur, et par les gros risques encourus par ses créanciers. Le refus des privilégiés de payer les impôts était bien une réalité, mais en partie seulement, car ils fournissaient l'argent des offices et des emprunts, ce qui n'était cependant pas à fonds perdus. Cela ne suffit toutefois pas à expliquer la situation : ce qui eût été payé en impôts n'eût sans doute pas été investi dans les offices et les emprunts. De leur côté, Mazarin et ses conseillers, en s'attaquant aux officiers et aux prêteurs, se faisaient des illusions sur la force de la royauté. Le seul frein se trouvait chez les parlementaires : détenant une part des droits régaliens, leurs intérêts concordaient d'un côté avec ceux de l'État.

Sur un fond de révolte fiscale permanente, la Fronde conjugue donc avec de médiocres récoltes, du fait du climat et des pillages dus aux troubles, un soulèvement traditionnel des féodaux — de surcroît menacés par la régularisation et la moralisation des prêts — et une hostilité des corps constitués craignant pour leurs intérêts essentiels.

Cette guerre civile, qui dura cinq ans (1648-1653) a eu un prodrome lointain, mais significatif : la

Cabale des Importants, qui éclata en septembre 1643, peu de temps après la mort de Richelieu et de Louis XIII. La Fronde proprement dite se subdivise en quatre épisodes majeurs ; la Fronde parlementaire (août 1648-mars 1649) terminée par la paix de Rueil le 11 mars 1649, la Fronde des princes (janvier-décembre 1650) qui aboutit à la défaite des princes à la bataille de Rethel le 15 décembre 1650, l'union des deux Frondes (décembre 1650-septembre 1651) qui s'achève avec le départ de Condé de Paris et la majorité du roi, la Fronde dite condéenne, enfin (septembre 1651-août 1653), qui s'achève avec la victoire de la royauté et celle de Mazarin par la prise de Bordeaux le 3 août 1653.

La Fronde parlementaire éclate le 30 avril 1648 quand le Parlement de Paris prend fait et cause pour les cours souveraines que Mazarin veut forcer d'abandonner quatre années de gages pour le renouvellement de la « Paulette » (droit sur les successions d'offices). L'arrêt d'union des parlements (13 mai) est suivi de la déclaration de la chambre Saint-Louis (30 juin-8 juillet 1648), qui supprime les intendants, exige le vote des impôts et interdit les arrestations politiques comme aussi les créations d'offices. Au lendemain de la victoire de Lens, Mazarin réagit et fait arrêter les conseillers les plus remuants, dont le populaire et incapable Broussel. La journée des Barricades le fait céder (27 août 1648). Après une première fuite à Rueil, suivie d'un retour à Paris, la reine mère s'enfuit à nouveau dans la nuit du 5 au 6 janvier 1649 à Saint-Germain-en-Laye, avec le petit roi. Commandée par le vainqueur de Rocroi et de Lens, le Grand Condé, l'armée du roi fait alors le blocus de Paris, que défendent quelques grands : Conti, Longueville, le duc de Bouillon, Beaufort et Gondi. La désunion des Frondeurs permet la paix, précaire et peu durable, signée à Rueil le 11 mars 1649.

Mais Condé s'estime mal payé. Il devient insupportable. On l'arrête le 18 janvier 1650. Les Grands sont alors seuls, car le Parlement reste neutre, et

Mazarin vient assez facilement à bout de la révolte des provinces. En dépit de l'appui des Espagnols, le rebelle Turenne est battu le 14 décembre 1650 à Rethel.

La victoire royale inquiète cependant les parlements, qui s'allient avec les grands : c'est l'union des deux Frondes. L'universelle impopularité de Mazarin l'oblige alors à s'enfuir, et il se réfugie en Allemagne, à Brühl, non sans libérer au passage Condé (6 février 1651). Mais l'humeur « indomptable » de Condé provoque l'éclatement de la coalition : l'archevêque-coadjuteur de Paris, Jean-François de Gondi, qui a été l'un des maîtres du Paris révolté de 1649, est neutralisé par un chapeau rouge : il devient le cardinal de Retz. Les Turenne rentrent dans la fidélité. Ils y resteront. Et personne ne veut des États Généraux proposés par Condé qui, en septembre 1651, se réfugie en Guyenne. Anne d'Autriche croit alors parachever l'œuvre : elle déclare son fils majeur, ce qui rendra les révoltés coupables du crime de lèse-majesté.

Puis elle se rend à Poitiers pour lutter contre Condé, installé à Bordeaux où il est soutenu par une révolte populaire originale : l'Ormée. Condé s'appuie en outre sur l'Espagne. Mais la rentrée de Mazarin en France (fin décembre 1651) avec une armée de 7 000 hommes, réveille les haines. Condé remonte vers le nord mais évite de justesse la défaite à la porte du faubourg Saint-Antoine, grâce à la fille de Gaston d'Orléans, la célèbre « Grande Mademoiselle », qui fait tirer les canons de la Bastille contre les troupes royales (2 juillet 1652).

Rentré dans Paris, Condé réussit à unir tout le monde contre lui, y compris une bourgeoisie parisienne qu'il terrorise (massacre du 4 juillet à l'Hôtel de Ville). La désagrégation de la coalition des mécontents est parachevée par une deuxième « fuite » de Mazarin, qui, de Pontoise, où se trouvait la Cour, se réfugie à Bouillon. Le 13 octobre, Condé s'enfuit de Paris ; il se réfugiera chez les Espagnols dans les

Pays-Bas. Quelques jours plus tard, le 21, la reine et le roi rentrent à Paris. L'exil des plus compromis — y compris Gaston d'Orléans, qui n'a cessé de mener un jeu de bascule aussi dérisoire que dangereux — et l'arrestation du cardinal de Retz, enfermé à Vincennes, puis à Nantes, d'où il s'échappera pour aller à Rome, ont raison des dernières velléités parisiennes. Le 3 février 1653, Mazarin rentre à Paris ; la province se soumet. L'Ormée capitule le 3 août 1653.

D'Allemagne ou de l'armée Mazarin a mené le jeu, dans un étonnant mélange de certitudes et d'inquiétudes pathétiques. Ce sont pourtant les ministres restés sur place qui « tiennent » : Michel Le Tellier, Abel Servien et son neveu Hugues de Lionne : ils formeront avec Colbert — le factotum de Mazarin — l'entourage politique du jeune Louis XIV.

Guerre civile « romantique », où le panache est souvent là, guerre de grandes dames — la duchesse de Chevreuse, la duchesse de Longueville, la Grande Mademoiselle — qui sont souvent les plus déterminées adversaires de Mazarin, la Fronde est une révolte « féodale » : tous les grands ont trahi, à tour de rôle, et même Turenne. Quant aux officiers des parlements, ils n'ont pas osé aller jusqu'au bout : lésés par la destruction de leurs propriétés de la banlieue parisienne, ils ne pouvaient scier la branche sur laquelle ils étaient assis : leur autorité n'émanait, par délégation, que du roi. Révolte aussi contre l'étranger honni, contre la régente en tant que femme, la Fronde est surtout, pour les populations françaises, l'expérience du malheur des guerres, des ravages de la soldatesque aussi pillarde d'un côté que de l'autre. On aspirera d'abord à la paix.

La lassitude, la crainte d'événements plus dramatiques encore et la désunion des protagonistes, qu'aucun programme constructif ne rassemblait, finirent par apaiser les esprits. On était las, aussi, des discussions juridiques sur la nature de l'Etat et des réunions de la noblesse. Pascal le dit dans ses *Pensées* : « L'art de fronder, bouleverser les États, est d'ébranler les coutumes établies, en sondant jusque dans leur source, pour marquer leur défaut d'autorité et de justice. Il faut, dit-on, recourir aux lois fondamentales et primitives de l'État, qu'une coutume injuste a abolies. C'est un jeu sûr pour tout perdre ; rien ne sera juste à cette balance. Cependant le peuple prête aisément l'oreille à ces discours. Ils secouent le joug dès qu'ils le reconnaissent ; et les Grands en profitent à sa ruine, et à celle de ces curieux examinateurs des coutumes reçues... De là vient l'injustice de la Fronde, qui élève sa prétendue justice contre la force. »

La Fronde s'était déroulée comme une gigantesque campagne de propagande. Jamais, jusqu'à la Révolution, on ne devait voir une telle avalanche de chansons, de libelles, de pamphlets, de feuilles volantes où se manifestaient souvent la médiocrité et l'incompétence face aux problèmes réels. Un individualisme forcené charriait aussi des idées nouvelles. Elles se répandront subrepticement, en dépit de l'apparente solidité de la monarchie absolue.

Le 21 octobre 1652, grâce à Turenne, auprès duquel il venait de commencer son apprentissage militaire, Louis XIV rentrait dans Paris. A quatorze ans il avait négocié, de son chef, la reddition de plusieurs capitaines espagnols, acheté maintes consciences, vu les turpitudes des hommes.

## CHAPITRE III

# La gloire et la puissance

(1660-1685)

### *Louis XIV*

Il est difficile d'être impartial sur Louis XIV ! Le « Grand Roi » a suscité, de son vivant et après, des admirations éperdues et des rejets absolus ; tyran pour les uns, c'est le roi par excellence pour les autres. Médiocre doté d'une éducation intellectuelle composite aux yeux de beaucoup, roi formé par les événements selon d'aucuns, Louis XIV ne laisse personne indifférent ; ni les ombres ni les lumières ne manquent à son portrait.

Quand Mazarin meurt en octobre 1653 à Vincennes — ce lieu qu'il a tant aimé — derrière un couloir obscur où Colbert filtre les visiteurs, les spéculations vont bon train. Ce gros garçon joufflu aux nombreuses aventures féminines ne paraît pas appelé à jouer les premiers rôles. Beaucoup y comptent et, dans ses *Mémoires*, Mme de La Fayette énumère les beautés — y compris, déjà, la future Mme de Montespan — que prépare chaque clan en espérant bien qu'elles détourneront de son métier de roi le fougueux adolescent qui avait si bien obéi à Mazarin. L'Europe manifeste cependant une discrète inquiétude : ce roi de France est quand même le vainqueur de l'Espagne, et il a virtuellement rompu l'équilibre des forces.

Mazarin s'est énormément enrichi, et avec lui son intendant Jean-Baptiste Colbert, alors que l'État se trouve toujours dans une situation financière difficile. En virtuose, le surintendant Fouquet a su parer au plus pressé, satisfaire aux besoins de la guerre comme aux plaisirs de la paix, et aux amours du roi.

Mais l'époque est dure et le règne personnel commence dans toute l'Europe par une catastrophe alimentaire. Aussi, quand Louis XIV annonce qu'il gouvernera désormais par lui-même, personne n'y croit trop. Il se lassera, dit-on.

Il ne s'est pas lassé d'exercer le pouvoir en maître aimant son métier, chaque jour que Dieu fait, au prix d'un travail qui eût épuisé tout autre. Il a toujours trouvé le temps d'engloutir — avec une boulimie qui a frappé ses contemporains — des montagnes de nourriture, d'user ses chevaux et son entourage à la chasse, de visiter les dames d'honneur, de voir, d'entendre, de commander à cheval et en campagne, de tout décider seul. Dur à soi comme aux autres, il est courageux, distant, souverain, impressionnant. Il survit à tout et à tous, même aux médecins de l'époque : c'est une force de la nature. Il est secret jusqu'à la dissimulation, qu'il a apprise de Mazarin. Réfléchi, il demande longuement conseil avant de commander. Il adore diviser pour mieux dominer, et dresser les clans les uns contre les autres juste assez pour qu'ils lui restent utiles. Il marie les femmes de son entourage. Il veut tout savoir, et d'abord les secrets les plus intimes des familles. Il est épris de gloire — une passion qui surpasse chez lui, il l'avoue, l'amour des femmes — mais d'une gloire à la romaine, avec tout ce que ce mot signifie pour qui a vécu la Fronde et ses humiliations. Rancunier en diable, il jouit jusqu'à la fin d'une excellente mémoire. Conscient et organisé, voire méticuleux, très au courant des problèmes et ayant acquis au fil des décennies une incomparable connaissance des dossiers, c'est un bourreau de travail.

Mais est-il intelligent ? A-t-il un programme défini ? Il sait en tout cas orchestrer sa gloire en s'entourant d'artistes et en imposant ses goûts personnels : le classique, c'est lui. Musicien doué quoique incapable de lire une partition, il se révèle d'une grande habileté manuelle et physique. Il protège Molière, et le courtisan qui, pour se venger, griffe un jour le visage du comédien avec ses manches brodées de diamants s'en repentira toute sa vie. Il est maître des arts comme rarement l'a été un homme d'État : l'art louis-quatorzien est un art d'État, l'instrument d'une propagande on ne peut plus organisée et telle que l'Histoire en offre peu d'équivalents.

L'enseignement théorique qu'il a reçu est rapide : un peu de latin, de quoi traduire passablement, sans plus, le *De Bello Gallico* de César ; pas d'italien, juste un peu d'espagnol, pour son épouse ; des bribes d'histoire, la connaissance des généalogies : c'est peu. Mais il a reçu, en revanche, une formation militaire sur le tas, dans la tente du plus grand des maîtres du moment, Turenne, avec ses espions et ses décrypteurs de chiffre. Son apprentissage politique a été moins poussé mais réel : contacts quotidiens, observation du Conseil derrière une tenture ; plus tard, le monologue de Mazarin lui expliquant en quelques phrases le sens de la décision. Mais rien ne transparaît derrière ces yeux un peu globuleux, au point que Mazarin a pu commencer par se méfier de lui : le cardinal a songé à devenir pape quand le roi ne voudrait plus de lui.

L'intelligence des êtres, il l'a eue au plus haut degré, tant que son entourage est resté celui de sa jeunesse, mais après la quarantaine il s'est fréquemment trompé sur la compétence des hommes. C'est à cet âge qu'il changea et devint, d'un coup, volontaire et parfois impulsif, alors que pendant près de trente ans on l'avait tenu pour trop prudent. Ses contemporains, unanimes, ne l'ont point considéré comme un génie, et il n'y prétendait pas. En matière de foi, il se fiait à ses évêques, rejetant sur eux non sans raison, à son lit de mort, la responsabilité de sa politique religieuse.

A beaucoup d'égards, il fut donc un besogneux d'envergure moyenne qui sut travailler pour pallier ses lacunes. Il concevait quelque jalousie pour les êtres mieux doués que lui, comme le futur Régent. Chargé de défauts, il pouvait s'humaniser, s'il ôtait son masque, et pleurer avec ceux que la raison d'État condamnait. Surtout il séduisait presque tous ceux qui l'ont approché, femmes et hommes, en dépit d'eux-mêmes, et même Saint-Simon qui s'en défend et par moments le déteste. Quel soulagement, quelle reconnaissance quand le roi pardonne : « Sire, près de vous, la pluie ne mouille pas » ; pour ridicule qu'il nous paraisse, le mot du vieux courtisan rentré en grâce exprime la reconnaissance éperdue d'hommes auxquels Louis XIV savait distiller la moindre des faveurs. Courtois envers tous, il se contrôlait toujours : ainsi lui arriva-t-il de jeter sa canne pour ne pas frapper quelqu'un qui l'avait offensé. Il soulevait son chapeau devant chaque femme, fût-elle chambrière : la distinction du rang se traduisait cependant par l'amplitude de la courbe soulignée par le faisceau de plumes.

Il a tellement tenu à être informé que Colbert en vint à recommander à son fils Seignelay : « Un mauvais rapport est encore mieux qu'une bonne décision, l'essentiel est de bien rapporter. » Informé et se sentant responsable, le roi se laissait dire et écrire bien des choses sur ses ministres, Colbert ou Louvois compris, et ne pouvait être dupe. Sa responsabilité était entière, et il l'a toujours voulue telle, au point de couvrir les erreurs de ses subordonnés en des occasions où il ne s'était pas engagé en personne.

Il a pourtant commis d'énormes erreurs. Du moins en jugeons-nous ainsi. Saint-Simon et Fénelon n'ont pas écrit sans raison leurs lettres anonymes — preuve qu'ils étaient sûrs que le roi les lirait, avec un petit sentiment de terreur s'il reconnaissait leur style — et si certains de leurs jugements sont discutables, beaucoup de leurs critiques sont fondées. Les actes d'un roi, si grand fût-il, ne se jugent pas seulement à l'aune de son caractère. Pendant un quart de siècle, peuples et écrivains ont attendu, mais par-delà les évidentes flagorneries, cette attente comblait les générations qui se souvenaient de ce qui avait précédé. En dépit des misères, ce fut une longue adoration. Puis, le roi ayant vieilli, survivant à ses contemporains et entouré bientôt d'hommes qui n'avaient pas connu la Fronde, les difficiles décennies 1690-1720 virent la désillusion et parfois le sarcasme : « Notre Père, qui êtes à Versailles, votre nom n'est plus sanctifié... » Ainsi se traduisent la désaffection et le désenchantement, mieux que par tous les commentaires politiques.

## *Des grands et des petits moyens*

Suffit-il de poser ainsi la question ? Il ne semble pas. Le XVIIe siècle est celui de Descartes, en politique comme ailleurs. Après les tâtonnements de ses prédécesseurs Louis XIV commence de sentir que la politique peut et doit être une activité rationnelle, dont les décisions se prennent après une solide information. Les « mathématiques politiques » se répandent d'une manière pragmatique en Angleterre, théorique dans certaines universités allemandes et chez les collaborateurs du roi en France. Agir, certes, mais non sans savoir combien le pays a d'habitants, combien on peut lever de soldats, où se trouvent les nobles capables de les encadrer, à combien revient l'armement d'une escadre, d'où arrivent les matières premières et combien elles coûtent, combien et où sont les offices, combien et de quel port sont les bateaux de commerce. Ce n'est absolument pas neuf ; la systématisation des enquêtes et la manière de poser les questions en les insérant dans une politique générale, elles, sont inédites. Malgré tout, si les progrès sont évidents, en certains domaines, les lacunes restent longtemps criantes. Les enquêtes sur les offices et sur la marine marchande sont des succès, mais on ne les refera pas de sitôt. Celle sur le chiffre de population échoue, et l'on ne disposera de chiffres vraiment fiables que dans le courant du XVIIIe siècle. Il convient en somme de juger les résultats de la politique de Louis XIV non seulement par rapport à ses buts, par rapport à une situation objective, mais en fonction de la valeur des informations disponibles et de l'état d'esprit des populations. Face à l'État qui tente de se connaître, la vision de l'État par les Français est d'une importance primordiale.

Peu de rois, en dehors d'Henri IV, dont l'image s'est rapidement muée en un mythe concurrent de celui de Louis XIV, avaient répondu aux exigences contradictoires des peuples. Ceux-ci voulaient à la fois un roi économe et glorieux, artisan de la paix à l'intérieur et de triomphes à l'extérieur. L'exigence essentielle se trouvait dans la pacification interne, et c'est la grande réussite du Roi-Soleil : elle est assurée dès les premières années.

A l'extérieur, les victoires sur les Habsbourg font sinon disparaître, du moins reculer la possibilité d'une invasion : c'est la première grande surprise du règne. D'emblée est proclamé le maintien, en temps de paix, d'une armée de terre sur pied de guerre. A partir de 1670 on ne démobilise plus, sitôt la paix revenue, le maximum de soldats : l'armée française compte, même en temps de paix, entre 170 000 et 200 000 hommes, ce qui suffit à lui donner la première place en Europe. Cette décision signifie le maintien d'une armée capable d'être engagée rapidement ; il fallait jusqu'alors six mois, et souvent plus, pour mettre les troupes sur le pied de guerre. En soi, cela ne représente pas une forte augmentation de puissance : en cas de guerre prolongée, cet avantage se trouve neutralisé. Mais la politique française y gagne une rapidité de décision essentielle au cours des vingt années qui suivent. Parallèlement, Colbert entreprend de doter la France d'une marine de guerre, la première d'Europe ; cela demande beaucoup plus de temps et ne sera réalisé que vers 1670.

Pour permettre tout cela, il fallait un retour à l'ordre, dans le domaine de la sécurité comme dans celui des finances. On n'a pas fini d'en discuter, mais le pouvoir louis-quatorzien est un pouvoir civil d'essence militaire. On engagea un grand programme de désarmement à l'intérieur de la France : il avait été déjà esquissé avec Richelieu, par la destruction de tous les châteaux qui ne servaient pas à la défense des frontières. Rencontrant le duc de Rohan dont il avait fait raser la moitié des tours, le cardinal n'avait pu s'empêcher de lui dire qu'il « avait lancé une fameuse boule dans son jeu de quilles ». Profitant de la victoire remportée par les Frondeurs, Mazarin avait subordonné toutes les capitulations de villes à la livraison de leur artillerie ; mais seules étaient visées les villes frondeuses comme Bordeaux. La guerre de Hollande servit ensuite de prétexte pour enjoindre aux villes, en raison des besoins de l'armée, de livrer ce qui leur restait de canons : les villes fidèles, comme Lyon, purent garder une pièce symbolique à l'effigie de la ville. L'évolution technique renforça la volonté royale. A partir de 1670 environ, toute l'artillerie existante se trouva dépassée. L'autorité royale n'en prétendit pas moins de s'approprier le fer et le bronze. Beaucoup de municipalités résistèrent : plutôt que de livrer au roi ce qui restait du symbole de la puissance des villes, on préféra casser les pièces, parfois enterrer ou cacher les morceaux. Peu importait au pouvoir royal, du moment que disparaissaient ces artilleries qui avaient fait la force de la Fronde.

Voyant leurs impôts augmenter et leurs dépenses contrôlées, soumises qu'elles étaient aux nécessités croissantes de l'économie, les villes n'eurent plus ni le désir ni la possibilité d'entretenir les murailles, qui tombèrent en ruine (dès 1670 à Paris), ou de reconstituer une artillerie, et moins encore d'entretenir une garnison ; il n'y eut plus de garnison que royale.

Les villes désarmées, restait la noblesse. L'action royale fut là plus subtile et moins évidente. Il n'était pas question de priver la noblesse de son rôle militaire : il était sa justification. Il fallait simplement qu'elle fournisse l'encadrement des armées : de 7 000 à 12 000 officiers étaient nécessaires, suivant les périodes, outre 500 à 1 000 officiers de marine. La grande lutte de Richelieu contre le duel n'obéissait pas seulement au souci du réformateur religieux — mettre fin à une forme de criminalité — mais tout autant à la volonté de conserver au roi ses officiers nobles. Mais ces officiers devaient désormais obéir au roi.

Le Tellier et Louvois procèdent alors à une « royalisation » de l'armée, moins facile que pour la marine où les effectifs étaient moindres. Cette royalisation fut l'un des succès du règne : l'armée était désormais chose du roi, lequel préféra ne pas employer des princes « capables » comme le futur Régent, afin de ne pas les rendre trop populaires : préoccupation que l'on rencontre, au même moment, dans toute l'Europe, mais avec plus de souplesse. De là, aussi, le refus de laisser se constituer des états-majors de spécialistes : les plans de campagne eux-mêmes étaient discutés avec le roi à Versailles par les secrétaires d'État, parfois après consultation des chefs de guerre. Ce contrôle civil des décisions militaires comportait de grands inconvénients : l'absence, tout au long de l'Ancien Régime, d'une institution comparable à l'Amirauté anglaise a handicapé gravement la marine française. Louis XIV et ses successeurs ne céderont pourtant jamais sur ce point.

Occuper et soumettre par la discipline militaire une partie de la noblesse ne suffisait pas. Plus de la moitié des nobles ne mirent jamais les pieds à l'armée. La Cour fut un autre moyen de domestication. Le système des clientèles avait du moins cet avantage qu'en surveillant étroitement les chefs des clientèles on annihilait toute possibilité de révolte importante. Colbert redoutait-il qu'une session des États de Bretagne devînt houleuse ; il lui suffisait de conseiller à la duchesse de Rohan de ne pas y paraître pour que la cohorte de ses clients en fût absente, et le ministre n'en cachait point la raison.

Désormais, nul grand nom ne put se tenir à l'écart de la Cour. « Je ne le vois point » était de la part du roi une condamnation. Seuls restaient sur leurs terres ceux qu'y reléguait quelque lettre de cachet royale. De pension, d'avancement, de postes intéressants, il ne pouvait être question si l'on était sous le regard du maître. Paraître, se faire voir, devenaient les seuls moyens de « percer ». Près du roi, les grands fauves étaient inoffensifs. Encore importait-il qu'ils ne s'ennuyassent pas : on ne passe pas de la « vertu » armée à l'inaction. La Cour revint, et même davantage, à ce qu'elle avait été sous les Valois : le plus extraordinaire lieu de divertissement — même au sens pascalien du terme — non seulement du royaume, mais de l'Europe. Le roi apparaissait ainsi le centre du monde nobiliaire. A ceux qui faisaient leur devoir sur le champ de bataille et obéissaient au doigt et à l'œil en ajoutant quelque flagornerie bien placée, le roi pardonnait beaucoup, y compris l'impiété affichée. Les faveurs suivaient : subtiles distinctions honorifiques permises par l'étiquette — elles avaient l'avantage de ne rien coûter — et fonctions d'Église pour les cadets, pensions et secours, postes si l'on en était digne, mariages décidés ou octroyés par le roi. La guerre écartait de temps à autre la jeunesse remuante en lui donnant des espérances. Ces procédés classiques étaient bien dans le style de Richelieu, et le père Joseph les avait de longue date préconisés.

Ce n'était pas suffisant. Même si l'armée était cantonnée sur les frontières ou occupée à quelques grands travaux — canaux et aqueducs, château de Versailles — et si ceux qui avaient fait trembler l'autorité royale entre 1630 et 1652 étaient rassemblés à Versailles, le danger n'était pas tout à fait écarté. Versailles et Paris connurent cependant une sécurité parfaite. Mais la peur a joué son rôle. Là encore, le roi a suivi et perfectionné les usages des deux cardinaux. Les « espions » du roi avaient la réputation de laisser traîner partout leurs oreilles : pour s'ouvrir aux ducs de Chevreuse et de Beauvilliers, pourtant liés au roi comme peu l'étaient, Saint-Simon n'avait que la ressource de s'enfermer au plus secret d'un cabinet écarté. Petit-fils de Louis XIV, le duc de Bourgogne prenait ses précautions. Cela rappelle une dramatique réunion que décrit Campion, frère de l'un des comploteurs de 1642 : sept amis nobles et militaires — sauf un évêque — peuvent bien être sûrs d'eux-mêmes, rien ne leur permet d'espérer que le lendemain, Richelieu ne saura pas ce qui s'est dit. La vieille liberté de parole si typique de la Cour d'Henri IV et de la régence de Marie de Médicis a disparu. Le complot, aux yeux de Campion, se justifiait par une indicible tyrannie, une impitoyable et constante surveillance. Il s'agit d'un phénomène obsessionnel, qui a marqué toute la noblesse du XVIIe siècle. La « police » de Louis XIV a remplacé celle du cardinal, et on lui prête un degré d'efficacité qu'elle n'a sans doute pas et dont elle n'a d'ailleurs pas besoin.

La répression à proprement parler est réduite sous Louis XIV par rapport au temps d'un Richelieu qui ne s'embarrassait guère de scrupules : elle consiste en une terreur morale préventive. Les dames — petites ou grandes — qui passaient de nuit par le cabinet de Bontemps apportaient certes au roi le plaisir, mais d'abord des nouvelles. A la ville, le lieutenant général de police de Paris, et ses collaborateurs spécialement recrutés à cet effet prolongent le système de surveillance de la Cour. Ce n'est pas un hasard si le secrétariat de la Maison du roi tient la police de la Cour et de la Ville, et si le lieutenant général de La Reynie est considéré comme un cinquième secrétaire d'État. Il en sait beaucoup, et il est dommage qu'il ne subsiste que peu de chose de ses papiers.

Le roi passe pour avoir favorisé les jeux où s'engagent d'énormes sommes, et l'on a dit, avec vraisemblance, que c'était dans le dessein de ruiner les grandes familles et les rendre dépendantes de lui. La surveillance des tripots était, en ville, curieusement inégale ; elle était absente — ou invisible — des cercles de jeu de la Cour. C'était une véritable passion que le jeu ; Saint-Simon et la Palatine ne cessent de s'en plaindre : « Le jeu égalise tout », toutes les « conditions » et met en présence le grand et le roturier. Comme en tout régime, la police des jeux de la capitale était l'une des grandes sources d'information, la tolérance s'achetant par des indicateurs, tout comme la prostitution parisienne. De leur côté, les évêques et les curés de paroisse, eux aussi surveillés, devaient fournir des renseignements ; beaucoup rechignaient en se retranchant derrière le secret de la confession.

Même avec des moyens policiers limités — ceux de l'époque — le roi avait ainsi un formidable instrument de puissance. En tout cas, le résultat fut parfaitement atteint, trop peut-être. Amadouée, ligotée par des liens invisibles, séduite par tant d'avantages et par des plaisirs on ne peut plus concrets, la haute noblesse n'était plus en état de s'opposer au roi. Lors de la dernière régence qui s'annonçait pourtant orageuse, la haute noblesse montra — au grand dam du duc du Maine, bâtard légitimé de feu Louis XIV — que le temps des grandes manœuvres de type féodal était irrémédiablement passé. De la morale héroïque de Corneille, on est venu à celle de Racine. L'amour est le dernier et le plus important des passe-temps inoffensifs. Ainsi les peuples se trouvent-ils hors de danger : la guerre privée a disparu.

Cette évolution a été lente. Le roi n'en est pas le seul artisan. Paris, sans le savoir, l'a bien secondé. S'il n'était, dès le Moyen Age, de « bon bec que de Paris », il n'est désormais plus de mode, plus de vie intellectuelle, qui ne soit marquée de l'estampille parisienne.

## *Bases financières*

En 1650, les dépenses de l'État s'élevaient à quelque 1 000 tonnes d'argent fin ; en 1715 à 1 500 tonnes. Aux mêmes dates, les revenus croissaient de 600 (1650) à 800 tonnes (1700), pour retomber à 400 en 1715. Colbert, avant la guerre de Hollande, a brièvement réussi à rétablir un budget en équilibre, légèrement bénéficiaire même, ce qui lui a valu une réputation durable et peut-être discutable. Au vrai, le début du règne a été marqué par une réorganisation de la haute administration, que Michel Antoine a qualifiée de « révolution par le haut », et qui consistait essentiellement à remplacer la surintendance des Finances par le Contrôle général et la mise en place définitive du système des intendants. Tant au sommet qu'à l'échelon provincial, cette transformation revenait à neutraliser les organismes traditionnels en les doublant d'institutions nouvelles qui allaient durer jusqu'à la Révolution.

La réforme est certainement d'abord une question de personnes ; elle tient à l'antagonisme de Fouquet et de Colbert. On discuta beaucoup du coup d'État que fut l'arrestation de Fouquet en 1661 ; il dévoila aux yeux de la France et de l'Europe stupéfaites la duplicité et la dissimulation du roi. Le procès de Fouquet ne fut pas des plus réguliers : Fouquet n'était peut-être pas plus malhonnête que Colbert, et tous deux ont fait fortune avec des moyens similaires. Il reste que Fouquet échoua pour deux raisons. Tout d'abord il avait organisé un plan de défense en cas d'arrestation — le plan de Saint-Mandé — qui consistait à soulever la marine et les régions maritimes, projet à la fois puéril et trop proche des pratiques de la Fronde. En second lieu, le surintendant aspirait, quoi que l'on puisse dire, à une position équivalente à celle d'un Premier ministre comme Mazarin, ce dont ni le roi ni le peuple ne voulaient. L'habileté de Colbert fut de persuader le roi qu'il n'avait pas la même ambition. Il fut seulement « contrôleur général des Finances », poste qui resta jusqu'en 1789, la place politique majeure après le roi. Louis XIV garda ses contrôleurs généraux jusqu'à l'usure de leur crédit, non pour les disgracier ensuite comme c'était le cas auparavant, mais pour les remplacer par un homme ayant encore du crédit. Au XVIII^e siècle — surtout après 1748 — on verra la valse des contrôleurs généraux.

Cette réforme des années 1661-1663 a un but précis : enlever la maîtrise des Finances aux institutions et aux agents trop indépendants. On a beau dire que Colbert a gouverné le roi autant que Fouquet, ce qui n'est nullement prouvé, le maintien ou le départ du contrôleur général dépend exclusivement du roi alors qu'il n'est pas sûr que Mazarin aurait pu se débarrasser, s'il l'avait voulu, de Fouquet. De même, dans les généralités, les pouvoirs de l'intendant éclipsent-ils maintenant ceux des autorités en place, non sans conflits pourtant. Il s'agit donc d'une réforme importante, et elle est en partie dirigée contre le monde des officiers de Finance et des parlements.

Cela dit, la prise de pouvoir par Louis XIV repose plus qu'on ne l'a dit sur un compromis. La Fronde a été surmontée, mais il en est resté de graves séquelles : Mazarin, Colbert et Fouquet ont eu, en 1657, très peur qu'elle ne reprenne. Les parlements se sont vu, à partir de 1661, durement rappeler à l'ordre, avant de perdre sous Louis XIV toute importance politique. Louis XIV n'a pourtant pas songé à supprimer la vénalité des offices ; si le triomphe de la monarchie absolue avait été si évident, rien n'aurait été plus facile que de remplacer le Parlement de Paris par une autre institution. Instruit par les dangers qu'avait courus Mazarin, Louis XIV n'a pas osé. Les parlements gardèrent donc toute leur puissance judiciaire, et ils ne se sentirent jamais menacés sous son règne. Les relations ne furent pas toujours cordiales, mais le système des clientèles permit d'amortir les choses : les secrétaires d'État disposaient chacun de clientèles. C'est ainsi que Colbert contrôla le Parlement de Bretagne.

Le problème de fond resta celui de la guerre et de son financement. Aucune guerre — même courte comme celle de Dévolution — ne pouvait être financée par les ressources ordinaires. Colbert réussit à réduire le nombre des offices au cours de la première décennie du règne personnel, pendant la guerre de Hollande ; mais, devant leur rendement décroissant, ne s'offrit plus que la ressource de l'emprunt. C'est de « facultés de souscription » qu'il faudrait parler. La guerre étant l'*ultime ratio* des rois, tout programme financier n'était qu'un assainissement provisoire. Celui de Colbert consista à maintenir le niveau des impôts existants en diminuant les impôts directs — en particulier la taille qui pesait sur les paysans ; elle connut pendant près de dix ans une diminution sensible — et de remplacer leur revenant-bon par celui des impôts indirects pesant sur le développement du commerce. Solution d'avenir, qui suppose la croissance économique dans le seul domaine où elle était envisageable : le commerce maritime.

L'autre volet de la réforme est le contrôle des dépenses : obtenir autant en dépensant moins. Colbert y veilla jusqu'à la ladrerie, non sans quelque succès, faisant chanter quelques compagnies de traitants et en ménageant d'autres où, parfois, ses propres intérêts étaient, semble-t-il, engagés. Il ne faut ni surestimer ni sous-estimer les résultats de sa politique. Le procès Fouquet, en effrayant beaucoup de financiers, permit d'assurer les débuts du règne et d'en maintenir le brillant. La remise en ordre permit d'équilibrer un temps le budget et de rétablir le crédit de l'État. Une partie de la dette fut annulée, le reste mal remboursé. A plus d'un égard, c'est là une banqueroute masquée, qui ne fut guère appréciée des bailleurs de fonds. Pourtant les résultats obtenus par Colbert eussent pu durer sans la guerre, mais c'est précisément eux qui ont permis de la reprendre.

### *Le « colbertisme »*

La France a connu sous l'Ancien Régime trois types de pensée économique : le mercantilisme (dont le colbertisme n'est qu'une variante), la physiocratie (de 1750 à 1770), et enfin un courant « libéral » à la fin du XVIIIe siècle. A la différence de ces deux derniers courants, le mercantilisme ne dispose ni d'un père fondateur comme Quesnay, ni d'une bible comme *De la richesse des nations* d'Adam Smith (1776) ou comme les *Principes d'économie politique et de fiscalité* de Ricardo (1812). Les origines du mercantilisme remontent en effet, très loin : il s'agit en réalité d'un ensemble de pratiques gouvernementales dont quelques-unes remontent à Louis XI, d'autres aux villes italiennes du XVe siècle. Cet ensemble de procédés d'intervention ou de contrôle étatiques sur l'économie pouvait s'amalgamer selon des proportions variables. Le colbertisme en est un avatar. Les spécialistes étrangers distinguent un mercantilisme « maritime » — avec des variantes anglaise, française, hollandaise et espagnole — et un mercantilisme « continental », plus tardif que le précédent (seconde moitié du XVIIe siècle), plus répandu dans les universités et nourri de statistiques : le « caméralisme », enseigné dans les universités de Halle et de Francfort-sur-l'Oder pour les besoins de l'administration prussienne. Ces diverses tendances n'ont pas manqué de s'influencer réciproquement. Colbert n'a donc rien inventé, et l'on peut se demander si le « colbertisme » n'est pas une reconstruction consistant à plaquer sur des mesures étatiques précises un revêtement « idéologique », lui-même disparate.

Si l'on veut absolument trouver des caractères communs à ces divers mercantilismes, on peut y déceler une forte tendance populationniste, une attention soutenue au solde positif de la balance des comptes et à l'indépendance économique du pays, un rôle primordial attribué aux métaux précieux, l'encadrement réglementaire et législatif de l'économie par l'État, enfin le soutien accordé d'une manière ou d'une autre au commerce et, surtout, au développement des manufactures.

Le mercantilisme répond à l'une des exigences idéologiques de la monarchie absolue : celle du « bonheur des peuples », la sécurité interne et le bonheur étant obtenus par la « mise au travail » des populations qui risqueraient de se corrompre par l'oisiveté.

La combinaison de ces éléments est variable. Le populationnisme colbertien se place entre celui, réduit, des puissances maritimes, et celui, exacerbé, des caméralistes. Pour tout mercantilisme, la question fondamentale, d'ailleurs irrésolue, est de savoir si cet interventionnisme a accéléré, ou ralenti le développement économique. Il est donc très difficile de « juger » le colbertisme : il fait partie d'une évolution. Les bureaux versaillais ont été imprégnés au cours de la première moitié du XVIII^e siècle des tendances « colbertiennes », et la seconde moitié a vu l'apparition d'un « néo-colbertisme » encore mal connu.

La question, de nos jours, se complique encore du fait de l'utilisation à des fins politiques de ce vocabulaire historique. Le colbertisme passe ainsi pour l'antipôle du libéralisme et endosse la responsabilité d'une surétatisation condamnable. L'anachronisme est patent. L'interventionnisme étatique de type colbertien repose en effet très largement sur la liberté du commerce, alors qu'il fut très fort en matière de manufactures. La dramatique insuffisance des possibilités financières de l'État fait du colbertisme un pis-aller de désespoir devant les insuffisances de l'initiative privée. L'encadrement réglementaire ne put compenser ce manque de moyens.

En réalité, le colbertisme n'est que la traduction économique et le moyen d'une politique. Dans ses *Mémoires au roi* de 1664, Colbert est on ne peut plus net : il faut que Louis XIV dispose à la fois de la plus forte armée de terre et de la plus forte flotte d'Europe. Ce qui implique d'énormes ressources financières. Comme il est impossible d'augmenter encore la taille — Colbert la réduit de plus de cinquante millions à trente-cinq, en attendant que la guerre de Hollande réduise une bonne partie de cet allégement —, il faut développer commerce et manufactures : cela peut empêcher les sorties de métaux précieux, enrichir les peuples en leur donnant du travail et donc augmenter le rendement des impôts.

On comprend, dans ces conditions, l'écart qui marque les appréciations des résultats de cette politique. Elles varient de l'éloge délirant à la critique exagérée. Le colbertisme — tout comme la politique financière — ne mérite ni cet excès d'honneur ni cette indignité. Voltaire a, sur ce chapitre, avancé quelques remarques qu'il n'est pas inutile de relire *(Le Siècle de Louis XIV)*: toute politique est art du possible. Au surplus, il faut distinguer entre Colbert et ses successeurs, et ne pas attribuer à l'un les succès ou échecs dus ou enregistrés par les autres après 1683. Les *Mémoires au roi* de d'Usson de Beaurepaus (1689-1692) permettent d'entrevoir buts et moyens réels, à condition de les compléter par d'autres documents comme le *corpus* colbertien compilé par Pindinsat de Mairobert à la fin du XVIII^e siècle.

On peut, semble-t-il, dégager quatre domaines spécifiques. En premier lieu, Colbert a largement développé l'industrie de guerre. Les arsenaux — dont on se demande bien pourquoi les historiens ne les englobent pas dans la « proto-industrialisation » — en sont l'illustration la plus spectaculaire et la plus réussie. La France se couvre d'une série « d'industries » dépendantes, au succès cependant divers. Il s'agit, souvent, d'industries d'État, par suite de la carence des entrepreneurs privés. Le prix de revient, s'il importe, passe ici après les considérations d'indépendance nationale.

En deuxième lieu, Colbert a systématiquement développé les colonies, et ce dans le cadre du mercantilisme. Elles doivent fournir à la métropole, sans la concurrencer, les produits exotiques qui lui manquent. D'où le « pacte colonial » qui réserve ce commerce à la marine nationale. Seule exception, le Canada, pour lequel Colbert atténue son strict refus d'une émigration coloniale. En 1683, les résultats sont encore limités, mais l'effort consenti permet le démarrage des années 1690-1720, qui fonde la prospérité navale de la France du XVIII^e siècle.

Le troisième domaine privilégié est celui des produits de luxe : Colbert veut faire cesser les importations coûteuses d'Italie : étoffes de soie, tissus de luxe, miroirs, glaces et verres de Venise, dentelles. D'où la fondation de manufactures privilégiées comme celles de Saint-Gobain, Aubusson, les Gobelins. Les résultats sont divers et la chronologie variable. En dépit de sa forte puissance d'achat, la Cour de France, avec ses 5 000 à 10 000 personnes, ne put rivaliser avec l'énorme marché des 250 Cours allemandes et leurs 75 000 à 125 000 clients potentiels. Mais il est d'incontestables succès comme les dentelles ou la Galerie des glaces.

Le commerce reste, enfin, le domaine le plus spécifique. Colbert constate que la France est le plus grand marché de produits agricoles européens. Mais ces exportations sont entre les mains des négociants hollandais. Le transfert de cette capacité de tonnage ne réduirait, d'après lui, que d'un peu plus d'un dixième la capacité opérationnelle de la flotte hollandaise, mais signifierait pour la France un enrichissement substantiel et la création... de cinq millions d'emplois ! Or, pense Colbert, il suffit, pour atteindre ce but, de compenser le faible coût de revient hollandais (bas salaires) par des droits de jauge et de port équivalents à la différence entre les deux niveaux de prix de revient.

Surestimation des effets induits (il y a à peine 60 000 matelots) et sous-estimation des réactions hollandaises ont entraîné une tentation : obtenir par la force militaire ce qu'on ne pouvait obtenir par la supériorité économique. Mais l'extension du territoire fait partie, elle aussi, de l'idéologie mercantiliste, et Colbert — comme plus tard Frédéric II de Prusse — compte les conquêtes parmi les bénéfices fiscaux essentiels.

C'est dire qu'il faut se garder de toute systématisation. Colbert souligne ainsi qu'une manufacture privilégiée qui n'obtient pas des bénéfices au bout de cinq années doit être abandonnée. Dans les arsenaux d'État, des pans entiers de la fabrication sont soumis à l'adjudication, tout comme la construction des forteresses. Même les grandes compagnies de commerce ont dans l'ensemble échoué. Elles ont fait, dans les années 1700-1720 l'objet de violentes dénonciations de la part du commerce libre. Les députés du commerce avouent cependant que, vers 1660, les grandes compagnies comme la Compagnie des Indes sont le seul moyen de réunir les capitaux disponibles : les actions en sont souscrites d'office par la Cour et la Ville. Les échecs sont donc patents, et ils semblent dus à une gestion administrative imposée par le Contrôle général comme à une insuffisance chronique de moyens.

Le commerce maritime privé a connu en revanche une courbe ascendante. En 1688, le tonnage de la flotte commerciale française atteint 220 000 tonneaux environ, alors qu'il se situait aux alentours de 125 000-150 000 tonneaux en 1664. Les fortunes des négociants restent cependant médiocres : la guerre de Hollande en a ruiné plus d'un. L'essor des ports de l'Atlantique s'opère entre 1690 et 1730 avec l'apparition de grandes fortunes de plusieurs centaines de milliers de livres. Les guerres maritimes désavantagent cependant les ports de la Manche comme Rouen et Saint-Malo, et ce en dépit d'une course longtemps fructueuse.

En somme, le colbertisme constitue un moment du développement économique de la France. Colbert a eu tendance, dans tous les domaines, à noircir la situation antérieure à 1661. Il ne manquait pas de bons esprits, en particulier, pour estimer qu'une politique de coopération avec la Hollande offrait plus de perspectives que la politique de combat de Colbert. Il est, en revanche, certain que celui-ci a tenté de remonter un lourd handicap. Le commerce français avait, au milieu du XVII^e^ siècle, très mauvaise réputation. Les étrangers lui reprochaient la mauvaise qualité des produits, l'âpreté au gain, le manque de parole des commerçants. Ainsi s'explique une législation colbertienne extrêmement tatillonne.

Colbert s'est moins soucié des corporations qu'on ne l'a dit. Les édits sur les corporations — surtout parisiennes — ont une finalité immédiate financière, et une large part de l'artisanat est et reste libre. En sorte que l'on peut se demander si Colbert ne constitue pas un moment d'une très longue tradition d'interventionnisme ponctuel, consistant à privilégier par des monopoles et des avantages fiscaux des entrepreneurs « exemplaires », favorables ou introducteurs d'une certaine modernité. C'est en tout cas, la lecture des événements que suggèrent entre autres, les lettres de noblesse pour cause économique du XVIIIe siècle.

Les grandes compagnies de commerce, à l'exception de la Compagnie des Indes disparaîtront totalement. Après l'illusion des mirages louisianais de la Compagnie des Indes de Law, héritière de toutes les autres, suivra une courte période de médiocres bénéfices (1720-1740) vite remise en cause par les guerres du milieu du XVIIIe siècle. Au fond, ni la structure d'apports forcés de capitaux parisiens, ni celle d'une direction administrative plus attentive à l'apport militaire éventuel d'une flotte de guerre d'appoint n'aura changé. On est, en dépit de l'effort désespéré de certains directeurs soucieux de profits immédiats sans conquêtes territoriales, très loin de l'ampleur de vues économiques des deux grandes Compagnies des Indes rivales : la hollandaise et l'anglaise. On est même loin des succès commerciaux des compagnies suédoise et danoise. C'est qu'il a toujours manqué à la France, comme le disait un observateur anglais, une capitale-port comme Londres.

Le problème de l'efficacité du colbertisme reste entier. La meilleure preuve en est que la plus grande industrie de consommation en dehors du bâtiment, c'est-à-dire la laine, connaît une expansion continue de 0,50 % par an sous Colbert, et même de 1 % par an entre 1690 et 1715.

Ces taux prennent tout leur sens si on les rapproche de la stagnation du chiffre de la population française : autour de 22 millions d'habitants (dans les limites actuelles). Il est probable que le colbertisme n'y est que pour peu de chose. Comment pouvait-il en aller autrement dès lors que moins de 1 % des dépenses de l'État allaient directement à l'économie ? Ce serait cependant oublier que l'État d'Ancien Régime est d'abord militaire, même s'il l'est moins que la Prusse des années 1740 (80 % des ressources ordinaires y vont à l'armée). Or les dépenses militaires donnent un coup de fouet à l'économie, et elles assurent de surcroît une redistribution des impôts du Bassin Parisien vers les provinces périphériques.

## *Les guerres victorieuses*

Les incidents mineurs du début du règne ont beaucoup frappé et indisposé les souverains européens : opérations diplomatiques de prestige, menées à grand fracas et non sans forfanterie. Parfois de manière éhontée, ils traduisent la morgue d'un trop jeune roi de France épris d'égards et pétri de sa supériorité. Il est des coups d'épingle qu'on n'oublie ni ne pardonne : l'exemple en est l'affaire de Rome, à propos des gardes corses de la Garde pontificale ; le pape dut en 1664, présenter ses excuses et s'en souvint. Dès 1662, après s'être fait reconnaître comme l'héritier du duc de Lorraine, Louis XIV avait occupé le duché : le procédé était discutable, mais l'objectif clair et, finalement, défensif.

La première guerre importante fut celle de Dévolution. On attendait toujours la succession d'Espagne. Pour succéder à son fils Charles, qui semblait voué à une mort proche, Philippe IV (mort en 1665) avait désigné les enfants de sa fille Marguerite-Thérèse, épouse de l'empereur Léopold Ier. Voyant le danger d'une reconstitution de l'empire de Charles Quint, le roi de France prit les devants et, s'autorisant d'une règle coutumière du Brabant, prétendit entrer par avance en possession d'une partie de l'héritage de sa femme, Marie-Thérèse, qui était aussi fille de Philippe IV. En droit, cette prétention était discutable, mais la raison du plus fort est toujours la meilleure. En mai 1667, Louis XIV envahit la Flandre espagnole. Il conquit la Franche-Comté l'année suivante. Bloqué sur le Raab, face à la Hongrie turque, Léopold dut s'entendre avec Louis XIV pour partager la succession espagnole : solution raisonnable, qui n'avait qu'un défaut : le problème n'allait pas se poser avant 1700. Le roi de France aurait eu les Pays-Bas espagnols, la Franche-Comté, Naples, la Sicile, la Navarre et... les Philippines.

Les Provinces-Unies, inquiètes de ce voisinage, négocièrent alors avec la Suède et l'Angleterre : c'est la triple alliance protestante de 1668, menace diplomatique majeure pour la France. On vit le risque d'une coalition à laquelle l'Espagne ne demandait qu'à se joindre. Louis XIV, prudent, recula et conclut le 2 mai 1668 la paix d'Aix-la-Chapelle, qui lui donnait Lille et une série de places fortes à l'intérieur des Pays-Bas, formant autant de pierres de gué possibles pour une avancée ultérieure. Il abandonnait en revanche la Franche-Comté. Cette modération surprit la coalition elle-même. Aucune considération de fleuves ou de limites naturelles ne fut évoquée lors des négociations. Ce n'était, dans l'esprit du roi, qu'une position d'attente. Louis entendait préparer la guerre suivante, contre la Hollande, sans se laisser surprendre par une alliance intempestive.

Les origines de la guerre de Hollande sont multiples. Il serait dérisoire d'y faire figurer la susceptibilité du roi devant l'insolence des gazettes hollandaises qui ne le ménageaient guère et montaient en épingle ses nombreuses liaisons. En revanche, l'attitude de Colbert envers la Hollande pose certains problèmes. La petite nation, si prospère, intriguait et inquiétait l'Europe et pas seulement la France. Considérée comme la nouvelle Carthage qui dominait le commerce mondial et contrôlait les changes internationaux, elle scandalisait. Dans les années 1650, l'Angleterre de Cromwell avait, au prix d'une guerre très dure et sans totalement y parvenir, cherché à lui ravir l'empire des mers. La *Navy*, la seule flotte de guerre moderne composée de bâtiments spécialisés, avait eu le dessus, en dépit du génie des amiraux hollandais, et avait raflé plus de mille « flûtes », ces gros navires à fond plat que personne d'autre que les Hollandais ne savait construire. Là fut le début de l'essor de la flotte marchande anglaise qui, au début des années 1660, n'était pas tellement supérieure (du moins en tonnage) à la flotte française.

Dans le programme de 1664, Colbert avait envisagé l'accroissement de la flotte commerciale hollandaise et imaginé une série de mesures protectionnistes pour compenser l'infériorité du rendement humain et financier des navires français. A la question d'une éventuelle guerre préventive menée par la Hollande, il avait d'abord répondu négativement. En dépit de l'alliance franco-hollandaise à laquelle Louis XIV avait souscrit du bout des lèvres pendant la guerre anglo-hollandaise, les rapports s'étaient aigris bien avant la conclusion de la Triple-Alliance. Il apparaissait en effet clairement que les Hollandais ne laisseraient pas la France s'emparer des Pays-Bas dans l'hypothèse de la succession d'Espagne, et qu'ils préféreraient le voisinage des Espagnols. Toute tentative dans cette direction devait donc provoquer un conflit, surtout à propos d'Anvers. Hostile à une guerre en 1664, Colbert semble cependant avoir changé d'avis. Vers 1670, la flotte française de guerre était supérieure, du moins en théorie, à celle des Provinces-Unies, et Colbert était tenté de rééditer au profit de la France l'opération qui avait réussi aux Anglais : s'emparer d'une partie de la flotte de commerce hollandaise. Les diplomates français reçurent la consigne de démentir les rumeurs qui circulaient à ce sujet : preuve qu'on y pensait bien. Colbert n'était pas encore très sûr de sa marine, mais cela ne l'empêchait pas de souhaiter la voir jouer un grand rôle.

L'affaire fut préparée de main de maître. Tandis que Colbert relançait contre la Hollande une féroce guerre des tarifs, Hugues de Lionne, secrétaire d'État aux Affaires extérieures, réalisa — ce fut son dernier chef-d'œuvre — un encerclement quasi parfait. La France s'allia avec l'Angleterre de Charles II (traité de Douvres, 1670), avec l'électeur de Cologne et divers princes allemands pour éviter d'avoir à passer par les Pays-Bas espagnols, et avec la Suède, qui neutraliserait les alliés germaniques de la Hollande.

En juin 1672, Turenne et Condé franchirent le Rhin, envahirent la Hollande et s'emparèrent d'Utrecht. Mais les Hollandais eurent le temps, alors que les troupes françaises s'attardaient aux sièges, d'ouvrir les vannes des polders pour inonder une partie du territoire. Sur mer, Ruyter défit à Sole Bay la flotte anglo-française. Assurés dès lors de leur ravitaillement, les Hollandais firent des offres de paix, proposant de céder à la France le pays de généralité (sud de la Hollande) et une indemnité de dix millions de livres. Conseillé ou non par Louvois depuis la mort de Lionne, Louis XIV refusa ; sans doute fut-ce là la plus grave de toutes ses erreurs.

En Hollande même, Guillaume d'Orange s'empara du pouvoir en 1672. Ce fut le grand adversaire de la France. La crainte de la puissance de Louis XIV et la solidarité protestante ressuscitèrent la coalition antifrançaise, bien que la Suède restât fidèle et remplît son rôle en paralysant le Brandebourg. En 1674, Charles II dut se retirer du conflit, et toute l'Europe se rua à la curée. Mal lui en prit. La Franche-Comté reconquise par Condé, l'Alsace reprise dans une fulgurante campagne d'hiver menée par Turenne (1675) juste avant sa mort et la flotte hollando-espagnole écrasée en Méditerranée aux îles Lipari, puis à Agosta, Syracuse et Palerme — Ruyter fut tué — montrèrent que la France pouvait tenir tête à une coalition puissante. Bien que l'Océan et la Manche fussent abandonnés aux Hollandais, que les Anglais se montrassent menaçants et que la Hollande fût invaincue, la partie s'équilibrait.

Les finances de tous les belligérants étaient en mauvais état. On conclut la paix à Nimègue (1678-

1679). L'Espagne solda les comptes. Remettant les places fortes les plus avancées acquises au traité d'Aix-la-Chapelle, la France recevait une nouvelle série de citadelles dans le Nord : c'est dans le texte de ce traité qu'apparaît l'esquisse d'une idée de frontière linéaire, donc d'une politique essentiellement défensive. L'acquisition de la Franche-Comté, qui ne pouvait inquiéter la Hollande, présentait un aspect positif. Mieux : devant le refus du duc de Lorraine de céder Nancy, Longwy et des voies de passage, la France garda l'ensemble du duché. Battue, la Suède maintenait cependant intégralement ses possessions allemandes, écornées pendant la guerre ; c'était un succès de taille en dépit des apparences.

La Hollande payait cher sa demi-victoire. Sans doute gagnait-elle sur le point des tarifs douaniers — c'était une défaite pour Colbert — et restait-elle maîtresse des mers, mais son essor était brisé. La guerre lui avait coûté très cher ; jusqu'au XIXe siècle elle eut le douteux privilège d'être, de très loin, le pays le plus imposé d'Europe. Elle perdait aussi une partie de ses colonies d'Amérique, au profit de l'Angleterre. En réalité, son déclin était inscrit dans les faits ; si la révolution industrielle ne s'y produisit pas, c'est peut-être justement parce qu'elle fut encore engagée très tôt dans d'interminables guerres avec la France qui épuisèrent ses possibilités de croissance. Après l'avoir chevauchée jusqu'à l'épuisement, Guillaume d'Orange devait changer de monture : il enfourcha en 1688 celle de la puissante Angleterre, dont il devint roi ; dès ce moment, la Hollande ne fut plus qu'un « canot à la remorque du vaisseau Angleterre », mais on ne s'en aperçut qu'au moment de la Succession d'Espagne.

## *Un apogée : apparences et réalités*

La politique française entre la fin de la guerre de Hollande (1679) et la conclusion de la Ligue d'Augsbourg (9 juillet 1686) est des plus curieuses. Elle suscite à travers l'Europe une indignation croissante, car elle a toutes les apparences contre elle, en particulier après une révocation de l'Édit de Nantes (1685) dont les conséquences extérieures sont très lourdes.

Les rêves n'ont pas disparu. L'idée d'un partage de l'Europe à l'occasion de la succession d'Espagne continue de hanter tout un chacun, et pas seulement Louis XIV. On en parle à Vienne, comme à Amsterdam et à Londres. Les Pays-Bas espagnols restent donc un objectif. Depuis que le traité de Nimègue a esquissé une frontière plus linéaire, la France cherche à éviter toute invasion. Sous l'inspiration de Vauban s'édifie un règlement des places des frontières. 10 % du budget sont consacrés en temps de paix aux fortifications. On pose les jalons de la « ceinture de fer » qui sera, dans les moments difficiles, le bouclier de la France. Mais cette politique impose la recherche d'une frontière de plus en plus linéaire, et Vauban en est très conscient ; défensive à l'origine, elle finit, paradoxalement, par devenir offensive, sinon provocatrice, même vis-à-vis d'États alliés.

Tout se passe comme si Louis XIV et ses conseillers avaient été très impressionnés par la coalition européenne : leur idée est de faire avancer cette ligne de forteresses le plus loin possible, ce qui donnera en même temps le moyen de prendre des gages pour les partages à venir. C'est ce qu'on appelle la politique des « réunions ». Utilisant avec une désinvolture brutale toutes les finesses du droit féodal, le roi et Louvois multiplient les annexions sans préavis, en pleine paix, grâce à la rapidité de la frappe française. Sous l'impulsion du Parlement de Metz et de la Cour souveraine d'Ensisheim, quatre zones sont pratiquement annexées : l'ensemble de l'Alsace tout d'abord, avec Strasbourg (1681) ; plus de la moitié de la rive gauche du Rhin au sud de la Moselle, ensuite, jusqu'à la forteresse de Mont-Royal, à mi-chemin de Coblence ; troisièmement le Luxembourg dans ses limites d'autrefois, c'est-à-dire la totalité des Ardennes ; enfin la Flandre maritime au nord de l'Escaut, qui avait d'ailleurs été dans la mouvance française au Moyen Age. Les dates majeures de ces réunions sont 1681, avec l'acquisition de Strasbourg, et 1684, avec l'occupation de Luxembourg. Cette politique, qui avait quelques précédents (pas tous français), fut menée assez spectaculairement par les Chambres de réunion inspirées par Louvois. On l'a parfois interprétée comme une « marche au Rhin » et aux « frontières naturelles », ce qui est faux.

Elle fut couronnée de succès car elle coïncidait avec la dernière et terrible invasion des Turcs, qui mirent le siège devant Vienne en 1683. Cette diversion a servi Louis XIV, mais l'aide directe qu'il aurait fournie aux assiégeants en leur envoyant des ingénieurs militaires n'a jamais existé que dans l'imagination des foules. Certains princes-électeurs se tournèrent alors vers la France, comme dernier recours contre le Turc, et on reparla pour la dernière fois de la couronne impériale pour le roi de France. Mais la victoire du roi de Pologne Jean Sobieski au Kahlenberg délivra Vienne, transforma l'offensive turque en une formidable défaite et permit aux Impériaux de reprendre en vingt ans l'ensemble de la Hongrie. Cette reconquête devait renforcer l'Autriche et faire d'elle, contre toute prévision, une très grande puissance, ce qui bouleversa l'échiquier européen. Dans le même temps, la trêve de Ratisbonne libérait en 1684 l'empereur du danger français en lui concédant toutes les réunions.

C'est alors l'apogée de Louis XIV. Tout semble lui avoir réussi. Ce triomphe sera de courte durée. La révocation de l'Édit de Nantes et la formation de la Ligue d'Augsbourg où la France perdait ses plus anciens et fidèles alliés allemands ouvrent en 1685-1686 une ère de difficultés.

### *Versailles*

L'apogée de Louis XIV se traduit aussi par Versailles. Nouvelle capitale qui n'était pas à l'origine appelée à jouer ce rôle, Versailles est un palais modèle, imprimé dans cette nature domestiquée qui est la raison d'être du classicisme. C'est en même temps la ville moderne par excellence avec ses trois grandes allées convergeant vers la cour d'honneur, synthèse des conceptions de l'urbanisme du XVIIe siècle. L'art royal se mue ainsi en école nationale, vouée jusqu'à la Révolution à l'imitation par toute l'Europe.

Versailles n'est qu'un aboutissement, et il y a eu plusieurs Versailles. Au petit château de chasse, au rendez-vous d'Henri IV et de Louis XIII, où s'était en partie jouée la journée des Dupes, succède un premier palais, qui est surtout celui de Le Nôtre et de ses jardins, le cadre féerique de fêtes comme les « Plaisirs de l'Ile enchantée ». C'est le Versailles des premières maîtresses, la douce et rougissante La Vallière, l'impérieuse et majestueuse Montespan. Le pavillon agrandi ne sert encore que de cadre fixe à des fêtes aux décors éphémères qui jouent avec les lumières et avec les eaux — étalées ou domestiquées en « orgues hydrauliques » — tirées de la Seine par la machine de Marly. Le deuxième Versailles est ce palais à terrasses où la Cour effectue des séjours prolongés. Mais au temps de la guerre de Hollande se dessine le troisième Versailles — celui de la galerie des Glaces — que Lebrun et ses élèves, une fois la guerre achevée, décorent d'un ensemble de peintures admirables, véritable programme politique revu et corrigé par le roi lui-même.

La capitale s'installe. Quelque quatre mille courtisans, avec les services nécessaires et le noyau des principales administrations — les bureaux publics restent à Paris — viennent s'y établir. Le cadre ne cessera tout au long du règne de s'agrandir, de se transformer ; le Grand Trianon, puis le château de

Marly avec ses pavillons séparés, permettent par la suite au souverain de trouver quelque intimité.

Les raisons du choix de Versailles sont complexes. Le désir de s'isoler de Paris, que le roi n'aime guère depuis les jours sombres de la Fronde est sans doute la principale. Il y a aussi la volonté de s'éloigner de la foule parisienne des dimanches, qui parcourait sans vergogne les Tuileries et le Louvre, daubant au passage sur les maîtresses et les courtisans. Mais bien des châteaux, par exemple Saint-Germain, eussent fourni des solutions moins onéreuses et plus commodes. Par-dessus tout, le roi a voulu imprimer à jamais sa marque à un lieu que nul devancier n'avait encore organisé. Versailles fut sa chose. Il en parcourut les échafaudages. Il discuta de la largeur des fenêtres, du moindre détail ornemental. Versailles devait subsister dans la mémoire des hommes : comme le remarque Saint-Simon, le choix de ce site désert, sableux et marécageux, qui opposait à la volonté humaine un maximum d'obstacles n'en suscita que plus d'admiration. Louis XIV se montrait du parti des « modernes » en surmontant ainsi la nature. Las ! Les eaux, élément majeur de toute poésie baroque et classique, se laissent difficilement élever au-dessus de leur niveau : la machine de Marly demeura insuffisante. Les grandes eaux ne pouvaient jouer que l'espace de quelques heures. Ainsi naquit un grandiose projet : détourner l'Eure. Il en reste à Maintenon des ruines d'un aqueduc que l'armée française aurait pu mener à bien mais qui fut abandonné dès le début de la guerre de la Ligue d'Augsbourg.

Que cela fût aussi l'occasion de présenter à l'Europe stupéfaite une exposition permanente de tous les produits de l'industrie et de l'artisanat français, un ensemble dépassant tout ce que l'on avait vu depuis l'Antiquité, est tout à fait évident. L'Empire romain, le modèle, et l'Italie, qui avait enseigné la France, devaient être surpassés par une création continue dont le château de Versailles, maintenant figé, ne donne plus aucune idée. En pleine guerre de la Succession d'Espagne, il arrivait que les jardiniers remplacent de nuit tous les parterres puis, un autre jour, installent des aquariums avec toutes sortes de poissons exotiques : prodiges qu'évoquent les lettres de la Palatine. Versailles, c'était enfin un endroit où le roi disposait de chasses proches. Il entendait bien y aller le plus possible.

La sécurité eût été plus grande si le palais avait été installé plus loin de Paris : les journées révolutionnaires ne se seraient pas passées de la même manière. Mais cette courte distance permettait à la noblesse de coucher à Paris, car on était à l'étroit dans le palais. Ajoutons que le site était quelconque, et que beaucoup de points de vue sur la vallée de la Seine le surpassaient infiniment. Alors, compromis entre des exigences contradictoires ? Ou, tout simplement, aménagement d'un lieu choisi parce qu'il y existait déjà quelque chose ?

La splendeur de Versailles relève du « paraître ». Il s'agit de faire beaucoup avec relativement peu d'argent. Les constructions et l'entretien de la Cour — mais non de la Maison du roi, qui gère de nombreuses choses, à commencer par la police — n'ont guère, dans les années fastes, représenté plus de 10 % des dépenses de l'État. Colbert était d'ailleurs hostile à Versailles, et a tout fait pour en dissuader le roi : en bon Parisien, il eût préféré parfaire et terminer le Louvre, dont la colonnade venait d'être achevée par Perrault. Mais le Louvre resta en chantier. Peintres, sculpteurs et artistes du roi y logèrent.

Versailles a été construit à la hâte, en conservant les médiocres murs existants, et à coups d'adjudications au rabais, ce dont quelques-uns profitèrent comme Colbert si l'on en croit Louvois. D'où une certaine fragilité, et ces infiltrations par la terrasse qui, tous les tiers de siècle, obligent à une révision de l'ensemble de l'édifice. Rival des bâtiments romains, Versailles n'en a pas la solidité. Voltaire le souligne avec raison dans son *Siècle de Louis XIV*, on avait fait beaucoup, avec moins d'argent que dans la première moitié du siècle.

Les techniques, en particulier celles du verre, s'étaient perfectionnées. On en profita. La galerie des Glaces fut une prouesse sans pareille, par la dimension jamais atteinte des miroirs : ils n'avaient pourtant qu'un mètre carré. Vingt ans après le coût aura encore baissé, des deux tiers pour des dimensions doubles.

« La nation désirait que Louis XIV eût préféré son Louvre et sa capitale au palais de Versailles, que le duc de Créqui appelait un favori sans mérite. La postérité admire avec reconnaissance ce qu'on a fait de grand pour le public ; mais la critique se joint à l'admiration, quand on voit ce que Louis XIV a fait de superbe et de défectueux pour sa maison de campagne » (Voltaire, *le Siècle de Louis XIV*). Tout l'art de Louis XIV est art d'État et de propagande royale systématiquement organisée. Le roi veille à tout, et surtout à ce que les symboles soient compréhensibles. Ainsi refuse-t-il un projet de Lebrun pour le plafond de la galerie des Glaces, exaltant les gloires du règne sous les traits d'Hercule ou d'autres figures mythologiques ; il entend que soient représentés la France et son roi, l'Espagne et l'Autriche foudroyées.

La littérature elle-même accède aux désirs royaux, dans le domaine des distractions comme aussi en politique. Après la « littérature de l'invraisemblable », qui caractérise les années 1640 à 1660, il s'agit d'exalter le roi, mais aussi d'intéresser les esprits cultivés à autre chose. Il n'est plus question de discuter sur scène des problèmes de haute politique, des vertus et des inconvénients du principat, ou de la République, comme le faisait Corneille. Quand, dans *Bérénice*, apparaît la politique, elle passe après l'amour. Le spectacle est d'abord affirmation de la richesse du pays et de son royal mécène. Surclassant l'opéra, les ballets de Cour sont des spectacles aux lourdes machineries, qui rassemblent parfois cinq ou six cents musiciens et acteurs. Les courtisans participent d'ailleurs aux fêtes, comme à ce carrousel de 1661, où le roi paraît en Apollon, les membres de son entourage étant les dieux et déesses de l'Olympe. *Le Bourgeois gentilhomme* est, on l'a trop oublié, une royale farce qui tourne en dérision une erreur diplomatique : un envoyé turc de rang très inférieur à celui d'ambassadeur avait été accueilli avec un faste exceptionnel : avec sa musique et ses ballets, il relève davantage du « spectacle de variétés » que de la comédie classique, et durait d'ailleurs très longtemps, entrecoupé qu'il était d'intermèdes et de collations.

La tragédie se réfugia dans le tragique de l'amour. De ce qui aurait pu n'être que le reflet d'une société de parvenus — il y en avait aussi dans la haute noblesse de la Cour — Racine fit, grâce à sa langue musicale et à sa connaissance du grec, l'un des sommets de la réflexion sur l'homme, du désenchantement et des déceptions qu'inflige le sort : par une mystérieuse alchimie, il sublima le fait divers en drame éternel. Bien qu'il ait dû faire des concessions au « spectacle », il se situe aux antipodes du baroquisme d'un Quinault, lequel ne méritait d'ailleurs pas tant de sarcasmes de la part de Boileau : ses pièces répondaient à ce que le spectateur moyen de la Cour et de la Ville demandait aux « bons » auteurs du moment. Il en est de même pour Thomas Corneille.

Si l'œuvre de Racine cherche à pénétrer l'inconscient, Molière, lui, offre le reflet d'une société en évolution qu'il fouaille de son rire. Beau spectacle de l'éternelle comédie humaine que ces petits marquis aux rubans, ces hypocondriaques qui cherchent leur thébaïde ; ces Célimène pour qui la vie est objet de coquetterie avant l'âge de la dévotion, ces médecins auxquels Molière voue la haine tenace d'un malade incurable, ces hypocrites qui cherchent à utiliser le pouvoir royal pour quelque sale besogne profitable — la Fronde n'est pas loin — et ces grands seigneurs collectionneurs de bonnes fortunes.

En l'espace de vingt ans, de 1660 à 1680, grâce à la protection royale et malgré l'Église et les grands, furent jouées les principales pièces de Molière, l'essentiel des tragédies de Racine, et fut composée l'œuvre de l'ironique Boileau. Les gloires de la génération précédente étaient encore là mais on ne les voyait guère à Versailles : un Corneille avec ses dernières tragédies, un La Fontaine, longtemps dévoué à son ami Fouquet, et dont les contes et fables campent résolument à l'écart, loin des apparences du théâtre. N'oublions pas Mme de Sévigné, la Parisienne de province.

Ainsi, tandis que se font et se défont les fastes de Versailles, se superposent deux goûts souvent contradictoires, animant la querelle permanente des Anciens et des Modernes, qui oppose à la fois l'Antiquité littéraire — la seule dont on ait alors une représentation à peu près juste — au siècle présent et les auteurs des générations héroïques du temps de Louis XIII aux nouveaux venus. A la Cour et à Paris, le public préfère souvent les premiers aux seconds. *Andromaque*, pour Mme de Sévigné, mérite quelques larmes à condition que ce soit bien joué, et par ses acteurs préférés ; mais elle pleure franchement en entendant Corneille.

Louis XIV, lui, est pour la nouveauté : ainsi en musique, quand il soutient à fond ce tyran qu'est Jean-Baptiste Lully, l'Italien qui fait de la musique française. A beaucoup d'égards, le goût du roi est, en effet, aux antipodes de l'italianisme d'un Mazarin. La Cour chante — c'est un trait qui frappe les étrangers — mais le roi veut des mélodies simples, faciles à reconnaître et à interpréter sans qu'il soit besoin de virtuoses : juste ce que lui-même peut gratter à sa guitare. Il écarte les formations qui sentent leur pédant et leur cuistre. La tirade des *Femmes savantes*, où l'honnête homme sait tout — ou du moins beaucoup — sans l'avoir appris, témoigne de cet état d'esprit ; la critique est reprise dans *le Bourgeois gentilhomme*, le grotesque en plus, qui vise les financiers, les traitants et les artisans parvenus que l'on n'ose pas attaquer en face, parce qu'à la Cour trop de gens leur sont liés.

*Rayonnement de Versailles*

Reste l'essentiel. Versailles continue la tradition française : l'architecture est moteur de toute vie artistique, une architecture élargie au cadre dans lequel elle se situe. Le château s'insère dans deux ensembles, comme l'hôtel parisien avec sa cour et son jardin. La ville d'habitation est centrée sur le palais, et même sur la chambre du roi ; le palais, lui, renvoie, de l'autre côté, à la Nature domestiquée, au parc. Mais, alors que le contact avec la ville est direct, sinon brutal, à peine atténué ultérieurement, par les bâtiments en fer à cheval des Grandes et Petites Écuries, comme s'il fallait que l'emprise du prince soit immédiate, de l'autre côté, la transition est ménagée par un dédale de places forestières secrètes, de grottes à naïades et à tritons, d'ondes jaillissant et retombant, de miroirs d'eau passive surmontés de figures mythologiques.

Baroques ? Classiques ? Louis XIV et son époque le sont en même temps, ou plutôt côte à côte. Baroques les costumes échevelés des carrousels, baroque le sentiment de l'inconstance que reflètent les gouttes ensoleillées des jeux d'eaux, mais médiévaux encore ces tournois, ces jeux de bague, ces caracolements devant les dames, ces gages donnés, pris et repris, auxquels excelle le jeune roi ; classique le décor permanent, destiné à la plus grande gloire du roi, et classique cette réserve et cette maîtrise affirmée de soi.

Tout est art, et d'abord l'art de vivre, ou plutôt de paraître. La vie à Versailles n'est que rituels, cérémonies, attitudes, parades, représentations, où tout est signe et symbole. L'étiquette se fige. Bientôt, avec un almanach et une montre, on saura dans la dernière des provinces ou le plus éloigné des pays étrangers ce qui est en train de se faire à Versailles. Désormais, il ne sera de mœurs civiles que *courtoises* au sens étymologique du terme : *de Cour*. Dans l'art de la table, le temps où l'on couvrait les aliments d'épices est révolu : entre 1650 et 1670, les importations européennes d'épices se stabilisent, puis baissent. La cuisine royale s'enrichit d'ingrédients et de légumes nouveaux venus de partout ; la ville — du moins les hautes sphères — suit vite, parfois de quelques mois : le « rosbif » se répand sous Louis XIV. Le XVIIIe siècle augmentera encore la gamme des plats.

A la ville comme à la Cour, l'horaire des repas est décalé. Le dîner entre 9 et 11 heures est maintenant « vulgaire » : il passe l'après-midi entre 14 et 16 heures. Au XVIIIe siècle, il se prendra plus tard encore, et le repas du matin deviendra le petit déjeuner.

La politesse — mot d'origine italienne — est le propre de l'« honnête homme ». Comme le fait le roi, il faut saluer les femmes, les laisser passer les premières. La perruque poudrée et les talons hauts, accessoires par lesquels le roi se grandit, deviennent des attributs indispensables. Au début du règne, on gardait son chapeau et on ne se découvrait que pour honorer quelqu'un. Désormais on se découvre en entrant dans une maison. Menus gestes qui, par la profondeur de leur pénétration, témoignent de l'emprise du modèle. On pourrait en allonger la liste.

L'art classique est-il art royal, aristocratique ou bourgeois ? Les avis divergent et la querelle est peut-être vaine : elle ne correspond pas à l'époque. Quand Molière représente une pièce, le succès tient au roi. L'auteur ne vit pas encore de son public, et les dédicaces sont le seul moyen dont il dispose pour être payé. Ainsi Racine est-il lié à la famille Colbert. Boileau et lui ont pu s'acheter une charge de secrétaire du roi, et leur fortune dépasse les 100 000 livres. Le public de Molière, c'est celui de la Cour et de la Ville, des petits marquis comme du parterre, la Ville se bornant souvent à ratifier le verdict de la Cour, qui elle-même suit celui du roi ; toutes les cabales n'y changent rien.

C'est donc bien le goût personnel du roi qui conditionne le succès, mais il en ira autrement dans la seconde partie du règne, Louis XIV abandonnant pour des raisons diverses ce rôle artistique, encore que cette manière de poser la question ait l'inconvénient d'être trop liée à la seule littérature. Et dans les autres domaines, la commande est toujours un compromis entre les moyens et les goûts personnels du mécène. Or il est évident que le roi a voulu être, sinon le seul, du moins le mécène prépondérant du royaume, et qu'il le fut toujours, même si les difficultés financières dues aux guerres de la fin du règne imposèrent des économies : pendant la guerre de la Succession d'Espagne les dépenses artistiques du roi tombent de 10 % à moins de 5 % du total. Après 1690 surgissent donc d'autres mécènes, et l'on voit de véritables petites cours disposer de moyens non négligeables. Grâce à l'enrichissement général, le rôle du roi se trouve relativement diminué.

Jusqu'à cette date, Louis XIV a littéralement imposé ses préférences : Versailles n'a guère été apprécié, ni par ses utilisateurs, ni par les « connaisseurs » ; le roi a de même imposé sa musique et ses musiciens, et il a protégé Molière comme Racine. Croit-on que Molière ait pu seulement représenter *Dom Juan* et *le Tartuffe* s'il n'avait bénéficié non seulement du soutien royal mais, probablement, même d'une incitation du pouvoir ? La cessation des représentations de certaines pièces prouve en revanche que la puissance du roi n'était pas illimitée, et qu'elle devait tenir compte des pressions.

En dehors du théâtre, on mesure mal l'action du roi. S'agit-il de fêtes avec feux d'artifice ? C'est un art nécessairement aristocratique, tout comme l'art de la table. S'agit-il d'architecture ? La grande bourgeoisie parisienne joue un rôle moteur, comme les princes : sur les quelque cinq cents grands hôtels parisiens du XVIIIe siècle, cent cinquante appartiennent à la haute noblesse. Il en va de même pour l'aménagement intérieur, où les différences sociales ne tiennent qu'aux moyens financiers et aux goûts.

Le « grand » public est essentiellement constitué du monde des officiers qui sont passés par les collèges.

L'État n'y est pas pour grand-chose. Entre 1590 et 1650, on l'a vu, l'Église et les municipalités ont mis en place le réseau des collèges qui forment la trame intellectuelle de la France. La deuxième moitié du XVIIe siècle n'y ajoute guère. Toutes les villes ayant un évêché, un parlement, une intendance ou un présidial possèdent, à de rares exceptions près, leur collège de plein exercice. Ces écoles ont beaucoup de succès : leur apogée se situe entre 1640 et 1660. Les gros établissements des jésuites atteignent trois à quatre mille élèves ; souvent turbulents, ils perturbent quelque peu la vie citadine. Passé le milieu du siècle, ces collèges perdent beaucoup de leur clientèle, maintenant drainée en partie par le réseau complémentaire des collèges de simple exercice. La population scolaire équivalant à l'enseignement secondaire actuel stagne ; elle décline même dans la seconde moitié du XVIIIe siècle : entre 50 000 et 80 000 élèves. Encore ces chiffres comprennent-ils ceux qui apprennent simplement à lire, à écrire et à calculer, avec divers compléments pouvant servir dans la vie courante.

Les universités ne brillent pas d'un éclat spécial : à quelques exceptions près, elles végètent. Seule, la Faculté de théologie — la Sorbonne — conserve sa puissance. La recherche se fait ailleurs, à l'Académie des Sciences ou dans les académies provinciales, voire, pour certains domaines comme l'histoire, au sein des ordres religieux : les bénédictins de la Congrégation de Saint-Maur, sous l'égide de Louis XIV, mettent ainsi en œuvre une collection d'histoire des provinces françaises dont les arrière-pensées sont parfois politiques.

Les collèges connaissent un enseignement dominant, celui du latin. Le grec ne s'enseigne plus guère, sinon à Port-Royal, où l'a appris Racine. Mais on voit s'épanouir une littérature française vivante, « moderne », vite destinée à devenir classique (même si elle est alors peu enseignée en classe). Le XVIIe siècle reste cependant profondément latin. L'édition latine se porte bien, grâce aux clientèles de masse que forment le clergé, les gens de justice et les scientifiques. Le latin reste la langue internationale, même si, depuis le traité de Westphalie, le français le concurrence dans le monde diplomatique. L'histoire, quand elle est enseignée, porte exclusivement sur l'Antiquité. Ainsi se juxtaposent deux cultures : celle des établissements scolaires, qui vise à une totale maîtrise orale et écrite du latin, mais dont la matière ne porte que sur l'Antiquité, et une culture post-scolaire acquise dans la vie quotidienne. Il en résulte une pensée bipolaire, fondée sur un bilinguisme de fait, dont l'élément structuré, le latin, influe sur le raisonnement. Le *Discours de la Méthode* au XVIIe siècle comme l'*Institution* de Calvin au XVIe ont d'abord été écrits en latin. Le XVIIe siècle pense profondément dans les schémas du latin classique, même quand il écrit et parle le français.

En découle un décalage entre la culture et la civilisation royales, auxquelles le XXe siècle réduit souvent cette époque, et la culture des élites, celle de la ou des bourgeoisies. Les membres moyens et inférieurs du monde des officiers participent aux progrès de la langue vernaculaire en assistant aux farces de théâtres ambulants comme l'a été celui de Molière, et ce à la grande fureur d'un Boileau face à Scapin et à ses faciles effets de bâton. En dehors, cependant, de ces divertissements populaires, ces milieux, de par leur métier, évoluent dans un monde imprégné de latin. Ajoutons que le monde ecclésiastique dispose de sa culture propre et que, grâce aux séminaires récemment créés par Monsieur Olier, et aux progrès de l'instruction du clergé, le latin progresse encore.

### *Port-Royal*

Le jansénisme français — l'épisode peut-être majeur de ce siècle des « Saints » et de la Contre-Réforme qu'a été le XVIIe siècle —, s'incarne largement dans le monastère de Port-Royal. Tout un immense pan de la littérature française classique en dépend, de Mme de Sévigné à Racine en passant par Boileau et Pascal. Plus tard, au XIXe siècle, Sainte-Beuve, écrivant son *Port-Royal*, pense résumer l'essence de la pensée française du XVIIe siècle. Au-delà de cet aspect qui dépasse de loin la seule littérature, le jansénisme est un phénomène religieux majeur pour la France. En vérité, il y aura plusieurs jansénismes successifs et le dernier, presque exclusivement politique, constituera au XVIIIe siècle la cristallisation de toutes les oppositions à la monarchie dite absolue d'un Louis XV.

Le jansénisme émerge en France en 1643, peu de temps après la mort de l'évêque d'Ypres, Jansénius, lorsque paraît, sous la plume d'Antoine Arnauld, un traité *De la fréquente Communion*. C'est la vision d'un Dieu lointain et sévère, souverain juge, duquel il convient de ne s'approcher qu'en tremblant et en état de parfaite pureté : toute communion trop fréquente et mal préparée risque d'être un sacrilège. Cette doctrine trouve rapidement à Paris son point d'appui dans le monastère féminin de Port-Royal (et sa maison de la vallée de Chevreuse) réformé par la Mère Angélique et dominé par sa famille, les Arnauld, une famille de grands parlementaires parisiens.

En 1649, cinq propositions tirées de l'œuvre maîtresse de Jansénius, l'*Augustinus*, sont condamnées en Sorbonne. Le pape, saisi, prononce le 31 mai 1653 une condamnation formelle des Cinq propositions. Arnauld trouve une parade et distingue le droit et le fait : il accepte la condamnation des Cinq propositions, mais dans sa *Lettre à une personne de condition* (1665), nie qu'elles se trouvent dans l'*Augustinus*. Arnauld sanctionné par la Sorbonne, les jansénistes portent alors le débat sur la place publique grâce aux *Lettres écrites à un provincial par l'un de ses amis sur le sujet des disputes présentes de la Sorbonne* (janvier 1656-mars 1657). Ces dix-huit *Provinciales* rendent populaires les débats sur la grâce divine. Blaise Pascal y attaque la morale relâchée des jésuites. Le pape Alexandre VII n'en condamne pas moins les Cinq propositions en 1656, et l'Assemblée du Clergé de France contraint les ecclésiastiques français à signer un « Formulaire » où ils reconnaissent que les propositions condamnées se trouvent chez Jansénius. Mais Mazarin, en délicatesse avec Rome, ne souhaite pas combattre un jansénisme où il retrouve d'anciens Frondeurs. Louis XIV, en revanche, traite d'emblée le jansénisme en ennemi. Le 23 avril 1661, la signature du Formulaire est imposée, ce qui provoque, le 8 juin, la réaction des grands vicaires de Paris réintroduisant la distinction entre le droit et le fait. Les religieuses de Port-Royal signent le Formulaire, mais avec une explication : en fait, elles ne reculent pas. Rien ne bouge donc jusqu'à ce qu'en 1664, l'archevêque de Paris Hardouin de Péréfixe les somme de signer sans condition. Devant leur refus, les religieuses sont dispersées : on regroupe de force les opposants dans le monastère de Port-Royal-des-Champs. Les célèbres « petites écoles » sont fermées.

Quatre évêques refusant à leur tour de signer, Louis XIV se décide alors à une paix (23 octobre 1668) qui repose sur l'équivoque. Elle durera près de trente ans : de 1668 à 1701, les choses restent en l'état, sinon que le noviciat de Port-Royal est fermé en 1679.

Mais voici qu'en 1701 un curé pose à la Faculté de Théologie de Paris la question de savoir si l'on peut donner l'absolution à un mourant qui aurait signé le Formulaire mais aurait gardé un « silence respectueux » sur la question du droit et du fait. La Sorbonne répond affirmativement, et Bossuet de protester, comme Fénelon. C'est le « silence respectueux » que Louis XIV demande alors au pape Clément XI de condamner, ce qu'il fait par la bulle *Vineam Domini* (1705). Le 29 octobre 1709, les dernières religieuses ayant refusé de signer, sont dispersées. Port-Royal-des-Champs est enfin rasé, malgré une intense émotion, les jansénistes étant soutenus par plusieurs évêques, dont le cardinal de Noailles, archevêque de Paris.

Le 8 septembre 1713, la bulle *Unigenitus* condamne 101 propositions extraites des *Réflexions morales* du Père Quesnel, chef du « parti » depuis la mort du « Grand » Antoine Arnauld en 1694 et celle du moraliste Pierre Nicole en 1695.

Le jansénisme a gagné beaucoup de terrain en trente ans. Au Parlement de Paris et ailleurs, il se combine avec un gallicanisme hostile aux interventions de la papauté dans les affaires de France. La bulle *Unigenitus* provoque donc un tollé. L'épiscopat se divise. Le Parlement refuse d'enregistrer la bulle. Louis XIV exile les évêques récalcitrants par lettre de cachet et impose l'enregistrement au Parlement, mais la situation est bloquée : cent douze évêques acceptent la bulle, quinze s'y refusent. L'affaire empoisonnera le règne de Louis XV.

## *Cultures populaires*

Reste la culture populaire, mot ambigu qui ne distingue pas assez le monde urbain et l'univers rural. Alors que le petit peuple apparaît de plus en plus dans la peinture de genre, il n'a guère de place dans la « grande » littérature du XVIIe siècle. Quelques phrases larmoyantes et convenues, reprenant tous les poncifs de la basse latinité, ne constituent en rien l'équivalent des contes du XVIe siècle.

La France profonde prend cependant une bien singulière revanche dans les années 1680. Perrault, dans les *Contes de ma Mère L'Oye*, retrouve la source même des contes populaires. Redécouverte qui sauve, quoique en la dénaturant en partie, l'essentiel de la littérature orale commune à tous les peuples d'Europe. Pendant une vingtaine d'années, il sera à la mode parmi les grandes dames de la Cour de collecter ou d'inventer des contes de fées, dont certains sont des chefs-d'œuvre, comme *La Belle et la Bête*. Revanche de ces femmes privées d'instruction qui se confectionnent la plus hétéroclite des cultures personnelles et qui, parfois, ouvrent des salons. Revanche aussi d'une enfance vouée aux nourrices rurales, qui raccroche la haute noblesse et la bonne bourgeoisie au plus profond des campagnes. Revanche encore du peuple sur le sur-raffinement de générations qui ont éprouvé les inconvénients de la ville et redécouvrent les bienfaits, vrais ou supposés, de la vie rurale en construisant des « folies » et des maisons de campagne où se retrouvent le confort et les mœurs de la vie urbaine. Cette mode des contes de fées se transforme, à l'orée du XVIIIe siècle, en un goût pour l'exotisme, avec les récits de voyage comme ceux de Tavernier en Perse, et surtout avec *Les Contes des Mille et Une Nuits* qui ressuscitent un Orient bien oublié depuis les croisades.

Le monde rural a commencé son acculturation à l'écrit. Il s'alphabétise, grâce à l'immense effort de l'Église. Catéchismes et livres de civilité vont former les deux piliers d'une entrée dans le monde de l'imprimé, donnant ainsi à la paysannerie française une formation et des schémas mentaux spécifiques : l'enseignement par questions et réponses dominera ainsi le XVIIIe siècle, imprégnera la pédagogie politique de la Révolution, formera et modèlera encore une partie du XIXe siècle. L'image du modèle de Cour imprègne davantage encore la partie la plus évoluée des ruraux et prépare l'éducation du cœur par la politesse : c'est le grand héritage, qui frappe tant les étrangers dans la Champagne de Valmy comme dans la Lorraine de Thionville : raffinement et noblesse du paysan que chantent, à leur manière, les frères Le Nain, cette noblesse d'attitudes de la vieille femme qui boit son verre de vin, ou de la jeune épouse qui sert son mari.

Le monde paysan est infiniment divers. Des rustres que décrivent certains documents aux gens que peignent les Le Nain, il y a de très nombreux états intermédiaires. Au cours du siècle, les campagnes situées au nord d'une ligne Saint-Malo-Lyon prennent un avantage décisif qu'elles garderont jusqu'au XIXe siècle, où l'Ouest et le Sud-Ouest rattraperont leur retard. Est-ce le fruit d'une meilleure assimilation de la réforme catholique, d'une plus forte emprise de l'État, d'une demande sociale répondant à des besoins ? Est-ce encore la très forte présence d'hommes de ces régions dans l'armée, ou la proximité du monde protestant, ce qui serait vrai pour le Nord et la Lorraine, mais non pour la Champagne où l'on sent l'action de certains prélats, comme le frère de Louvois à Reims. N'est-ce pas, en fin de compte la perpétuation de l'avance de cette véritable dorsale européenne que sont la vallée du Rhin et ses environs, de la Suisse à la Hollande, une avance qui pour la lecture remonte au moins au XVIe siècle, sinon à la fin du Moyen Age ?

Quoi qu'il en soit, il se dessine dans les campagnes et à plus forte raison en ville une acculturation intermédiaire entre la culture savante de l'écrit et celle de l'oral. Il en est un autre exemple, encore plus révélateur : celui des Noëls. Ils connaissent, aux XVIIe et XVIIIe siècles, une vogue liée à la fois à une vieille tradition française et à la Réforme catholique.

En renforçant quelques traits de la mentalité paysanne (en particulier le culte de certains saints) et en lui insufflant une nouvelle vision de l'Au-delà, la Réforme catholique pénètre à des degrés variables dans les profondeurs populaires. Les Noëls en sont l'illustration : l'insistance nouvelle sur l'Incarnation prolonge la vision médiévale. Ce succès se décèle aussi dans la musique. L'exemple en est donné dans la seconde moitié du XVIIe siècle par Marc-Antoine Charpentier, dont la *Messe de minuit* s'inspire exclusivement de thèmes et mélodies de Noëls populaires.

Dans l'autre sens, la pénétration de la culture de la Cour et de la culture citadine présente des effets contrastés. Les modes mettent du temps à pénétrer dans le peuple, et ce n'est qu'au XVIIIe siècle qu'on en constate les effets. Dans beaucoup de provinces, le mobilier rustique — celui de la paysannerie aisée —

et les costumes encore portés au début du XXe siècle dérivent souvent des modes de la Cour de Louis XIV, quand cette pénétration ne véhicule pas des modèles savants plus anciens encore. Ainsi les aumôniers jésuites de la marine royale introduisent-ils dans les environs de Brest une imagerie italienne et parisienne de la Vierge : des madones prennent ainsi sous la main des artisans des traits que l'on a longtemps cru d'origine populaire. Dans le diocèse du Mans, la vogue — spectaculaire comme dans toute la France — des grands retables se traduit par l'imitation des portails d'église maniéristes de la Renaissance dans les retables-portes du ciel ; de même les peintures qui les ornent sont-elles des copies, parfois savoureuses, des maîtres italiens ou parisiens.

On ne dira jamais assez le rôle des estampes et des gravures. Plus répandues encore que la fameuse *Bibliothèque bleue* de Troyes pour les livres, elles sont, grâce à des prix extrêmement bas, l'équivalent de nos *mass media* actuels. Il n'est aucune chaumière qui n'en possède. L'analyse quantitative de cette production montre que toutes sortes d'auteurs, des grands et des princes aux humbles artisans parisiens, y ont participé ; certains noms, qui mériteraient d'être inclus dans la liste des grands créateurs, y dominent même. Deux sujets sont particulièrement répandus : la famille royale, et spécialement le roi (preuve de l'enracinement populaire du culte royal), et les thèmes religieux. C'est par dizaines de millions d'exemplaires que ces images sont diffusées, favorisant l'édification des fortunes plus que respectables des marchands d'estampes de la rue Saint-Jacques à Paris. Nous commençons à peine à découvrir cet aspect d'une culture populaire à laquelle participent aussi les chanteurs ambulants, les colporteurs, tout un monde gagne-petit qui propage dans les campagnes des thèmes souvent politiques et satiriques. On se représente d'habitude les colporteurs comme de petits vendeurs de colifichets, d'articles de mode, de mercerie, de menus objets que les fiancés offrent à leur belle, ce qui représente un énorme mouvement d'affaires, ajouté aux achats faits en ville lors des marchés. Mais il y a aussi des colporteurs d'objets de luxe, et l'on voit des orfèvres montrer des bijoux de prix ou des bijoux de pacotille selon qu'ils sont dans la résidence campagnarde de quelque gros bourgeois ou dans une chaumière.

Cette acculturation qui emprunte des chemins variés introduit dans la vieille civilisation rurale des facteurs de désagrégation. Alors que l'artisanat local atteint des degrés de perfection insurpassée, des nouveautés déstructurantes se déversent sur le peuple, et d'abord sur le plan religieux. Le prêtre « éclairé » devient, dans la seconde moitié du XVIIe siècle, un acteur de plus en plus actif sur la scène villageoise. Il intervient par ses sermons, dont l'étude dégage le « terrorisme » verbal fondé sur la crainte de l'enfer, en contraste avec les images paradisiaques des retables. Propagé aussi par les missions qui, comme en Bretagne celle du Père Maunoir, se transforment parfois en « universités populaires ambulantes », ce message passe plus ou moins bien. Certaines pratiques, dans certains pays, ne passent même pas du tout. Les heurts sont parfois violents. L'antique civilisation du village se rebiffe devant la condamnation de ses us et coutumes, considérés comme superstitieux et rejetés dans les ténèbres extérieures par le mépris des citadins et des savants. Ce qui réussit dans telle région, grâce au doigté et à la compréhension des dirigeants ecclésiastiques, provoque ailleurs de durables et profondes cassures. En Bretagne, l'intelligence de l'école mystique des Pères Huby et Rigoleuc, élèves du grand Lallemand, intègre les vieux saints guérisseurs, multiplie les missions pédagogiques à grand renfort d'images et parvient, dans la deuxième moitié du siècle, à implanter une profonde mystique populaire : la paysanne Daniélou y est le symétrique de la Parisienne Marie Rousseau. Dans ces deux cas, on rencontre la même inspiration populaire « orthodoxisée » par des parlementaires qui récrivent leurs visions et méditations.

Il est, en revanche, des campagnes qui résistent à la novation, quelle qu'elle soit : religieuse puis, plus tard, a- ou antireligieuse. Le sud du Bassin Parisien, sur la rive gauche de la Loire est, semble-t-il, profondément déchristianisé dès la fin du XVIIe siècle : y a-t-il une liaison avec la présence de grands monastères et le poids de leurs prélèvements de dîmes ? Pour lever, une semence doit tomber sur un terrain favorable ; dans ces régions, la Contre-Réforme l'a préparé : l'instruction permettait aux gens de comprendre le christianisme, mais aussi d'avoir accès à des doctrines contraires. L'ambivalence de l'acculturation est ici évidente. L'immense effort culturel de l'Église se retourne donc contre elle, du moins dans certaines régions, même si le phénomène a encore peu d'ampleur au XVIIe siècle, car les vocations sacerdotales restent à un niveau très élevé ; l'étiage n'apparaîtra vraiment qu'au milieu du siècle suivant.

L'Église s'engage dans le périlleux chemin d'une rationalisation de la religion. Celle-ci est, dans la première partie du siècle, profondément mystique et ouverte aux miracles, aussi bien ceux des Évangiles que ceux des saints et de la vie ordinaire. Puis s'opère une révolution morale et intellectuelle où l'Église de France perd le sens de la mystique et du miracle. Sans doute une action était-elle nécessaire : certains textes mystiques sont pour le moins singuliers, et nombre de miracles relèvent de la superstition. Jusque vers 1660, l'astrologie côtoie les rites catholiques : Richelieu lui-même consulte les astrologues qui sont pour beaucoup dans l'affaire de sorcellerie de Loudun, laquelle n'est pas sans arrière-pensées politiques. La naissance et la propagation de l'athéisme dans des milieux intellectuels des deux dernières décennies du XVIe siècle, procèdent pour une part de la surprise et de l'indignation devant de tels excès ; de plus, comme l'a constaté Lucien Febvre, des mots abstraits — comme *impossible* — apparaissent dans le vocabulaire courant, ce qui signifie que l'Europe, et avec elle la France, est entrée dans une ère où l'on évalue le possible et l'impossible. Ce n'est évidemment pas sans conséquences sur les croyances.

C'est l'honneur de la royauté française que d'avoir œuvré pour supprimer les procès de sorcellerie. Aussi bien Louis XIV que Colbert et son entourage et que les parlementaires parisiens en ont progressivement imposé, au moins dans le ressort du Parlement de Paris, la quasi-élimination. Si certains parlements provinciaux suivent, comme celui de Bretagne — en partie sans doute sous l'influence des conseillers « non-originaires », c'est-à-dire de la clientèle de Colbert — d'autres restent réticents. Le dernier supplice de sorciers par le feu a lieu en 1718.

Les rapports des visiteurs épiscopaux donnent une bonne idée de la lutte contre les « superstitions » : ce qu'on a appelé « folklore » au XIXe siècle. L'Église a mené l'épuration des images « indécentes » — les « nudités », fussent-elles celles de martyrs — et des représentations de saints locaux non reconnus. La chasse aux fausses reliques va de pair : elle revient parfois à éliminer le saint patron d'une église. Sont plus encore pourchassés les veillées, les « fileries » des soirs d'hiver, avec leur promiscuité, et les pèlerinages lointains où se rencontrent les jeunes des deux sexes. On sévit contre le concubinage et contre l'abstention de la communion obligatoire de Pâques. Ainsi l'Église mène-t-elle une vaste et profonde campagne de moralisation qui est peut-être pour quelque chose dans le recul, du moins à la campagne, du nombre des naissances illégitimes. Mais, une fois encore, la diversité géographique de cette action est très grande ; on commence à n'en percevoir la trame qu'au XVIIIe siècle.

Ce survol d'une culture composée de strates superposées, glissant les unes sur les autres sans cependant se mêler, reste évidemment superficiel. Il faudrait, on l'a senti, le nuancer, le « régionaliser ». Il importait cependant de rappeler que le roi et la civilisation de Cour, malgré une influence considérable, ne marquèrent pas en tout l'ensemble des mœurs françaises. L'Église affermit ses positions, obtient de forts taux de participation populaire, et d'abord — pour un temps — dans les villes et à Paris, épicentre de la Réforme catholique. La culture religieuse constitue un liant qui fait contrepoids à la déstructuration opérée par la diffusion des cultures savantes et urbaines. Comment expliquer autrement la multiplication des orgues un peu partout en pleine campagne dans le nord de la France, à la faveur de l'exil de facteurs d'orgue anglais après la Révolution outre-Manche ? Comment oublier ces milliers de retables qui se répandent dans toute la France ? Ces rustres que nous décrivent les citadins « évolués » ont entendu jouer ces orgues et vu ces images ; comme le note un théologien qui cherche comment se mettre à la portée des fidèles, ils interprètent à leur manière la culture savante, la question étant justement que cette interprétation ne comporte pas de déviance religieuse.

Avec ses misères — moindres que celles que connaissent à la même époque les populations d'Asie et que décrivent les voyageurs, atterrés mais fiers d'être européens — la civilisation du XVIIe siècle français évolue beaucoup. Famines et disettes continuent, certes, leurs ravages, mais la paix intérieure est perçue comme un immense bienfait — cris et révoltes s'effacent lentement — même si elle se paie cher par un alourdissement de la fiscalité qui s'aggrave encore quand l'Europe se coalise contre la France.

Les bouquets sophistiqués de Versailles, la vogue de la peinture de genre et des portraits, les retables, les Noëls, la musique, les contes : de Perrault à Racine, le XVIIe siècle est diversité. La fin du règne de Louis XIV pourtant, avec ses guerres et son « petit âge glaciaire » va profondément perturber villes et campagnes. Commencé dans la gloire de lauriers déjà cueillis, le long règne s'achève dans la demi-défaite et l'indifférence des masses envers un roi qui a trop vécu. On a oublié sa bienfaisante action pour ne plus lui attribuer que la lourdeur des impôts et les difficultés du temps.

CHAPITRE IV

# L'Europe contre la France

(1688-1715)

## *Les changements en Europe*

En 1688, l'ambassadeur de l'électeur de Brandebourg en France, qui appartient à une famille huguenote fixée à Genève, dresse à l'intention de son maître un tableau de la France puisé aux meilleures sources. Son propos est de donner aux coalisés des informations stratégiques utiles pour venir à bout de la France. Sans cacher sa sympathie pour le pays et pour le roi, il conseille de mener une guerre d'usure, car la France ne pourrait, sur le plan financier, tenir indéfiniment contre toute l'Europe. De 1688 à 1713, en effet, la France eut à lutter non seulement contre ses ennemis traditionnels, mais aussi contre les deux grandes puissances maritimes, l'Angleterre et la Hollande. Ces guerres étaient-elles évitables ? Grave question qui détermine les jugements portés sur Louis XIV et la France du XVII^e^ siècle.

Pendant longtemps, on considéra que les imprudences du roi étaient responsables de la guerre. Il y a là une part de vérité. La situation changeait en Europe. En 1684, une Sainte-Alliance contre le Turc avait uni l'Autriche, la Pologne, Venise — et même, en 1686, la Russie — et permis à partir de 1686 la reconquête de la Hongrie. L'armée autrichienne, commandée par l'empereur Léopold II, Emmanuel de Bavière et Louis de Bade, allait faire preuve de sa valeur. En 1687, la Diète de Bratislava conférait la couronne héréditaire de Hongrie aux Habsbourg ; un an plus tard, l'essentiel de la Hongrie était aux mains de l'Autriche. Belgrade fut prise la même année, mais perdue peu après. La Turquie cessait donc de constituer une diversion suffisante pour écarter la possibilité d'une réplique aux initiatives françaises.

Plus grave était la modification du rapport des forces navales. Sur le plan purement commercial, la flotte hollandaise restait la première, avec ses 500 000 tonneaux, suivie par la flotte anglaise (250 000 tonneaux) et la française (200 000 tonneaux en 1688). En revanche, la flotte de guerre française, capable d'aligner 120 vaisseaux de ligne de plus de 40 canons, restait la première, mais elle était talonnée par l'anglaise (plus de 100 vaisseaux) et la hollandaise restait redoutable avec plus de 50 bâtiments. Tout dépendait, Louis XIV l'avait compris de longue date, de l'attitude de l'Angleterre. Jusque-là il avait réussi à ce qu'elle soit au moins neutre. A l'avènement de Jacques II en 1685, la menace de restauration catholique suscitait une très forte opposition. La même année, la révocation de l'Édit de Nantes vint accroître le malaise. Il se créait en Europe une solidarité des protestants : la Hollande, le Brandebourg, l'Angleterre et la Suisse furent les refuges des huguenots français. La conjonction des deux puissances maritimes protestantes était donc en l'air. Il ne subsistait qu'un obstacle : la dynastie des Stuart, depuis l'installation sur le trône du catholique Jacques II en Angleterre. La naissance inattendue de Jacques III inquiéta encore les protestants qui redoutaient qu'une famille catholique régnât longtemps sur l'Angleterre. Quant à la Hollande, elle ne demandait pas mieux que de prendre sa revanche sur la France. Les princes allemands, et l'empereur lui-même, ainsi que l'Espagne en raison des réunions opérées par Louis XIV, allaient rapidement rejoindre les protestants.

Sentant le danger, Louis XIV fit avertir Jacques II des préparatifs que le *stathouder* Guillaume d'Orange poursuivait ouvertement en Hollande. Le roi d'Angleterre comptait sur sa marine pour s'opposer à un débarquement hollandais, mais elle laissa passer — immobilisée par un calme plat ou complice ? — la petite escadre partie de Hollande : l'Angleterre tomba sans coup férir entre les mains du plus dangereux et du plus tenace des adversaires de Louis XIV, Guillaume d'Orange, gendre de Jacques II, qui devint le roi Guillaume III (1688). Jacques II se réfugia en France. Ce fut la « Glorieuse Révolution ».

Il faut donc s'arrêter à ce que beaucoup considèrent comme les deux grandes erreurs politiques de Louis XIV : la révocation de l'Édit de Nantes et le déclenchement de la guerre de la Ligue d'Augsbourg. Les origines de la première, la plus lourde et la plus impardonnable, restent, malgré toutes les recherches, obscures. On ne peut plus, comme Saint-Simon, retenir la responsabilité de Mme de Maintenon : elle semble plutôt avoir freiné la persécution. On ne peut non plus interpréter cette décision comme une réponse à l'« appel au roi mieux informé » : certains intendants, comme Bâville, poussaient bien à la roue et exagéraient le nombre des conversions pour faire croire qu'il n'y avait presque plus de protestants. Mais Louis XIV était parfaitement au courant. Tout au plus a-t-il pu, devant certaines abjurations dans la haute noblesse — dont celle de Turenne — imaginer que le mouvement de conversion était fort, ce qui, d'une certaine manière, était vrai, l'Église ayant déployé de gros efforts et le protestantisme ayant subi la constante érosion de ses cadres sociaux. Depuis le début du règne, on était revenu à la lettre de l'Édit de Nantes, fort restrictif sur l'exercice du culte. Les avanies, les semi-persécutions et les pressions avaient pris de l'ampleur et provoqué des conversions de nécessité. Des institutions comme la Caisse des conversions complétaient un arsenal singulièrement efficace en apparence. Le roi pouvait s'en douter, et les évêques évoquaient le problème des sacrements administrés sans consentement, criant là à la profanation. Certains poussaient à l'unification définitive du royaume : c'était le principe : « Une foi, un roi, une loi. » Le vieux Le Tellier et le jeune Seignelay, fils de Colbert, étaient du nombre. Mais, comme secrétaire d'État à la Marine, Seignelay avait tout fait pour calmer les heurts entre les deux religions. C'est donc bien l'intime conviction du roi qui semble être à l'origine de la décision de 1685.

Les clauses de la Révocation étaient particulièrement dures, et, hors de toute considération religieuse, particulièrement inopportunes. A l'intérieur, cela déclencha une émigration massive que Vauban, avec sa coutumière exagération, évalue à plus d'un demi-million de protestants ; à l'heure actuelle on la chiffre à environ 300 000 : entre 1,5 % et 2 % de la population. Mais cette émigration affecte essentiellement les élites, seules capables de subsister en pays étranger. L'effectif des matelots fut aussi atteint, mais moins qu'on ne l'a dit ; l'exode des capitaux fut, en revanche, plus important que ne pensèrent les contemporains. De même, tout un savoir technique allait bientôt faire défaut au pays.

La répression, en particulier les condamnations aux galères pour flagrant délit de fuite à l'étranger, fournirent à la communauté protestante un martyrologe mobilisateur. Ce n'était pas le plus grave : après tout, l'immigration en France des catholiques anglais et, surtout, irlandais pouvait compenser ces pertes ; moins brutale, plus étalée dans le temps, elle n'égala sans doute pas le départ des protestants mais amena des hommes et des capitaux qui permirent aux ports français de prendre leur essor au XVIII^e siècle.

Le plus inquiétant était la désaffection des protestants « convertis » envers le roi et envers la France elle-même. Ils furent très nombreux. Les puissances ennemies ont pu, à partir de 1685, installer sans difficulté des réseaux de renseignement dans les ports. Ces agents répandirent, dans toute la France, une propagande antiroyale efficace. Sur le plan religieux lui-même, la prétendue conversion a très souvent conduit à une désaffection envers le christianisme en général. Un négociant comme le Bordelais Jean Pellet, issu de la petite bourgeoisie « convertie » du Quercy, y a puisé les racines d'un indifférentisme à peu près total. L'ensemble des protestants qui restèrent en France, privés désormais de leur protecteur à la Cour, Ruvigny, conçurent des sentiments hostiles à la royauté, qui devaient se manifester sous la Révolution.

Sans doute a-t-on exagéré l'ampleur de la répression : les protestants condamnés aux galères sont loin de former, comme on l'a longtemps cru, la majorité des chiourmes : ils y représentent 10 % à 15 % de l'effectif. Inutile d'ajouter que dans les communautés protestantes réfugiées à l'étranger se développa immédiatement une campagne de propagande anti-louisquatorzienne fort bien orchestrée, qui contribua à la « légende noire » de la politique française.

L'approbation fut, sur le moment, quasi-unanime en France. Le chancelier Le Tellier disait en signant l'édit *Nunc dimittis,* « Maintenant, Seigneur, tu peux me rappeler ». Bossuet clamait hautement son enthousiasme. Les voix discordantes, celles de Vauban ou de Saint-Simon, voire de Fénelon, se feront entendre plus tard.

Il n'en fut pas de même à l'étranger. Le monde protestant, d'abord ébahi, réagit vigoureusement. La France remplaça désormais l'Espagne comme adversaire principal. L'Espagne se réjouit, mais on peut se demander si ce n'était pas de voir la France ainsi isolée en Europe. A Rome, le pape était en discussion avec certains représentants du protestantisme européen, et des progrès avaient été enregistrés. On a pu se demander si la révocation de l'Édit de Nantes n'avait pas aussi, en coupant l'herbe sous le pied des négociateurs, empêché tout rapprochement...

L'autre erreur concerne la succession du Palatinat. Par le mariage, mal assorti au possible, de Monsieur, frère du roi, avec la princesse Palatine, fille de l'électeur du Palatinat Charles-Louis, la France avait acquis des droits sur le Palatinat. Elle entendait les faire valoir. Ce fut un choix stratégique : à partir de 1687, le roi et ses conseillers considèrent la guerre comme inévitable. Or ils ont décidé d'adopter une stratégie défensive sur terre, l'essentiel de l'action reposant sur la marine chargée de porter un coup à des Anglo-Hollandais occupés ailleurs par la révolte de l'Irlande. Sur terre, il ne s'agit donc que de s'assurer des positions et de renforcer la ligne française de fortifications. Tous les conseillers de Louis XIV, Vauban compris, ont été du même avis.

L'action préventive se déroula sur trois fronts. La papauté ayant en dépit — ou à cause — de la révocation de l'Édit de Nantes, refusé l'installation sur le siège de l'archevêque-électeur de Cologne d'un prélat pro-français, Louis XIV fit d'abord occuper le Comtat Venaissin : mesure de rétorsion sans grand effet. En Allemagne, les troupes françaises prirent deux directions : on occupa les territoires dépendant de Cologne et les deux rives du Rhin dans le Palatinat. Quand la guerre se déclencha, ordre fut donné de « faire le gas » : revenant à une tradition qui remontait à la guerre de Trente ans, les armées françaises détruisirent les villes du Palatinat — Heidelberg, Mannheim, Worms, Spire — afin de créer devant la frontière française un glacis de terre brûlée.

Ce plan reposait sur des prémisses fausses. La marine de guerre française pouvait certes remporter des victoires ; mais tout succès qui ne débouchait pas immédiatement sur un débarquement terrestre avait des effets limités. L'idée d'une simple guerre défensive se justifiait par les dépenses considérables qu'aurait entraînées l'addition d'un conflit continental et d'une onéreuse guerre navale. Mais l'erreur fondamentale était d'ordre psychologique : on pensait intimider ; on exaspéra. Au lieu de terrifier, la promptitude et la dureté de l'action se conjuguèrent avec l'exaspération suscitée par les Réunions pour rendre la guerre inévitable. En 1688 encore, elle n'était qu'une éventualité : les mesures, défensives mais d'apparence offensive, de Louis XIV la rendirent certaine. L'affrontement allait durer un quart de siècle.

Dans cette seconde guerre de Cent ans qui s'amorce en 1688 pour durer jusqu'en 1815 et qui va consacrer la puissance de l'Angleterre, la responsabilité initiale de Louis XIV est évidente. Il est cependant probable que cette guerre aurait eu lieu de toute façon : à supposer que la paix ait été maintenue en 1688 pour quelques années, l'expansion du commerce maritime français avec les îles à sucre, soutenu par une flotte de guerre puissante, eût abouti tôt ou tard à l'affrontement... En revanche, tandis qu'on attendait à tout moment la mort de Charles II d'Espagne, était-il urgent de provoquer l'ensemble de l'Europe ? Voir l'immense empire espagnol verser soit vers la France, soit vers une Autriche en pleine expansion dans les Balkans, était une alternative dont les puissances maritimes refusaient les deux termes. Dans les deux cas, la France allait à la guerre. En brusquant les choses, le roi se privait donc d'une marge de manœuvre. L'excès de prudence, associé au coup de force avec la brutalité ordinaire des Colbert et Louvois, entraîna une guerre sur deux fronts. A terre, elle aurait des objectifs territoriaux ; sur mer, des implications essentiellement commerciales.

## *La guerre de la Ligue d'Augsbourg (1688-1698)*

En dépit de l'absence des grands généraux du début du règne et malgré quelques échecs, le premier conflit fut en fin de compte victorieux, et beaucoup plus que ne l'imagine d'ordinaire une historiographie française pour laquelle les questions maritimes ont toujours été secondaires. Il y eut, pour simplifier, trois guerres ; navale, commerciale et coloniale, terrestre. Le malheur voulut que les combats coïncidassent avec la terrible famine de 1694, générale en Europe, mais qui atteignit profondément les finances et retentit sur la démographie de la France.

La guerre navale déçut d'abord. L'Irlande ayant été rapidement mise hors de combat par l'insuffisance des secours français, l'extrême division des Irlandais et l'incapacité de Jacques II (bataille de la Boyne en 1690 et capitulation de Limerick en 1692), la première grande campagne de Tourville s'acheva sur la victoire de Bévéziers (1690), qui jeta la consternation dans Londres. Mais, contrairement aux désirs de Louis XIV, Tourville n'osa exploiter son succès et pénétrer dans la Tamise. En 1692, il perdit la bataille de La Hougue, tactiquement réparable mais qui poussa Louis XIV à changer de stratégie et à reprendre sur terre une guerre offensive. La guerre de course menée ensuite eut des résultats essentiels : Jean Bart, Tourville (prise du convoi de Smyrne à Lagos) et Forbin remportèrent de tels succès contre le commerce anglais qu'ils bloquèrent la croissance de la flotte ennemie et provoquèrent la lassitude de l'opinion anglaise.

Aux Amériques, on remarqua la prise de Carthagène et de ses trésors par Pointis : 20 millions de livres de butin, sans compter la part des flibustiers de Saint-Domingue. En Amérique du Nord, la petite colonie canadienne fit mieux que se défendre et s'empara des établissements anglais de la baie d'Hudson et de Terre-Neuve. C'était donc mieux qu'un succès. Les prises réalisées sur les navires hollandais et anglais furent telles que le négociant nantais Descazaux de Hallay pouvait, en 1702, affirmer qu'elles avaient plus fait pour le développement du commerce français que toutes les mesures antérieures. La guerre n'entrava non plus ni le trafic négrier ni les exportations de sucre des Antilles françaises.

Sur terre, les victoires françaises se succèdent aux Pays-Bas espagnols et en Catalogne : Fleurus (1690), Neerwinden (1693). On prit Barcelone en 1697. Nulle part les frontières ne furent menacées.

Le traité de Ryswick (1697) ne correspond ni à ce lourd effort de guerre ni à ces victoires. Louis XIV restitue l'essentiel des territoires annexés par les Chambres de réunions dans les Pays-Bas, au Luxembourg et entre le Rhin et la Moselle. Seule reste entièrement française l'Alsace. La France évacue aussi Pignerol dans les Alpes, et la totalité de la Lorraine. La Hollande se voit protégée de toute agression française par une ligne de places fortes : les places de la « Barrière », garnies de troupes hollandaises (Furnes, Knokke, Ypres, Warneton, Menin, Tournai, Ath, Mons, Binche, Charleroi, Namur et, à l'arrière, pour assurer la liaison avec les Pays-Bas, Dendermonde entre Gand et Anvers). Ce traité marque une volonté de fixer les frontières sur des obstacles naturels : Louis XIV doit céder toutes les places fortes situées sur la rive droite du Rhin.

Comment s'explique ce contraste entre la situation sur le terrain et cette demi-défaite diplomatique ? Nul doute, en effet, que le roi ne se soit montré accommodant. L'Autriche a mené, en même temps que la guerre contre la France, la suite de ses campagnes victorieuses contre les Turcs en Hongrie. Depuis 1691 les succès se sont multipliés : victoires de Nisch et Slankamen, libération de la Transylvanie, révolte des populations chrétiennes dans les Balkans. En 1697, le petit-neveu de Mazarin, le prince Eugène de Savoie, éconduit par Louis XIV et passé à l'Autriche, devient général en chef de l'armée autrichienne et gagne la bataille de Zenta. Il conquiert Sarajevo. Le traité de Karlowitz (1699) reconnaît alors à l'Autriche l'ensemble de la Hongrie, tandis que Venise obtient la Morée. En attendant la troisième guerre austro-turque (1716-1718) qui se traduit par l'avance extrême de l'Autriche au-delà du Danube et de Belgrade, cette série de grandes victoires fait définitivement de l'Autriche une très grande puissance, libre, à partir de 1699, de ses mouvements à l'ouest.

Le problème espagnol joue aussi un rôle dans la conclusion du traité. Prévoyant que le roi d'Espagne léguerait son empire aux Habsbourg, Louis XIV et Guillaume d'Orange préfèrent s'accorder par un traité secret de partage qui permettrait d'éviter sinon la guerre, du moins la guerre franco-anglaise.

La guerre a mis en relief d'autres causes de friction. Au Canada, les missionnaires et les explorateurs français, fonçant à travers les étendues boisées des grandes plaines du Mississippi, du Missouri et de l'Ohio (la « belle rivière » ou la rivière « Colbert »), ont réussi à relier les grands lacs au golfe du Mexique : routes de portage fluvial, routes des fourrures, que parcourent, de poste en poste, des « coureux de bois » bien proches des Indiens. Il se produit ici ce qui se produit, sur une autre échelle, en Sibérie : la prise de possession, par d'infimes poignées d'aventuriers et d'idéalistes, d'espaces immenses garantis par quelques simples postes militaires. Auprès des colonies anglaises du littoral atlantique coincé entre la mer et les Appalaches, se dresse donc un empire continental fort de ses espaces, encore capable de se défendre seul mais menacé par la pénurie d'hommes. En 1700, le Canada français ne compte guère qu'une vingtaine de milliers d'habitants, et le reste de l'espace vide est occupé par moins de 2 000 à 3 000 hommes. Face à la pression démographique des 200 000 Anglais de la côte, les heurts étaient fatals. On n'en avait pas encore conscience mais les exploits des Canadiens avaient, à Londres, frappé quelques esprits.

Deux traités de partage successifs — et secrets — eurent donc lieu en 1698 et 1700. Précaution vaine. Instruit du contenu des accords, Charles II d'Espagne légua, par son testament, l'ensemble de son empire à l'un des petits-fils de Louis XIV, le duc d'Anjou, répondant ainsi à la volonté du peuple espagnol de conserver l'empire intact. Le parti français à Madrid avait bien œuvré. La surprise fut grande en Europe, et elle pouvait mettre le feu aux poudres. Louis XIV décida, dans un conseil mémorable, d'accepter le testament. Décision lourde de conséquences, mais qui, à la différence des décisions de 1685 et 1688, demande une analyse nuancée : c'est peut-être là l'un des problèmes les plus délicats de l'histoire de France.

### *La guerre de la Succession d'Espagne (1702-1714)*

Accepter ou non ? Accepter le testament, c'était violer l'accord conclu avec les puissances maritimes et s'exposer à une guerre sur deux fronts. Refuser, c'était aller au-devant d'un conflit avec l'Autriche et l'Espagne. On a reproché à Louis XIV d'avoir misé sur un pays en déclin et non sur les puissances d'avenir, d'avoir cru à la force militaire de l'Espagne, et d'avoir sous-estimé celle des Anglo-Hollandais.

Le fond du problème est d'ordre commercial. Accepter le testament, c'était offrir au commerce français un accès direct aux colonies de l'Espagne en Amérique. Ce très grand marché « des mers du Sud » fit la fortune des négociants malouins, nantais et marseillais entre 1700 et 1713 : ils réalisèrent là d'énormes bénéfices et donnèrent enfin à la France ces grands entrepreneurs que Colbert avait tant souhaités. Derrière l'enjeu politique, il y avait l'argent des mines du Pérou et surtout celui du Mexique.

L'acceptation du testament impliquait donc une réorientation de la politique de la France vers la mer et le grand commerce. De quoi rivaliser avec l'or brésilien qui venait par l'intermédiaire du Portugal vivifier l'économie anglaise. Après avoir baissé au milieu du XVII^e siècle — c'est l'une des causes des échecs politiques espagnols entre 1630 et 1660 — les arrivées d'argent américain en Espagne remontaient dès 1680 et tendaient à rattraper les plus hauts niveaux du XVI^e siècle. En Europe même, l'option espagnole permettrait aussi de s'assurer des Pays-Bas espagnols. Désormais, selon le mot postérieur d'un Choiseul, toute la politique française allait être déterminée par le commerce maritime. Autant ces perspectives séduisaient les milieux d'affaires français, autant, naturellement, elles inquiétaient ceux d'Angleterre et de Hollande.

Restait les moyens militaires. L'Espagne de la deuxième moitié du XVII^e siècle était en déclin. Les recettes de l'État, insuffisantes, étaient en outre mal utilisées. L'armée se trouvait en médiocre situation, et la marine était en retard technologique sur celles d'Europe du Nord. Personne ne soupçonnait la profondeur du sentiment national espagnol, non plus que la relative faiblesse militaire du royaume ibérique.

Quelles eussent été pour la France les conséquences d'un refus ? Entre l'Autriche et l'Espagne, la conjonction de forces que, depuis Richelieu, la France s'était évertuée à détruire se serait reformée. Circonstance aggravante, l'Autriche était devenue une puissance redoutable. Quant à un partage, il promettait la Lorraine à la France, mais Colbert de Torcy, secrétaire d'État aux Affaires étrangères, faisait remarquer qu'il était facile d'occuper ce territoire n'importe quand. La France pouvait aussi espérer Naples et d'autres lointaines possessions italiennes, ainsi que le Pays basque espagnol. A long terme, pareil choix était-il meilleur que l'autre ? Visiblement, les puissances maritimes essayaient là d'écarter la France des Pays-Bas et de l'attirer vers la Méditerranée. A supposer que la guerre contre l'Autriche ait été victorieuse, que seraient devenus les Pays-Bas ? Et comment aurait évolué le commerce français ?

Il suffit de poser ces questions pour voir combien la décision était difficile à prendre. Après avoir, contre son habitude, donné la parole à chacun des membres du Conseil, dont la majorité plaida pour un refus du testament, le roi se décida à l'accepter. Autant la révocation de l'Édit de Nantes avait été injustifiable, les imprudences et les provocations de 1688 erronées et le ravage du Palatinat odieux, autant en 1700 l'attitude de Louis XIV quant à la succession espagnole était admissible. Mais, jugeant la guerre inévitable, le roi manqua une fois de plus de prudence. Sortant d'une guerre longue et coûteuse, les puissances maritimes étaient fatiguées, et Guillaume d'Orange, un moment, désespéra même de rassembler les énergies. La Hollande, de toute façon, ne pouvait que suivre l'Angleterre. En revanche, on était beaucoup plus décidé en Autriche.

Mais c'est Louis XIV qui fournit les prétextes et les occasions d'une guerre. Il maintint les droits de Philippe d'Anjou, devenu roi d'Espagne, à la couronne de France, rendant ainsi possible une éventuelle union personnelle des deux royaumes en cas de mort du duc de Bourgogne, héritier du trône. D'autre part, violant les clauses du traité de Ryswick, il reconnut Jacques III Stuart comme roi d'Angleterre alors que rien ne l'y forçait. Il sacrifiait ainsi une carte qui pouvait lui permettre un jour de distendre les liens entre les deux partis anglais. Enfin il fit occuper par surprise tous les Pays-Bas espagnols et les places hollandaises de la Barrière.

Ces actes convainquirent l'opinion publique européenne qu'il n'y avait, décidément, rien à faire avec le roi de France. L'Angleterre, la Hollande, l'Autriche déclarèrent la guerre. Une partie des princes d'Empire suivirent. La France n'avait toujours pas les moyens de financer en même temps une guerre maritime et continentale : les alliés restèrent cette fois les maîtres de la mer. La défaite française en baie de Vigo — les Anglais y coulèrent des vaisseaux transportant des métaux précieux d'Amérique (1707) — compensa largement la victoire de Velez-Malaga en 1704 ; cette victoire ne servit à rien car, malgré l'avis du comte de Toulouse, on renonça à poursuivre l'ennemi : les Anglais purent conserver Gibraltar dont ils venaient de s'emparer.

Il n'y eut plus ensuite que la guerre de course. La France y connut des succès, comme à Dunkerque avec Jean Bart et surtout, en 1711, lorsque Duguay-Trouin rançonna Rio de Janeiro. Opération exemplaire qui rapporta plus de dix millions de livres.

Paradoxalement, la guerre navale fut bénéficiaire des deux côtés. Du côté anglais, le système des convois, mis au point après les désastres de 1694, permit de limiter les dégâts : les pertes furent beaucoup moins graves que dans la guerre précédente. La guerre de course menée par la France avait donc, sur ce point, échoué. A la suite de la demi-banqueroute de 1708, l'État n'était plus en mesure d'entretenir la marine française, qui commença de se délabrer. Cependant, la *Navy* ne fut jamais en mesure de bloquer les ports du sud de la Bretagne. Ceux de la

Manche souffrirent, en revanche, cruellement : et c'est l'une des raisons de la stagnation de Rouen et de la Normandie, qui cesse alors d'être la première province maritime du pays.

Saint-Malo a brillamment pris le relais, et devient la tête de pont d'un commerce plus ou moins clandestin avec les mers du Sud. Découvrant les îles Falkland, doublant le cap Horn, plusieurs navires malouins traversent même le Pacifique et vont jusqu'en Chine, quelques unités font le tour de la terre. D'autres vont chercher le moka en Arabie. Les négociants malouins ayant partie liée avec de grands financiers comme Samuel Bernard enregistrent des bénéfices fabuleux. Les négociants nantais et marseillais les suivent : Marseille voit son trafic augmenter, la guerre lui valant une prospérité exceptionnelle. Moins voyant, le commerce avec les Antilles continue et accélère sa progression, en sorte qu'en 1715 la production sucrière des îles françaises a presque rejoint celle des îles anglaises. En Amérique du Nord la situation est inchangée : en dépit de la faiblese de sa population, le Canada continue à se défendre et inquiète les colonies anglo-saxonnes dont les milices locales ne triomphent pas d'une guérilla que les Canadiens mènent à la manière indienne.

Au total donc, le commerce anglais n'est pas menacé : la course française est moins dangereuse parce que ses efforts se concentrent sur le trafic des mers du Sud. L'Angleterre a la maîtrise militaire de la mer, mais une maîtrise limitée pour des raisons de matériel aux seules mers proches : ailleurs, il faut aller en convoi. En contrepartie, les colonies françaises se défendent seules, tout comme l'Empire espagnol. Le commerce français est en plein essor, mais il se décale vers le sud au profit de la façade atlantique et aux dépens de la Manche. Et l'on voit apparaître de très gros négociants, qui renforceront encore leur fortune la paix revenue. Le bilan naval est donc contrasté, mais moins catastrophique que ne l'ont souvent voulu les historiens.

Sur terre la situation est beaucoup plus mauvaise. Les généraux choisis par Louis XIV sont médiocres, et ils ont en face d'eux des capitaines de génie ; le prince Eugène chez les Autrichiens, le duc de Marlborough du côté des Anglais. Au départ pourtant, la France occupait les Pays-Bas, ce qui était une position favorable. Le roi tenta une action décisive : profitant de la révolte des Hongrois — une véritable guerre d'indépendance sous la direction du prince Rakoczi, de 1701 à 1711 —, Louis XIV imagina une double opération contre Vienne, par l'Allemagne du Sud avec l'appui des Bavarois, et par la plaine du Pô. La manœuvre échoua lamentablement par la faute des généraux français à la bataille de Hochstadt (1704). Cette défaite scella le sort des Hongrois, mais aussi l'issue de la guerre terrestre. D'offensif le conflit devenait pour les Français défensif et donc une guerre d'usure financière. Les combats se reportèrent sur les Flandres, sur l'Italie du Nord et sur l'Espagne.

Candidat autrichien au trône d'Espagne, l'archiduc Charles débarqua en 1705 en Catalogne, et cette province, particulariste, se souleva contre Madrid. Il sembla que l'Espagne allait tomber entre les mains des Alliés quand ils entrèrent dans Madrid, menés par le fils de l'ancien protecteur des protestants à la Cour de France, Ruvigny. C'était compter sans le patriotisme espagnol. Bien qu'une partie de la noblesse espagnole ait tenté de passer au service de l'Autriche à la suite d'une espèce de complot où le futur Régent joua un rôle obscur qui lui valut une disgrâce, la population resta fidèle à Philippe V, son souverain légitime. La victoire de Villaviciosa (1710), l'un des seuls grands succès franco-espagnols, élimina l'Autriche de la péninsule Ibérique.

Ailleurs les défaites s'accumulèrent, en grande partie à cause de l'incapacité de chefs comme Villeroy, Marsin et Tallard. En 1706, l'armée française fut vaincue aux Pays-Bas à Ramillies. En Italie, elle fut mise en déroute par le prince Eugène, dont l'armée était pourtant inférieure en nombre, au siège de Turin. Suivit une nouvelle défaite, en 1708, à Oudenaarde.

Tandis que les Autrichiens maîtrisaient la révolte hongroise, un mouvement prophétique populaire, celui des Camisards, se déclenchait dans les Cévennes protestantes, contraignant le pouvoir à envoyer là des troupes commandées par Villars : la révocation de l'Édit de Nantes aboutissait ainsi à une véritable guerre civile. Au moment où, dans le Nord, tombait Lille, l'une des plus grandes citadelles construites par Vauban (1709), le Midi sembla tomber également : les Anglais s'emparèrent en 1710 de Sète et d'Agde. Ces revers coïncidèrent avec le terrible hiver de 1708-1709 et avec la famine de 1709, réplique moins grave de celle de 1694. La malchance climatique se superposait aux malheurs de la guerre et à la banqueroute de 1708. On y vit la main de Dieu.

Louis XIV avait entrepris de négocier et était allé fort loin dans les concessions : abandon de Philippe V d'Espagne, perte de Maubeuge, de Lille et de Strasbourg, soit une grande partie des conquêtes du règne. Poussés par les Hollandais, assoiffés de vengeance — ils commirent là la même imprudence que Louis XIV et Louvois près de quinze ans plus tôt — et influencés par la campagne antifrançaise qui se développa en Allemagne après la destruction du Palatinat, les Alliés allèrent jusqu'à exiger que les armées françaises participent à l'assaut final contre le petit-fils de Louis XIV. Le roi refusa : « J'aime mieux faire la guerre à mes ennemis qu'à mes enfants. » Une longue lettre fut lue au prône dans toutes les églises de France, faisant appel au bon sens et au loyalisme de la nation. Le roi fut entendu. Dans un sursaut, on réunit tous les fonds disponibles, et on rassembla une armée. Elle fut battue, le 11 septembre 1709, à Malplaquet. Mais Marlborough et le prince Eugène avaient remporté là sur Villars une victoire à la Pyrrhus, et perdu de 22 000 à 24 000 hommes pour 10 000 morts seulement du côté français. L'armée française était si peu en déroute que les ennemis durent reculer. L'année suivante la victoire de Villaviciosa retourna la situation en Espagne.

L'année 1711 marqua le tournant de la guerre. L'empereur Joseph Ier mourut. Son frère, Charles IV, le candidat autrichien à la couronne d'Espagne, lui succéda. Ainsi se précisait l'éventualité que tout le monde redoutait, l'Angleterre en premier lieu : la reconstitution de l'empire de Charles Quint. De plus, les électeurs anglais, plus chargés d'impôts encore que les Français, congédièrent le gouvernement whig, très belliciste, et le remplacèrent en 1710 par des Tories que menait Bolingbroke. Les négociations reprirent entre la France et l'Angleterre. Elles aboutirent à l'armistice du 17 juillet 1712. Restaient, en Flandre, les troupes autrichiennes d'Eugène de Savoie, car l'Autriche refusait de se joindre à l'armistice. Le prince tenta une marche sur Paris et mit le siège devant Landrecies. Mais, guidé par l'excellent service de renseignement mis en place par l'intendant de Flandre Le Blanc, Villars enleva à Denain, le 24 juillet 1712, les magasins autrichiens. L'invasion avait échoué.

Deux traités de paix séparés furent alors signés : le premier à Utrecht, le 11 avril 1713, entre la France et les puissances maritimes ; le second, le 6 mars 1714, à Rastadt, entre la France et l'Autriche. En gros, le vœu de Charles II d'Espagne n'était pas respecté : l'Empire espagnol était partagé. Philippe V ne gardait que la couronne d'Espagne, avec l'Amérique et les Philippines ; c'était, aux yeux de Louis XIV comme des Français, l'essentiel. Charles VI d'Autriche recevait la portion italienne de l'héritage — Naples, le Milanais, la Sardaigne, les présides de Toscane — et les Pays-Bas espagnols, qui avaient été français de 1700 à 1707.

L'Autriche s'accroissait donc dans des proportions considérables, et elle amplifiait son rôle de grande puissance en partageant avec la France la côte de la mer du Nord. Le principe de l'« équilibre des puissances européennes », prôné par la diplomatie anglaise, triomphait. Deux lignes de « places de barrière » étaient établies contre la France : celle du traité de Ryswick, dans les Pays-Bas autrichiens, était tenue par les troupes hollandaises ; la seconde, en Suisse, formée de Neuchâtel et de Valengin, fut confiée aux Prussiens. Elles devaient retarder une invasion française et laisser le temps d'arriver aux renforts autrichiens et anglais. Le Palatinat, l'électorat de Cologne et, mais de manière plus précaire, le Piémont-Savoie, États indépendants et membres de la coalition, pouvaient jouer un rôle analogue. La France était ainsi placée sous la haute surveillance des Anglo-Hollando-Autrichiens, par États-tampons et alliés interposés. Dans l'esprit des négociateurs anglais, ces alliés étaient trop faibles pour mener une politique indépendante de celle de l'Angleterre. Ce système était subtil — il ressemble à celui qui fut imaginé contre la France après Waterloo — mais péchait par une certaine fragilité car il dépendait de l'attitude de l'Autriche et de l'Espagne : or ni l'une ni l'autre ne sortait satisfaite de la guerre. L'Autriche s'estimait mal payée ; quant à l'Espagne, forcée de céder à l'Angleterre Minorque et Gibraltar, et exclue d'Italie, elle ne songeait qu'à une revanche. Elle amorçait un rétablissement moral, économique, financier et naval qui impressionna l'Europe et fit d'elle, en dépit de ses défaites, une puissance autrement redoutable que sous Charles II.

L'Europe « équilibrée », c'est-à-dire divisée, n'était cependant aux yeux des Anglais qu'un élément parmi d'autres. S'ils avaient signé si vite, c'est que Louis XIV avait cédé sur ce qu'ils considéraient comme l'essentiel : la marine et les colonies. Les fortifications de Dunkerque seraient rasées ; condition vexatoire que Louis XIV entendit rapidement tourner par la construction de Mardyck. En Amérique, surtout, la France devait restituer à l'Angleterre la baie d'Hudson, Terre-Neuve et, plus grave, l'Acadie, qui contrôlait l'entrée du Canada ; elle cédait aussi, aux Antilles, l'île de Saint-Christophe. Enfin, Louis XIV reconnaissait la dynastie des Hanovre, arrivés sur le trône d'Angleterre après la mort de la reine Anne en 1714.

En somme, des avantages importants, mais qui ne correspondaient pas à l'ampleur des défaites françaises. L'opinion anglaise en fut indignée. Louis XIV sauvait pratiquement ses conquêtes du début du règne, et le principe de la fixation des frontières dans les montagnes sur les lignes de partage des eaux était reconnu dans les Alpes. La Lorraine retrouvait une indépendance, mais si précaire qu'elle était virtuellement annexable.

En réalité, les Anglais visaient deux objectifs essentiels : priver le commerce français de l'accès direct au grand marché sud-américain et en terminer avec le trafic des mers du Sud, avant, si possible, d'y remplacer la France. Sur le premier point, leur succès fut total. L'Espagne des Bourbons devait fermement écarter les négociants français en les obligeant à passer par Cadix. Quant au trafic des mers du Sud, il s'effondra progressivement et perdit son importance économique après 1720. En revanche, le second des objectifs britanniques ne fut pas atteint. Le traité d'Utrecht leur accordait le droit d'utiliser des « vaisseaux de permission », navires de gros tonnage qu'ils s'ingénièrent à transformer pour la contrebande — doubles fonds et ravitaillement nocturne par barques allant au large — et surtout le droit d'*asiento*, c'est-à-dire la ferme de la traite négrière. Mais en dépit de l'ingéniosité du système, le vaisseau de permission n'eut qu'un succès limité. Les autorités espagnoles pourchassèrent la contrebande avec une férocité exemplaire. Quant à l'*asiento*, l'Empire espagnol allait se révéler, jusqu'au très tardif démarrage de la grande plantation sucrière à Cuba, un médiocre terrain pour les grandes affaires : la demande en esclaves noirs resta faible. Les études récentes révèlent en outre que la clause de maintien des pêcheries françaises sur le *french shore* de Terre-Neuve a joué en défaveur des Anglais et pleinement en faveur des Français, Versailles sachant fort bien exploiter les ambiguïtés du texte d'Utrecht. Le traité était donc moins favorable aux Anglais qu'on ne l'a dit. Le résultat de la guerre était ailleurs: la maîtrise absolue de la mer acquise par l'Angleterre. Avec ses 131 vaisseaux de ligne totalisant 131631 tonnes, à quoi s'ajoutent d'autres navires plus petits (113 et 35965 tonnes), soit 225 navires de guerre totalisant quelque 167 000 tonnes en 1715, elle a définitivement surclassé toutes les nations maritimes, la Hollande et la France comme les autres.

### *Conséquences d'un quart de siècle de guerres*

Vingt-cinq années ou à peu près de guerres, dans lesquelles le commerce joue un rôle considérable, marquent profondément un pays. Le calcul des Alliés — user financièrement la France — n'a obtenu qu'un demi-succès. La France a tenu, mais elle est chargée d'une dette qui va peser sur tout le siècle suivant. A chaque guerre, cette surcharge augmentera. On peut en dire autant de l'Angleterre et encore davantage de la Hollande: la différence réside dans le fait que l'Angleterre est engagée, depuis la restauration des Stuart, mais surtout depuis les années 1692-1700, dans ce que les historiens anglais ont appelé une « révolution financière », expression plus juste que celle de « révolution industrielle ». Or la France ne réussira pas la même révolution financière. Faute de l'avoir faite, elle aura la Révolution tout court. Voilà le fait majeur de vingt-cinq années de guerre.

Louis XIV et ses contrôleurs généraux ont usé des méthodes classiques, expérimentées depuis le XVIe siècle: les moyens « extraordinaires », gagés sur les impôts ordinaires, sont restés les mêmes: vente de lettres de noblesse, recherche des faux nobles, création d'offices. Mais ces expédients sont éventés et il est de plus en plus difficile de trouver des amateurs sur le marché français, d'autant plus que l'économie agricole s'effondre à deux reprises, en 1694 et en

1709-1710. Il faut donc recourir aux emprunts, qui deviennent le premier des moyens extraordinaires. L'État est donc toujours plus étroitement dépendant des prêteurs. Après trois ou quatre ans de guerre, le budget est pour une part croissante absorbé par le service de la Dette, le paiement des intérêts et le remboursement des emprunts.

Deux conséquences en découlent. D'une part, après avoir considérablement augmenté au cours des premières années du conflit, l'effort de guerre retombe en dessous de son niveau d'avant-guerre. D'autre part, vient un moment où les nouveaux emprunts ne servent plus qu'à payer les intérêts des anciens. Ce schéma, quelque peu sommaire, situe bien le problème. On émet alors des promesses de remboursement, et cela conduit fatalement à une situation inflationniste, facteur de hausse des prix et des fournitures militaires. Quand tous les moyens sont épuisés, c'est la banqueroute. Alors le roi remplace le contrôleur général par quelqu'un qui dispose encore de crédit, quitte à faire une demi-banqueroute en accompagnant le changement d'équipe et de clientèle de mesures d'intimidation envers les créanciers de l'État. Ce n'est pas sans raisons que, dans les trente dernières années du règne de Louis XIV, nombre de pièces de théâtre décrivent des banqueroutes frauduleuses (*La Rue Saint-Denis*, de Champmeslé) mettent en scène des usuriers, révèlent les « secrets de la banque » ou s'attaquent directement aux traitants. Ces pièces sont permises, voire demandées par le pouvoir : ainsi *Les Agioteurs* de Dancourt, ou *Turcaret* de Lesage, pièce protégée par le Dauphin et qui participe à la banqueroute menée par Louis XIV en 1708.

Devant l'insuffisance des impôts classiques, Louis XIV fut obligé d'en créer de nouveaux ; en 1694 la capitation, en 1710 le dixième. Tous deux devaient durer le temps de la guerre. Très vite la capitation devint un impôt ordinaire. Elle était perçue sur les foyers d'après leur situation sociale apparente, les Français étant classés en vingt-deux catégories, depuis le Dauphin jusqu'au dernier des paysans. De fait, c'était un impôt fixé d'après l'estimation de la fortune et complété par une cote supplémentaire sur les domestiques, donc égalitaire. L'urgence des besoins amena des provinces à s'y « abonner » en payant dans l'immédiat une grosse somme ; la capitation devint alors inégalitaire et favorisa, surtout dans les pays d'États, la noblesse. Quant au dixième, il devait porter sur le dixième des revenus fonciers et, dans une moindre mesure, des revenus « de commerce et d'industrie » de tout le monde. Au cours de la première moitié du XVIIIe siècle, il ne fut levé que pendant les guerres ; transformé en 1748 en vingtième, il devint alors permanent. Cet impôt, égalitaire, fut réparti aussi honnêtement qu'il pouvait l'être à l'époque. Le vingtième reposait en effet sur de véritables déclarations de revenus, accompagnées de pièces justificatives : contrats notariaux et certificats de paiement de droits seigneuriaux. Dès le temps du dixième, il fut impopulaire : c'était un impôt nouveau, mais on imagina aussi qu'il contrevenait à l'interdiction des recensements relevée dans la Bible *(Livre des Rois)*.

En dépit de ces impôts nouveaux, les recettes de l'État diminuèrent de près de la moitié, essentiellement du fait de la chute des revenus agricoles due aux catastrophes climatiques de 1693 et de 1709-1710. L'État fut obligé de recourir à la monnaie de papier ; promesses de paiement, affectations sur des caisses diverses, etc. Le système ne fut jamais coordonné. Surtout, manqua toujours une banque centrale qui aurait réescompté ces papiers, comme le faisait la Banque d'Angleterre créée en 1694. Les raisons de cette lacune sont multiples : le roi lui-même semble avoir admis difficilement le principe d'une banque d'État qui l'aurait mis à la merci des agioteurs ; quant aux officiers de finances et aux financiers, pour des raisons diverses et parfois opposées, ils n'en voulaient pas non plus. D'où l'incessante dévalorisation des multiples papiers en circulation, déterminant un enchérissement constant — très supérieur dans l'ensemble à celui du crédit privé — du taux d'intérêt des prêts consentis à l'État.

Ces impôts et les autres provoquèrent plus d'un trouble. Certains eussent pu devenir graves : l'armée intervint, essentiellement pour prévenir et dissuader. Les villes bougèrent peu, à la fois par crainte et parce qu'elles étaient privilégiées. Le pouvoir des intendants s'accrut : ils étaient les principaux agents du recouvrement.

A la pression fiscale, la guerre ajouta l'impôt du sang. En 1688, on créa la milice, prélude au service militaire obligatoire. Fournie par les paroisses qui finançaient l'équipement des hommes qu'elles devaient envoyer — elles en profitèrent parfois pour se débarrasser des indésirables — et encadrée par la noblesse du lieu, la milice forme une sorte de complément, de valeur inégale, à l'armée régulière. Sur les côtes furent aussi mises en place des milices garde-côtes, constituées de la même manière mais attachées en principe à des batteries ou des postes d'observation. Il est remarquable que ce recrutement de plus de 250 000 miliciens n'ait pas suscité plus de réactions, alors que la levée de 300 000 hommes est, en partie, à l'origine de la révolte de la Vendée en 1793. C'est que, sous Louis XIV, elle fut progressive, que les villages n'étaient guère divisés politiquement et enfin que l'armée, lors des famines, offrait un moyen de survie.

Au total cependant, les guerres furent des périodes de crise, davantage pourtant pour des raisons climatiques que politiques : la guerre ne venait qu'aggraver un état de choses sur lequel tout gouvernement aurait eu peu de prise. La guerre eut, en revanche, des effets économiques évidents. Même en dehors des portions de territoire affectées directement par un début d'invasion (le Nord surtout), l'économie subit les contrecoups de la guerre maritime et commerciale.

Le textile connut deux évolutions très contrastées. La guerre n'eut que des effets heureux sur l'industrie de la laine ; en progression constante depuis 1661, elle connut un accroissement annuel de plus de 1 % entre 1688 et 1715, et ce taux se maintint jusqu'à la Révolution. L'industrie linière de l'Ouest fut, en revanche, touchée de plein fouet par les mesures de rétorsion anglo-hollandaises. Elle perdit ces deux marchés, désormais desservis par l'Irlande et la Silésie, et ne conserva que les marchés espagnol et colonial.

Les choses eussent pu se passer de même pour le vignoble. Depuis le Moyen Age, le Bordelais fournissait en vin « clairet » l'Angleterre et la Hollande. En coupant la route du vin, les guerres conduisirent les puissances maritimes à s'adresser à d'autres vignobles : porto portugais, xérès, vins des îles ibériques de l'Atlantique, à taux d'alcool plus élevés et donc de conservation prolongée. Les vins français s'accumulèrent dans les caves, avec de grandes difficultés de stockage.

On cherchait de longue date des procédés de conservation. On en mit alors au point trois. Le premier, c'est la distillation et la conservation de l'alcool dans des fûts de chêne, pour favoriser le vieillissement ; certains vignobles, comme celui des bords de la Charente commencèrent alors à se spécialiser dans les alcools : produits simples destinés à l'exportation pour les Indiens d'Amérique — et surtout instrument de troc contre les esclaves africains — ou bien produits de haut de gamme comme le cognac. Le second, c'est le vieillissement champagnisé, mis au point en Champagne par Dom Pérignon ; il nécessitait la fabrication industrielle de verres épais et résistants, et de bouchons spéciaux avec du liège importé du Portugal. Enfin et surtout, la vinification fut perfectionnée afin de favoriser la conservation ; elle se fondait sur un contrôle précis de la propreté des opérations ; la création d'un système de liaisons avec les revendeurs permit, de son côté, d'améliorer l'écoulement de la production. Paradoxalement le débouché fut fourni par les négociants anglais et hollandais. Ils firent la réputation des vins des « châteaux » bordelais dégustés à la taverne d'Edward Lloyd, par ailleurs fondateur de la société d'assurances maritimes.

Le vignoble français prit, en partie sous la pression des événements, un tournant décisif. On passa du vin à courte conservation aux vins de garde. La spécialisation fut aisément réalisée par de grands propriétaires très organisés, en étroite liaison avec les négociants locaux, les vendeurs de l'Europe du Nord et quelques organisations ecclésiastiques. Le philosophe anglais John Locke constatait dès les années 1670-1680 que, dans le Bordelais, il suffisait d'un « fossé délimitant deux propriétés respectives pour que le prix de la barrique augmente considérablement ». Mis en bouteilles dans les ports d'arrivée, ces vins étaient ensuite traités sur place : en raison de la capacité industrielle de ces centres à fournir assez de bouteilles solides et de bouchons à des prix concurrentiels, ces vins avaient l'avantage d'une forte valeur et d'un faible volume ; ils s'adressaient à la clientèle aisée de ceux qui détenaient les rênes du pouvoir : officiellement ou non, ils passaient au travers de tous les barrages d'une guerre, fût-elle économique. Le Bordelais en profita, atteignant des chiffres d'exportation à peine inférieurs à ceux de notre époque. Sous toutes ses formes, le vin renforçait donc sa position et il dépassait en valeur les exportations de produits manufacturés.

Reste que les deux crises démographiques consécutives aux deux crises climatiques avaient gravement affecté le monde paysan. La population française s'est à peu près maintenue à 20-22 millions d'habitants entre 1690 et 1720. Il n'empêche que la crise a bloqué l'accroissement pendant trois décennies et qu'il faut y penser pour expliquer les premiers signes du malthusianisme français du XVIII^e^ siècle. Certaines campagnes furent profondément touchées et les « clochers » de mortalité accompagnés d'effondrements de la natalité — symptôme, selon Pierre Goubert, d'une crise véritable — prennent des allures vertigineuses. Ces crises, ce sont les dernières famines. Bien qu'elle n'ait pas manqué de points forts, il est certain que la coïncidence de guerres prolongées avec ces deux crises, et avec la détresse financière de l'État, poussait la France de la fin du règne de Louis XIV à reprendre haleine.

CHAPITRE V

# Les « Révolutions » du XVIIe siècle

Dans l'*Avis nécessaire à ceux qui auront la curiosité de voir la machine arithmétique et de s'en servir*, Pascal fait plusieurs constatations : la difficulté du calcul, d'abord, puis la liaison entre le savant et l'artisan, et entre la théorie et la pratique. S'adressant au lecteur, il dit : « Tu sais, comme en opérant par le jeton, le calculateur (surtout s'il manque d'habitude) est souvent obligé, de peur de tomber en erreur, de faire une longue suite et extension de jetons, et comme la nécessité le contraint après d'abréger et de relever ceux qui sont inutilement étendus : en quoi tu vois deux peines inutiles, avec la perte des deux temps. Tu sais de même que, en opérant par la plume, on est à tous moments obligé de retenir ou d'emprunter les nombres nécessaires, et combien d'erreurs se glissent dans ces rétentions et emprunts à moins d'une très longue habitude et en outre d'une attention profonde et qui fatigue l'esprit en peu de temps. »

Recommandant de se méfier des artisans qui fabriquent des machines de leur propre conception, il ajoute : « Plus ils sont excellents en leur art, plus il est à craindre que la vanité ne les enlève par la persuasion qu'ils se donnent trop légèrement d'être capables d'entreprendre et d'exécuter d'eux-mêmes des ouvrages nouveaux. Ils travaillent en tâtonnant, c'est-à-dire sans mesures certaines et sans propositions réglées par art. Pour les nouvelles inventions, il faut nécessairement que l'art ait rendu les règles de la théorie si communes qu'il les ait enfin réduites en art et que le continuel exercice ait donné aux artisans l'habitude de suivre et pratiquer ces règles avec assurance. Il est impossible à tous les simples artisans, si habiles qu'ils soient en leur art, de mettre en perfection une pièce nouvelle qui consiste en mouvements compliqués, sans l'aide d'une personne qui, par les règles de la théorie, donne les mesures et les proportions de toutes les pièces dont elle doit être composée. »

La machine de Pascal, capable d'opérer les quatre opérations fondamentales, était totalement réussie sur le plan technique. Elle ne fut construite qu'à un nombre infime d'exemplaires et ne perça pas sur le marché : échec dû, à la fois, à l'absence d'une clientèle suffisante et au faible nombre d'artisans capables de réaliser une machine de haute précision. Peut-être, aussi, ce qui paraissait encore difficile, en 1652, le devint-il moins quelques années plus tard.

Tentons donc d'analyser sommairement ce que l'auteur des *Pensées* — textes écrits contre les « libertins » ses amis — révèle de son temps. Le premier extrait démontre les difficultés du calcul élémentaire dans les plus hautes sphères de la société du milieu du XVIIe siècle. Le savant, qui conçut sa machine pour aider son père dans les calculs de levée des impôts en Normandie, indique clairement les obstacles mentaux : la complication pratique de la méthode des jetons et le manque de maîtrise du calcul mental conduisent à d'importantes erreurs, en tout cas à des résultats que caractérise toujours l'à-peu-près. Un siècle plus tard, Saint-Simon, avouant son incapacité de dominer ces mêmes quatre opérations, passe pour anachronique : sous des apparences désinvoltes, son aveu est en réalité gêné.

Nous avons là une illustration parmi tant d'autres de cette sortie des « temps de l'à-peu-près » en toutes choses, et de l'entrée dans l'ère de la précision. Celle-ci apparaît aussi dans le vocabulaire et la syntaxe — ainsi la construction logique de la phrase : sujet, verbe, complément — et l'on note l'apparition révélatrice de grammaires dans le temps de l'élaboration du *Discours de la méthode* ; c'est l'art d'agencer logiquement ses idées qui s'affine. Tout se passe comme si, dans un premier temps, la mise en ordre de la langue, liée à celle de l'intelligence grâce à la création des termes abstraits indispensables, avait précédé toute autre mise au point, ce qui rend les déstructurations par le langage si dangereuses. La « mathématisation » du monde s'ensuit : Pascal et ses émules n'insistent-ils pas sur l'infaillibilité absolue de la géométrie, seule science parfaite ? Cette mathématisation s'opère sur trois plans, distincts mais conjugués. Les mathématiques de pointe se développent après que les opérations élémentaires — subalternes dans le processus d'invention mais essentielles comme instruments d'automatisation de la technique mentale — ont été totalement assimilées. Les mathématiques « populaires » sont liées à la monétarisation de l'économie, comme à la multiplication des papiers-monnaies. Enfin, la mathématisation de toutes choses (astronomie, politique, etc.) suppose que les quatre opérations ne « fatiguent » plus.

Le deuxième texte de Pascal, passionnant à plus d'un titre, témoigne de la vitalité d'un haut artisanat, en particulier de l'horlogerie, autre mathématisation du vécu quotidien. Dès qu'une idée germe quelque part à Rouen ou à Paris, on perfectionne et on recrée machines, automates et inventions de toute sorte : merveilleuse illustration de la façon dont l'Europe a acquis une avance technique, au prix d'innombrables tâtonnements. Le revers de la médaille se trouve dans la fréquence des échecs, et Pascal les explique concrètement, dans la médiocrité de la liaison entre le technicien — ici l'artisan — et le savant, le théoricien : rien n'est réalisable pour le premier sans le fil conducteur de la théorie, une théorie qu'il faut rendre commune pour pénétrer la réalité quotidienne. Magnifique page de l'histoire des sciences et des techniques, et remarquable mise en vedette de ce qui fait l'essence même de la novation du XVII^e siècle.

Cette novation est l'œuvre commune de la « république » des Lettres et surtout des savants ; elle procède de l'exaltation mutuelle de la main intelligente par le cerveau créateur et ordonnateur. Les acquis révolutionnent l'astronomie (après les progrès du XVI^e siècle) et la physique. Ils remettent en cause l'ensemble de l'édifice complexe de la vision chrétienne et aristotélicienne du monde. Mais la percée est lente, même dans les milieux intellectuels, en raison de l'immensité du saut à réaliser. La France participe au mouvement par la construction d'une nouvelle logique : le *Discours* de Descartes s'accompagne d'une mise en logique absolue, et débouche sur une physique abstraite incapable de rendre compte du réel.

En revanche, le royaume de Louis XIV apporte peu à l'artisanat de haut niveau, privilège, au siècle précédent, de l'Allemagne du Sud capitaliste et des grandes maisons d'Augsbourg ou de Nuremberg, privilège, ensuite, de la riche Hollande et de l'Angleterre en plein essor. L'artisanat scientifique a, en effet, besoin du soutien des activités de luxe qui lui permettent de voir le jour, quitte à s'en éloigner par la suite pour se mettre au service de l'État.

Enfin, la France participe au progrès, moins par les travaux de grands théoriciens — qui peut-elle opposer à Newton ou à Torricelli ? — que par une vulgarisation théorisante et simplifiante qui aboutit à une remise en question du monde et à la négation du christianisme. La philosophie du XVIII^e siècle est ainsi annoncée et préparée, de Cyrano de Bergerac à Mitton, l'ami de Pascal, par le libertinage éclairé.

Les raisons des réussites et des échecs de la France dans ces domaines sont obscures. Pourquoi a-t-elle pris une si faible part à l'élaboration, au cours de la première moitié du XVII^e siècle, des nouvelles règles qui suivent les travaux d'un Tycho Brahé au Danemark ou d'un Kepler en Allemagne ? On ne peut invoquer l'excuse de la guerre : la vie douloureuse de l'astrologue-astronome Kepler dément radicalement un déterminisme selon lequel les désastres de la guerre seraient défavorables à la science. Conscients du retard français, Colbert et Louis XIV firent un énorme effort de rattrapage en mettant la science au service de l'État et en lui fournissant des moyens supérieurs à ceux des autres pays. L'Observatoire de Paris et les instruments astronomiques servirent ainsi à connaître la France par une cartographie enfin précise. Peut-être la volonté de rationalisation fut-elle, d'un certain point de vue, trop exclusive de la dose de fantaisie et d'imagination indispensable au génie créateur ? Peut-être, aussi, le fossé entre le créateur intelligent et l'artisan de haute valeur était-il déjà très large ? Pascal avouait ne pas savoir manier les instruments « sans l'aide d'un ouvrier qui possédât parfaitement la pratique du tour, de la lime et du marteau pour réduire les pièces de la machine dans les mesures et les proportions que par les règles de la théorie je prescrivais ». Galilée, Newton et Huygens construisaient eux-mêmes au moins une partie de leurs machines, et il y avait à Oxford un atelier attaché à la recherche. Enfin, cette relative inefficacité scientifique tient à l'absence individuelle d'imagination : une bonne partie des découvertes fondamentales de l'époque — de celles de Galilée à celles de Newton — procèdent souvent d'intuitions et d'hypothèses où est très grande la part de l'irrationnel, surtout religieux.

Quoi qu'il en soit, la France répand largement dans les salons une version vulgarisée des découvertes scientifiques, dont Voltaire se fait au début du XVIII^e siècle le propagandiste. Dans la bonne société, se développent alors — et très tôt — des doctrines antichrétiennes qui aboutissent soit au déisme, soit à l'athéisme. Alors qu'il est pratiquement impensable au XVI^e siècle, à l'époque de Rabelais, l'athéisme fait son apparition à la fin du XVI^e et surtout dans le courant du XVII^e siècle. L'*Apologie pour la religion chrétienne* — titre prévu pour les *Pensées* — est, selon Pascal, destinée aux esprits forts du Poitou et plus encore au clan des libertins de Paris, à la tête desquels se trouve le prince de Condé en personne. Les « cohortes de Condé » regroupent « tous les descendants de Théophile de Viau », sous la houlette de Mme Deshoulières, la Dioclée des poètes.

Ces libertins ont de profondes attaches dans la haute noblesse militaire, chez les financiers et les officiers de finances, mais aussi dans le monde des Lettres, en particulier celui des « parvenus de l'esprit » que le siècle suivant appellera les « capacités » ; les « gens de mérite », dont Voiture, Gourville et Mitton sont assez représentatifs. D'humble origine, Mitton achète en 1646 une charge de trésorier de l'extraordinaire des guerres de Picardie, Artois, Boulonnais et Calais pour 141 000 livres : enrichissement typique dans la nébuleuse des offices gravitant autour de l'armée dans le Nord-Est. Auprès de la haute aristocratie aux mœurs libertines, des Créqui, Clérambault, La Trémoïlle ou Roannez, et de Mme de Sablé, on trouve Mitton partout, poussant sa chanson à boire ou sa chanson galante, et se livrant à la débauche, comme il se doit, le Vendredi Saint. Pourtant Mitton est l'ami de Pascal. Cet exemple nous paraît hautement symbolique de la France du XVIIe siècle où se mêlent et se superposent les hautes eaux du renouveau religieux en ce qu'il a de plus pur et de plus contraignant et les vagues montantes de l'irréligion d'une partie de la Cour, de la Ville et des armées.

Monde étonnant, fort mal connu et totalement désarmé devant ce que font voir les microscopes et les lunettes astronomiques, et que Pascal évoque si bien. « Que l'homme contemple donc la nature entière dans sa haute et pleine Majesté. Qu'il regarde cette éclatante lumière, mise comme une lampe éternelle pour éclairer l'univers : que la terre lui paraisse comme un point au prix de ce vaste tour que cet astre décrit et qu'il s'étonne de ce que ce vaste tour lui-même n'est qu'une pointe très délicate à l'égard de celui que les astres qui roulent dans le firmament embrassent. Mais si notre vue s'arrête là, que l'imagination passe outre ; elle se lassera plutôt de concevoir que la nature de fournir. Tout ce monde visible n'est qu'un trait imperceptible dans l'ample sein de la nature. Nulle idée ne s'en rapproche. Nous avons beau enfler nos conceptions, au-delà des espaces imaginables, nous n'enfantons que des atomes, au prix de la réalité des choses. Que l'homme, revenu à soi, considère ce qu'il est au prix de ce qui est. »

Il y a l'angoissante, la terrible question, face au silence éternel des espaces infinis qui désormais cachent davantage le Dieu plus caché que jamais : « Qu'est-ce qu'un homme dans l'infini ? Qu'est-ce que l'homme dans la nature ? Un néant à l'égard de l'infini, un tout à l'égard du néant, un milieu entre rien et tout. »

Ce texte admirable systématise en une conception visionnaire, à la fois poétique et scientifique, des textes divers que Pascal a dû connaître en partie. Il résume, quoi qu'en disent les critiques qui lui ont été adressées, la situation de tous ceux qui pensent en ce siècle plein de secousses. Peu importe qu'il ait perdu à nos yeux de son originelle saveur : il traduit le désenchantement du monde, la découverte de l'aveugle Nature, la formidable révélation des courbes des planètes qui ne chantent plus l'harmonie céleste mais manifestent la Réalité des structures mathématiques.

Le premier libertinage déclaré dans le premier quart du XVII^e^ siècle coïncide, parmi les membres de l'élite savante de toute l'Europe, avec la brutale expansion de la vision d'un univers éclaté. Cette première « incroyance » est encore vague, comme celle de Vanni, plus panthéiste qu'incroyant, brûlé à Toulouse en 1619.

Au « libertinage érudit » succède, au milieu du siècle, le rationalisme cartésien poussé au bout de la logique et débarrassé de la foi de son auteur. Gassendi voisine avec Cyrano de Bergerac, Saint-Evremond et Ninon de Lenclos. Enfin, c'est la « crise de la conscience européenne » (P. Hazard). Toute valeur, toute croyance se trouvent remises en cause et soumises à la critique. Mais Pascal ne posait-il pas déjà ces questions et n'en prophétisait-il pas l'issue ? « La coutume fait toute l'équité, par cette seule raison qu'elle est reçue : c'est le fondement mystique de son autorité. Qui la ramènera à son principe l'anéantit. »

## *Libertinage et « hautes eaux » religieuses*

Est-ce une incrédulité absolue que professent ces grands et ces moins grands, on ne sait trop au juste. Il était prudent de garder des conceptions floues. Les athées du XVIIe siècle ont plutôt été, semble-t-il, de vagues déistes. Que ce soit dans l'entourage de Gaston d'Orléans ou dans celui de son petit-neveu Philippe d'Orléans, le futur Régent, la bravade était sans doute une façon de se démarquer, de souligner une opposition politique autant que religieuse, un moyen aussi de satisfaire un libertinage au sens restrictif du mot.

La révocation de l'édit de Nantes, les dragonnades, les conversions forcées, la pression sociale exercée par une Église peut-être trop puissante, les controverses doctrinales entre protestants et catholiques, les débordements parfois risibles d'un mysticisme par moments de pacotille, les disputes sans fin et sans gloire des jansénistes et des jésuites, la lutte sordide, à propos du quiétisme, entre un Bossuet qui ne répugne pas aux coups bas et l'insaisissable Fénelon, les scandales trop réels de certains évêques, les attaques jamais réfutées comme celle selon laquelle Bossuet était marié, tant d'autres choses que gaillardement nous content les *Historiettes* de Tallemant des Réaux : la liste est longue des misères d'une Église dont il ne suffit ni de magnifier les gloires ni de rappeler les tares.

Il est difficile à l'historien d'être juste sur ce sujet. Car enfin, la querelle du jansénisme a empoisonné l'atmosphère religieuse et, de Pascal aux curés de Paris, elle a mobilisé ce qu'il y avait de plus honnête, de plus profondément religieux, de plus talentueux aussi en France. Jusque dans cette qualité, cette raideur, cette volonté d'apparence faible avec une détermination inflexible, le jansénisme a quelque chose de trop intransigeant, de trop sec, de trop peu humain, qui rebute les fidèles et les non-chrétiens. Entre le sourire fleuri d'un saint François de Sales trichant au jeu et la surtension de l'intraitable Pascal, plus intransigeant à l'approche de la mort que le Grand Arnauld lui-même, quel abîme ! A la vérité, le jansénisme est une assez bonne incarnation de la bourgeoisie et de la noblesse de robe parisiennes, pratiquant une profonde honnêteté, respectant la parole de Dieu, imprégnées de juridisme finassier et subtil, intraitablement campées sur leurs positions. En face, c'est le monde infiniment varié des jésuites — tant vilipendés par les géniales et méchantes *Provinciales* — infiniment ondoyants, séduisants, pédagogues, aimables et pourtant tout aussi irréductibles. Le jansénisme, comme ses adversaires qui l'ont terriblement sous-estimé, a coûté cher à la France du XVII^e siècle, même s'il lui a fourni une partie de sa substance la plus intime. A la France et au catholicisme, car la condamnation des rites chinois des jésuites a peut-être sacrifié la possibilité d'une conversion du monde chinois.

Ces tares ne doivent pas masquer la réalité d'un profond renouvellement de l'Église de France, qui a connu au cours du siècle un apogée intellectuel sans précédent. Les sermons entrent dans la littérature avec Bossuet, Fénelon, Fléchier et bien d'autres orateurs sacrés. De saint François de Sales au cardinal de Bérulle, en passant par Arnauld et les jansénistes comme Lemaistre de Sacy, la production religieuse constitue une masse énorme, souvent de très haute valeur intellectuelle et artistique. La poésie religieuse a aussi connu, dans la première moitié du siècle, une floraison sans pareille, même si cette littérature est méconnue parce que religieuse et très « baroque ». Cette grande page immense de la vie des idées en France a reçu, au début du XX^e siècle, une consécration digne d'elle dans l'admirable *Histoire littéraire du sentiment religieux* en France aux XVII^e et XVIII^e siècles, de l'abbé Brémond.

La vie mystique est à l'origine d'un mouvement important de direction de conscience, qui s'est traduit par une floraison de méditations ; une partie en a été publiée, mais il reste quantité d'écrits encore manuscrits, tous textes en langue vulgaire, sans compter une littérature latine plus importante encore. La masse des lecteurs ne cessant de croître, il existe même une littérature populaire d'édification, qui est loin d'être toujours sans qualités. Le XVIIe siècle connaît ici l'apogée d'une production qui baissera singulièrement en qualité au siècle suivant. La compétence, la notoriété, la qualité sont du côté de l'Église, comme elles seront au siècle des Lumières dans l'autre camp.

Loin de constituer un mouvement superficiel, cette floraison s'enracine profondément dans la société. Les femmes y jouent un rôle très important, amorçant ainsi la féminisation de la vie religieuse dans les siècles ultérieurs.

Le relais entre les sommets de cette spiritualité et le peuple est constitué par un clergé nouveau. Les abus les plus criants ont été éliminés, même si le système bénéficial demeure et limite, en dépit de la multiplication des petits séminaires, le recrutement sacerdotal à la bourgeoisie urbaine ou à la paysannerie aisée ; la part des membres de la haute noblesse et de la haute bourgeoisie commence à diminuer. Formés lors de stages dans les grands séminaires (rares sont encore les établissements qui assurent au clergé une formation suivie avant le sacrement de l'ordre), les prêtres sont d'un meilleur niveau intellectuel. Comme le souhaitaient les fidèles, ils sont aussi désormais plus stables, liés à des tâches définies, isolés dans un statut particulier qui fait d'eux « les hommes de Dieu ». Les prêtres gyrovagues des époques précédentes se raréfient. Le niveau des examens de prêtrise s'élève.

L'action de ce clergé nouveau sur le peuple — à commencer par celui des villes — est considérable. Sa rigueur morale est dans l'ensemble très grande, et l'attention qu'il porte aux questions sexuelles est minutieuse, voire tatillonne. Il n'est que de lire les recommandations qui accompagnent les catéchismes des diocèses pour s'en convaincre. La séparation des enfants par sexe et l'interdiction de toute familiarité — lever les yeux au passage des femmes — sont autant d'attitudes progressivement imposées et adoptées. Ce rigorisme renforce d'ailleurs le sentiment de la spécificité de l'enfance : il convient d'isoler la « sainte enfance » du monde corrompu des adultes, afin de préserver le plus longtemps possible la pureté acquise au baptême. Le coût croissant que représente l'enfant des catégories sociales supérieures et le sentiment religieux de l'absolue hétérogénéité de l'enfance vont dans le même sens. La demande d'éducation, condition d'acculturation à la société des lisants et à la civilisation de l'écrit, renforce aussi cette tendance. En même temps, le livre permet le développement d'une piété plus individuelle, au moyen de publications dont les *Semaines saintes* du XVIIIe siècle seront un bon exemple.

L'art est peut-être moins brillant. Il ne manque certes pas de peintres religieux ; c'est un genre qui a un immense public. Mais même si La Tour et Champaigne en font leur spécialité, ou si Lebrun fournit quelques tableaux religieux de haute tenue, ni Poussin ni le Lorrain ne s'intéressent vraiment à ces sujets. En dépit de l'effort de réhabilitation mené récemment par une série d'expositions remarquables, il ne semble pas que le goût actuel apprécie à leur juste mesure les immenses peintures religieuses de l'époque. Mais le public d'alors les appréciait et les achetait. En dehors des ordres réguliers — les plus fermes soutiens et souvent les initiateurs de la Contre-Réforme — l'architecture est très vivace, mais essentiellement urbaine, et beaucoup plus portée vers des réalisations moyennes que vers de très grandes entreprises.

La décoration des églises connaît, en revanche, une extraordinaire floraison : dans beaucoup de régions, de véritables programmes de rénovation intérieure sont lancés. La transformation de la liturgie — le sermon et le prône exigent des chaires à porte-voix — et la place nouvelle des cantiques, qui nécessitent un accompagnement musical, le prestige de l'orgue, le rôle reconnu à l'instruction par les images et la sculpture, l'insistance mise sur la confession — nécessité des confessionnaux — et la mise à part du prêtre à qui la sacristie confère un isolement nécessaire avant la messe : tous ces facteurs et bien d'autres modifient considérablement l'intérieur des églises, au prix de lourds investissements. C'est par centaines de milliers que se comptent dans toutes les paroisses de France ces retables qui remplacent les images anciennes considérées comme désuètes. Cet effort mobilise les ressources et les énergies de toute une population. Il amplifie dans de très fortes proportions ce marché essentiel qu'est la production artistique. Par là, l'Église compense la déculturation liée à l'essor du livre auquel, pendant plus d'un siècle, le peuple n'a eu qu'un accès limité.

Là encore, tout n'est pas positif. Les ordres religieux fondés dans la première moitié du XVIIe siècle se sont établis surtout en ville, s'ajoutant aux établissements déjà existants. Les donations testamentaires qui, dans certaines villes du Nord, ont opéré des transferts considérables de patrimoine — peut-être 5 % du capital immobilier urbain et du capital campagnard qui en dépend — transférèrent d'importantes portions du sol de ville aux ordres réguliers. Dans beaucoup de villes, ce patrimoine foncier représente alors plus du tiers des surfaces disponibles *intra muros*. De plus, les grands chantiers d'églises et de couvents, s'ils constituent — surtout dans les petites et moyennes villes — une aide précieuse à l'économie locale, indisposent et suscitent l'envie des populations. La royauté s'en émeut : ainsi Louis XIV et Colbert sont-ils hostiles à l'extension de la propriété ecclésiastique urbaine, déjà trop étendue à leurs yeux. Les heurts entre les clergés séculier et régulier se multiplient. La concurrence des ordres est souvent vive.

En dépit de toutes ces ombres, le XVIIe siècle est un très grand siècle religieux : l'étude des testaments prouve la profondeur du sentiment religieux à Paris ;

en témoignent aussi les innombrables objets de piété des inventaires après décès. S'il existe des signes inquiétants — montée du libertinage, érudit ou non, à la Cour, dans les couches supérieures de la bourgeoisie parisienne et à l'armée — l'ensemble de la France mérite bien son surnom de « fille aînée de l'Église ». Par sa sérénité exemplaire, qui contraste avec celle de Mazarin, la mort de Louis XIV illustre la « foi de charbonnier » qu'on lui a prêtée. C'était celle de la plupart de ses sujets.

# QUATRIÈME PARTIE

# Le siècle des Lumières

## « *Philosophie* » *et contestation*

Le XVIIe siècle avait voulu léguer la nouvelle Jérusalem céleste de l'Apocalypse à sa descendance afin que ses membres soient les enfants de la Lumière. Aujourd'hui nous sommes les enfants du siècle des Lumières, esprits de son esprit, dérivés de ses idéologies, parfois jusque dans leur simplicisme. D'une certaine manière, les « Lumières » sont la contre-religion de la foi du XVIIe siècle. Les expressions de *siècle des Lumières* ou encore de *siècle de Voltaire* signifient bien que le phénomène majeur du XVIIIe siècle est intellectuel.

Ayant atteint à peu de chose près ses frontières, la France se retranche derrière ses limites du nord-est, sans trop chercher à les dépasser. Comparés aux désastres de la Ligue ou de la Fronde, les désordres politiques que provoquent des parlements férus de gallicanisme et de jansénisme — un jansénisme politique fort différent de celui du XVIIe siècle — sont peu de chose, du moins en apparence ; car, bloquant les réformes royales, ils entravent une évolution normale que la « philosophie » lui reprochera de ne pas réaliser. Sur le fond, il y a en effet malentendu. « C'est la faute à Voltaire, c'est la faute à Rousseau » : la chanson de Gavroche résume bien les idées des tenants de la royauté sur les origines de la Révolution, mais l'idée est fausse. Voltaire a été on ne peut plus proche du pouvoir et Diderot n'eût pas demandé mieux que de l'être. Pourtant, ces images d'Épinal ont quelque chose de profondément vrai. Alors que la critique systématique de toute institution et la recherche de l'origine des « abus » restait au XVIIe siècle une pure spéculation réservée à certains libertins dont il n'est même pas sûr qu'ils étaient au fond de véritables athées, la critique sociale, avec ce qu'elle a de fécondant et de destructeur, est l'une des caractéristiques fondamentales du XVIIIe siècle. La « philosophie » est au centre de tous les problèmes.

Il faut s'entendre sur le sens des mots : la plupart des philosophes refuseraient aujourd'hui de nommer « philosophie » un corps de doctrine fait d'intuitions plus ou moins justes et d'hypothèses, qui se voulait une science en incorporant à un ensemble rationnel les acquisitions récentes de la physique, voire de la biologie ou de la chimie. Il s'agit d'un large courant aux couches superposées, charriant pêle-mêle des idées trop claires accessibles aux femmes du monde comme à l'écrivain de troisième ordre. Voltaire donne lui-même l'exemple de cette vulgarisation, en répandant et en imposant les découvertes de Newton mais il élague les aspects religieux que cet unitariste considérait comme essentiels. Ajoutons que la chrétienté manque alors une grande occasion d'allier science et religion ; au contraire le fossé s'élargit, et il sera en partie responsable de la coupure de la France en deux, l'une dite de droite, l'autre dite de gauche.

L'importance prise par la vulgarisation de la philosophie tient certes au génie des trois phares du siècle — Montesquieu, Voltaire, Rousseau — mais d'abord et surtout à la transformation radicale de la république des Lettres. Alors que les tirages du siècle précédent se limitaient à un millier d'exemplaires par édition, de grandes maisons de librairie élargissent maintenant le marché du livre, ce qui est une conséquence logique et inévitable des progrès de l'alphabétisation et de l'accès, non plus seulement à la lecture, mais au livre, de toute une partie de la bourgeoisie urbaine.

Le statut même des écrivains se transforme. On prétend vivre de sa plume. Voltaire est l'exemple de la génération intermédiaire. Il a fait ses études au collège de Clermont, avec tous les grands noms de l'aristocratie, et la haute société de la Régence l'a accueilli. Il participe à la vie politique, s'offre comme espion au cardinal Dubois, place ses protégés comme secrétaires d'ambassade. Il s'enrichit, vite et beaucoup. Diderot, lui, représente la génération du milieu du siècle. Nés pauvres, et, devenus trop nombreux, l'auteur du *Neveu de Rameau* et ses compagnons ont connu la vie des écrivains sans public qui végètent sous les toits comme on le voit dans le *Tableau de Paris* de Sébastien Mercier. Diderot s'enrichira, mais peu. Rousseau, enfin, reste un cas pathologique : après avoir été l'enfant choyé des grandes dames, il est victime de son instabilité et de sa manie de la persécution. On ne peut le classer.

Ce que connaissent Diderot et son héros, des centaines d'auteurs le vivent plus tragiquement. Ils en conçoivent une compréhensible amertume, et elle les poussera à se lancer dans ce qu'on pourrait appeler, non sans anachronisme, la « subversion ».

La première moitié du siècle n'est pas tellement contestataire, c'est dans les années 1740-1750 que la situation commence d'évoluer. On a accusé la censure, qui relevait de Maurepas, ministre de la Maison du roi, de s'être transformée après 1745 en « inquisition ». De fait elle est alors devenue plus tatillonne et parfois « méchante », ce qui n'était pas toujours sans raisons : Maurepas s'inquiète du flot montant de pamphlets politiques — voire politico-érotiques — dirigés contre le roi. Il n'était pourtant pas homme à s'émouvoir pour si peu : n'avait-il pas lui-même ravitaillé en anecdotes scabreuses tous les amateurs d'histoires de la Cour, y compris le roi, et de la Ville. A lire quelques notes de ses archives, on perçoit chez lui, comme chez ses subordonnés, une subite inquiétude devant la multiplication et le contenu de ces attaques. Dans son *Journal,* l'avocat parisien Barbier constate une évolution parallèle. Jusqu'alors, dit-il, le petit peuple parisien considérait les grands comme des espèces de demi-dieux, à qui tout était permis ; depuis peu, il les juge à l'aune de la morale courante.

Le Régent, avec la finesse qui le caractérisait, avait déjà senti l'évolution et en avait profité, par exemple après le meurtre commis par Horn — un noble dévoyé, apparenté à toutes les grandes familles européennes — au moment de l'affaire Law pour s'emparer de quelque argent. En dépit de toutes les interventions, le coupable avait été pendu, au lieu d'être décapité comme sa qualité de noble lui en donnait le droit. « Le Régent pardonne les offenses qu'on lui fait, disait le populaire, mais vis-à-vis de qui nous offense il est impitoyable. » La « génération du sourire » — 1715-1740 — acquiert des réflexes qui n'ont plus rien à voir avec ceux des écrivains du passé. Cette attitude se retrouve dans la population parisienne, avec une ou deux décennies de retard.

Un changement des genres littéraires en découle. La tragédie et le roman dans la veine de *La Princesse de Clèves* n'offraient guère de possibilités aux analyses sociales devenues à la mode à la fin du règne de Louis XIV. Comme souvent, l'exotisme fournit un commode paravent. Sous prétexte de « couleur locale » le roman se para des plumes de l'hispanisme et de l'orientalisme, de la fable et du conte. Le « bon sauvage » resurgit, puis le sage Chinois. C'était un moyen de vendre plus. Le roman épistolaire, qui connut son apogée au XVIIIe siècle, de *La Nouvelle Héloïse* aux *Liaisons dangereuses,* permettait toutes les audaces : placer la critique sociale sous la plume d'un Persan protégeait de toute censure ; les génies, les fées et les harems firent tout passer, jusqu'au moment où il n'y eut plus besoin d'eux et où l'érotisme et l'antiérotisme politiques purent se présenter sans voiles.

Certains auteurs, comme Marivaux, osèrent d'emblée aller plus loin : *Le Paysan parvenu* et *la Vie de Marianne* ne sont que l'évocation du grand mouvement de migration vers les villes. *Gil Blas* et *Le Diable boiteux* montrent une société parisienne vue par ce Breton émigré qu'est Lesage. *Manon Lescaut* prétend raconter des déportations vers la Louisiane, qui ne sont pas très éloignées des aventures que Duguay-Trouin décrit au début de ses *Mémoires*. On pourrait multiplier les exemples ; il suffit d'ajouter que cette description sociale — qui ne s'était auparavant intéressée qu'à la haute société — plonge désormais dans le tréfonds de la société urbaine. Dans la seconde moitié du siècle, Restif de La Bretonne mettra en scène, en dehors de sa biographie, son milieu paysan d'origine. L'historien dispose ainsi d'une abondante moisson documentaire exploitable à condition de l'insérer dans une trame plus serrée et moins individualiste.

Le théâtre suit le mouvement, jusque dans ses productions les plus médiocres. Si les comédiens français maintiennent Molière au répertoire, la foule les boude, comme en témoignent les recettes. On fait en revanche un succès à des pièces contemporaines représentatives, par leurs convulsions larmoyantes, des goûts du grand public. On veut voir la vie de tous les jours, dans un cadre aussi réaliste que possible. S'il s'est illusionné sur son talent d'homme de théâtre, Diderot ne s'y est pas trompé. Au terme de cette évolution se trouve un Beaumarchais bien placé pour connaître les trafics et les *combinazioni* dont il est à la fois l'horloger, le metteur en scène et l'homme d'affaires. Le *Barbier de Séville* et *Le Mariage de Figaro* annoncent les critiques encore plus féroces, et la fin d'un monde.

## *Les « nouvelles frontières »*

La civilisation française du XVIII^e siècle est pourtant celle du bien-dire, des salons, des clubs, des rencontres. La conversation s'élève à la hauteur de l'un des beaux-arts, et d'une institution où domine la femme. La nouveauté essentielle, plus que le club, c'est le café, qui apparaît surtout à partir des années 1690. Les clubs sont des sortes de cercles de réflexion, des lieux de réunion privés, que le gouvernement de Louis XIV a laissé se développer comme un exutoire social, non sans les surveiller de près. On les retrouve tout au long du XVIIIe siècle ; certains, comme celui de l'Entresol ont exercé une influence considérable. Ils ont toujours joui d'une grande liberté même si de temps à autre un secrétaire d'État, subitement inquiet, en faisait pour l'exemple fermer un, trop voyant ou trop remuant.

Avec les cafés, il en alla bien autrement. Ils firent rapidement fureur, par l'attrait du nouveau nectar, aux vertus imaginaires, et de la sociabilité qu'offrait un lieu public où l'on pouvait discuter. On y était entre soi, loin de la surveillance féminine. On y apprenait les nouvelles, et on en parlait. On y prit en outre l'habitude de lire les journaux à haute voix, ce qui étendait le public aux illettrés. Le café devint donc une véritable institution sociale, qui se répandit rapidement à partir de Paris et de Marseille dans l'ensemble de la France. Avec ses miroirs et ses illusions d'optique, puis, plus tard, avec la dégustation de sorbets et de glaces, il fit connaître, grâce à la baisse des prix, des produits coloniaux qui étaient demeurés au XVIIe siècle le privilège des gens aisés ; le café bien sûr, mais aussi le chocolat, le thé et le sucre. Les cafés les plus célèbres furent, dès les années 1670 le *Pascal*, et en 1686 le *Procope* : on prit l'habitude de les fréquenter après la sortie des spectacles. Vers la fin du XVIIIe et au début du XIXe siècle, le café deviendra populaire, avec des enseignes révélatrices de l'espoir que la « philosophie » avait fait naître dans les peuples : *Café du Progrès, Café de l'Avenir*.

Café, thé, coton : ces produits témoignent de l'autre fait majeur du siècle, l'ouverture sur le monde. La politique française oscille, sans savoir et peut-être sans pouvoir se décider, entre le continent et la mer, entre l'Europe, l'Amérique et, à la fin du siècle, l'Asie.

L'ouverture est d'abord essentiellement commerciale avec le développement de la grande plantation aux Antilles, et celui de la tare sociale qui lui est consubstantiellement liée, l'esclavage. Une société des grands planteurs « békés » — Français venus de la métropole — se développe, de même que celle des grands négociants des ports à Nantes, Marseille, Le Havre, et surtout Bordeaux. L'ouverture est également scientifique, au sens le plus strict : autant la monarchie louis-quatorzienne avait engagé la science au service de la cartographie d'État, autant celle de Louis XV et de Louis XVI participe au grand œuvre de la mesure du monde. On mesure l'océan Indien, pour commencer, avec la Compagnie Française des Indes et le *Neptune* (atlas de cartes marines) qui brise le monopole scientifique et commercial des Hollandais et des Anglais sur cette mer ; l'océan Pacifique vient ensuite. L'entreprise se poursuivra jusque dans les temps révolutionnaires.

La France connaît, enfin, une ouverture militaire, mais tardive. De 1715 à 1740, soucieuse de l'alliance avec l'Angleterre, et manquant d'argent, la France renonce pratiquement à reconstruire une grande flotte. Nécessité faisant loi, elle tente après 1740 d'en entretenir une, immédiatement engagée au combat, par petits groupes successifs de bâtiments, malgré de nombreuses faiblesses, dont la plus dramatique est la faiblesse des effectifs de matelots. Cette force maritime reste donc, jusqu'après le milieu du siècle, inférieure à celle de l'Espagne, qui a mené une œuvre de reconstruction admirable. On tente bien de compenser ces retards par une qualité technique supérieure et une standardisation progressive qui font appel à la science sous toutes ses formes. Il n'empêche que cette flotte se fait battre — autant à cause des épidémies que par la force des adversaires — aussi bien pendant la guerre de la Succession d'Autriche que durant celle de Sept ans. Elle prendra sa revanche dans la guerre d'Indépendance américaine.

Les guerres sont devenues hautement techniques. Elles dépendent étroitement des grands marchés de matières premières européens, ceux de la Baltique en particulier, et elles sont par conséquent extrêmement coûteuses. Comme en Angleterre, comme en Espagne, réputées puissances maritimes, les dépenses militaires restent en France affectées en majorité à l'armée de terre. Seule l'Espagne, protégée par les Pyrénées, peut, un moment, imposer à son opinion publique des dépenses plus fortes pour la marine que pour l'armée de terre. Enfin, les guerres européennes s'étendent en Amérique et aux Indes, en un mot au monde.

Ainsi l'exotisme n'est pas simplement une mode. Il est la traduction intellectuelle des séductions matérielles exercées par les produits hautement raffinés d'une Chine encore très lointaine (porcelaines, thé) et d'une Inde plus proche (soieries indiennes, épices). On essaie de copier en Europe les produits de très antiques et hautes civilisations, on se procure des marchandises à des prix modiques que l'on doit au faible coût d'une main-d'œuvre déjà sous-développée, que l'Europe est incapable de concurrencer, ce qui est l'une des causes du machinisme naissant.

L'émergence de nouvelles frontières concerne non seulement l'intelligence et la géographie planétaire, mais aussi l'évolution interne du royaume de France. Finies les grandes famines, voici le temps des simples disettes ; partant il ne s'agit plus de récupérations démographiques après les désastres inévitables, mais de croissances rapides qui prennent des allures exponentielles. Le XVIIIe siècle français est le temps du développement des grandes villes et pas seulement de Paris qui, en chiffres absolus comme en chiffres relatifs, croît moins que certaines villes de province. Des pans entiers d'une nouvelle géographie s'esquissent, les futures métropoles régionales créant autour d'elles des réseaux de dépendance souvent très différents des anciens.

Qui dit développement des villes dit aussi changements rapides, et non seulement économiques : dans les mœurs, dans les manières d'être, de manger, d'habiter, de se vêtir. L'influence des villes pénètre également plus profondément dans les campagnes. Le phénomène s'accompagne d'une formidable accélération de la vitesse des communications : s'édifie alors un réseau routier qui est, en dépit de ses lacunes, l'une des grandes œuvres de la monarchie et que l'Europe enviera à la France.

L'emprise de l'État va se renforçant. Les soucis humanitaires — au lieu de se borner, comme plus tard, à la proclamation de grands principes — s'expriment modestement lorsque d'aucuns, à la mesure de leurs possibilités financières, en viennent à s'occuper de leurs serviteurs. Un système de retraite et de pensions d'invalidité est introduit dans l'armée, identique à celui qui existe déjà dans la marine ; il s'étend aux administrations de la Ferme générale ou des États provinciaux. Esquisses insuffisantes, mais remarquables.

L'État se trouve toujours aux prises avec le problème financier issu des guerres. La longue accalmie des années 1715 à 1740 permet un rétablissement de type colbertien sous la direction du contrôleur général Philibert Orry : équilibre du budget courant, compression de certaines dépenses, révision et diminution de la Dette de 2 milliards de livres héritée de Louis XIV. La reprise des guerres, après 1740, a les mêmes conséquences qu'au XVIIe siècle : l'insuffisance des ressources ordinaires — elles comprennent désormais un certain nombre d'extraordinaires — conduit l'État à emprunter de plus en plus. On y fait face comme on peut ; mais, en dépit d'évidentes améliorations, la France ne peut réaliser une révolution financière analogue à celle que l'Angleterre poursuit méthodiquement. Tout au long du second demi-siècle, l'essentiel des dépenses normales de l'État est absorbé par le service de la Dette. En 1774, les intérêts en représentent le tiers du budget : autant que l'armée, la marine et les colonies réunies. La Cour (la Maison du Roi, avec la police) ne dépasse pas les 10 % fixés par Louis XIV ; les pensions, qu'elles soient justes — comme celles des serviteurs de l'État — ou discutables comme celles de la haute noblesse (mais c'est à ce prix que s'achète la tranquillité intérieure), comptent pour 6 %.

Avec des moyens proportionnellement réduits, l'armée et la puissance françaises pèsent de moins en moins lourd dans la balance européenne, face à la montée de puissances concurrentes continentales: l'immense Russie, qui s'appuie sur un développement démographique fantastique, l'impressionnant État habsbourgeois, maître des Balkans jusqu'au Danube, et enfin la Prusse, que l'économie sordide mais géniale du Roi-Sergent tire du niveau des nations de second plan. Aux effectifs théoriques (200 000 hommes) de l'armée française s'opposent trois puissances qui peuvent en entretenir en temps de paix à peu près autant, sinon plus.

Quant aux puissances maritimes, il y a d'abord l'Angleterre: le rapport des vaisseaux de ligne oscille de 1 à 3 jusque vers 1750 puis de 2 à 3 au détriment de la France, et il est moins favorable encore pour les frégates. L'Espagne est un peu plus forte, de 1720 à 1755, en gros navires que la France, qui la rattrape et la dépasse même légèrement par la suite. La Hollande, en revanche, a irrémédiablement perdu sa première place: elle rétrograde à la quatrième, puis avec les progrès de la Russie, à la cinquième. A la fin du siècle, avec les marines de la mer Noire — récemment atteinte — et de la Baltique, la Russie supplante numériquement la marine française.

Tels sont les chiffres; la réalité apporte quelques nuances. Techniquement, ni la Russie, ni même l'Autriche ne sont en état d'équilibrer la technicité française, qui procure à la fin du siècle une substantielle avance, dont profiteront la Révolution et l'Empire. Mais l'armée de la Prusse, admirablement administrée, alors que celle de la France l'est à certains égards médiocrement, possède une puissance au moins égale: la Prusse a su faire un choix et abandonner toute velléité maritime au profit exclusif de l'armée de terre. Les alliés traditionnels de la France se maintiennent, évidemment affaiblis: la Suède, la Turquie et la Pologne s'effondrent alors.

Alors que le déclin de son influence politique s'accentue en raison des problèmes financiers, et que la France cesse, au profit de l'Angleterre, d'être le premier fournisseur de subsides des États continentaux, son rayonnement culturel est à son apogée. Peut-être moins que ne le voudraient les formules comme « l'Europe française des Lumières » ou les titres comme le *Discours sur l'universalité de la langue française* (Rivarol), mais dans une large mesure que le simple touriste d'aujourd'hui peut encore constater *de visu*. Plus que les poètes (médiocres) ou les philosophes, ce sont les artistes français qui dominent. Paris attire ainsi des colonies entières d'ébénistes, de bronziers et autres artisans d'art venus de l'étranger.

Mais l'Europe des Lumières est autant celle de Louis XIV que celle du XVIIIe siècle. Les deux modèles qui se heurtent à l'influence grandissante de Shakespeare sont Molière et Racine. C'est le Versailles de Louis XIV — sans doute revu et corrigé pour les aménagements intérieurs — qui sert d'exemple ou plutôt d'inspiration aux résidences princières d'Europe centrale. Les artistes italiens gardent toutefois une large clientèle, surtout en Allemagne du Sud et en Russie. Il se crée aussi de nouvelles formes d'art, où la part de la France s'amenuise. La musique française continue sans doute sur sa lancée avec des hommes comme J.-Ph. Rameau, mais la grande école austro-allemande prend son essor, et les musiciens italiens et anglais font mieux que rattraper les Français. Quant au baroque et au rococo allemands, autrichiens ou espagnols, ils ont leur propre saveur, que le Français ne prise pas toujours, mais qui n'en constituent pas moins des langages autonomes, souvent plus proches du peuple que les productions, aristocratiques à beaucoup d'égards, de la France.

« Le Grand Siècle, je veux dire le XVIIIe siècle », disait Michelet. Comme toutes les affirmations de ce genre, celle-ci a ses partisans et ses détracteurs. Grand siècle, mais à quelle échelle ? Celle de la France, celle de l'Europe, celle de la révolution industrielle ?

CHAPITRE PREMIER

# La paix
# ou la génération du sourire

(1715-1740)

## *Choix politiques et économiques*

Réunir des gouvernements aussi différents que la régence de Philippe d'Orléans (1715-1722) et le passage aux affaires du duc de Bourbon et de Mme de Prie (1723-1726), et interrompre en 1740 le préceptorat du cardinal de Fleury, qui dure de 1726 à sa mort en 1743, demande quelque explication. La coupure, c'est l'apparition de Frédéric II de Prusse, « le Grand ». A la veille de son avènement, il avait publié un *Mémorandum sur l'état de l'Europe* qui décrivait les forces en présence : exercice d'une évidente utilité puisque quelques mois plus tard, il arrivait au pouvoir précisément pour détruire cet état de choses, inaugurant ainsi la longue série des guerres du milieu du siècle et mettant fin à une paix de vingt-sept ans. A vrai dire, les Anglais avaient déjà ouvert les hostilités contre l'Espagne...

Cette paix, tant souhaitée jusqu'en 1713, n'a jamais été parfaite. L'ont interrompue la guerre franco-espagnole (1720-1721) et celle de Succession de Pologne (1733-1735), les préliminaires du traité de Vienne (1738) ayant été signés en septembre 1735. Mais cette paix a été infiniment profitable à la France. Comparant la situation internationale en 1713 et en 1740, Frédéric II constatait que la France avait retrouvé une large audience, amélioré ses frontières et réparé une grande partie des clauses de 1713, et qu'elle se retrouvait, comme aux plus beaux jours du Roi-Soleil, l'arbitre courtisé de toute l'Europe.

Mieux, il envisageait sans indignation aucune une avancée de la France jusqu'au Rhin, qui serait devenu ainsi frontière. Prévision quelque peu optimiste, qui ne tenait compte ni de la puissance réelle des pays ni de la mentalité des bureaux versaillais et parisiens où l'on ne rêvait que par éclipses à cette prétendue frontière naturelle. Par-delà les divergences des politiques menées par le Régent, le duc de Bourbon et le cardinal de Fleury pendant la minorité de Louis XV, il y a une profonde unité de vues sur l'essentiel de la politique extérieure, avec des conséquences financières identiques : elles permirent une relative mais réelle remise en ordre, après l'incroyable désordre provoqué par les « moyens extraordinaires » de la fin du règne précédent.

Assez curieusement ces trois gouvernements n'ont pas bonne presse. A juste titre pour le duc de Bourbon, qui n'était ni un foudre de guerre ni un politique et laissa gouverner les frères Pâris, des financiers enrichis pendant la guerre de la Succession d'Espagne. Quant au Régent, l'image controversée qu'il a laissée et l'échec de l'expérience de Law ont éclipsé une période qui fut un très grand « règne » par son œuvre de réorganisation administrative. Pour le cardinal de Fleury, le troisième des cardinaux premiers ministres de l'histoire française, il a pâti aussi bien des jugements sommaires de Saint-Simon que de l'inutile guerre de la Succession d'Autriche dans laquelle cet homme âgé se laissa entraîner ; ce fut aussi le retour temporaire au système honni du Ministériat, exercé au surplus par un doux entêté qui en aurait rendu à Mazarin lui-même. Pour une fois, la France n'a pas aimé les vieillards, surtout lorsqu'ils exerçaient le pouvoir au nom d'un jeune roi dont on attendait beaucoup, comme lors de toutes les minorités.

Et pourtant, le jugement de Frédéric II repose sur une réalité. Ironie de l'histoire, après ces trois hommes, les gouvernants enregistrèrent de grandes défaites mais se virent élever des monuments à leur gloire tant par leurs contemporains que par les historiens ; le dernier en date fut un Britannique, auteur d'une grande biographie de Choiseul.

Passé l'affaire Law en 1721 et jusqu'en 1740, c'est l'un des temps les plus heureux de l'Ancien Régime. Les impôts baissent non seulement en chiffres nominaux mais en valeur réelle ; les dépenses retombent à l'équivalent de 800 tonnes d'argent fin, et, pendant quelques années, on parvient à équilibrer le budget. Il s'est trouvé des hagiographes pour Henri IV, un roi qui a doublé les impôts ; Sully est entré dans l'imagerie populaire de l'école primaire de la IIIe République, tout comme Colbert. Mais qui connaît Orry, voire Fleury ? On n'a retenu de ce dernier que l'éducation manquée qu'il aurait donnée à Louis XV. Une telle ignorance quant à ces hommes s'explique sans doute par la proximité de la Révolution et de ses grands ancêtres : comme on voulait justifier la glorification de ces derniers, on ne pouvait qu'ignorer l'époque de la vraie « douceur de vivre » et les hommes qui l'ont, sinon organisée, du moins favorisée.

Les bases de cette politique sont très simples. Elles correspondent — la dévotion en moins — au programme des « dévots » de 1630, programme selon lequel le maintien à tout prix de la paix était nécessaire pour rétablir la situation financière, permettre au pays de souffler et faire les réformes et adaptations nécessaires. En d'autres termes, il fallait desserrer les contraintes. Cela impliquait des choix draconiens : démobiliser une partie de l'armée et limiter les engagements militaires.

Les décisions les plus dramatiques affectèrent la marine, qui fut, tout comme les colonies, reléguée à une place dérisoire. Le Régent abandonna toute idée d'une marine capable de tenir tête à l'Angleterre et à la Hollande : il espérait obtenir ainsi des puissances maritimes une plus grande liberté de mouvements sur le continent. Louis XIV avait envisagé cette hypothèse mais avait finalement préféré une solution intermédiaire : retourner les alliances et s'allier à l'Autriche : les deux Maisons de Bourbon (France et Espagne) et les Habsbourg auraient dominé le continent, et la France préparé discrètement le relèvement de sa marine en remplaçant, malgré les protestations anglaises, le port de Dunkerque par celui de Mardyck. Cette politique, qui sera menée après 1755, avait-elle des chances de réussir en 1714 ? Elle eût été impopulaire, comme elle le fut sous Louis XV, mais Louis XIV serait peut-être parvenu à la faire appliquer. Mais l'Angleterre aurait-elle laissé faire sans réagir ? L'Autriche aurait-elle été prête à ce rapprochement et à quel prix ?

L'arrivée au pouvoir du Régent changea les données du problème : son intérêt propre, surtout si le fragile petit Louis XV venait à mourir, coïncidait avec celui de la Maison de Hanovre, placée en Angleterre dans une situation tout aussi inconfortable. Après avoir hésité — il songea à se mettre d'accord avec les Turcs, qui venaient d'entrer en guerre, pour organiser une diversion en Hongrie et détourner ainsi de la France l'agressivité de l'Autriche — le Régent entreprit, avec l'aide du futur cardinal Dubois, de s'allier étroitement avec l'Angleterre. Entre-temps, le prince Eugène avait écrasé les Turcs à Peterwardein et à Temesvar, s'était emparé de Belgrade de 1717 et avait obtenu le fructueux traité de Passarowitz (1718), qui marque le sommet de la gloire militaire de l'Autriche et sa plus grande avance dans les Balkans, avec l'occupation de la petite Valachie, du nord de la Serbie et du Banat hongrois. La modération n'était donc pas à l'ordre du jour à Vienne.

L'alliance de la France avec l'Angleterre et la Hollande impliquait l'abandon des travaux de Mardyck et de tout projet d'accroissement de la flotte française. On eût pu supprimer la flotte de galères, pur instrument de prestige, et dégager ainsi des crédits pour la marine utile, mais les temps n'étaient pas mûrs. Paradoxalement, cette nouvelle orientation ne détourna pas la France de la mer. Jusqu'au milieu du XVIIIe siècle, le mercantilisme colbertien domine l'esprit des contrôleurs généraux et des membres des Conseils de la Régence. Law ne fit qu'accentuer cette orientation. On avait, en France et en Angleterre, de longue date, compris que l'accroissement des recettes de l'État ne pouvait indéfiniment passer par l'augmentation des impôts directs ; il avait d'ailleurs fallu, conformément aux promesses de Louis XIV, supprimer le dixième, et la capitation suscitait de sérieuses difficultés. La seule issue, à côté des « réformations » du Domaine royal — dans le meilleur des cas, il ne pouvait guère fournir que 10 % des revenus de l'État — et de coupes effectuées dans les dépenses au détriment de l'armée et surtout de la marine, était d'augmenter les impôts indirects ; les Anglais avaient depuis longtemps montré le chemin. Mais on ne pouvait les accroître que si le commerce en général, et celui des colonies en particulier, progressait rapidement. A l'idée de l'emporter sur les puissances maritimes par la force, se substitua alors celle de les concurrencer en devenant aussi une grande puissance navale et commerciale. Politique raisonnable, et possible sur le moment : son seul inconvénient était qu'un jour la progression française susciterait l'inquiétude en Angleterre et nécessiterait un recours à la force. Dans l'immédiat, il fallait diriger l'expansion commerciale par un organisme étatisé comme la Compagnie de Law, ou alors laisser une totale liberté aux négociants.

On reviendra sur les péripéties de l'affaire Law. Après la déconfiture de ce dernier en 1720, on imagina un compromis. Moyennant le paiement d'un droit modique d'environ 2 % (le Domaine d'Occident) les négociants privés obtinrent la liberté du commerce aux Iles et celle du trafic des esclaves. La Compagnie des Indes orientales recevait le monopole du commerce des Indes et, éventuellement, de la Chine, activité à laquelle les individus accédaient difficilement car elle nécessitait d'importantes disponibilités en capitaux de réserve, la durée totale d'un voyage aller et retour dépassant deux ans.

Cette politique comportait pourtant un risque qui apparut à terme. L'attitude d'hostilité que comportait l'alliance anglo-hollandaise envers l'Espagne permettait à celle-ci de maintenir son indépendance commerciale. Dans l'immédiat, le trafic des mers du Sud s'effondra, Saint-Malo s'en remit mal. A plus long terme, l'espoir caressé par Louis XIV de voir les négociants français contrôler le marché ibérique s'estompa. Même quand l'Espagne redevint une alliée, le commerce français dans la péninsule ne retrouva pas la liberté des années 1702-1714 ; il fallut passer par les intermédiaires de Cadix.

Aussi se lança-t-on dans le trafic « en droiture » avec les Caraïbes. Si la Louisiane ne combla en aucune façon les espoirs mirifiques de la propagande de Law, les îles y parvinrent. Après un début relativement lent, ponctué de retours en arrière et de déceptions, le commerce des produits tropicaux démarra en flèche au cours de la décennie 1730-1740. Il provoqua chez les grands négociants un enrichissement plus spectaculaire encore qu'avec la course puis le trafic des mers du Sud entre 1690 et 1715. En 1740, il y avait une puissante catégorie de grands négociateurs, aux fortunes situées entre 200 000 et 500 000 livres, et plusieurs dizaines dépassaient même le million, concurrençant les grands patrimoines terriens ou mobiliers existants. Signe des temps : parmi les principaux ports coloniaux, émerge, à côté de Bordeaux, Nantes et Marseille, Le Havre qui n'était jusqu'en 1730 qu'un centre morutier parmi d'autres. La proximité du marché de la capitale et des capitaux de la Cour et de la Ville valut au Havre un essor très rapide, à peine entravé par l'insuffisante profondeur de la baie et des bassins. La France entrait ainsi résolument dans l'ère capitaliste.

Ces progrès reposaient sur le trafic d'une main-d'œuvre bon marché, les esclaves, dont Nantes se fit une spécialité. Les négriers nantais firent traverser l'Atlantique au quart des deux millions d'esclaves emmenés dans l'ensemble des colonies françaises de 1700 à 1792.

Le brillant développement du commerce français est en partie dû aux réexportations en Europe continentale. L'espace germanique connaissait à cette époque une prospérité certaine ; l'usage du café et du sucre s'y répandit même plus vite qu'en France, comme en témoigne la cantate que J.S. Bach composa en 1738 en l'honneur du café. Réexportés par Hambourg et la Hollande, les produits coloniaux contribuèrent à rendre excédentaire la balance française des comptes, ce que l'on appelait l'équilibre des changes. Le marché français se développait, quoique moins rapidement. Le sucre et le café français étant, pour des raisons diverses, nettement moins chers que leurs concurrents anglais, des intérêts commerciaux se nouèrent entre la Hollande — important fournisseur de produits fabriqués destinés à la traite, de capitaux et surtout de crédit — et les villes hanséatiques d'une part, et la France de l'autre. On vit se défaire les liens anglo-hollandais.

A côté des produits coloniaux, le textile est l'un des grands moteurs de cette prospérité. L'industrie linière reste sans doute en crise ; elle ne retrouvera jamais les marchés du Nord, et le marché ibéro-américain, trop fluctuant et trop restreint, n'en compense pas la perte. Mais l'industrie de la laine poursuit tout au long du XVII^e^ siècle sa progression, la France étant à peu près autosuffisante. L'introduction massive du coton est liée à la simplification du vêtement ; mais en ce domaine la mécanisation est commencée, et la France reste étroitement dépendante des premières machines anglaises.

Un phénomène majeur est l'importance que prend la mode, comme en témoigne un curieux épisode de juillet 1715 : la duchesse de Berry réunit alors à Versailles, en présence du roi, les meilleures couturières et les tailleurs parisiens les plus connus, dans le but avoué de « changer la mode ». Mais Louis XIV, malade, n'y prêta guère attention. C'est à cette époque que les métiers de la mode se féminisèrent. Les couturières de Paris avaient obtenu dès 1675 le droit d'échapper à la réglementation des corporations. Un appareil commercial et artisanal rassemblant les tailleurs spécialisés dans la mode féminine, les marchands et marchandes de mode, les couturières spécialisées, tous détachés de la guilde des merciers, se constitua. Mais cela prit du temps ; si, dès le milieu du siècle, le jeune Goethe voyait les poupées de mode envoyées de Paris à l'automne dans les grandes villes d'Europe, c'est à l'approche de la Révolution qu'émergèrent les premiers grands noms de couturières connus.

La vogue des indiennes entraîne l'essor, au XVIIe siècle, de toutes les Compagnies des Indes européennes. Ces cotonnades étaient peintes à la main aux Indes à des prix défiant toute concurrence. La variété des dessins, la légèreté des étoffes, leur utilisation dans l'ameublement et leur adaptation aux climats chauds ou d'été attirèrent très vite la clientèle. Ce fut une véritable fureur. L'opinion se divisa, dès le XVIIe siècle, sur cette question. Les adversaires de toute nouveauté, clergé en tête, tonnèrent contre le luxe et la dépravation dont la mode des indiennes aurait été le symptôme. Ils prétendirent que ces importations appauvrissaient l'Europe en métaux précieux et réduisaient au chômage les ouvriers : argument protectionniste traditionnel. A l'opposé, les novateurs jugeaient inutiles des mesures d'interdiction, dont les lois somptuaires des XVIe et XVIIe siècles avaient démontré l'inefficacité. Ils proposaient de créer en Europe des manufactures pour imiter les indiennes : on n'avait, disaient-ils, qu'a s'inspirer des procédés de l'imprimerie pour reproduire sur les cotonnades, voire sur les toiles de lin, les dessins des artisans hindous, ou même créer de nouveaux dessins mieux adaptés à la clientèle féminine. La mécanisation compenserait la cherté de la main-d'œuvre européenne.

Qu'il s'agisse des indiennes d'origine mises sur le marché dès la première moitié du XVIIe siècle — ce qui valut de fabuleux bénéfices à la Compagnie Hollandaise des Indes orientales — ou des imitations à l'européenne, la vogue de ces tissus fut durable. Les agents de la Ferme générale eurent beau arrêter de grandes et moins grandes dames pour leur faire ôter leurs vêtements d'indienne, ce qui donna lieu, entre 1715 et 1735, à des scènes scabreuses, la mode n'en persista pas moins. Lois et ordonnances furent très vite tournées, et leur application resta partielle.

Les fabriques d'indiennes firent démarrer en France l'industrie du coton. L'Allemagne et la Suisse ayant pris dans ce domaine une avance certaine, on vit arriver en France des ouvriers, voire des entrepreneurs originaires d'Europe centrale et de la vallée du Rhin. Quand, au milieu du XVIII^e siècle, le mercantilisme céda la place dans les bureaux du Contrôle général à d'autres conceptions économiques, cette immigration s'amplifia ; ainsi l'Allemand Oberkampf installa-t-il en 1759 à Jouy-en-Josas sa fabrique de toiles, dont les productions faisaient fureur à la veille de la Révolution.

Les étoffes s'étaient longtemps limitées à des couleurs élémentaires, car les colorants naturels, exotiques ou européens, ne pouvaient donner de nuances intermédiaires. Mais l'indigo arriva bientôt massivement, et à bas prix, sur le marché européen, cependant que la décomposition de la lumière par le prisme — découverte en 1669 par Newton — révélait que les couleurs intermédiaires provenaient de la superposition des couleurs franches : dès lors, il devenait possible de reproduire toutes les teintes connues dans la nature, voire même d'en créer de nouvelles. Ce fut une débauche de couleurs. Watteau, Boucher ou Lancret ont immortalisé les manteaux « tabac blond », les robes « gorge de pigeon », les accessoires « puce écrasée », décrits par un vocabulaire d'une stupéfiante richesse qui n'a rien à envier aux extravagances linguistiques des Précieuses.

## *Prospérité et redressement extérieur*

L'essor économique est en relation étroite avec l'afflux des métaux précieux d'Amérique : argent de l'Empire espagnol, or du Brésil mais aussi de la Côte-de-l'Or africaine. L'Europe se divise, pour tout le siècle, en un domaine anglais, où l'or est prépondérant, et une zone franco-espagnole fondée sur l'argent. Ceux qui regrettent le choix de Louis XIV pour une Espagne qui participera fort peu à la révolution industrielle, oublient que sans métaux précieux nulle progression n'était possible. L'intégration à l'un des courants de métaux précieux était une condition de la prospérité économique, et il n'y avait d'intégration possible que par Cadix, le Brésil suffisant à peine aux besoins anglais.

La production de métal précieux ne cessa d'augmenter au XVIIIe siècle. Quand l'extraction de l'or recula au Brésil dans les années 1730, l'argent mexicain, qui représentait les deux tiers des métaux précieux ibéro-américains, prit la relève.

Le système économique mondial dépend alors de ce flux annuel de métaux précieux. Les navires de toutes les Compagnies des Indes viennent à Cadix se ravitailler en piastres avant de se rendre aux Indes orientales : le métal espagnol paie les importations d'Orient et d'Extrême-Orient. Les mercantilistes sont donc réticents envers le commerce indien et les Compagnies des Indes, ce qui n'empêche d'ailleurs pas la Compagnie française de se développer. Elle eût été tout à fait viable si le Contrôle général n'avait exigé d'elle un effort de guerre considérable pour pallier les carences de la marine. De 1720 à 1740 elle importe donc du thé et des porcelaines de Chine, des soieries, des indiennes et des épices des Indes. Elle explore l'océan Indien. Lui échappe seulement le commerce du café : le développement des plantations antillaises a ôté de l'intérêt aux voyages au Yémen.

La population de la France, dans ses limites actuelles, passe de 22 millions d'habitants en 1715 à 24 millions en 1740, puis à 28 millions en 1789. Croissance modérée, inférieure à celle des pays nordiques et des puissances orientales, voire de l'espace germanique. D'une manière générale, la croissance est encore lente ; elle revêt des allures de « récupération ».

La peste a à peine disparu d'Europe centrale : elle a encore sévi en 1710 en Prusse orientale et dans le Brandebourg. La France, elle, en est débarrassée depuis les années 1660. On imagine donc la surprise et la terreur qu'elle suscite quand elle reparaît à Marseille en 1720. Amenée par un vaisseau en provenance de Smyrne, elle vient des plateaux d'Asie centrale, véhiculée par les caravanes de tapis où se réfugient les puces. La cupidité des armateurs, du capitaine et de l'équipage coûteront plus de 100 000 morts en deux ans : le prix de la négligence, du non-respect des mesures sanitaires préventives, des lazarets et des quarantaines qui sont les seuls moyens d'empêcher une épidémie.

Toute la France se mobilisa. La moitié de l'armée entra en campagne contre la peste, fermant les routes et sentiers à grand renfort de barrières, de palissades et de sentinelles. Paris se sentant menacé, on commença même d'y prendre des précautions. La peste apparut comme une punition du Ciel : on évoqua le luxe, et le scandale de l'affaire Law. Quelques incendies spectaculaires, comme celui de Rennes, renforcèrent encore cette croyance en un châtiment. La peste offrit pourtant aux gens des montagnes pauvres du pourtour une rare aubaine : les montagnards descendirent vers Marseille sinistrée, sûrs de trouver là une femme, un travail ou un commerce ; en quelques années, il n'y parut plus. On ne le savait pas, c'était la dernière grande alerte...

Après presque trois mauvaises décennies (1690 à 1720), la production agricole bénéficia de 1720 à 1740 d'une série d'excellentes récoltes, qui dégagèrent de substantiels excédents pour l'exportation. A l'essor du commerce colonial se joignit donc le très ancien flux des exportations de blé, de farine, de vin et d'eau-de-vie, qui avaient valu, de tout temps, à la France une réputation de pays riche. Le développement urbain offrait par surcroît des débouchés intéressants à des campagnes éloignées mais desservies par les grands fleuves. La hausse des prix, après les soubresauts des trois décennies précédentes, fut très modérée, avec des inégalités peu marquées.

La mortalité reculait d'autant plus que les parties les plus fragiles de la population avaient été fauchées par les catastrophes antérieures. C'est, semble-t-il, la mortalité infantile qui recula le plus, faisant baisser les taux moyens de mortalité, ce qui, pense-t-on, conduisit à une croissance régulière. En revanche, les milieux dirigeants — noblesse et bonne bourgeoisie — commencèrent de pratiquer le « malthusianisme à la française ». Alors qu'au XVIIe siècle, le seul moyen de limitation des naissances avait été de reculer l'âge au mariage (26 ans pour les hommes, 24 pour les femmes), le nombre d'enfants par couple diminua surtout au XVIIIe siècle en raison d'une prompte interruption des naissances après les premiers enfants. Chez les ducs et pairs aussi bien que dans la bourgeoisie genevoise ou rouennaise, apparaît la famille au nombre limité d'enfants.

On peut interpréter ce phénomène de manières différentes et complémentaires. D'une part, l'enfant coûte de plus en plus cher à élever ; il en est valorisé et donc se raréfie. D'autre part, la mise en nourrice, qui supprimait la stérilité liée à l'allaitement, avait au XVIIe siècle entraîné une surcharge familiale assez nette dans les hautes couches de la société ; la famille nombreuse n'était pas la famille populaire, où la mortalité frappe beaucoup, mais la famille aristocratique et bourgeoise. Ces catégories ont pu penser que cette surnatalité n'était pas compatible avec le maintien d'un certain niveau de vie, ou du moins avec l'effort financier nécessaire à l'éducation des enfants. Quoi qu'il en soit, les pratiques contraceptives glissent du haut vers le bas de la hiérarchie urbaine, ce qui suffit à rendre négatif le mouvement naturel de la population, c'est-à-dire la différence entre les naissances et les morts.

La ville a donc besoin, simplement pour se maintenir au même niveau, de l'apport incessant des campagnes, et à plus forte raison quand elle croît, comme c'est alors le cas le plus fréquent. Pour une ville de 70 000 à 80 000 habitants, cet apport se situe autour de 500 à 800 personnes par an. Les excédents de la natalité rurale comblent aisément ce déficit. Au total, vingt-cinq années moins dramatiques que les trois décennies précédentes, et même, après 1721, franchement bonnes pour la vie économique, malgré quelques alertes comme la médiocre récolte de 1725. Telles sont les années 1715-1740.

Les aléas politiques, en revanche, ne manquèrent pas. Une fois la politique d'alliance avec l'Angleterre fermement décidée en 1717-1718, le Régent adopta pour attitude de ne rien faire sans l'assentiment anglais. C'était s'opposer à une Espagne dont le roi maintenait ses prétentions à la couronne de France. Les complots dirigés par le cardinal Alberoni, premier ministre de Philippe V poussèrent à la rupture. La Triple Alliance de La Haye (11 janvier 1717) lui donnant la tranquillité sur mer, la France déclara la guerre à l'Espagne le 8 janvier 1719, alors que la flotte espagnole, à peine reconstituée avec des vaisseaux russes et hollandais rachetés depuis 1715, avait été détruite par l'amiral anglais Byng au cap Passaro, au large de la Sicile.

La guerre fut courte et facile : les troupes françaises s'enfoncèrent au Pays basque espagnol et détruisirent la nouvelle base navale du Passage, avec les navires qui s'y trouvaient en construction. En 1720 la paix était signée, et Alberoni renvoyé. Le Régent renonçait ainsi à se rapprocher de la Russie, éventualité envisagée et recommandée par Louis XIV, alors que Pierre le Grand ne demandait pas mieux. En même temps, la France laissait à l'Angleterre les mains libres en Baltique, pour le plus grand profit de la dynastie anglaise. Pouvait-on faire autrement ? La question reste ouverte.

La politique extérieure du duc de Bourbon — l'arrière-petit-fils du Grand Condé — se limite, pour l'essentiel, au mariage du roi. Le Régent avait, en 1721, fiancé celui-ci à une infante d'Espagne, afin de favoriser la réconciliation. Le duc de Bourbon la remplaça, après bien des recherches, par Marie Leczinska, fille de l'ancien roi de Pologne Stanislas Leczinski. Evincé de son pays en 1712, Stanislas vivait pauvrement à Wissembourg. Le choix était médiocre à tout point de vue, et voulu ainsi par le duc qui comptait bien tirer profit de la reconnaissance de la reine. De six ans plus âgée que le roi, c'était une bonne personne, insignifiante et pieuse à souhait. Le roi lui fut assez longtemps fidèle — il avait à peine 16 ans en 1725 — et lui fit dix enfants. Puis lassé, il se tourna vers d'autres amitiés féminines.

Le duc de Bourbon avait songé utiliser la reine pour faire tomber celui qui l'inquiétait le plus : le précepteur du roi, l'ancien évêque de Fréjus, Fleury. Mal lui en prit : il se fit renvoyer, avec les frères Pâris, le 11 juin 1726.

Fleury le remplaça. C'était déjà un vieillard, vert certes, mais âgé de 73 ans. Il allait vivre jusqu'à quatre-vingt-dix ans (1743). Aussi modeste d'aspect et aussi avenant que Mazarin, il cachait sous ces dehors aimables, voire insignifiants, une volonté farouche. Il aimait le pouvoir pour lui-même, mais il était entièrement dévoué à la personne du roi et à l'État. Partisan de la paix, il continua la diplomatie de la Régence, que garantissait en Angleterre un ministre Walpole non moins désireux que lui de maintenir la paix. Comme l'Angleterre et l'Espagne se trouvaient en guerre, Fleury s'entremit et procura, au Congrès de Soissons, la paix entre les belligérants. Il régla au passage la question de l'Italie, enjeu depuis 1717 d'un affrontement entre l'Espagne et l'Autriche. Ce congrès dura trois ans : la cardinal n'était pas pressé, son seul désir étant de tenir la France éloignée d'un conflit qui ne l'intéressait pas directement. On en revint donc aux clauses d'Utrecht, avec quelques aménagements. Cet arbitrage impartial déliait en même temps la France des obligations contractées envers l'Angleterre. Fleury se permit même de poursuivre le timide effort de reconstruction d'une marine de guerre, amorcé par le duc de Bourbon. Très au fait de la politique de Louis XIV, le cardinal désirait y revenir. Il tenta de se rapprocher de l'Autriche.

Sa médiation de Soissons allait faciliter les négociations quand la mort du roi de Pologne, Auguste II de Saxe, vint se mettre en travers de ces projets (1733). Il y eut deux candidats : l'ancien roi Stanislas Leczinski, père de la reine de France, candidat national soucieux de réformer l'État aristocratique pour assurer l'indépendance polonaise face à la Russie et à l'Autriche, et l'électeur de Saxe, Auguste, fils du dernier roi, soutenu par la Russie et l'Autriche. Il était difficile à la France de ne pas prendre parti pour le père de la reine, d'autant qu'il y avait à la Cour un courant anti-autrichien conduit par le garde des Sceaux Chauvelin. Stanislas fut élu en septembre 1733. Cela provoqua l'intervention armée de la Russie. Chauvelin convainquit habilement le roi d'intervenir. Fleury n'osa s'y opposer, mais il fit en sorte que la guerre fût limitée. Stanislas, réfugié à Dantzig, fut secouru par une escadre française toute symbolique. La ville fut prise après sa fuite. Ce n'était pas très glorieux.

Fleury préféra ne pas attaquer les Pays-Bas autrichiens, ce qui eût inquiété les Anglais. Il se contenta d'une guerre sur le Rhin. La Lorraine fut occupée une fois de plus, les têtes de pont de Kehl et Philippsburg reconquises. Le Milanais fut envahi. C'étaient autant de gages.

Fleury négociait une alliance avec l'Espagne et avec Charles-Emmanuel, roi de Sardaigne et duc de Savoie, pour un échange du Milanais contre la Savoie. L'Angleterre refusant de soutenir l'Autriche, il signa aussi la paix de Vienne en 1738. L'Autriche se trouva dans une situation d'autant plus difficile qu'elle était engagée dans une nouvelle guerre contre la Turquie (1737-1739) et essuyait là des défaites : elle dut signer le médiocre traité de Belgrade (1739), qui lui faisait perdre le nord de la Serbie et la petite Valachie. Ses relations avec la Russie se dégradèrent : leur longue rivalité dans les Balkans ne devait s'achever qu'avec la Première Guerre mondiale.

Le traité de Vienne du 18 novembre 1738 compensait pour la France celui d'Utrecht. Sans doute Stanislas renonçait-il à la Pologne — ce qui, aux yeux des Russes comme des Autrichiens, était l'essentiel — mais il recevait en contrepartie, à titre viager, le duché de Lorraine dont l'administration serait entièrement française. Le duc de Lorraine François III obtenait en mariage l'héritière d'Autriche, Marie-Thérèse, et recevait en dédommagement de la Lorraine le grand-duché de Toscane. L'Espagne était la grande gagnante : l'infant Don Carlos obtenait de l'empereur Naples et la Sicile, disputés à l'Espagne depuis le traité d'Utrecht. Ne pouvant obtenir le Milanais — il se contenta de Novare — le duc de Savoie ne fut pas obligé de céder son duché à la France. Enfin et surtout, la France garantissait la Pragmatique Sanction par laquelle l'empereur Charles VI modifiait l'ordre de succession et instituait héritière sa fille Marie-Thérèse, au détriment des filles de son frère et prédécesseur Joseph Ier. Décision capitale, acquise contre le parti anti-autrichien de Chauvelin, qui fut renvoyé : la France, abandonnant sa politique traditionnelle, renonçait à abaisser la Maison d'Autriche et à démembrer ses possessions.

Fleury avait su se tirer d'un mauvais pas. Partout la politique française triomphait. En remerciement de l'aide fournie, la Turquie renouvela en 1740 les « capitulations » qui avantageaient le commerce français ; l'alliance avec la Suède fut raffermie par l'arrivée au pouvoir en 1738 d'un parti pro-français. Walpole avait laissé faire. Il perdait les avantages continentaux qu'avait valus à l'Angleterre le traité d'Utrecht. Ce fut l'une des causes de sa chute. L'Espagne devenait l'alliée de la France et se renforçait singulièrement en Italie et en Méditerranée, mais sa flotte était désormais plus puissante que celle de la France.

## *Querelles intérieures*

En dépit des problèmes climatiques, l'économie française se portait assez bien et inaugurait une période de croissance. La politique intérieure, elle, se compliquait.

La mort de Louis XIV, attendue de longue date, s'était traduite par une décompression générale. Délivrée de la contrainte imposée par un vieux roi devenu dévot, la haute société se livra au plaisir, et parfois à la crapule. Politiquement, beaucoup avaient une revanche à prendre : les libertins, les protestants, les jansénistes, les parlementaires, les grands et bien d'autres. On redouta une nouvelle Fronde : tous les Mémoires sur cette époque, à commencer par ceux de Retz, parurent alors.

La succession reposait sur le petit Louis XV, qui était de santé fragile. On spécula sur sa mort. Le Régent n'avait-il pas été accusé d'être à l'origine de la série des malheurs dynastiques des années 1711-1714, de la mort du Grand Dauphin, de celle de son fils le duc de Bourgogne, puis encore de celle du fils aîné de ce dernier ? N'avaient survécu, parmi les successeurs possibles, que le futur Louis XV, le Régent et le roi d'Espagne. Si les deux premiers disparaissaient, l'hypothèse écartée au traité d'Utrecht et redoutée par l'Angleterre resurgissait : l'union de l'Espagne et de la France. On conçoit l'intérêt que la dynastie hanovrienne établie en Grande-Bretagne avait à soutenir le Régent, et aussi les possibilités qui s'offraient à tous les anciens opposants à Louis XIV. Inversement, si le Régent entamait une autre politique, tous les tenants de la vieille Cour pouvaient devenir dangereux. Et pourtant, de toutes les régences de l'histoire française, celle-ci fut la moins dramatique. Non qu'elle n'ait connu de durs moments, mais Philippe d'Orléans les maîtrisa, même si son action entraîna de graves conséquences à long terme, comme la reprise de l'activité politique des parlements. Au vrai, il est difficile de dresser un bilan impartial tant de la Régence que de l'homme qui l'incarna.

De tous les Bourbons, Philippe, duc d'Orléans, est le plus doué intellectuellement. Grand amateur, il pratique à peu près tous les arts. Il est musicien, voire compositeur. C'est lui qui a réintroduit la musique italienne savante après 1690. Curieux de tout, averti des découvertes scientifiques, chimiste expérimentateur, passionné de philosophie, il est très au courant des idées de Leibniz et de Malebranche. C'est un « moderne », tout comme Louis XIV, mais de manière différente. Son intelligence est foudroyante, son art de « bien dire » illustre la perfection à laquelle est parvenue la Cour. Sa repartie est cinglante. Les faiblesses sont évidentes : sensuel comme presque tous les Bourbons et déçu par un mariage avec une bâtarde du roi, il glisse dans une débauche qui lui a déjà valu la disgrâce à la fin du règne de Louis XIV.

Son entourage est extraordinairement composite. En dehors d'un harem bigarré où se mêlent grandes dames et filles de joie mais qui n'exerce sur lui aucune influence, c'est une série de « cabales » enchevêtrées. S'y rencontrent les tenants d'une réaction nobiliaire comme l'honnête Saint-Simon, l'ami de toujours et surtout des jours difficiles, mais aussi Fénelon et ses pieux amis comme les ducs de Beauvilliers et de Chevreuse. Il y a le clan Colbert, et tout un groupe de « faiseurs de projets » issus de tous les milieux. Enfin, il y a le précepteur, l'ami et le complice, l'extraordinaire abbé Dubois, futur cardinal, jurant et sacrant entre deux bons ou mauvais conseils.

L'homme est timide, comme le sera Louis XV. Il déteste les cérémonies, et n'est heureux qu'en petit comité, ce qui est fâcheux pour un gouvernant. Plus grave encore, on note chez lui un certain laisser-aller, une manière de laisser venir à soi les événements, une indécision. Formation classique de l'homme de Cour : à l'instar de Louis XIV, le Régent est dissimulé, expert en manœuvres souterraines, habile à diviser pour régner. A-t-il un dessein politique ?

La Régence est une époque surprenante. On imagine mal le bouillon de culture politique qu'ont connu les années 1700-1720. Devant les difficultés, tout un chacun y allait de son « projet », comme on disait. Le Contrôle général, de Chamillard à Desmaretz, était ouvert à ces idées. Dès que l'on sentit que le Régent serait enfin « quelque chose », les faiseurs de projets se précipitèrent auprès de Philippe d'Orléans. Quelques-uns de ces projets furent même publiés à Londres. Il en est d'étonnants : de la confiscation des biens du clergé, jusqu'à la suppression des jésuites en passant par le « rétablissement » du protestantisme ( ?), et de la banqueroute aux projets fiscaux les plus fantaisistes en passant par des réformes techniques très précises, tout s'y trouve. Les publications d'un Vauban ou d'un Boisguillebert se situent dans ce contexte général, auquel Louis XIV lui-même a été, par moments, sensible. Law émerge de cette foule.

## *Law*

L'histoire de Law a été racontée de tant de manières qu'il n'est guère besoin d'y revenir longuement. Exilé d'Angleterre pour une obscure histoire de duel et d'amour, et ayant gagné largement et « honnêtement » — selon les normes de l'époque — une fortune au jeu dans toutes les grandes villes européennes, introduit enfin auprès du Régent comme du contrôleur général Desmaretz, le neveu de Colbert, il séduit par ses idées. Il a modestement fait ses preuves en créant une banque qui a servi l'État et le

Régent. A plus d'un égard, c'est un économiste pertinent, en avance sur son temps. Mais malheur à celui qui a raison trop tôt... Le Régent, en tout cas, lui gardera sa confiance jusqu'à la fin de sa vie, et songera même, en 1723, à le rappeler.

Law a su voir qu'après la phase de déflation, de réduction draconienne des dépenses de l'État et de demi-banqueroute commencée sous Louis XIV et prolongée dans les années 1715-1718, il fallait une relance de l'économie. Il est certain qu'il arrivait au bon moment. Rétablir le crédit de l'État comme l'avait fait Colbert demandait, vu l'énormité de la Dette nationale (2 milliards de livres), beaucoup de temps. Cette dette risquait d'avoir de graves conséquences, et en particulier d'entraver la reprise économique que promettait l'accroissement rapide de la production de métaux précieux en Amérique latine. L'action économique dépendant essentiellement du contexte international et devant s'y inscrire, Law imagina une politique d'inflation rendue séduisante par le caractère pratique de la monnaie-papier à laquelle les Français étaient, indirectement, habitués par les divers types de promesses de paiement que l'État gageait sur les impôts en temps de guerre. Cette monnaie-papier serait gagée sur les impôts, regroupés entre les mains de Law lui-même, ce qui lui attira l'hostilité des fermiers généraux, et surtout sur les promesses de développement des colonies et du commerce colonial.

Ce programme était valable, à condition d'être mené avec prudence. Du côté anglais, au même moment, diverses expériences économiques reposèrent sur des considérations similaires. Malheureusement, Law laissa faire une propagande éhontée, fondée sur les richesses mirifiques de la Louisiane que l'on présenta comme un second Mexique, riche de mines de diamants et d'or. Or, jusqu'au XIXe siècle, la Louisiane ne fut jamais qu'une grande étendue vide d'hommes, avec quelques rares plantations insalubres. La seule réalité tangible fut la fondation de La Nouvelle-Orléans, ainsi nommée du nom du Régent.

La Banque se laissa même aller à créer de la monnaie absolument arbitraire. C'était en partie la faute du Régent : quel moyen plus commode de résoudre les problèmes, à commencer par celui de la Dette, que d'imprimer des billets et des actions de la Compagnie liée à la Banque ? Ainsi fut financée, sans problème immédiat, la guerre avec l'Espagne.

Au début, le succès fut très vif. Les inquiétudes des opposants s'estompèrent. La spéculation s'en mêla et devint folle. La province afflua à Paris, où la population augmenta tant qu'il y eut une brève crise du logement. Le centre de cette spéculation, à laquelle participèrent même les Hollandais et les Anglais, était la rue Quincampoix, où se trouvait le siège de la Compagnie des Indes. On s'y pressa. Il y eut des morts dans les bousculades. Des fortunes se firent, d'autres se défirent. Rembourser ses dettes avec des billets était séduisant. Vendre ses terres cher était tentant. On vit des servantes aller à l'Opéra couvertes de bijoux pour y saluer leurs anciens maîtres...L'État remboursa beaucoup. La prodigalité du Régent fut considérable. Il acheta tout le monde. On comprend la facilité avec laquelle furent surmontés complots et embûches politiques. Mais tout cela était trop beau pour durer. On s'aperçut que les dividendes des actions de la Compagnie étaient dérisoires, non seulement par rapport aux promesses faites aux naïfs, mais même par rapport aux capitaux investis. La vieille méfiance française n'avait pas désarmé : la clause notariale qui stipulait que les sommes à payer devaient être en bon argent « sonnant et trébuchant », et non en billets, fut parfois renforcée : « et non en billets de banque, nonobstant tout édit royal à ce contraire ».

Law n'avait pas que des amis. Son « système » suscitait des réticences, des craintes pour l'avenir, et des rancœurs chez ceux qui avaient été lésés. Le Régent ne pensait-il pas à rembourser l'ensemble des offices et à en supprimer la vénalité ? Les fermiers généraux répandirent la méfiance, alors que la confiance était la clef de voûte de l'opération de Law. L'assaut fut mené par les frères Pâris, très liés au duc de Bourbon, qui était du sérail. Alertés à temps, un certain nombre de grands de la Cour, qui avaient amplement spéculé, réalisèrent leurs papiers en se faisant rembourser en or et argent. On emporta des millions par chariots entiers. Cela se sut. Ce fut la ruée. L'ensemble s'effondra par pans comme un château de cartes. On eut beau interdire la circulation du métal précieux, rendre obligatoire le paiement en billets et renforcer les pouvoirs de Law en faisant de lui un contrôleur général, rien n'y fit. La logique économique se vengeait, et son effet psychologique amplifiait les conséquences directes.

Law s'enfuit, trop heureux de n'être pas massacré. Il n'était pas malhonnête, et eût pu partir richissime : il gagna l'étranger presque pauvre. L'expérience se terminait en désastre. Elle fut liquidée par les principaux bénéficiaires de la déconfiture : les frères Pâris se chargèrent du visa, c'est-à-dire du contrôle des droits des perdants. L'opération fut aussi réussie qu'elle pouvait l'être : la plupart ne perdirent pas tout.

Il est difficile de dresser un bilan absolument objectif de l'expérience de Law. La banque et le système de monnaie-papier sortaient déconsidérés de l'aventure. La France n'eut pas, jusqu'à Napoléon, l'équivalent de la banque d'Angleterre ou de la banque d'Amsterdam : une grande banque centrale de réescompte des lettres de change, qui aurait permis à l'État une politique de crédit ample et équilibrée. Elle n'eut pas non plus de véritables billets de banque garantis par l'État. Handicap considérable : l'État en restait donc réduit aux moyens traditionnels. La gravité de cette lacune ne doit pourtant pas être surestimée : la banque d'Angleterre ne constituait qu'un rouage parmi d'autres. En dépit d'un effondrement similaire de la Compagnie anglaise des mers du Sud à la même époque, Walpole parvint à maintenir la banque centrale parce que les emprunts étaient gagés sur des impôts nouveaux, essentiellement indirects. En France, les inconvénients économiques se firent moins sentir : en dehors du crédit quotidien à la consommation, consenti par les marchands, les prêts étaient affaire de notaires, et l'extrême ramification du réseau notarial permettait de pallier dans l'ensemble l'absence de banque. Dans les provinces anglaises, les landlords jouaient un rôle analogue.

A côté d'avantages temporaires, mais non négligeables, l'État gagna dans l'affaire Law une réduction sensible de la Dette héritée de Louis XIV. On put maintenir les impôts à un niveau assez bas, en tout cas ne pas les augmenter, sinon pendant les guerres. Mieux, avec la diminution de la Dette, un rétablissement de type colbertien fut possible, grâce à la sagesse de Fleury et la compétence du contrôleur général Orry.

Les conséquences sociales relèvent de l'appréciation politique. On vit des inversions : des riches s'appauvrirent, des pauvres s'enrichirent. On cita des cas spectaculaires, bien réels ; dans quelle mesure peut-on les généraliser ? On cria à l'appauvrissement du royaume, ou de la noblesse. Exagération manifeste, que Voltaire — son témoignage a d'autant plus de valeur qu'il s'était soigneusement abstenu, en homme d'affaires avisé, de spéculer et l'avait fait savoir — dénonçait avec raison en constatant, dix ans après, que le royaume paraissait bien plus riche.

L'affaire Law a donc donné un coup de fouet en particulier au commerce colonial, donc aux villes maritimes. La Compagnie des Indes orientales survécut d'ailleurs au désastre. Dans les campagnes, beaucoup de paysans s'étaient dégagés de leurs dettes. La petite bourgeoisie, parisienne surtout, souffrit beaucoup plus : un demi-siècle après, le souvenir en restait à Paris profondément vivace. Mais la leçon fut dure pour le monde politique. On a pu reprocher à Orry de n'avoir pas profité davantage du redressement passager de la situation pour entreprendre une grande réforme des institutions financières ; c'était trop demander. Les contemporains, outre une longue méfiance pour le papier-monnaie et le crédit, en conçurent pour toute tentative de réforme générale de l'État une aversion durable, qui ne disparut qu'à la génération suivante, dans les années 1750-1760.

On oublie, en effet, trop que l'affaire Law ne fut pas seulement financière et budgétaire ; ce fut aussi une grande tentative de restructuration de l'État. Si le Régent a tant regretté le « bonhomme » Law, c'est qu'il lui aurait permis, en cas de succès, de mener une politique dont nous ne connaissons vraiment bien que quelques éléments : suppression de la vénalité des offices, centralisation des recettes par un organisme unique également chargé d'effectuer les dépenses. L'échec de Law condamnait l'État à une relative immobilité.

## *Séquelles*

Le court intermède du gouvernement du duc de Bourbon (1723-1726) mérite, lui aussi, quelques réflexions. Autant que le mariage du roi, l'action des frères Pâris mérite attention. Devant un budget amélioré mais encore en déficit, ils firent créer un nouvel impôt, le cinquantième : 2 % sur les biens fonciers. Impôt doublement « révolutionnaire », puisqu'il visait les nobles et le clergé, et pouvait être versé en nature ; on se demande d'ailleurs comment il aurait été collecté et redistribué. Le but avoué était de peser sur les marchés pour faire baisser les prix. Il y eut une coalition des privilégiés — nobles, bourgeois et parlementaires, pour une fois réconciliés — et des paysans pour organiser la résistance. On espérait plus de 25 millions par an ; on en eut 5 ! C'était un échec total, que l'absence d'une administration fiscale capable d'encadrer l'ensemble du peuple pouvait laisser prévoir. On avait voulu faire vite et briser les privilèges : l'objectif était trop ambitieux. Il eût fallu, comme en Angleterre dans d'autres domaines, opérer étape par étape, et avec précaution.

La brutalité de cette réforme rendit impossibles d'autres tentatives, cependant plus réalistes. Toute évolution vers une fiscalité rationnelle était bloquée. Fleury commença donc par supprimer le cinquantième, ainsi que les règles de tenue de la comptabilité imposées par les Pâris aux officiers de finances et aux fermiers d'impôts : on en revint aux « usages ». Il fallut même passer sous les fourches caudines des fermiers généraux, qui, par le bail Carlier — du nom de l'homme qui se porta adjudicataire du contrat entre les fermiers généraux et l'État — tinrent en 1726 la dragée haute à l'État. Le contrôleur général Le Pelletier des Forts opéra, à la Colbert, une demi-banqueroute qui n'avouait pas son nom : un retranchement de gages et de pensions, et surtout de rentes.

La révolution financière avait échoué, sauf sur un point essentiel. Le Pelletier des Forts stabilisa le louis à 24 livres et l'écu à 6 livres (15 juin 1726). Reconduite de six mois en six mois, puis définitive en 1738, cette mesure resta en vigueur jusqu'à la Révolution, pour être reprise, avec la création du franc de germinal à peu près au même taux, par Bonaparte : ce franc-or fut celui du XIXe siècle jusqu'au début du XXe siècle. La France entrait sans le savoir dans une ère de stabilité monétaire. La royauté s'interdisait tout « maniement » de monnaie à la fois sur la proportion de métal précieux contenue dans les pièces et sur le rapport entre la monnaie de compte (la livre, qui sert au calcul) et la monnaie « trébuchante » en circulation (écus d'argent et monnaie d'or). Cette innovation présentait d'immenses avantages économiques : elle facilitait les transactions commerciales, tant à l'intérieur qu'à l'extérieur du royaume. Elle supprimait beaucoup de facteurs de fraude et de hausse des prix. L'économie en reçut un coup de fouet durable. Mais la réforme n'avait pu se faire que grâce à la croissance constante des arrivages de métaux précieux.

Mais il faut bien voir ce qu'y perdaient l'État, ainsi que les Français. Le premier perdait l'une des facilités — on serait tenté de dire de ses prérogatives — qui lui permettaient de subvenir aux besoins des guerres. La diminution de la teneur en métal fin et le maniement des rapports entre la monnaie de compte et les pièces en circulation avaient engendré une forme d'inflation, et donc de paiement gratuit très importante pour l'État. Nourrissant ainsi consciemment ou non l'inflation, il spéculait sur la Dette : au fur et à mesure que s'accroissait l'inflation, la Dette, libellée en termes fixes, diminuait. C'était vrai, aussi, pour les débiteurs privés. Or, avec la réforme monétaire, les dettes cessèrent de diminuer d'elles-mêmes : tout au long du XVIIIe siècle, elles s'accrurent même très fortement. L'État, en stabilisant durablement la monnaie, s'obligeait donc à une plus grande vérité : le remboursement de la Dette allait dépendre uniquement de mesures spécifiques destinées à la garantir.

Il ne pouvait plus être question de revenir en arrière. La Prusse et l'Autriche, et à plus forte raison la Russie, pouvaient encore le faire, mais ni la France ni l'Angleterre. Lourd handicap de pays développés face à des États pouvant encore recourir à des moyens de financement détournés qui revenaient à émettre de la fausse monnaie. Ce facteur se retrouvera dans les guerres du milieu et de la fin du siècle... Pour tenir tête à la coalition européenne, la Révolution devra recourir au papier-monnaie, sans toucher pour autant à la monnaie proprement dite.

### *Oppositions et convulsions*

Déçues dans leurs espérances, les victimes de Louis XIV ne pouvaient que se manifester contre ses successeurs. Ceux-ci n'accédèrent pas à leurs ultimatums. On peut distinguer deux grands courants d'opposition : celui de la revanche nobiliaire et celui des jansénistes et des parlementaires.

« Gouvernement de vile bourgeoisie » : qui ne connaît l'expression exaspérée de Saint-Simon ? Celui-ci avait longuement médité, en tête à tête d'abord avec le duc de Bourgogne, puis avec le Régent, sur les mesures à prendre pour rétablir la noblesse dans son antique splendeur: chasser les ministres bourgeois, les remplacer par des conseils animés par des hommes de bonne noblesse. On ne sait ce qu'il en fût advenu si le duc de Bourgogne avait vécu. Avec le Régent, ce fut un essai de «polysynodie».

A y regarder de près, l'expérience ne mérite pas les critiques qui lui ont été adressées, avec quelque exagération, par les historiens. Aussi bien le Conseil de Marine que celui de la Guerre et, dans une moindre mesure, celui des Affaires étrangères, ont fait de l'excellent travail: leurs membres n'étaient pas les nobles ignares qu'on a trop complaisamment présentés.

La polysynodie consistait à remplacer les secrétaires d'État, réputés bourgeois, par des Conseils où les grands de la Cour seraient en majorité, assistés toutefois de spécialistes roturiers. Cette tentative du Régent répondait aux idées d'un programme de réformes, les *Tables de Chaulnes,* ainsi nommé parce qu'élaboré au château du duc de Beauvilliers, sous l'égide du duc de Bourgogne, pour briser le règne de la bourgeoisie. En réalité, le Régent n'a probablement souscrit à ce projet que pour satisfaire à bon compte les revendications de ses propres partisans, quitte ensuite à le vider de son contenu, à évoquer les affaires importantes devant le Conseil de Régence et à prendre lui-même ses décisions avec ses conseillers habituels.

Dès qu'il le put, le Régent supprima un appareil lourd, lent, et vite inutile. L'essai de gouvernement par la haute noblesse de Cour avait échoué, moins par l'incapacité de ses membres que par leur impuissance à imposer leur volonté au Régent, lequel entendait gouverner seul. Le 24 septembre 1718, avec les débuts de l'expérience Law, les Conseils disparurent. Le Régent en revint aux institutions louis-quatorziennes, qui avaient fait leurs preuves.

En même temps, le Régent agissait contre le Parlement. Il avait été obligé de s'appuyer sur lui, dès les premiers jours de la Régence, pour casser le testament de Louis XIV, qui partageait le pouvoir entre un duc d'Orléans dont le Grand Roi se méfiait et le duc du Maine, le bâtard préféré. Fort du service rendu, le Parlement de Paris exerça à diverses occasions son droit de remontrance. Il devint rapidement encombrant. Comme il s'opposait à l'expérience de Law, le Régent limita le droit de remontrance aux ordonnances présentées par le gouvernement, et obligea le Parlement à répondre dans les huit jours : il était provisoirement maté.

La double opposition de la haute noblesse et des parlementaires allait connaître des prolongements bien différents. Du côté de la première, le danger était passé. Il n'y eut plus d'alerte politique, mais seulement un sourd malaise : la rancœur contre la monarchie absolue subsista ; elle se traduisit par des campagnes de rumeurs qui, dès que Louis XV fut adulte, se dirigèrent contre la personne royale. Les maîtresses royales furent les premières cibles, surtout quand Louis XV se mit à les choisir non plus dans l'aristocratie mais dans la « vile bourgeoisie ». Puis on s'en prit au roi lui-même, et à sa politique. Dans les années 1750, Quesnay, médecin ordinaire du roi, écrivait froidement qu'il fallait le détrôner au profit du Dauphin — ce qui était l'idée d'une partie de la Cour — proposant en même temps la suppression de la noblesse. Rapidement la noblesse de Cour participe à la « philosophie ». Elle en protège les principaux représentants. Elle soutient leurs idées, et l'on voit se constituer une grande noblesse « libérale ». Cette attitude de soutien apparent et de participation aux profits du pouvoir doublée d'une sourde résistance et de campagnes de dénigrement, cette oreille complaisante aux opinions antiroyales aura peut-être été, en définitive, plus dangereuse pour le roi qu'une révolte armée.

Quant aux parlements, ils ne désarment plus. Louis XIV avait commis en 1709 une erreur lourde de conséquences : pour des raisons financières, le Parlement de Paris avait obtenu la survivance de ses offices, ce qui le dispensait de payer la Paulette, l'impôt compensatoire de l'hérédité des offices. La royauté perdait ainsi contre ses officiers une arme efficace. Non sans démagogie le Parlement reprend alors son attitude des débuts de la Fronde : refus des impôts égalitaires ou des réformes fiscales et financières de l'État, sous le prétexte de ne pas surcharger les peuples. Tous les parlements y gagnèrent, par moments, la sympathie du public, alors qu'ils protégeaient en réalité leurs propres privilèges. En pleine guerre, cette position devait confiner à la trahison pure et simple. En dépit de tout ce que l'on peut dire en faveur du Régent et de son gouvernement, la liberté redonnée même brièvement, aux parlements, allait coûter très cher à la monarchie. Les parlements trouvèrent par la suite de nombreux prétextes financiers et surtout religieux pour s'opposer au roi. Gallicanisme et jansénisme allaient inextricablement se liguer, se plaçant de plus en plus sur le terrain politique et constituant une véritable machine de guerre antimonarchique. Et cette monarchie prétendue « despotique » ou « absolue » allait se révéler incapable, sauf entre 1770 et 1774, de surmonter la plus stérile et la plus efficace des oppositions. Pris individuellement, les parlementaires de Paris et de province étaient gens cultivés, souvent « éclairés ». Non qu'il n'y ait eu parmi eux des ennemis des Lumières et des réalités ; mais la vénalité et l'hérédité des offices favorisaient l'entrée au Parlement de très jeunes magistrats. Plutôt que de s'intéresser aux affaires judiciaires, ils préférèrent donner de la voix contre la politique royale, jusque dans les assemblées plénières. Ainsi pensaient-ils attraper au vol quelques bribes de popularité.

Le legs le plus discutable des derniers jours de Louis XIV avait été l'affaire de la bulle *Unigenitus*. Poussé par son entourage ecclésiastique, le roi avait demandé au pape de condamner des propositions extraites des *Réflexions morales sur le Nouveau Testament* d'un janséniste de la nouvelle génération, le

Père Quesnel. Par la bulle du 8 septembre 1713, le roi obtint satisfaction. Mais l'Assemblée du Clergé de France ajouta une *Instruction pastorale* au texte pontifical : manifestation évidente de l'esprit gallican de l'Église de France, façon de dire que l'autorité de Rome, insuffisante en soi, devait être confirmée par celle des successeurs des apôtres, les évêques. C'était déjà grave, mais l'archevêque de Paris, le cardinal de Noailles, et huit autres évêques allèrent plus loin : ils refusèrent la bulle. Le Parlement, quant à lui, l'enregistra en la déclarant nulle car irrecevable et « sans valeur ». On sentait alors venir la mort du roi. Après 1715, le Régent, qui était ami de Noailles, tergiversa. Avec son cynisme habituel, Dubois arrangea un compromis vague à souhait pour justifier sa brigue de la pourpre cardinalice, qu'il obtint en 1721.

Tout semblait s'endormir lorsqu'en 1727, l'évêque de Senez, Soanen, depuis longtemps adversaire de la bulle, fut interdit par le concile d'Embrun. La propagande janséniste s'empara de l'affaire et fit de l'évêque un martyr.

Or Fleury n'était pas très gallican et redoutait de voir l'Église de France se séparer de Rome. De plus le jansénisme des années 1720 n'avait plus grand-chose à voir avec celui du XVIIe siècle et avait versé dans le « richérisme », doctrine qui contestait le pouvoir des évêques et en appelait à une direction presbytérale de l'Église : l'immense majorité des évêques s'écartait donc du jansénisme. Celui-ci était aussi devenu une espèce de parti politique, dont le Parlement de Paris constituait une citadelle. Voilà des idées émises au début du XVIIe siècle — le théologien Richer avait publié son livre en 1611 — et qui resurgissent cent ans plus tard, avec un arrière-plan social ! Comme au temps de Pascal, le mouvement animait surtout les curés de Paris ; on a pu dire qu'il s'agissait d'une opposition entre une Église « démocratique » et une Église aristocratique : curés contre évêques. Finalement Fleury convainquit les prêtres. En 1729, le vieux cardinal-archevêque de

Paris, Noailles, vint à résipiscence. L'année suivante, le 24 mars, Fleury ordonna à toute l'Église de France de recevoir purement et simplement la bulle *Unigenitus.* Les réactions parlementaires devaient être très dures.

Il fallut un lit de justice pour contraindre le Parlement à enregistrer la Déclaration (3 avril 1730). Mais, celui-ci prétendit aussi permettre aux curés suspendus de conserver leur bénéfice, et reçut les « appels comme d'abus » des curés menacés par leurs évêques. Fleury ôta alors au Parlement toute compétence en matière ecclésiastique et fit arrêter les conseillers les plus remuants, car les juges s'étaient mis en grève. Le roi ne rappela le Parlement que pour lui imposer la Déclaration royale du 15 août 1732, selon laquelle tout édit enregistré en lit de justice était exécutoire dans la journée. Le Parlement considéra ce texte comme nul. Louis XV, par lettres de cachet, exila cent trente-neuf conseillers en septembre 1732.

L'affaire eût très mal tourné si les jansénistes du Parlement n'avaient été déconsidérés par le scandale des « miracles » du diacre Pâris, un janséniste mort en 1727 en « odeur de sainteté » et dont le tombeau au cimetière parisien de Saint-Médard était devenu l'objet de la vénération générale, toutes classes sociales confondues. Le pouvoir politique tira profit de ces extravagances. Une accalmie s'ensuivit avec le Parlement. Mais l'atteinte portée à la religion était grave. Pour certains jansénistes, le passage aux « convulsionnaires » fut une étape entre l'orthodoxie et le déisme ou l'athéisme : ainsi pour le Malouin Julien de La Mettrie, un médecin qui écrivit *L'Homme machine* et qui avait été initié aux convulsions dans le château d'un armateur.

Redevenus indépendants puisqu'on réaffirmait la survivance de leur charge, les parlementaires parisiens avaient pu revenir sur leurs revendications. Au moment de la Fronde, l'exemple anglais leur avait inspiré la théorie selon laquelle les parlements étaient les représentants naturels des peuples, cas exemplaire d'une confusion de langage, bref, d'une réelle mauvaise foi : ils faisaient bon marché des différences flagrantes entre le Parlement anglais, chambre élue et représentant au moins une partie des habitants du royaume, et les parlements français, créés par la royauté et formés d'officiers ayant acheté leur charge. Ces théories avaient été reprises depuis 1709. Le pouvoir royal se voyait ainsi non seulement remis en cause, mais bel et bien nié, en particulier lors des lits de justice. A regarder de près, le Parlement de Paris voulait partager avec le roi le pouvoir législatif et contrôler les finances. Il prônait donc un système parlementaire sans élections, au profit d'une caste extrêmement étroite. Ce heurt avec la royauté devait miner l'Ancien Régime, tout comme, pour l'Église, l'affaire des convulsions avait discrédité l'idée même de miracle.

CHAPITRE II

# La guerre recommencée

(1740-1763)

## *La France et l'Europe vers 1740*

Quand en 1740 la situation européenne se tend, tout le monde sent que la guerre sera longue et dure. Les contemporains ont cependant mis longtemps à se rendre compte qu'il s'agissait d'une guerre double, maritime et coloniale d'une part, continentale de l'autre ; à la différence de Louis XIV, ils ne comprirent pas qu'il leur fallait éviter à tout prix un conflit sur deux fronts et faire pour cela un choix difficile. Il n'y avait logiquement qu'une alternative : lâcher les colonies et renoncer au commerce maritime pour reporter les efforts sur le continent, ou stabiliser le continent et mener la guerre sur mer.

Les milieux commerciaux anglais voulaient une guerre à la fois contre la France et contre l'Espagne. La reconstitution de la flotte espagnole de guerre constituait à leurs yeux un danger, même si la flotte de commerce restait faible (quelque 100 000 tonneaux à peine). C'est que l'Empire espagnol paraissait vulnérable et en position d'être sinon conquis, du moins contrôlé par la prise de points stratégiques : La Havane, premier centre de construction navale militaire de l'Espagne, et l'isthme de Panama, par où transitait l'argent péruvien. Tel fut le sens d'une grande offensive stratégique qui échoua en 1740. Tant que l'Espagne pouvait financer l'essentiel de sa flotte avec le métal américain, sans recourir vraiment au budget métropolitain, elle pouvait avoir une grande flotte de guerre. Or les deux tiers de l'argent provenaient du Mexique, et l'immensité de l'Empire espagnol le protégeait d'autant plus que les plaines tropicales du littoral mexicain décourageaient toute offensive.

La France leur paraissait encore plus dangereuse. Sans doute ses 40 vaisseaux de ligne ne pesaient guère face aux 130 navires anglais du même type, même si la flotte française était composée de navires expérimentaux souvent remarquables, au dire des amiraux anglais. Plus dangereuse était, en revanche, pour les Anglais la concurrence commerciale de la France. A qualité égale, les produits tropicaux français étaient — à l'exception de l'excellent tabac virginien que la Ferme générale achetait en Ecosse — nettement moins cher que les anglais, et les fabrications de luxe françaises n'avaient pas d'équivalent, même si l'Angleterre avait ses spécialités. Draps, indiennes ou imitation d'indiennes, soieries, vins, céréales, sel, venus de France conservaient leurs marchés traditionnels et en conquéraient de nouveaux, prenant pied en Baltique, envahissant l'Europe centrale, affermissant leurs positions en Méditerranée. Dans l'Atlantique la flotte française s'étoffait. Le renforcement des possessions françaises d'Amérique du Nord enserrait de plus en plus étroitement les colonies anglaises. La France commençait à pénétrer les Indes. Elle était donc le concurrent le plus dangereux de l'Angleterre. Une force militaire médiocre, une puissance commerciale considérable : la tentation était grande de dominer le commerce par la force.

Quant à l'Espagne, elle réprimait méticuleusement, et parfois avec férocité, la contrebande anglaise aux Amériques. Quand on présenta au Parlement un capitaine de commerce, arrêté en pleine mer, auquel les Espagnols avaient coupé les oreilles, les milieux maritimes de Bristol et de Londres réclamèrent à cor et à cri la guerre.

La guerre anglo-espagnole n'intéressait qu'indirectement la France, au moins dans l'immédiat ; on pouvait gagner du temps et s'armer par précaution. Le malheur voulut qu'au même moment, en 1740, mourût l'empereur d'Autriche et qu'arrivât sur le trône de Prusse le jeune apprenti écrivain féru de culture française qu'était Frédéric II : le dandy se mua immédiatement en un redoutable conquérant. Remettant en cause la Pragmatique Sanction qui instituait Marie-Thérèse impératrice, il s'empara, en décembre 1740, de la Silésie : un beau pays aux riches lœss, contrastant avec les bandes sableuses et les fonds tourbeux du Brandebourg et de Poméranie, avec une industrie textile florissante (lin), sans compter le bois et les minerais des montagnes qui formaient la frontière avec la Bohême. C'était de quoi disposer de troupes nouvelles, s'ajoutant à l'armée de 80 000 hommes léguée à Frédéric II par son père Frédéric-Guillaume Ier. Il allait bien falloir un jour utiliser cette brillante armée. Et l'occasion était belle de prendre une revanche sur l'Autriche au moment où elle était gouvernée par une jeune femme sans expérience, flanquée d'un mari amoureux mais médiocre soldat.

La France n'avait rien à voir dans cette nouvelle affaire, sinon surveiller la marche des événements. Fleury et le roi furent d'accord pour n'attaquer l'Autriche en aucun cas ; ils avaient d'ailleurs garanti la Pragmatique Sanction. C'est là que se noue le drame français du XVIIIe siècle. Mais Fleury, accroché encore à la vie à quatre-vingt-dix ans, avait une intelligence intacte, mais non une volonté : il ne pouvait résister aux pressions. Or Louis XV fut longtemps incapable d'imposer lui-même sa décision.

« Après moi, le déluge » : le mot cynique qu'on lui prête lui a beaucoup nui. Louis XV a été, très jeune, victime d'une campagne insidieuse dont on cherche encore l'origine. Cet enfant doux qui adorait les animaux fut accusé de les martyriser. La tenace légende de sa paresse vint s'ajouter aux racontars relatifs à sa vie privée. Un roi fainéant, qui s'ennuie au Conseil, ainsi le présente-t-on encore bien souvent. Qui est donc Louis XV ?

L'étude des archives montre un roi presque aussi travailleur que Louis XIV, et certainement plus intelligent, plus perspicace, plus clairvoyant, mais aussi sceptique sur la qualité des hommes que sur celle des gouvernants. Foncièrement bon, ce bel homme était courageux au combat et n'eût sans doute pas fait un mauvais général. Il fut longtemps adulé. Toutes ces qualités ne suffisaient cependant pas à faire un roi. Lui manquait — comme plus tard à Louis XVI — la capacité de tenir tête à son entourage. Avec cela, un très solide fond religieux, une piété profonde, contrastant avec une sensualité aussi vive que chez le Régent. Mais on a pardonné à Louis XIV ce qu'on n'a jamais pardonné à Louis XV et qu'il ne se pardonnait pas lui-même, se faisant parfois donner la discipline après avoir couru la prétentaine. Le roi était donc un homme déchiré, attaché à la religion de ses ancêtres mais ouvert au monde et aux innovations scientifiques, homme de culture et ami des arts autant que Louis XIV. Il ne se révélait que dans l'intimité. Il était mal à l'aise lors des Conseils. Il eût pu être un très grand roi, il ne le fut que trop tard, entre 1770 et 1774, pour imposer sinon sa politique, du moins ses ministres, qui firent du bon travail.

« Nous n'avons qu'une chose à faire, c'est de rester sur le mont Pagnotte » — une butte de la forêt de Chantilly, d'où l'on assistait à la curée des grands cerfs réservés au roi —, déclara Louis XV quand la guerre s'annonça. Peut-être son éducation est-elle plus ou moins responsable de cette timidité, de cette crainte de mal faire. Enfant fragile et d'autant plus choyé que le Régent se savait accusé de vouloir faire disparaître le dernier descendant de Louis XIV, le jeune prince avait été confié au maréchal de Villeroy. Il fut élevé dans un cocon, au rebours d'Henri IV, de Louis XIII et de Louis XIV. Ni camps, ni vie de plein air ; il est l'homme des atmosphères confinées. Même après la mort du Régent en 1723, il laisse gouverner. Il a pris l'habitude de laisser faire.

La reine étant incapable d'esprit politique, il valut donc ce que valurent les maîtresses qui prirent successivement de l'empire sur lui. Mme de Mailly puis sa sœur la marquise de Vintimille, morte en couches en 1741, et enfin sa deuxième sœur, la duchesse de Châteauroux, tentèrent de rendre volontaire un homme qui, par tempérament, balançait entre les décisions. Quand, malade à Metz en 1744, il fut en danger de mort, on chassa Mme de Châteauroux, elle fut remplacée par Mme de Pompadour.

Les trois sœurs eurent leur part de responsabilité dans la guerre : elles appartenaient au clan anti-autrichien, mené par le maréchal de Belle-Isle, descendant de Fouquet.

## *La guerre de la Succession d'Autriche (1742-1748)*

La France se rangea donc du côté prussien, s'allia à la Saxe et participa à l'élévation de l'électeur de Bavière au Saint Empire, ce qui revenait à démembrer les territoires de la Maison d'Autriche. Au lieu de foncer sur Vienne sans défense devant la double attaque prusso-française, Belle-Isle imagina de conquérir la Bohême. Il alla prendre Prague en novembre 1741. L'entrée en guerre de la France fit l'affaire des Anglais : en février 1742, à la tête d'une armée anglo-hanovrienne, George II pénétra en Allemagne.

La Prusse avait atteint son but. Elle signa la paix avec l'Autriche. Celle-ci trouva en Angleterre les fonds nécessaires à la poursuite de la guerre. La Maison de Savoie, à son habitude, se tourna vers le plus offrant. La coalition contre l'Autriche cédait la place à une coalition contre la France, et l'Angleterre promettait à l'Autriche l'Alsace et la Lorraine. Naturellement, la guerre s'étendit sur la mer et aux colonies. Une nuit d'hiver, Belle-Isle réussit par surprise à s'échapper de Prague où il était bloqué et à ramener, au prix de lourdes pertes, les restes de son armée en Alsace. Reconstituée, cette armée française, conduite par le duc de Noailles, rencontra les alliés à Dettingen, près de Francfort. Les colonnes françaises, équipées de fusils trop perfectionnés, montèrent à l'assaut en rangs serrés, baïonnette au canon: elles furent décimées (23 juin 1743). Avec l'armée de Flandre, le roi s'empara des premières places fortes de la Barrière autrichienne, puis courut vers l'Alsace menacée. La bataille fut évitée parce que Frédéric, surpris des défaites françaises et se défiant de Marie-Thérèse, attaqua l'Autriche et permit ainsi à la France de souffler.

La singularité de la situation était qu'officiellement l'Angleterre n'était pas en guerre avec la France, sauf dans le Hanovre. Curieusement la paix se maintenait sur mer. Mais l'escadre espagnole réfugiée à Toulon en était ressortie sous la protection de l'escadre française; la bataille qui s'ensuivit fut plutôt favorable aux deux alliés. De temps à autre, les Anglais canonnaient les vaisseaux français en prétendant les confondre avec les bâtiments espagnols; et la rafle des navires de commerce français avait commencé. Constatant cet état de fait, la France déclara officiellement la guerre à l'Angleterre le 15 juin 1744. Commencée sur terre en 1741 et sur mer en 1744, la guerre était maintenant à la fois européenne, maritime et américaine, voire indienne: trois fronts.

Sur terre, l'armée française enfin familiarisée avec son nouveau fusil et dirigée dans les Flandres par l'excellent Maurice de Saxe — l'un des innombrables bâtards de l'électeur Auguste de Saxe, roi de Pologne — retrouva, le roi présent, tout son allant. Après un moment de flottement où le roi fit la preuve de son courage, elle remporta le 11 mai 1745 l'éclatante victoire de Fontenoy sur les Anglo-Hanovriens appuyés par des contingents hollandais et autrichiens. Bruxelles tomba l'année suivante. Après ses victoires de Raucoux et Lawfeld, Maurice de Saxe mit, en avril 1748, le siège devant Maëstricht. La ville fut prise. Les Hollandais eurent peur, et les Pays-Bas autrichiens se trouvèrent vite conquis dans leur ensemble. En Italie, le succès des armes françaises était plus mitigé, mais elles avaient obtenu de solides gages: Nice et la Savoie.

Aux Indes, mêmes succès, alors que rien n'avait été prévu pour protéger les établissements de la Compagnie. On n'avait pas pensé que la guerre s'y étendrait et l'on espérait que, sur mer, les navires de la Compagnie sauraient se défendre seuls. C'était une grave erreur, car les Anglais attaquèrent partout. Les Français firent ce qu'ils purent avec les moyens dont ils disposaient. On envoya une escadre assez hétéroclite, commandée par La Bourdonnais, un excellent marin qui s'empara en 1746 du principal point d'appui anglais, Madras. Mais il se heurta à Dupleix, gouverneur des établissements français, qui voulait garder Madras alors que La Bourdonnais pensait rendre la ville contre une forte rançon. La Bourdonnais quitta l'Inde. Dupleix se maintint partout, mais renonça à prendre les autres comptoirs anglais.

En Amérique continentale, les Anglais ravitaillèrent en armes certaines tribus indiennes : les Renards, les Natchez, les Chicachas se révoltèrent les uns après les autres contre les Français. Ils ne mettaient pas les forts français en grande difficulté, mais les communications s'en trouvaient ralenties. Les Canadiens continuant de harceler les Anglais, ceux-ci envoyèrent de Boston une grande expédition qui prit Louisbourg, dont le port, qui contrôlait le passage entre Terre-Neuve et le continent, était libre de glaces plus tôt que l'estuaire du Saint-Laurent. Sa chute pouvait étouffer la colonie (1745).

La France ne pouvait affronter la marine anglaise. Les marins français se donnèrent pour objectifs de secourir le Canada et d'escorter les convois vers les Antilles. Plusieurs fois, le sacrifice de l'escadre permit à un convoi marchand de passer. Mais à chaque engagement la France perdait des vaisseaux et des frégates, et il fallait les remplacer. Plus graves étaient les pertes dues aux maladies — en particulier au scorbut et au typhus — et aux batailles : de nombreux matelots furent tués ou faits prisonniers.

En 1748, la marine était au bout de ses possibilités. Les effectifs de matelots étaient épuisés. Le commerce, en dépit des escortes, avait beaucoup souffert. Le prix des marchandises coloniales avait plus que doublé. Les ports atlantiques demandaient la paix. Celle-ci pouvait se négocier dans des conditions acceptables, car la France avait fait mieux que se défendre.

Les conditions de la paix d'Aix-la-Chapelle (octobre 1748) déçurent pourtant. Les harengères des Halles s'insultèrent : « Tu es bête comme la paix ! » « Travailler pour le roi de Prusse » devint locution proverbiale. Tout le monde gagnait en effet à ce traité, sauf la France. Aux colonies, l'Angleterre et la France se restituaient leurs conquêtes, et l'on s'en tenait là. La Prusse se voyait reconnaître la Silésie, et le Piémont une partie du Milanais. L'infant don Philippe recevait de son côté Parme et Plaisance. La France, comme les autres puissances, confirmait sa reconnaissance de la Pragmatique Sanction. Marie-Thérèse s'annonçait comme un chef d'État des plus brillants.

Cette paix décevante rendit le roi impopulaire. On ne lui pardonna pas que les lourds sacrifices financiers de la guerre se soldassent sans contrepartie par une Dette accrue. L'orgueil national, exacerbé par la guerre, ne trouvait aucune compensation dans la paix.

Or celle-ci avait été la chose de Louis XV, qui voulait « faire une paix de roi, non de marchand ». C'était une erreur psychologique vis-à-vis du milieu blasé et cynique des hommes d'État européens. La surprise passée, ils conçurent pour lui du mépris. Et ils en profitèrent. Tout comme l'administration de Versailles, Louis XV avait joué les petites puissances contre les grandes et tenté, comme l'avait fait l'Angleterre, d'établir un « équilibre européen ». Mais les petites puissances étaient vraiment trop faibles. Rien n'était d'ailleurs réglé sur le fond. Les problèmes frontaliers aux colonies n'étant pas évoqués, les causes de conflit subsistaient. De leur côté, les Anglais, qui pensaient avoir brisé l'essor commercial français, s'aperçurent bientôt de leur méprise. Tout annonçait un nouveau conflit.

Louis XV s'est-il fait des illusions? La paix signée, la marine reçut d'importants crédits, mais l'effort se ralentit dès 1752. La victoire du bon droit — dont se targuait le roi — n'était pas évidente. De plus, la paix n'était qu'une trêve. Engager la nation dans une autre guerre après une pareille déception, et au prix de très lourdes dépenses, présentait des risques graves. Louis XV désirait la paix et ne croyait guère en sa marine, mais l'Angleterre ne pensait qu'à la revanche.

## *La guerre de Sept Ans (1756-1763)*

Le nouveau conflit allait se dérouler sur le continent, dans un contexte bien différent. Les divers alliés étaient mécontents les uns des autres. L'Autriche, ayant perdu la Silésie et reçu trop peu de subsides de l'Angleterre, était prête à se rapprocher de la France, mais Versailles faisait la sourde oreille et les choses traînèrent jusqu'en 1755. C'est la tsarine Elisabeth qui déclencha le jeu des nouvelles alliances en se rapprochant de l'Angleterre tout en faisant des offres à l'Autriche. Frédéric II, inquiet, renforça alors sa situation financière en scellant avec l'Angleterre l'alliance de Westminster (1756). La France fut indignée. La marquise de Pompadour dont l'influence se faisait sentir à la Cour depuis 1745, ne fut pas étrangère au rapprochement avec l'Autriche qui se concrétisa en mai 1756 par le traité de Versailles. Cette alliance était redoutable, puisqu'elle additionnait les trois grandes puissances continentales: Russie, Autriche et France. Les deux premières étaient dirigées par des femmes, et Frédéric II eut ce mot qui ne lui fut jamais pardonné: «L'alliance des trois p...». La Saxe, la Suède et l'Empire — sans le Hanovre et quelques petits États du nord de l'Allemagne — en faisaient également partie.

Le relèvement des ports français avait été fulgurant. Les années 1749-1755 furent des plus brillantes. Tout se passait comme si la guerre n'avait pas eu lieu. En dépit des nombreuses prises faites par les Anglais, les flottes des négociants français dépassaient leur niveau d'avant 1740. Notons que beaucoup étaient assurés en Hollande ou en Angleterre ! La traite négrière s'était encore accrue. La production de sucre avait fortement augmenté jusqu'en 1755.

La guerre n'avait jamais vraiment cessé entre la France et l'Angleterre. Larvée ou ouverte, elle se prolongeait en Amérique et en Inde. Au Canada, ce fut souvent à l'initiative des Français : le gouverneur par intérim Barrin de La Galissonnière ne fit rien pour atténuer les heurts en Acadie. Quant à la population anglaise, en croissance rapide, elle s'infiltrait dans les Appalaches et se répandait à l'ouest. Dans le Sud, les territoires indiens des Natchez et des Renards formaient encore écran, mais, sur l'Ohio que contrôlaient les Français, les ennemis étaient en contact direct. Dès 1754, la guérilla fut permanente sur les confins anglo-canadiens.

En Inde, la situation était plus complexe encore. Profitant du retour de la paix, Dupleix s'était lancé dans une politique peut-être inévitable : comme tous les « vassaux » il reconnut la suzeraineté du Grand Mogol, mais en fait il se constituait pour lui-même un État. C'était probablement la seule façon d'assurer la rentabilité des comptoirs, mais elle nécessitait un effort militaire, donc financier. Le pillage, puis la levée des impôts, permettraient à la Compagnie d'augmenter ses revenus et de se défendre contre les Anglais. De la fin de la guerre de la Succession d'Autriche à 1754, Dupleix avait pratiquement conquis tout le plateau du Deccan, avec des moyens ridiculement faibles : un peu plus de 2 000 hommes « permanents », dont 300 Français. Certains d'entre eux en tirèrent une fortune fabuleuse, souvent perdue aussi vite que gagnée : ainsi René Madec qui, parti à dix-huit ans, conserva une part de sa fortune, obtint des lettres de noblesse et s'intégra à l'aristocratie bretonne.

Les Anglais avaient un entraîneur d'hommes à la mesure de Dupleix, Robert Clive. D'abord par princes indiens interposés, puis directement, la lutte devint vive à partir de 1751. Devant la virulence des combats et après la défaite, pourtant limitée, de Dupleix à Trichinapali (1751), les directeurs de la Compagnie française s'affolèrent et envoyèrent sur place l'un des leurs, Godeheu, qui signa avec les Anglais un accord stipulant l'abandon par les deux Compagnies du système de quasi-protectorat (1754). C'était échanger les territoires conquis par Dupleix — il fut rappelé en France — contre bien peu de chose.

Les rapports franco-anglais se gâtèrent encore plus sur les confins du Canada quand des planteurs anglais débouchèrent des cols des Appalaches et quand La Galissonnière fit fortifier les routes qui conduisaient du lac Érié à l'Ohio. En 1753, les Anglais commencèrent, sur le site actuel de Pittsburgh, de construire un fort ; chassés par les Canadiens, ils revinrent avec les milices locales pour s'apercevoir que leurs ennemis avaient achevé le fort et l'avaient baptisé Fort-Duquesne. La milice était dirigée par un jeune officier, George Washington, qui fit assassiner le commandant de la place, Jumonville, alors qu'il venait parlementer, puis construisit, en face de Fort-Duquesne, Fort-Nécessité. Assiégé à son tour, Washington capitula et fut renvoyé chez lui. Au cours de l'été 1755, les Anglais envoyèrent une nouvelle armée contre Fort-Duquesne ; elle fut mise en fuite. En revanche, les milices de Boston surprirent les habitants de l'Acadie, déterminant l'exode de sept mille Acadiens déportés vers le Sud dans des conditions abominables. C'était arrivé en « pleine paix ». La guerre active devenait inévitable : elle eût éclaté même s'il ne s'était rien passé en Europe.

La France avait décidé d'envoyer préventivement des renforts au Canada à bord de vaisseaux de ligne aménagés en transports de troupe et escortés de vaisseaux de ligne armés. L'escadre anglaise de l'amiral

Boscawen voulut les intercepter, ne put qu'en prendre deux et se dédommagea de ce demi-échec en effectuant à travers l'Atlantique nord une gigantesque rafle de navires de commerce français. On était toujours en paix, mais 6000 matelots français se trouvèrent prisonniers. Le gouvernement français déclara la guerre en 1756.

Les choses commencèrent bien pour la France. Grâce au système des classes (inscription maritime), elle était à même de mobiliser sa marine douze à dix-huit mois plus vite que l'Angleterre. L'escadre de la Méditerranée, commandée par l'ancien gouverneur du Canada, l'amiral Barrin de La Galissonnière, remporta un succès complet en s'emparant de Minorque après une bataille indécise au terme de laquelle l'amiral anglais Byng s'enfuit (juin 1756). En dépit de l'intervention de Voltaire et de toute l'opinion européenne, Byng fut fusillé : l'Angleterre marquait ainsi sa volonté de vaincre.

Au Canada, le trop célèbre Montcalm, arrivé en mai 1756, réussit d'abord, avec 9000 hommes de troupes régulières, à prendre Oswego dans la vallée de l'Ohio. L'année suivante, il barrait la route du lac Saint-George en s'emparant du fort William-Henry. Ses succès s'arrêtèrent là.

L'Angleterre avait fait un effort considérable de construction navale et de mobilisation pour porter sa marine à un niveau inégalé, avec une écrasante supériorité en vaisseaux de ligne et surtout en frégates, Français et Espagnols ayant misé en priorité sur les navires de ligne pour des raisons financières. Des expéditions de ravitaillement du Canada, la marine française ramena de Louisbourg une épidémie de typhus et de dysenterie, qui sévit chez les marins et en Bretagne jusqu'en 1770. La marine perdit à nouveau quelque 7000 à 10000 hommes, ce qui porta le déficit à près du tiers des effectifs totaux (60000). Toute bataille navale n'allait donc se livrer qu'avec des équipages incomplets, ou complétés par des soldats de l'armée de terre, des miliciens gardes-côtes ou des bateliers de la Loire, de la Garonne, de la Dordogne ou du Rhône.

Pour expliquer la chute rapide du Canada, on invoque souvent la disparité numérique croissante entre la population canadienne et celle des colonies anglaises. Aux 80 000 Canadiens des années 1750-1760 s'opposaient en effet de 400 000 à 500 000 Anglais. Pourtant les voyageurs européens et les Anglais des colonies eux-mêmes prévoyaient que la partie septentrionale des colonies tomberait sous les coups de la guérilla canadienne et de ses alliés indiens. Mais Montcalm perturba le fonctionnement de la machine de guerre. C'était un général courageux, quoique peu renommé avant d'arriver dans le Nouveau Monde. En s'en tenant à une conception de la bataille rangée à l'européenne, il accentua l'infériorité numérique de ses troupes, et d'autant plus que les Français n'étaient pas habitués à ce type de combat. De surcroît, il s'entendait mal avec l'intendant qui, obligé de tenir avec des moyens de fortune, avait utilisé de grandes quantités de papier-monnaie et provoqué sans doute, de la sorte, quelques malversations.

N'accablons pas Montcalm. La supériorité numérique des ennemis ne pouvait être contenue en cas d'attaque concentrique. Et c'est ce qui arriva en 1758 : les Anglais s'emparèrent une fois de plus de Louisbourg, coupant ainsi la route de France, cependant que la prise de Fort-Duquesne et de Frontenac coupait l'accès au Mississippi. Montcalm avait cependant brisé l'attaque sur Montréal ; l'assaut anglais sur terre s'enlisa de nouveau. Mais quand la marine anglaise remonta le Saint-Laurent les forces navales françaises ne purent rien faire. Le 13 septembre 1759, les Anglais de Wolfe défirent Montcalm devant Québec en bataille rangée après avoir, de nuit, tourné par surprise les lignes françaises. Les deux généraux en chef furent blessés à mort.

La suite n'était plus qu'une question de temps. En 1760, après une dernière victoire, le chevalier de

Lévis fut bloqué dans Montréal. Il capitula en septembre. Pour lutter contre la guérilla, les Anglais ne s'embarrassèrent pas de scrupules excessifs et firent régner la terreur dans la population civile.

La même incompréhension, aggravée par une totale inadaptation et un orgueil mal placé, coûta les Indes à la France. En 1758, la marine y avait débarqué 3000 hommes commandés par Lally-Tollendal; c'était un exploit, compte tenu de la supériorité maritime anglaise. Mais il en eût fallu beaucoup plus: les Anglais disposaient d'au moins 20000 hommes. Confondant les Indiens avec les Noirs, dénué de tout sens diplomatique comme de toute ouverture à une civilisation indienne qu'il méprisait, le commandant en chef ne put longtemps compter sur l'aide locale. L'ensemble du Deccan passa à l'Angleterre. Bloqué dans Pondichéry, Lally-Tollendal dut capituler en 1761. Là aussi c'en était fini.

L'acte décisif de la guerre de Sept ans était cependant survenu ailleurs. Rappelé de son ambassade à Vienne, Choiseul avait pris en décembre 1758 le secrétariat d'État aux Affaires étrangères. Il entreprit un dernier effort contre l'Angleterre. On ressortit ces plans mirifiques auxquels rêvèrent tant de dirigeants français et espagnols en guerre contre l'Angleterre: débarquer dans les îles Britanniques grâce à une diversion en Irlande. Des troupes de débarquement furent concentrées à Quiberon sous le commandement du duc d'Aiguillon, qui avait quelques années auparavant repoussé un débarquement à Saint-Cast et infligé là des pertes très lourdes aux Anglais. L'escadre de Brest devait venir chercher les troupes; l'amiral Hawke la surprit en baie de Quiberon (bataille des îles Cardinaux, 1759). Les navires rescapés se réfugièrent dans l'estuaire de la Vilaine, après s'être allégés de leur artillerie. De son côté, l'escadre de Toulon avait passé le détroit de Gibraltar et s'était réfugiée, après un premier engagement, dans la baie de Lagos, au Portugal; les Anglais la détruisirent. La France était désormais incapable d'une grande opération.

On attribua la défaite des îles Cardinaux à l'amiral, ainsi qu'à Mme de Pompadour, tenue pour responsable du mauvais choix des ministres de la Marine. Il est non moins vrai que les matelots étaient médiocres et que l'état des navires laissait à désirer. Quant à la Pompadour, effectivement à l'origine de la désignation des ministres, elle ne fut heureuse ni sur terre ni sur mer. Cela dit, la raison essentielle du désastre est plus simple : dès 1758 la marine était criblée de dettes et le ministre Berryer — ancien lieutenant général de police de Paris — se comporta en bon comptable, parant au plus pressé et faisant son possible sans toujours tenir compte d'impératifs maritimes qu'il comprenait mal. Mais, même s'il avait disposé de plus d'argent et avait bien connu les choses de la mer, l'effectif des matelots continuait de s'amenuiser. Le plan de débarquement en Angleterre était irréaliste.

La maîtrise de la mer permit dès lors aux Anglais d'empêcher l'envoi de tout renfort réel dans les colonies. Choiseul en appela à l'opinion. Il demanda aux grands corps de l'État et aux provinces de participer à la reconstruction d'une flotte. Un élan national lui répondit : la marine reçut dix-huit gros navires offerts par les villes, les provinces, les fermiers généraux ou l'ordre du Saint-Esprit. Mais la paix était signée lorsqu'ils furent terminés. Ils constituèrent l'embryon de la flotte qui allait prendre sa revanche dans la guerre d'Indépendance.

Sur le continent, la guerre fut déclenchée par Frédéric II. Pris de panique devant les projets de la tsarine Elisabeth, il prit les devants : il se jeta sur la Saxe, qu'il écrasa et occupa, incorporant l'armée saxonne dans les rangs de la sienne propre (août 1756). Or la fille de l'électeur de Saxe était l'épouse du Dauphin ; Louis XV promit alors à l'Autriche une aide de 140 000 hommes, ainsi que des subsides.

C'était se jeter dans la gueule du loup : l'Angleterre ne demandait pas mieux. Retenue par une guerre continentale qui était nécessairement prioritaire pour une puissance terrestre, la France ne pourrait affronter en même temps les combats sur mer et aux colonies.

Ici encore les événements commencèrent bien : en 1757, le maréchal de Richelieu fit capituler à Closterseven l'armée hanovrienne, alliée de l'Angleterre. Mais les défaites ne tardèrent pas. En novembre 1757, le prince de Soubise se fit écraser à Rossbach par Frédéric II. Le Hanovre reprit les hostilités et parvint, les années suivantes, à protéger Frédéric, à l'ouest, d'une attaque française. Si les frontières de la France ne furent jamais menacées, l'armée de Louis XV ne pouvait plus infléchir le cours de la guerre. Autrichiens et Russes acculèrent plus d'une fois Frédéric II aux pires situations : le roi de Prusse ne fut sauvé que par la mort d'Elisabeth. La Russie sortit alors de la guerre, ce qui décida de la paix. L'Espagne avait subi défaite sur défaite et était affaiblie. Les Anglais s'étaient emparés de La Havane : l'escadre qui s'y trouvait, et les chantiers navals avec les navires en construction, furent détruits. Réduite d'un bon tiers, la flotte espagnole ne constituait plus un danger. L'Angleterre était maîtresse du jeu.

### *Le traité de Paris et ses conséquences*

Cette guerre est capitale à l'intérieur comme à l'extérieur. Le traité de Paris du 10 février 1763 marque en effet le début de la suprématie incontestée de l'Angleterre. Celle-ci a ridiculisé la France et en recueille les fruits, Choiseul ne pouvant que se plier à ses exigences, lourdes mais en définitive supportables. La France perdait son empire colonial d'Amérique du Nord : le Canada et la Louisiane ainsi qu'une partie des petites Antilles : la Dominique, Tabago, Saint-Vincent, Grenade et les Grenadines. Elle ne gardait en Afrique que l'îlot de Gorée — au large du futur port de Dakar. Mais elle conservait ce qui était l'essentiel pour les contemporains : la Martinique, la Guadeloupe, la souveraineté sur la moitié de

Saint-Domingue et, en Inde, les cinq comptoirs de la Compagnie des Indes.

Les jugements portés sur ce traité ont été et sont contradictoires. Choiseul et Voltaire s'en félicitèrent : que valaient « ces quelques arpents de neige canadiens » (Voltaire) face aux îles à sucre ? Choiseul se félicitait du « bon tour joué aux Anglais ». Une partie de l'opinion anglaise, William Pitt en tête, pensait de même, pour d'autres raisons : les négociants anglais auraient souhaité annexer toutes les Antilles françaises pour briser définitivement leurs concurrents, et rejoignaient là les vues de Voltaire. Comme beaucoup de gens de son temps, Choiseul pensait de surcroît que les colonies, en particulier anglaises, étaient appelées à devenir indépendantes : en cédant des territoires aux Anglais, il supprimait le dernier prétexte qu'avait l'Angleterre pour garder les Treize Colonies nord-américaines dans son empire. Choiseul croyait donc avoir placé une bombe à retardement dans l'édifice ennemi et amorcé ainsi sa destruction. Beaucoup de voyageurs européens pensaient la même chose depuis 1740.

C'est dire que l'humiliation nourrissait chez les dirigeants français un désir de revanche. Ils se mirent aussitôt à préparer la guerre. Quant à l'Inde, elle était si lointaine... Ecrasée par l'effort fourni (plus de 100 millions de livres), la Compagnie avait perdu sa vitalité et peut-être ses moyens d'exister. En Europe les Français ne perdaient rien ; les réalistes pouvaient presque se féliciter de conditions somme toute inespérées. En outre, les droits de pêche français étaient maintenus à Terre-Neuve, et le retour des matelots prisonniers permit de reconstituer les effectifs.

Le commerce colonial français eut un peu plus de mal à repartir qu'après la guerre précédente, mais il redevint bientôt aussi fructueux qu'auparavant, encore que les bénéfices fussent moins élevés, ce qui était de toute façon prévisible, étant donnée l'évolution générale du commerce européen.

Les conséquences les plus inquiétantes étaient ailleurs. La France était déconsidérée. Son influence se réduisit dans toute l'Europe ; à Vienne et à Berlin, on parlait de décadence. Le traité de Paris contenait en lui-même le premier partage de la Pologne (1772). De même que l'Autriche était, par les traités de Ryswick et d'Utrecht, devenue une grande puissance, de même le traité de Paris faisait-il de la Prusse une autre grande puissance. L'équilibre européen s'en trouva modifié, et la France n'avait pu jouer de la rivalité désormais acharnée de l'Autriche et de la Prusse. A vrai dire, celle-ci était à bout de résistance, et ne demandait plus que la paix.

En France même, le désastre moral était infiniment grave. L'effort de guerre avait été cruellement ressenti : depuis 1740, le conflit se doubla d'une véritable guerre des impôts. En 1762 Louis XV était matériellement incapable de continuer la lutte, et seule la France n'en tirait aucune compensation. La déception fut plus forte encore qu'en 1748, et il ne fallait pas compter sur le peuple pour analyser objectivement le traité de Paris. L'attentat de Damiens (1757), crime de lèse-majesté inimaginable depuis Henri IV, avait brièvement réveillé la ferveur populaire pour le roi. Il effraya certains. Mais avec cette guerre, la royauté se trouvait à jamais discréditée et le régime lui-même mis en cause. La comparaison de l'attitude française avec celle des autres puissances montre une espèce de paralysie de l'appareil gouvernemental. Le sentiment national perdit aussi du terrain : tout le milieu du XVIII^e^ siècle est plus ou moins antimilitariste. Voltaire et une partie de l'opinion éclairée applaudissaient parfois aux victoires de Frédéric II, mais les élites allemandes les ressentirent comme les premiers jalons d'une Allemagne nouvelle. La défaite fouetta néanmoins l'orgueil national : la France s'intéressa de nouveau à la chose militaire.

La défaite a des origines complexes. On a vu ce qu'il en était pour la marine. Les autres causes tiennent à la fois à la politique menée et à des raisons techniques. La France n'ayant pas de grand chef de guerre et les contrôleurs généraux étant incapables de pallier les faiblesses du roi, il n'y a pas de cohérence. Les ministres, souvent d'excellente qualité, ne sont pas — à l'exception de Choiseul — parvenus à s'imposer ; ils prennent l'habitude de régler bien des questions en petit comité, en l'absence du roi. Tirée à hue et à dia, l'équipe ministérielle résout ainsi les problèmes isolément, sans ouverture sur la conjoncture générale ou sur les départements ministériels voisins. Les bureaux gèrent les affaires par la force de l'habitude et, après les défaites les plus graves, le roi sacrifie le ministre.

## CHAPITRE III

# La crise du milieu du siècle

### *Idéologies et politiques*

L'histoire du XVIII^e n'est qu'un perpétuel recommencement des problèmes posés par le financement des guerres. L'assainissement effectué par Orry avait permis de payer sans trop de mal la guerre de la Succession de Pologne et les premières années de celle de la Succession d'Autriche. On emprunta et on rétablit le dixième de 1710. Mais en 1748 un nouveau redressement était nécessaire. Machault d'Arnouville, un remarquable technicien, proposa de remplacer le dixième par un vingtième sur les biens-fonds, impôt qui concernait toutes les propriétés. Le Parlement de Paris s'y opposa, prétextant la « misère générale ». Un lit de justice s'ensuivit en 1749, provoquant de nouvelles protestations, en particulier de la part des États provinciaux que poussaient les parlements locaux.

La noblesse de robe passa à l'opposition. Toujours en quête de revanche sur l'absolutisme royal, les régionalismes nobiliaires reparurent, ressuscitant le langage des ligueurs et des théoriciens du XVI^e siècle. On frisait parfois la trahison. Le clergé ne demeurait pas en reste : l'Assemblée de 1750 refusa tout nouvel impôt.

La tentative faite par le Régent pour résoudre le problème janséniste avait échoué. Celui-ci était devenu le succédané de l'opposition : le Régent fut bien vite obligé d'interdire les multiples libelles anti-Unigenitus. Les jansénistes, cependant, trouvèrent en 1728 le moyen de disposer de leur propre journal, les *Nouvelles jansénistes*.

Le conflit rebondit sous le cardinal de Fleury, en 1729, avec la nomination à l'archevêché de Paris de

Mgr de Vintimille, un prélat très opposé aux jansénistes ; les prêtres interdits furent soutenus par le Parlement de Paris tandis que se développait l'épisode des convulsionnaires. L'un des suppôts du parti janséniste, le diacre Pâris, était mort en odeur de sainteté. Des miracles se produisirent sur sa tombe, au cimetière de Saint-Médard, où certaines scènes dégénérèrent, ce qui conduisit Fleury à le fermer cependant (janvier 1732). Les scènes de convulsion se poursuivirent tant à Paris qu'en privé dans les milieux parlementaires provinciaux. Vers le milieu du XVIIIe siècle éclata aussi l'affaire des billets de confession : on refusait de donner les derniers sacrements à toute personne suspecte qui ne pouvait produire un billet de confession signé d'un prêtre non janséniste. Ouverte à Amiens en 1746, la querelle prit de l'ampleur à Paris, où les jansénistes en appelèrent au Parlement contre les prêtres qui refusaient les sacrements. L'agitation parlementaire en fit en 1753 un conflit ouvert avec la royauté. L'exil du Parlement à Pontoise s'acheva pourtant sur un compromis provisoire : le Parlement ne désarmait pas.

Le pape Benoît XV, sollicité, publia en 1756 une encyclique qui condamnait à la fois les jansénistes et les refus de confession ; mais ce n'est qu'en 1757 qu'un accord fut obtenu grâce à l'intervention de Mme de Pompadour. L'affaire n'avait été pour le Parlement qu'un prétexte. Déconsidéré dans le public, le jansénisme était devenu un « parti » politique, en particulier dans les parlements où se mêlaient un gallicanisme antiromain, le jansénisme et le désir de contrôler la royauté.

Depuis 1709, il n'était plus question de Port-Royal. Incontestablement, ce couvent a représenté dans notre histoire l'un des grands moments intellectuels et même artistiques, certains créateurs étant très proches du premier jansénisme. Ainsi Philippe de Champaigne a peint toute une série de portraits et de scènes religieuses qui reflètent bien l'austérité janséniste. On a parfois rapproché jansénistes et protestants : cette idée pèche à la base, car les jansénistes ont été violemment antiprotestants. Leur morale austère a séduit les meilleurs esprits, et ils font intimement partie de la grande Contre-Réforme catholique française, dont la diversité fut grande. Il y a un abîme entre l'humanisme dévot, souriant, de François de Sales et l'austérité du premier jansénisme. La mutation de la fin du XVIIe siècle aboutit cependant à la formation d'un groupe de pression étroitement lié au Parlement de Paris, dont l'arme redoutable par excellence a été la grève judiciaire. Comme le redoutait Louis XV, il en a résulté un blocage des institutions. Le jansénisme parlementaire est à cet égard l'une des multiples racines de la Révolution française.

Dans les années 1750-1755, on vit monter l'anticléricalisme : une « persécution » du clergé — et de toute religion — s'annonçait à Paris sous la pression du « sentiment populaire ». Il ne faisait pas bon pour un prêtre de trop se montrer dans la rue.

Ainsi se mettait en place un faisceau de forces qui n'avaient nullement besoin de la philosophie pour se dresser contre l'autorité royale. Le haut clergé, toujours plus « éclairé », et une noblesse toujours plus réticente quoique incapable de lutter ouvertement se révélèrent des forces de dissolution, mais sans programme. En accusant ouvertement le roi, les ordres privilégiés faisaient le jeu de parlements dominés par une « jeunesse turbulente » qui se réclamait à tort, depuis 1750, de l'exemple du Parlement anglais. En fouillant dans les textes médiévaux, les parlementaires se crurent même les seuls descendants de la *Curia Regis* carolingienne. Ils inventèrent une imaginaire « Constitution de l'État ». Sous le prétexte qu'aucune loi n'était exécutoire sans enregistrement par le Parlement, on se dirigeait doucement vers une remise en question du pouvoir royal, et ce pour le plus grand profit d'une noblesse qui campait dans les avenues du pouvoir. Tous les moyens étaient bons. On affirma que Machault d'Arnouville était un adversaire déterminé de la religion. Agrémentée des commentaires de Mesdames, filles du roi, la calomnie rencontra un certain écho.

Louis XV savait pourtant que le moyen de gagner était de supprimer les parlements et les États provinciaux, d'unifier le royaume et de mettre en place la plus indispensable des réformes : l'égalité des provinces devant l'impôt. L'égalité fiscale des personnes en eût été facilitée. Les bureaux l'y poussaient ; il hésita, tergiversant sans cesse. Bousculé d'un côté par le parti dévot, inspiré par celui des philosophes, menacé d'un autre côté par les physiocrates — Quesnay, tout médecin du roi qu'il fût, complotait avec La Chalotais sa mise à l'écart — il agissait par foucades, exilant un jour le Parlement de Paris, le rappelant un autre.

Les affaires courantes sont cependant expédiées grâce à la compétence des maîtres de requêtes, des conseillers d'État et des intendants, issus pourtant, pour la plupart, de la noblesse parlementaire parisienne. Entrés jeunes — vers dix-neuf ans — dans les affaires par l'achat d'une charge (le plus souvent au Grand Conseil, rival détesté du Parlement), ils sont intendants deux ans plus tard, avec un poste dans une généralité de l'Ouest. Ils y passent quatre à cinq ans ; puis, s'ils ont réussi, ils obtiennent entre vingt-six ou vingt-neuf ans un deuxième poste d'intendant dans les régions centrales entre la Normandie et le Midi. S'ils connaissent là encore le succès, et sont bien vus, ils parviennent, entre trente et quarante ans, aux intendances enviées des frontières et marches militaires : la Lorraine, l'Alsace, le Hainaut, la Flandre maritime et intérieure et, dans une mesure moindre, le Roussillon. Ce sont là des tremplins vers un secrétariat d'État, voire le Contrôle général.

Ce personnel formé sur le tas concourt évidemment au développement du népotisme. L'administration d'Ancien Régime n'est pas — sauf tout à fait au sommet — peuplée d'un personnel âgé, mais on reste longtemps en place, bouchant l'accès aux carrières, tout comme dans l'armée et la diplomatie.

N'oublions pas le rôle que laisse Louis XV à sa maîtresse. Mme de Pompadour était une simple bourgeoise. Femme d'un Le Normant d'Etioles, apparentée à un fermier général et liée aux frères Pâris, elle fut maîtresse officielle à partir de 1745. Favorable aux « philosophes », elle exerça un remarquable mécénat. Son influence eut pour effet que les chefs de file des Lumières demeurèrent longtemps du côté du pouvoir royal, lui reprochant seulement, et à juste titre, de ne pas exercer davantage son autorité. En revanche, ses choix politiques furent désastreux : elle fit d'abord renvoyer Orry — coupable de n'être point ami des Pâris — puis Machault d'Arnouville, qui avait eu, en 1749-1750, le tort de proposer des réformes fiscales. La désignation des généraux — comme celle de Soubise — ou des secrétaires d'État, en particulier à la Marine, ne fut pas plus heureuse.

Elle fut la cible de la haute noblesse de Cour : passe pour des maîtresses, mais qu'elles aient du sang bleu ! Une violente campagne, orchestrée à Versailles même, se déchaîna contre elle et contre le roi, ce qui suffit pour déchaîner le populaire. Elle devint la bête noire de l'opinion ; on lui reprochait ses dépenses, ses châteaux (Évreux, Champs, Bellevue, Crécy, La Celle-Saint-Cloud) et son hôtel parisien.

Certes, elle dépensait beaucoup, mais bien moins que Louis XIV à Versailles ! Les critiques manquaient d'ailleurs de cohérence : d'un côté, les philosophes demandaient qu'on soutînt peintres et sculpteurs, de l'autre on stigmatisait le luxe. Paradoxe pour une maîtresse, Mme de Pompadour n'était pas sensuelle ; elle recruta donc des jeunes femmes pour satisfaire les passades du roi. Cela donna lieu à la légende du « Parc aux Cerfs », ce petit hôtel de Versailles acquis effectivement par le roi pour de brèves rencontres dont les protagonistes étaient souvent encouragées par leurs parents. La calomnie se déchaîna. Voltaire remarqua qu'en un temps de liberté le roi pouvait, lui aussi, avoir une vie privée.

En dépit de l'influence de Mme de Pompadour, le roi n'aimait pas les philosophes. Sa femme et ses enfants encore moins. Comme sous le Régent, une « vieille Cour » refusait les nouveautés. Le roi se trouva de plus en plus isolé au sein d'une Cour divisée. La noblesse redressait la tête, critiquait, prenait le parti des parlements, inspirait des pamphlets, protégeait leurs auteurs. D'abord libérale, puis poussée par une Église inquiète et incapable de répondre à la « philosophie », la censure se fit plus rigoureuse. Mais les problèmes étaient beaucoup plus difficiles encore sur le plan de la fiscalité.

Quittons la Cour et le gouvernement. A l'échelon subalterne, les subdélégués ont été généralisés au cours de la première moitié du XVIIIe siècle. Volontaires non rétribués, choisis parmi les négociants des grandes villes ou parmi les officiers de finances des villes parlementaires, voire parmi des officiers seigneuriaux, ils remplissent une mission de renseignement et de transmission des informations. Les meilleurs sont récompensés par des lettres de noblesse et des gratifications. Entre les intendants et eux s'intercalent des subdélégués généraux. Véritables puissances quasi inamovibles, qui restent en place beaucoup plus longtemps que les intendants, ils communiquent directement avec les premiers commis des quatre secrétariats d'État et du Contrôle général. Ils règlent eux-mêmes les grandes questions, ce qui ne va pas sans provoquer de violentes réactions.

Ce personnel administratif et politique est, au milieu du siècle, en train de changer d'idéologie. Au sommet de la hiérarchie, chez les intendants et les premiers commis, on remet en cause le mercantilisme qui, sans disparaître, est relayé par la physiocratie, qui prépare l'arrivée au pouvoir d'un Turgot. Sur le plan politique, beaucoup d'intendants se sentent autant représentants des peuples qu'ils administrent que du pouvoir central. Dans les pays d'États, l'affaiblissement de la volonté royale, les fréquentes démissions du Contrôle général devant les États et les contradictions consécutives aux changements de Contrôle général, tendent à donner aux intendants leur rôle de négociateurs et de centralisateurs d'informations. L'évolution est plus nette encore dans les bureaux parisiens.

A la défense intransigeante des droits du roi dans la première moitié du siècle, succède une volonté de réformes de plus en plus nette, avec un aspect antinobiliaire caractérisé. L'appareil réagit aux hésitations du pouvoir en cherchant des politiques nouvelles, en multipliant les modifications de détail faute d'en appliquer de véritables. Un immense travail intellectuel s'opère : sous l'écume des remous politiques, il ne faut pas sous-estimer l'activité législative quotidienne. C'est le cas en matière judiciaire où l'on impose progressivement l'uniformisation des lois et de la jurisprudence à travers tout le royaume. Sans ce travail de recherche, l'élaboration du Code civil eût été plus tard impossible.

La guerre de Sept ans accéléra ces tendances ; elle coïncidait d'ailleurs avec le renouvellement des premiers commis installés dans les années 1730. Les besoins financiers de la guerre sur un double front conduisirent les parlements à une révolte quasi générale, parfaitement injustifiée. La lutte se concentra sur le vingtième créé par Machault d'Arnouville. On éloigna celui-ci. L'impôt fut quand même levé à peu près normalement entre 1750 et 1756. Les rares déclarations de revenus que l'on conserve montrent que le contrôle opéré par un système déjà moderne était efficace. Les privilégiés, pour la première fois, payaient un impôt correspondant à leur fortune. La noblesse considéra que c'était un impôt roturier incompatible avec son état. La noblesse pauvre se déchaîna. Les parlements lui emboîtèrent le pas, rêvant d'un royaume qui serait soumis à leur seul contrôle. Les populations applaudirent ; elles mirent longtemps à s'apercevoir qu'elles étaient les dindons de la farce.

Il serait intéressant de passer au crible les remontrances des divers parlements. Ce fut en effet une véritable manie. L'ensemble constitue l'une des plus incroyables supercheries que puisse enregistrer l'Histoire. C'est un *corpus,* rassemblement de textes hétéroclites, d'époques différentes, tronqués et interprétés avec l'anachronisme le plus choquant. Bon nombre de ces invraisemblances connurent plus tard une grande fortune, même après que les parlements eurent été victimes de leur égoïsme, de leur inconscience et d'une démagogie rarement égalée. Drapés dans les plis d'un manteau de libéralisme éclairé par les lumières d'un antijésuitisme militant, d'un gallicanisme facile et d'un jansénisme partisan, les parlementaires se posaient en pères des peuples et prétendaient revenir à une fantomatique « constitution primitive », violée par les rois.

Une sorte de complot rassembla une vingtaine de magistrats parisiens en un Conseil secret dirigé par un certain Michaut de Montblin : il s'agissait d'imposer les idées des parlements. S'appuyant sur les idées du comte de Boulainvilliers, pour qui les nobles descendaient des conquérants germaniques, ils posèrent l'ordre de la noblesse — et surtout les parlements — en légitimes successeurs de prétendues assemblées générales des Germains. Cela les autorisait à refuser les impôts en pleine guerre de Sept ans. Par une curieuse aberration, ces « traîtres » qui ne pensaient pas trahir furent populaires.

## *Le système fiscal*

Paradoxalement, le système fiscal reste encore connu de manière très insuffisante. Les revenus de la royauté proviennent, pour l'essentiel, de trois sources : le Domaine royal, qui fournit vers 1759 11 % des revenus de l'État, les impôts directs et les impôts indirects. La distinction entre impôts directs et indirects est cependant arbitraire dans la mesure où, par exemple, l'obligation de consommer un minimum imposé de sel dans les pays de « grande gabelle » équivaut en réalité à un impôt direct.

Le poids total des impôts a beaucoup varié, s'alourdissant entre 1635 et 1660, puis entre 1688 et 1715, pour baisser entre 1715 et 1755, et remonter ensuite au cours de la deuxième moitié du XVIII^e^ siècle. On a attribué aux impôts un rôle déterminant — ou, au moins, un rôle de détonateur — dans le déclenchement de la Révolution. Or, la France n'était pas, et de loin, le pays le plus imposé d'Europe : la Hollande et, dans une moindre mesure, l'Angleterre la dépassent de beaucoup. Il est vrai que les revenus d'État y sont fondés plus qu'en France sur la fiscalité indirecte, et surtout sur les droits de douane. Comment s'explique, dans ces conditions, le rejet du système fiscal de la monarchie ?

La description du système en révèle les fragilités. Sur un total de 500 à 600 millions de livres (en 1788), les impôts directs forment une masse d'un peu plus de 200 millions de livres, fournies pour l'essentiel par la taille, la capitation et le vingtième. La taille réorganisée par l'ordonnance d'Orléans de 1439 en était l'élément essentiel ; c'était à l'origine un impôt militaire, avec dispense pour les porteurs d'armes : taille personnelle dans le nord de la France — théoriquement assise sur les facultés des contribuables — et taille réelle dans le Midi et les pays d'États, pesant sur les biens-fonds. La seconde passait pour plus juste que la première. La capitation fut créée en 1694 pour les besoins de la guerre de la Ligue d'Augsbourg, supprimée en 1698, puis rétablie en 1701 : dans les pays d'élections, elle était une sorte de supplément de taille. Le dixième — 10 % des revenus —, mis en place en 1710, dura jusqu'en 1717, puis de 1733 à 1736, et enfin de 1741 à 1749 ; alors remplacé par le vingtième, il fut doublé en 1756, triplé de 1760 à 1763, puis de 1782 à 1786. Ces deux derniers impôts étaient en principe égalitaires, mais la capitation fut rapidement « aménagée », alors que le vingtième, fondé sur les déclarations des contribuables, restait un impôt bien assis. L'avantage des pays d'États apparaît ici plus nettement : en

1789, ils paient 13 % des impôts directs, le reste du pays 87 %.

Le système des impôts indirects (la gabelle, les aides, les traites et les monopoles d'État) est plus complexe. La gabelle du sel découpe l'ensemble du pays en six groupes de régions : les pays de « grande gabelle » comprenant tout le Bassin parisien et le Poitou ; l'enclave du Cotentin, pays de « quart bouillon » ; les pays de salines de l'Est, Lorraine, Alsace, Franche-Comté ; les pays « francs » sans gabelle (Bretagne, Nord) ; les pays « rédimés », du Poitou aux Pyrénées ; enfin les pays de « petite gabelle » (Provence, Dauphiné, Languedoc, Toulousain). Les différences, souvent très fortes, entre les prix du sel créent de véritables frontières intérieures, tenues par les « gabelous ».

Pour les droits de douane, la France est divisée en trois types de régions : les provinces « étrangères » (Lorraine, Alsace, Franche-Comté) qui touchent aux pays de grande gabelle et où les droits sont levés à cette frontière, et non à la frontière du royaume ; les pays « réputés étrangers » (Bretagne, Nord, Midi au sud d'une ligne Rochefort-Lyon) ; enfin les pays des « cinq fermes » qui subissent les taux les plus élevés. Les droits levés à ces frontières sont les traites. Les aides — le nom provient du droit féodal mais désigne en fait les impôts sur les produits de consommation — s'appliquent surtout aux boissons, ainsi qu'au fer, à l'or et à l'argent, aux cartes à jouer, au papier, aux amidons, aux savons, aux huiles. La diversité est extrême, et il est impossible d'en dresser une carte, taux et matières imposées variant d'un ressort à l'autre. Aussi leur impopularité est-elle extrême : celle, surtout, du « trop bu ou gros manquant » levé sur le vin et les eaux-de-vie au-delà de la consommation propre des récoltants. Les contrôles effectués en 1760 révélèrent que ce « trop bu » était rien moins que lourd : type de l'exagération populaire en la matière, qui dure encore en 1789. Rappelons qu'en

Angleterre l'impôt sur les boissons constitue aussi l'une des sources majeures des revenus de l'État.

Les reproches que l'on peut adresser à ce système de fiscalité sont de trois ordres. La levée pose de gros problèmes. L'extrême bigarrure fait de la France fiscale une invraisemblable mosaïque qui crée de sérieuses entraves à la vie économique. Toutes ces impositions reposent sur des inégalités sociales profondément ressenties.

La répartition des impôts directs est faite par l'intendant, paroisse par paroisse. Dans celles-ci, les collecteurs désignés par la communauté font souvent bénéficier leurs proches de gros avantages. Quant aux impôts indirects, ils ne sont pas levés en régie, mais affermés contre une somme forfaitaire, augmentée à chaque renouvellement de bail. Le regroupement de ces fermes aboutit en 1680 — avec le « bail Fauconnet » — à la création de la Ferme générale dont la redevance à l'État passera de 64 millions en 1680 à 144 en 1786. La Ferme générale suscite une hostilité massive, due à son efficacité évidente, obtenue par une véritable armée de quelque 40 employés, bénéficiant entre autres d'une retraite, et les fermiers sont accusés de faire aux dépens du contribuable de solides bénéfices. Ceux-ci sont effectivement importants — avec cependant des pertes en temps de guerre — mais, progressivement, le surprélèvement se stabilisera au XVIIIe siècle autour de 17 %, taux comparable aux coûts de levée contemporains. L'enquête du Contrôle général de 1759, menée à travers toute l'Europe, pose d'ailleurs la question, non résolue, de la rentabilité de la régie.

L'extravagante diversité des divers types d'impôts et de leurs variantes régionales est la faiblesse essentielle du système. Elle nécessite et « justifie » souvent l'« arbitraire » indispensable pour maintenir les recettes, même s'il ne porte que sur des sommes médiocres. Les inconvénients économiques sont évidents : sans unification, il n'est pas possible de réaliser un vrai marché national. C'est l'uniformisation, avantage suprême, qui a fait accepter au début de la Révolution la suppression des privilèges provinciaux.

Quant aux inégalités, on a jadis insisté surtout sur les privilèges... des privilégiés : clergé en tant que corps, noblesse soustraite à la taille et à la plupart des impôts indirects et ne contribuant que peu aux autres impôts. Ces privilèges sont nombreux, et ne se justifient plus dans un pays normalement administré. Ils semblent cependant avoir été d'un moindre poids que les privilèges de type territorial : privilèges des villes par rapport au « plat pays » les entourant, privilèges régionaux et provinciaux. Necker en a fait le décompte approximatif : là où un habitant de la généralité de Paris paie plus de 60 livres, un Breton n'en paie qu'une douzaine. Comme d'habitude, ce sont les moins imposés qui crient le plus fort, et avec sincérité.

Dès le début de la guerre de Sept ans, le Contrôle général avait « abonné » les pays d'États, ce qui enlevait toute équité au vingtième. On le leva une deuxième fois, puis en 1759 une troisième. Les Contrôleurs généraux furent soumis à la plus impitoyable pression. L'un d'eux, Étienne de Silhouette, proposa de remplacer le vingtième par une « subvention générale » ; le roi renonça, et le congédia, non sans qu'il ait rendu le service de faire banqueroute afin de continuer la guerre (1759). Cela lui valut de voir son patronyme transformé en substantif pour désigner un homme entrevu en ombre chinoise. Son successeur, Bertin, ayant levé pour la troisième fois le vingtième et doublé la capitation, les parlements entreprirent une formidable campagne d'intimidation et revendiquèrent le droit « historique » de consentir, seuls, aux impôts. Ils persuadèrent les Français qu'ils en payaient plus que les autres peuples. Cette énormité est restée, jusqu'à nos jours, une « vérité historique ». Bertin lança alors une enquête comparative sur les impôts européens : c'est l'une des sources d'information les plus sensationnelles qui soient. Elle montra que les sujets du roi de France étaient très moyennement imposés, moins que les Hollandais ou les Hambourgeois, infiniment moins que les Anglais, mais plus que les Prussiens ou les Autrichiens. Ce que le paysan français payait était, dans certaines provinces, très lourd, mais bien léger dans d'autres. Encore avait-il la possibilité de déduire du vingtième tous ses droits seigneuriaux, ce qui constitue pour l'historien un moyen d'évaluer lesdits droits seigneuriaux, extraordinairement variables d'une maison à l'autre dans le même village.

En 1763, Bertin annonça un contrôle des privilèges fiscaux. Ce fut le tollé : on revenait aux propositions de Machault d'Arnouville de 1749, ce qui répondait aux vœux des physiocrates. La révolte des parlements fut telle que les impôts nouveaux ne purent être levés. Louis XV, une fois de plus, capitula : il appela au contrôle général un ami des parlementaires, Laverdy, qui n'eut pas plus de succès que ses prédécesseurs. Il ne suffisait pas que ce janséniste représentât les parlements au cœur même du pouvoir royal. Ce fut un déluge d'assemblées générales, de commissions, de débats, de sous-commissions, de bureaux. Ayant triomphé, ces rhéteurs ne dissimulèrent que quelques mois leur incompétence ; Laverdy dut affronter une nouvelle « affaire de Bretagne ».

On a dit la responsabilité des militaires et des hommes d'État : ni le roi, ni Mme de Pompadour, ni les généraux, ni les amiraux, ni les officiers n'y échappent. Il faudrait détailler les haines entre les généraux et les amiraux, et l'indiscipline élevée à la hauteur d'une institution, surtout dans la marine. L'étranger était, naturellement, au courant de tout ce qui se faisait et s'écrivait en France. La trahison, au sens le plus brutal du mot, était d'ailleurs installée dans les lieux les plus inattendus : l'un des premiers commis des Affaires étrangères lors de la guerre de Sept ans était vendu aux Anglais, qui savaient parfois l'essentiel avant Louis XV lui-même. Certains parlementaires entretenaient des liens avec l'Angleterre. Il est vrai que, de son côté, le service de renseignement français fonctionnait plutôt bien.

Les conséquences indirectes de ce désordre savamment entretenu pèsent cependant plus lourd que les erreurs et les trahisons. Non seulement les impôts rentraient plus ou moins bien, mais ils étaient en dessous des possibilités du royaume et de ce qui aurait dû rentrer. Les parlementaires le savaient, mais ils en jouaient. L'effort de guerre s'en affaiblissait, mais à chaque défaite, les mêmes parlementaires poussaient les mêmes cris, alors que l'Angleterre, taisant ses grandes querelles, se rangeait derrière Pitt. Les troubles incessants et les doutes sur la stabilité française sont évoqués dès les années 1750 dans certaines gazettes de l'étranger. Les emprunts faits à l'étranger le furent à des taux surévalués, ce qui aggrava encore la situation financière. D'autre part, de nombreux investisseurs génois, vénitiens et surtout genevois et hollandais se détournèrent d'un pays dont le gouvernement était si contesté : ils placèrent purement et simplement leur argent en Angleterre. La victoire de celle-ci tient, en partie, à des capitaux détournés de France.

### *Les affaires de Bretagne et les jésuites*

Les jésuites furent des boucs émissaires. On les sacrifia sur l'autel d'un temporaire consentement des parlements aux édits financiers. Depuis longtemps hostiles aux jésuites, les parlementaires profitèrent de l'affaire La Valette, un religieux qui s'était lancé à la Martinique dans le commerce et la plantation pour payer les dettes des jésuites dans l'île. La guerre l'avait ruiné ; ses créanciers se retournèrent contre la Société, laquelle eut l'inconscience d'en appeler au Parlement de Paris, qui ne manqua pas l'occasion d'abattre les adversaires des jansénistes et des gallicans. Les jésuites furent condamnés à payer (8 mai 1761).

Le Parlement en profita pour mettre leurs statuts en cause. Des conseillers comme Laverdy, l'abbé Terray et l'abbé de Chauvelin s'entendirent pour attaquer les théories régicides des jésuites en remontant jusqu'à Henri IV. Le 6 août 1762, en dépit de l'opposition du roi, le Parlement fit fermer les établissements de jésuites et supprima la Société. L'arrêt mérite attention : les jésuites n'avaient certes pas, dans le passé, utilisé des procédés toujours irréprochables, mais les considérants du Parlement sont un monument de mauvaise foi. Le 9 mars 1764, le Parlement ordonnait le départ de France de tous les jésuites. Pour atténuer ces mesures, le roi, par un édit de novembre 1764, permit aux jésuites de rester en France à titre individuel, mais il ne revint pas sur la suppression. Ni le clergé séculier, ni le clergé régulier ne protestèrent vraiment. En réalité, le roi n'était plus en état de se faire obéir.

Avec les jésuites, s'effondrait l'un des pans du système d'éducation. Les philosophes applaudirent : le coup était, de la part du Parlement, fort habile. Les collèges furent confiés au clergé séculier des diocèses. Les historiens ont surtout retenu de l'affaire l'intense fermentation intellectuelle qui s'empara du monde des intellectuels et des faiseurs de projets. Sous la direction du procureur général du Parlement de Paris, on mit au point un plan de réforme de l'éducation, avec des projets qui comportaient des propositions dont une partie devait entrer plus tard dans la réalité. Il y eut donc quelque chose de positif. Dans l'immédiat la prise en main des enfants par le clergé séculier eut des résultats inégaux ; beaucoup d'établissements périclitèrent, perdant progressivement leurs élèves. Quoi qu'on pensât des jésuites, leurs successeurs ne les valaient guère. Comme on manquait de prêtres capables d'enseigner, on les remplaça par des laïcs, ce qui renforça un mouvement amorcé depuis le début du siècle. L'enseignement religieux déclina, car ces laïcs n'étaient pas tous d'une parfaite orthodoxie, et certains n'étaient même pas dans des dispositions réellement favorables au christianisme. Si on avait voulu « écraser l'infâme », c'était une réussite. Elle infligeait de surcroît un terrible camouflet à la royauté.

Certains collèges furent reconstitués sur des bases nouvelles. Aidés par des évêques compréhensifs, quelques directeurs intelligents profitèrent de l'occasion pour moderniser les programmes, diminuer la place du latin et augmenter celle des mathématiques, de la géographie, des sciences et parfois de l'histoire de France. A Paris, le célèbre collège Louis-le-Grand devint une sorte d'École normale destinée à former le nouveau personnel. Dans l'ensemble, cependant, on vit s'accentuer le déclin de l'enseignement des collèges, déjà en recul numérique et souvent qualitatif depuis le début du siècle. On comprend dès lors le succès d'établissements créés par des laïcs de formation intellectuelle moderne. Consciente ou non, l'Église de France, en ne réagissant pas, laissait se former hors d'elle une grande partie de ceux qui allaient avoir vingt ans en 1789.

La deuxième affaire est un peu la conséquence de la précédente ; ou plutôt, remontant à plus loin, elle se greffa sur elle. Tout avait commencé en 1758 alors que le commandant en chef en Bretagne était le duc d'Aiguillon. Très grand seigneur, descendant de la famille de Richelieu, fort apparenté à la Cour, c'était, en outre, un excellent administrateur, chose difficilement acceptable pour un Parlement remuant comme celui de Rennes. Par ses capacités et son activité, le duc éclipsa les intendants et entra en conflit avec les États de Bretagne. C'est ainsi que, pendant la guerre de Sept ans, il fit édifier, en contrôlant strictement les corvées royales des grands chemins, un réseau de routes transversales qui permirent, lors des différents débarquements anglais, d'envoyer rapidement des troupes à partir de positions centrales. Si les Anglais étaient un jour parvenus à détruire la flottille de commerce dans le port de Saint-Malo, sans pour autant prendre la ville, un autre débarquement, à Saint-Cast, se termina par une victoire française. D'Aiguillon n'était certes pas commode et s'entendait mal avec le procureur général du Parlement de Bretagne, La Chalotais, étoile montante dans les milieux intellectuels et politiques. Ce dernier se distingua dans l'affaire des jésuites, eut un succès énorme, fit imprimer ses réquisitoires ; mieux, dans le sillage de *L'Émile* de Rousseau (1762), il publia un *Traité de l'éducation nationale* (1763) qui fut un triomphe.

Au même moment, le commandant en chef refusait la survivance de la charge du procureur général que La Chalotais demandait pour son fils ; de l'aveu de tous, le fils était, sinon un demeuré, du moins peu intelligent. Le procureur général faisait partie des « hommes du roi », chargés, aux États de Bretagne comme ailleurs, de présenter les demandes royales. On comprend donc la réticence des bureaux versaillais. Pour se venger, La Chalotais fit taxer l'administration du duc d'Aiguillon de « despotisme », en prétendant que les travaux publics étaient du ressort des États et non du commandant en chef. La noblesse bretonne s'enflamma.

Ce fut bien pis en 1764. Poussé par la nécessité, Laverdy avait ajouté des taxes sur les droits affermés que l'on levait dans la province. Pourtant Laverdy était d'origine parlementaire, et, d'ailleurs, les États n'avaient rien à voir dans l'affaire. Ils interdirent pourtant la levée. Jusque-là ce n'était qu'une affaire politique de plus, colorée, il est vrai, par le rappel de l'Acte d'union de la province au royaume de 1532, d'une attaque contre la monarchie et sa centralisation administrative.

Les positions se durcirent à la suite de l'envoi de lettres anonymes au secrétariat de la Maison du roi : elles attaquaient de façon odieuse la personne royale. On reconnut l'écriture de La Chalotais, qui nia, puis, se sentant menacé, s'en prit au subdélégué de l'intendant de Rennes, Audouard. A propos de diverses arrestations, celui-ci fut condamné. C'en était trop ; La Chalotais fut arrêté, ses maisons et appartements fouillés. Une commission spéciale fut constituée, qui comprenait le futur contrôleur général, Calonne, le futur lieutenant général de police de Paris Lenoir, des conseillers d'État et des maîtres de requêtes. La commission se fit huer. La Chalotais se prétendit — à tort — victime de mauvais traitements. Le roi avait renvoyé, à Rennes, le Parlement quand il s'était mis en grève en 1765, avant même l'affaire des lettres anonymes. Tous les parlements de France prirent alors fait et cause pour celui de Bretagne et pour La Chalotais.

L'affaire traîna. Elle se superposa aux scandales dénoncés par Voltaire : les affaires Calas, Sirven et La Barre qui, de 1761 à 1766, déconsidérèrent les Parlements de Toulouse et de Paris. Comme les choses, cependant, ne s'arrangeaient pas en Bretagne, le roi, de guerre lasse, rappela le Parlement de Rennes en 1769. Immédiatement, La Chalotais mit le duc d'Aiguillon en accusation pour abus administratifs et subornation de témoins lors de son procès. Le roi annula alors toutes les procédures, aussi bien contre La Chalotais que contre le duc d'Aiguillon. C'était se faire des illusions : les deux adversaires demandaient à être jugés. De cette affaire sortit la grande réaction du règne, qui eût pu éviter la Révolution si Louis XVI avait été mieux conseillé.

Cet épisode avait été la partie émergée de l'iceberg. On le voit bien grâce aux *Mémoires* du lieutenant général de police Lenoir, partiellement confirmées par les archives d'un des descendants de La Chalotais. Celui-ci appartenait à une famille très divisée sur les questions religieuses ; sans qu'il soit prouvé qu'il fût lui-même janséniste, il avait des accointances avec ce milieu. Quand on perquisitionna chez lui, Calonne découvrit des lettres que La Chalotais tenta de jeter au feu ; envoyé, non ouvert, par Calonne au roi, le paquet contenait la correspondance de Louis XV avec l'une de ses maîtresses, Mlle de Romans, lettres subtilisées par un domestique du roi avec lequel le procureur général était en correspondance. Ces lettres compromettantes pour le souverain pouvaient être utilisées comme moyen de chantage. Lenoir ajoute que, avec l'aide de Quesnay, La Chalotais espérait devenir contrôleur général en faisant pression sur le roi à l'aide de cette correspondance. Cette accusation a pour elle qu'il passait à la fois pour proche des physiocrates — il avait publié un article remarqué sur le libre commerce des grains — et pour « ministrable ». Avait-il écrit les lettres anonymes ? La commission en eut la conviction.

### *Physiocratie et libéralisme*

La physiocratie est, au fil des temps, la deuxième grande théorie économique de l'Europe moderne. Contrairement au mercantilisme, largement européen, elle est un phénomène spécifiquement français. Le margrave Charles-Frédéric de Bade mis à part, elle a peu mordu sur les princes allemands, auxquels le caméralisme avait fourni un instrument plus adéquat. Quant à l'Angleterre, le développement d'une révolution industrielle beaucoup plus large que ne l'indique ce terme traditionnel a fait tôt évoluer ce pays vers le « laisser-faire, laisser-aller ».

Le fondateur de la physiocratie appartient à l'entourage royal le plus immédiat : Quesnay était médecin de Louis XV. Sa thèse fondamentale découle d'une réflexion systématique sur les bases de l'économie. Pour les physiocrates, seules la terre et son exploitation produisent vraiment des richesses. Ni la production industrielle ou artisanale, ni le commerce ne sont producteurs de richesses, puisque ni l'un ni l'autre ne créent de valeurs autres que dérivées. Conséquence majeure : l'impôt doit peser sur la terre. Et comme les physiocrates appartiennent au mouvement des Lumières et plus particulièrement au groupe des Encyclopédistes, il faut donc réformer l'État, supprimer tous les impôts existants et les remplacer par un unique impôt en nature, pesant sur la terre. Or, pour que les propriétaires puissent payer l'impôt, il faut qu'ils tirent de la vente de leurs produits, et surtout des grains, le maximum de profit. Ce qui ne s'obtient que par la suppression de toutes les entraves à la circulation des grains : droits de douanes comme contrôles administratifs.

Cette analyse comporte nombre d'éléments exacts : la richesse essentielle de la France est encore d'origine agricole. La physiocratie est donc un mouvement normal de réaction contre les excès du mercantilisme. Il incorpore, en outre, nombre d'éléments libéraux et exercera une influence certaine sur les politiques révolutionnaires. Il est non moins évident que la formulation de ce corps de doctrine intervient au moment où la part de l'agriculture dans le produit national des puissances économiques avancées commence à diminuer.

Il a pourtant l'avantage de relancer dans les élites dirigeantes françaises l'intérêt pour l'agriculture, et il coïncide avec un renouveau spectaculaire des expérimentations, directement lié à la prolifération des sociétés d'agriculture et à l'anglomanie rurale. L'État va tenter de réduire les terres vaines ou en friche, de favoriser l'assèchement des marais, de multiplier les afféagements de défrichement.

Ce bouillonnement des idées est cependant une illusion d'optique ; les expérimentations tant vantées, à commencer par celles du duc de La Rochefoucault-Liancourt, connaissent des échecs retentissants. Dans la mesure où la physiocratie est responsable d'améliorations des rendements, ceux-ci sont insuffisants pour compenser les effets de la détérioration climatique des années 1770-1790. Plus grave encore, la libre circulation des grains se heurte à l'hostilité populaire. Ainsi la multiplication des expérimentations libéral-physiocrates met-elle en cause le ravitaillement de Paris, qui a donné satisfaction jusque-là. L'inconséquente hostilité des privilégiés à Turgot aggravant la situation, on aboutit à la « guerre des farines » (1775) qui compromet la royauté elle-même aux yeux de la population parisienne. Les achats de précaution de l'administration apparaîtront ainsi comme des spéculations volontaires sur la misère du peuple.

Les excès de la doctrine, le comportement de ce qui a rapidement valu au groupe le surnom significatif de « secte », conduisent à l'apparition de tendances qui répondent aux objections. La principale est celle des « économistes », dont le représentant principal — et malheureux — est Turgot. Mais Turgot est bien autre chose qu'un simple physiocrate ; comme Dupont de Nemours, il représente l'un des fondateurs du libéralisme français.

La physiocratie comporte donc des aspects contradictoires. D'une part, c'est une théorie économique qui, en revalorisant la terre et en voulant améliorer le sort du monde agricole, profite essentiellement aux grands rentiers du sol, aux décimateurs et à la grande noblesse. D'autre part, nul doute n'est possible : Quesnay est hostile à une noblesse dont il désire la suppression pure et simple. Ce qui pose la question de la volonté politique qui sous-tend le mouvement physiocrate. Quesnay se révèle très hostile à Louis XV, dont il souhaite, dans ses lettres, le remplacement par le Dauphin. Si l'on en croit les accusations du lieutenant général Lenoir, la prise du pouvoir aurait dû se faire au profit du procureur général au Parlement de Bretagne La Chalotais, dont on sait qu'il était l'auteur de l'article sur la circulation des grains dans l'*Encyclopédie*. Le soutien du parti gallican et janséniste, voire la possession de la correspondance du roi avec Mlle de Romans auraient compté dans le plan. D'où l'affaire de Bretagne et le tour personnel pris, on l'a vu, par le scandale parlementaire.

La physiocratie a, à deux reprises, touché le sommet avec les contrôleurs généraux Silhouette (4 mars 1759 - 23 novembre 1759) et Bertin (23 novembre 1759 - 14 décembre 1763) d'une part, et avec Turgot de l'autre (24 août 1774 - 12 mai 1776). Chaque fois, l'exercice concret du pouvoir a sensiblement modifié les attitudes. La grande enquête de 1759-1760 sur les finances des États de l'Europe a calmé le jeu des responsables, tandis que Turgot, qui redoutait la guerre pour son maître Louis XVI, se heurtait à l'opposition stérile des parlements malencontreusement rétablis (1775) et à l'aveuglement général des élites sociales.

La physiocratie a, en revanche, inhibé nombre d'administrateurs. Dans les bureaux parisiens et versaillais, une féroce lutte dans l'ombre a opposé premiers commis et autres pour ou contre le mercantilisme colbertien retouché, pour ou contre la physiocratie. Par là, la physiocratie a contribué à déstabiliser le pouvoir royal. En tant que théorie économique, la physiocratie a, par sa logique idéologique et son refus du constat empirique, tôt perdu son emprise intellectuelle et une bonne partie de sa crédibilité. Les éléments restés valables ont été repris dans le grand — et confus — courant montant du libéralisme bourgeois que représente en partie la première révolution de 1789.

Le courant libéral a, en effet, préexisté à son nom, comme au grand œuvre d'Adam Smith (1776), *De la richesse des Nations*. Il apparaît déjà dans la discussion des idées de Colbert, dans les années 1660. Un certain nombre de négociants, surtout ceux de l'Est (Champagne, Lyonnais), opposent vainement à Colbert des arguments typiquement « libéraux » qui s'expliquent par leurs liens avec les Pays-Bas. Puis, à partir de 1680 monte l'opposition, autrement puissante, des négociants des ports atlantiques, hostiles aux monopoles royaux comme aux grandes Compagnies. Elle obtient un adoucissement sensible des monopoles des Compagnies, y compris de celle des Indes. Le commerce transatlantique et le trafic négrier s'en trouveront à peu près libérés. Parallèlement, la critique de la monarchie absolue par un Vauban ou un Boisguillebert comporte, elle aussi, des éléments « libéraux » avant la lettre.

Dans la pratique courante du XVIIIe siècle, l'expansion du commerce français, tant à l'intérieur qu'à l'extérieur, rend insupportable le cloisonnement fiscal et douanier. Soutenu par l'opinion publique, Necker rendra libre à son tour, en 1769-1770, le commerce des Indes, la suppression de la Compagnie des Indes étant cependant obtenue au prix de manipulations passablement obscures : le commerce libre dans l'océan Indien réussira aussi peu que celui de la Compagnie.

On retrouve donc dans le monde des affaires la même ambiguïté, la même indécision que dans l'appareil étatique. Celui-ci se trouve paradoxalement discrédité dans la mesure même où il tente des percées novatrices : libre circulation des grains et, plus encore, traité de libre échange entre la France et l'Angleterre (1786). Les effets immédiats du traité sont, déjà, en soi, dramatiques, et il n'en résulte pas, comme on l'espérait, un écoulement des surplus français de vins. Les effets psychologiques sont encore plus désastreux. En réalité, les bourgeoisies marchandes et « industrielles » souhaitaient à la fois l'établissement d'un marché national supprimant les barrières internes et permettant des unifications indispensables comme celle des poids et mesures, et le maintien de barrières protectrices face à l'extérieur. A une opinion divisée répondait une administration éclatée en clans de pensée opposés, aux contours flous, incapable de s'accorder sur rien mais critiquant tout. Cela n'avait rien de grave jusque vers 1770, dans un appareil de production en pleine expansion. Cela devint dangereux lorsqu'après 1770 l'accélération de l'avance anglaise en certains domaines et les effets de la concurrence vinrent s'ajouter à la déstabilisation conjoncturelle issue des sautes répétées et imprévisibles d'un climat détérioré depuis 1770.

## *La réforme Maupeou et le sursaut du roi (1770-1774)*

En dépit de l'intervention royale, rien n'était résolu. Le duc d'Aiguillon s'étant imprudemment tourné vers la Cour des Pairs : le Parlement de Paris autour des ducs et pairs. Celle-ci entreprit d'enquêter sur toute l'administration de la Bretagne, et donc de vérifier si le duc s'était bien conformé aux décisions de Louis XV. Elle réclama la communication de tous les ordres royaux, y compris les ordres secrets, exigence destinée à mettre en cause le roi et l'administration centrale. Il fallait créer un précédent qui permettrait, par la suite, de recommencer l'opération avec n'importe quel agent royal. La conséquence pratique eût été de placer l'administration sous le contrôle des parlements qui se réclamaient de l'exemple anglais, où l'administration se faisait par l'intermédiaire des justices de paix : comparaison des plus fallacieuses, mais simple justification historique.

Accepter ces prétentions était changer de régime. C'est bien une crise de type révolutionnaire qui se préparait. En même temps, pour conforter leurs prétentions et forcer le roi à capituler, les parlements faisaient tout pour aggraver la situation financière : Laverdy lui-même avait dû partir devant leurs refus forcenés. Il n'y avait pas un million de livres en caisse. Son successeur Maynon d'Invault (1768) resta un an, faisant ce qu'il pouvait, c'est-à-dire pas grand-chose. Il fallait recourir à des mesures plus énergiques. Le roi fit appel à l'abbé Terray.

De tous les hommes de l'Ancien Régime, Terray fut, avec Calonne, le plus décrié. Oncle de Mme Lavoisier, lié à la Ferme générale, c'était un homme exceptionnel. A la fin de 1769, le déficit budgétaire se chiffrait à 63 millions, plus 110 millions d'arriérés, auxquels s'ajoutaient deux ans de revenus dépensés d'avance. Terray fit ce qu'avaient fait Colbert et Orry : un assainissement brutal. Il suspendit le paiement des billets de ferme et des rescriptions des receveurs généraux, ce qui toucha gravement les rentiers. C'était, une fois de plus, une banqueroute qui n'osait pas dire son nom. Le Parlement s'opposa, cria, défendit. La situation était sans issue. Le pouvoir ne pouvait que capituler ou faire un coup de force. Après tant d'hésitations, de reculs et de tergiversations, le roi organisa son propre coup d'État en appelant le chancelier Maupeou.

A la fin de juin 1770, un nouveau lit de justice interdit toute continuation des procédures engagées contre le duc d'Aiguillon. Comme d'habitude le Parlement le cassa, exclut le duc de sa pairie, se fit acclamer par le peuple et approuver par le duc d'Orléans. Les princes du sang eux-mêmes se joignirent à la fronde parlementaire. La province suivit. Le Parlement se mit en grève (10 décembre 1774).

Choiseul se heurtait pendant ce temps à l'Angleterre. Il estimait venu le moment de la revanche. Mais lutter à la fois contre l'Angleterre et les parlements était impossible, et le roi ne tenait pas à un nouvel affrontement maritime. Et quelle serait l'attitude de Choiseul face aux parlements ? Le roi le disgracia, le reléguant dans son domaine de Chanteloup, près de Tours. Puis, dans la nuit du 19 au 20 janvier 1771, tous les parlementaires parisiens furent arrêtés ; ils se retrouvèrent exilés au plus profond de la province, où ils trouvèrent souvent des conditions de vie médiocres. Un conseil d'État remplaça provisoirement le Parlement. Le chemin était libre pour les réformes intérieures.

Par nécessité, Louis XV avait fait un choix contraire à celui de Louis XIII et Richelieu en 1630 : la paix extérieure à tout prix, pour sauver la monarchie et le pays de la ruine. Quand, en 1772, la Prusse, la Russie et l'Autriche procédèrent au premier partage de la Pologne sans que la France s'y opposât, ceux mêmes — princes, grands et parlements — qui, par leurs inconséquences, avaient affaibli le pays crièrent au désastre. On ne pouvait à la fois réorganiser la justice et les finances, et faire une guerre contre toutes les grandes puissances réunies. C'eût été pure folie.

A la fin de février 1771, Maupeou créa dans le ressort du Parlement de Paris six conseils supérieurs à Arras, Blois, Châlons-sur-Marne, Lyon, Clermont-Ferrand et Poitiers. Leurs membres étaient des commissaires payés, et non plus des officiers. Les ressorts de ces tribunaux étaient intelligemment découpés. L'ex-Parlement de Paris voyait sa compétence territoriale considérablement diminuée. Son droit de remontrance subsistait, mais n'était plus qu'une simple formalité.

Maupeou voulait aller plus loin et supprimer tous les parlements de province. Le roi n'osa pas : c'eût été donner prise à l'accusation de despotisme. Maupeou se contenta donc de supprimer les offices parlementaires et de composer les parlements avec des hommes moins engagés. La réforme alla plus loin : furent supprimés des bailliages trop petits et des tribunaux inutiles comme l'amirauté de Paris, ainsi qu'un certain nombre de cours des aides, de bureaux de finances et de juridictions des Eaux et Forêts. Maupeou s'en prit aussi à la vénalité des offices elle-même : l'édit de février 1771 réserva au roi, en cas de vacance, le choix du successeur d'un officier.

On imagine l'ampleur des protestations suscitées par ces décisions. Les nouveaux juges, effrayés, se désistèrent souvent. Le pouvoir dut prendre qui il trouva. Le monde de la basoche, inquiet, se mit en grève. Tous les moyens de pression des sociétés provinciales — Dieu sait si elles étaient nombreuses — furent mis en œuvre pour isoler, exclure et discréditer les malheureux qui prétendaient servir le roi. L'opinion bouda quelque temps les nouveaux tribunaux. La noblesse tout entière conduisait le mouvement.

Pour une fois, le roi résista. Peu à peu, les justiciables revinrent, et la machine se remit en route. Les philosophes soutinrent le roi, Voltaire, le premier, redoutait une révolution et détestait autant les parlementaires que les jésuites.

Terray parait au plus pressé. Débarrassé de l'obstination pernicieuse des parlements, il se mit à l'œuvre. Pour bien montrer que le vent avait tourné, le duc d'Aiguillon fut nommé secrétaire d'État aux Affaires étrangères. Ce fut le « triumvirat » : Maupeou-Terray-d'Aiguillon, trois hommes également insoucieux de popularité, et fortes personnalités au demeurant. S'entendant plus ou moins bien, ils étaient liés par la nécessité. Terray prolongea les deux vingtièmes, les faisant lever égalitairement, comme l'avait voulu Machault d'Arnouville en 1749 : les déclarations fiscales furent contrôlées par des agents formés dans une école spéciale. A Paris, la capitation fut indexée sur les loyers préalablement recensés, ce qui augmenta de près de 80 % le revenu de cet impôt au demeurant limité (1 million et demi de livres). Les baux des fermiers généraux furent révisés en hausse et on accrut les revenus du Domaine royal ainsi que le droit annuel sur les offices. En même temps les comptes furent apurés par une banqueroute (et Terray ne s'encombra pas de scrupules) : on put ainsi amorcer, comme pour la magistrature, la suppression des offices.

En 1774, la charge fiscale moyenne du Français se situait à 15 livres, les budgets annuels tendaient à l'équilibre, le crédit était rétabli. Les finances restaient précaires, mais la machine était relancée. Le roi n'avait même pas eu besoin de recourir à l'armée, dont le soutien était assuré.

Au-delà de ces mesures qui firent mal dans le monde de la finance et lui valurent des haines féroces, le contrôleur général poursuivit et amplifia l'effort de connaissance rationnelle du royaume. Rassemblant les registres de baptêmes, de mariages et de décès, il entreprit de chiffrer approximativement la population française. Le procédé, certes moins au point que dans d'autres pays, avait l'avantage de ne pas coûter cher. D'autres enquêtes suivirent, comme un admirable travail sur la panification et les prix du pain. Tout ne marcha pas d'emblée à la perfection : il fallut par exemple réformer le fonctionnement des moulins de Corbeil, devenus les greniers à farine de Paris. Et l'abbé Terray — il n'était pas prêtre — qui avait, comme tout le monde, des maîtresses et n'était pas absolument intègre, se vit attaquer, sans succès d'ailleurs.

L'action de Maupeou et de Terray porta rapidement ses fruits. En 1774, tout était rentré dans l'ordre. Le roi mourut à ce moment-là de la variole, ayant refusé de se laisser « inoculer » (10 mai 1774). L'indécence des manifestations auxquelles son enterrement donna lieu, bien qu'on ait pris la précaution de porter le corps de nuit à Saint-Denis, dépassa l'entendement. Ainsi disparaissait celui qui avait, par faiblesse, laissé commettre erreur sur erreur et multiplié les concessions envers une secte arrogante, incapable d'une large vision politique et indifférente aux dangers encourus par la nation. L'expérience Maupeou ne devait être qu'une expérience, une de plus, vite abandonnée ; elle valut à l'Ancien Régime, suivant le mot de Roland Mousnier, quinze ans de survie.

Il est loisible de se demander ce qui serait arrivé si Louis XVI avait maintenu ces réformes comme il en eut un moment la tentation. La haute aristocratie de Cour était cependant trop gagnée aux idées nouvelles pour qu'un jeune roi influençable puisse garder un jugement droit. Même si l'on pense que le maintien de ses ultimes réformes eût peut-être évité la Révolution, il reste que Louis XV, en dépit de son sursaut, commit de grosses erreurs. La « paix de roi » de 1748, la décision d'aider l'Autriche sur le continent en 1756 lui sont entièrement imputables. Au moins aura-t-il écarté une première crise révolutionnaire déclenchée par les parlements. Même rétablis, ceux-ci ne seront plus tout à fait ce qu'ils étaient auparavant. Tout allait dépendre de la personnalité de Louis XVI.

CHAPITRE IV

# « Le roi malchanceux »

(1774-1789)

## *Des débuts manqués*

Ernest Labrousse, le grand historien de l'économie, qualifiait, voici trente-cinq ans, Louis XVI de « roi malchanceux ». Il parlait des difficultés climatiques qui valurent à son règne de coïncider fâcheusement avec une série de récoltes très inégales, lesquelles se traduisirent par une hausse des prix qui, commencée vers 1768, s'accéléra ensuite. Les revenus de la paysannerie baissèrent. Ceux des rentiers du sol, bourgeois et nobles, augmentèrent. Au cours du siècle, le prix des grains avait doublé, ceux du bois et de la viande triplé. Tant que l'expansion se poursuivit, ces hausses furent tolérables. La population crût également plus vite que pendant la première moitié du siècle : elle passa de 24 millions d'habitants en 1740 à 28 en 1789.

Louis XVI n'a pas non plus eu de chance personnellement. Les deuils dans la famille royale ont fait qu'au XVIIIe siècle aucun roi ne succéda à son père. Louis XVI n'était que le petit-fils de Louis XV. Agé de vingt ans en 1774, il fut effrayé par le fardeau qui reposait sur ses épaules. Au même âge, Louis XIV n'avait pas demandé mieux que de gouverner et Louis XIII avait déjà fait assassiner Concini. Son éducation fut très soignée : pour n'évoquer qu'un aspect, ses connaissances géographiques étaient exceptionnelles et il se passionna pour la marine comme aucun autre roi de France. Jean-Marie Roland de La Platière, le futur Girondin, s'étonna un jour de la familiarité du roi avec les dossiers : il était fort capable, dans le détail, de débroussailler une question. Mais il eût fallu, en 1774, un roi hors du commun. La France eut un brave homme, d'intelligence moyenne, pétri de vertus chrétiennes et de quelques autres. Il eût fait un bon roi en temps de paix.

Il tenait de ses aïeux certains traits, mais différait sur d'autres. L'hérédité ne l'avait pas doté d'appétits trop charnels ; il fut fidèle à sa femme, Marie-Antoinette d'Autriche, la fille de Marie-Thérèse. Il aimait la chasse, la table. Ces qualités ne font pas nécessairement une tête politique. Comme Joseph II d'Autriche, son contemporain, il fut l'un des premiers chefs d'État très instruits. Mais à quoi servaient la science et les meilleurs précepteurs du monde quand l'expérience était absente. Louis XV ne l'a pas laissé assister aux Conseils. Plus encore que son grand-père, Louis XVI est resté confiné à Versailles, et l'échec de la fuite de Varennes sera pour une part dû à l'ignorance totale de la topographie parisienne, qui fit perdre de précieuses heures.

D'idées de gouvernement, Louis XVI n'en avait guère, sinon une seule, grande et respectable, mais dangereuse : prendre une revanche sur l'Angleterre. Si une guerre fut passionnément voulue par le roi et l'opinion publique, c'est bien celle de l'Indépendance américaine. Malgré les scrupules qu'il avait à soutenir des insurgés contre leur roi, il trouva l'occasion trop belle. Turgot l'avait pourtant averti : « Sire, au premier coup de canon, ce sera la révolution. » Apocryphe ou non, ce mot pose admirablement le problème. La France était-elle, en effet, en mesure de mener encore une grande guerre sans bouleverser son système financier ? Les réformes de l'abbé Terray et de Maupeou devaient être poursuivies pour porter leurs fruits.

Tout se décida en ces quelques mois au cours desquels le jeune roi, accueilli sinon avec enthousiasme, du moins avec une respectueuse sympathie, pouvait tout entreprendre. De nombreuses intrigues se nouérent alors, que nul ne s'est encore avisé de vraiment démêler. Pour son malheur, Louis XVI appela en définitive un revenant, Maurepas, un petit-fils de Pontchartrain, en faveur de qui Saint-Simon avait obtenu en 1725 la survivance des secrétariats d'État de la Marine et de la Maison du roi. Il avait été, jusqu'à la guerre de la Succession d'Autriche, un assez bon ministre de la Marine, gérant au mieux des budgets de misère. Puis il avait déplu à Mme de Pompadour, et n'avait guère plu à Mme du Barry. Il avait été écarté. C'était donc un vieux beau, épris de popularité mais ne sachant pas dans quel sens agir, qui revenait au premier plan. Le peuple eut des illusions : Un mot courut : Louis XVI = Louis XII + Henri IV. Joindre ainsi un roi entiché de chevalerie et totalement dénué de sens politique avec le plus efficace des cyniques dénote déjà une singulière confusion d'esprit, et souligne les méfaits d'une propagande inconsidérée.

Louis XVI avait quelques atouts : la popularité, la sincérité, le désir de bien faire. L'essentiel lui manquait : la volonté. Tout le monde le savait à la Cour, à commencer par ses précepteurs, qui avaient tenté d'y remédier. Il eût fallu un roi cynique et diplomate, une main de fer dans un gant de velours. De surcroît, Marie-Antoinette, vite impopulaire, eut sur lui une influence fâcheuse dont Marie-Thérèse s'inquiéta dans ses dernières lettres. Et puis il y avait les deux frères, le comte de Provence, futur Louis XVIII, et le duc d'Artois, futur Charles X. Gandins à la mode, ils méprisaient leur frère et ne désespéraient pas de lui succéder. Le duc d'Orléans non plus. On pourrait dire avec quelque exagération que la succession était ouverte dès l'avènement.

Tout le monde méprisait Louis XVI, à commencer par la reine, qui lui pardonnait difficilement une impuissance des premières années de mariage, à laquelle on ne remédia que tardivement par une opération. Personne ne se fût permis de traiter Louis XV comme le fut parfois son successeur. Les ambassadeurs étrangers en jasaient. Le duc d'Orléans faisait figure de chef d'une opposition attendant son heure. Ce roi trop bon, trop simple, se laissa conseiller de rappeler les parlements. Le retour des magistrats fut salué d'acclamations délirantes. Le seul commentaire lucide fut celui de Maupeou : « J'avais fait gagner au roi un procès qui durait depuis trois cents ans... Il veut le reperdre... il est foutu ! » On insuffla même au roi l'idée de présider la première séance du Parlement de Paris. Son discours était excellent ; autant parler à des sourds. Les parlementaires étaient bien décidés à recommencer, forts de leur « bon droit ». L'avocat général parla d'États Généraux...

Derrière les vivats qui avaient accueilli le Parlement, bien des gens hésitaient. Les cercles philosophiques affublaient les parlementaires de surnoms féroces : « pandours », « cosaques », « barbares », « Hurons ». On rappelait les affaires Calas, Sirven et La Barre, où les parlements avaient joué un rôle déshonorant qui leur avait valu les foudres de Voltaire. Mais, si la monarchie avait plus ou moins pour elle les têtes de file des Lumières, les parlements pouvaient compter sur leurs émules de moindre talent.

D'ailleurs, les « grands » philosophes disparurent à l'orée du règne de Louis XVI. La génération suivante était singulièrement mêlée. Non qu'elle ne soit pas passionnante : de Condorcet à l'abbé Mably ou à l'abbé Raynal, tous sont porteurs d'idées dont certaines iront loin et figurent parmi les sources de Karl Marx. Il est, parmi eux, de très honnêtes hommes. Raynal était sincère ; son *Histoire philosophique des établissements et du commerce des Européens dans les deux Indes* comporte des pages indignées contre l'esclavage et certains méfaits de la colonisation — une partie est de Diderot, qui, de peur de la censure, écrivait volontiers sous le nom d'autrui — mais elle a constitué une machine de guerre contre la monarchie. Les premiers événements de 1789 le détrompèrent : il fit savoir qu'il n'avait pas voulu cela...

L'historien américain R. Darnton a mis en évidence l'importance d'une autre littérature, clandestine celle-ci. Avec la complicité intéressée des imprimeurs, d'infâmes pamphlets avaient été lancés, on l'a vu, contre Louis XV. Il n'était pas question d'abandonner ce filon lucratif. Des textes érotiques furent diffusés ; lestes au début, ils devinrent ensuite plus scabreux. On a pu rapprocher des scènes de Sade certains dossiers de la police des mœurs parisienne. Mais il était dangereux de faire croire que ces excès étaient généraux dans la noblesse et le clergé.

Une « philosophie » vulgarisée (et parfois vulgaire) se propagea, curieux mélange d'idées justes et de positions extravagantes qui reflétaient fort peu la réalité. Les gens de Cour portent la responsabilité d'avoir alimenté en informations ou en ragots cette démythification du roi et de la famille royale. Puisque, décidément, Louis XVI ne donnait pas prise au scandale, on s'en prit à la reine qui, par ses inconséquences, prêtait le flanc aux pires racontars. Une histoire aussi sordide que l'affaire du Collier permit de déconsidérer en même temps l'« Autrichienne » et un évêque, le cardinal de Rohan, évêque de Strasbourg. La campagne eut un retentissement européen, comme en témoigne la pièce que Goethe écrivit sur ce thème.

Les autres responsables du discrédit de la monarchie sont les parlementaires. Ils propagèrent l'image du Français surchargé d'impôts, thème payant s'il en fut jamais ! Les révolutionnaires firent mine d'y croire. Quant à l'idée de contrôler le pouvoir royal et d'imiter le parlementarisme anglais, elle plut et s'imposa. Mais c'est Rousseau qui sut en trouver les justifications idéologiques.

*Du contrat social* passe pour avoir été peu lu, étant donné son tirage limité. Pourtant, les prospectus envoyés sous le manteau pour vanter les aventures de religieuses en chemise et de maîtresses royales sortant de lieux particuliers mentionnent en même temps quelques ouvrages de haute volée, et parmi eux *Du contrat social*. Ce livre fut au vrai beaucoup plus lu qu'on ne l'a dit. Il constitua même, avec des récits de voyages en Orient et des études sur une Antiquité qui n'était plus seulement gréco-romaine, l'un des points de référence de la pensée philosophique. Dans l'Église même, la théologie des Lumières se mit en quête d'un « christianisme primitif » pur de toute contamination. Compte tenu des connaissances ethnologiques et sociologiques du temps, les hypothèses de Rousseau n'étaient pas ridicules ; elles étaient même séduisantes, et en tout cas d'une valeur supérieure aux critiques de fond émanant des parlementaires.

C'est dans ce terreau mêlé que germèrent lentement les idées « révolutionnaires ». La police le savait, et le disait. Le jeune roi, effrayé, n'en voulut plus rien entendre. La machine à renseigner, si bien mise au point par Louis XIV, commença alors à tourner à vide. Or, au même moment, les mouvements populaires urbains, surtout parisiens, changeaient de nature. On s'en aperçut dès le début du règne, avec la « guerre des farines ». Les mutineries eurent des meneurs et des mots d'ordre. Des tactiques furent mises au point : tout ce qui transforme une « émotion » en révolution.

Il ne faudrait pourtant pas verser dans la thèse du complot, même si certains complots ont bel et bien existé. Entre les parlementaires et la population parisienne, il y avait des liens. Le duc d'Orléans se concertait avec les parlementaires, et son entourage était à tous égards supérieur à celui du roi. Mais il ne s'agit là que de complots de circonstance, de portée limitée, entre gens du même monde qui utilisaient des hommes de main. Ils ne pensaient pas à une révolution : tout au plus à un changement de roi, si l'occasion s'en présentait. Mais le pouvoir était matériellement mal défendu. Des décennies de paix civile avaient fait oublier que le pouvoir pouvait être pris par la rue ; en 1774, on n'y songeait plus. La machine, encore une fois, pouvait tenir, à condition de ne pas trop la remuer. On la remua, et par la volonté du roi : ce fut la guerre d'Indépendance américaine.

## L'indépendance américaine (1777-1783)

Pour avoir manqué de prestige, la politique extérieure de la fin du règne de Louis XV n'en avait pas moins agrandi le pays. L'acquisition de la Lorraine était inscrite dans les textes. A la mort de Stanislas Leczinski en 1766, cette province était officiellement revenue à la France: simple conséquence d'un état de fait. Deux ans plus tard, Louis XV avait acheté la Corse aux Génois (1768). Que cette acquisition ait fait partie d'un plan dressé de longue date ou que le roi se soit contenté de saisir une occasion, l'île venait à point renforcer les capacités de l'escadre de Toulon, et elle pouvait même servir à ravitailler en bois la marine. Il fallut cependant charger Marbeuf d'une campagne militaire contre le parti résistant de Paoli.

Ces deux agrandissements étaient passés presque inaperçus au cours de la période d'agitation parlementaire. Seul Rousseau, séduit par la « proximité des origines » de la société insulaire, avait imaginé pour la Corse une constitution idéale. Il en fit une autre pour la Pologne.

La guerre de Sept ans avait révélé les faiblesses de l'armée de terre et celles, plus patentes encore, de la flotte. Les ministres eurent à cœur de les remettre au niveau européen. L'animateur fut ici Choiseul, porté, il est vrai, par un courant patriotique. Si l'on ignorait ce mouvement de fond, il serait impossible de comprendre l'élan de la « grande nation » pendant la Révolution et l'Empire. Choiseul, à la fois secrétaire d'État à la Marine et à la Guerre depuis 1760, fut remplacé à la Marine en 1766 par son cousin Choiseul-Praslin.

A côté du renouvellement du matériel, le problème de l'armée de terre était d'ordre tactique : le fusil à tir rapide avait modifié les conditions de la bataille. Deux doctrines divisaient les spécialistes. Les combattants devaient-ils se disperser et, camouflés, tirer individuellement, ou devaient-ils être groupés en lignes et tirer ensemble, comme on le faisait jusque-là ? On dut aussi lutter contre l'indiscipline des officiers. Choiseul et ses successeurs sous Louis XVI s'appliquèrent à juguler le mal, sans jamais y parvenir totalement, non plus que dans la marine, où les commandants étaient les seuls maîtres à bord après Dieu. Choiseul créa l'École militaire préparatoire de La Flèche pour préparer les jeunes officiers nobles à l'École militaire de Paris. D'autres écoles, spécialisées, furent ouvertes ultérieurement, comme celle d'artillerie de Brienne où fut formé Bonaparte. Une régie directe de l'État fut introduite pour les fournitures de l'armée, mettant provisoirement fin au régime des munitionnaires. Quant au recrutement, il passa des mains des capitaines à celles du pouvoir royal.

Le matériel fut renouvelé, principalement l'artillerie, sous l'égide de l'ingénieur Gribeauval qui, non sans d'innombrables difficultés, introduisit la standardisation du matériel. L'artillerie française devint alors la meilleure d'Europe. Les grandes manufactures d'armes — Kligenthal en Alsace, Saint-Étienne, Charleville, Maubeuge — furent plus directement assujetties au roi.

D'autres réformes mises en place prolongèrent sous Louis XVI diverses mesures prises dès les années 1750 au sujet des sous-officiers et des officiers, mesures que l'on a trop systématiquement attribuées au comte de Saint-Germain. Lésant gravement les anciens cadres et engendrant ainsi le mécontentement, elles paraissent avoir joué un rôle dans les événements de 1789. L'introduction d'une discipline « à la prussienne » fut également mal reçue par les corps de troupe. Quant à la « réaction nobiliaire » visant à réserver à la noblesse les postes d'officiers, elle a été mal expliquée : elle tendait seulement à préserver la petite noblesse de la concurrence des riches bourgeois et des nobles de Cour. Inadaptée à la conjoncture politique, elle était, à beaucoup d'égards, et fut ressentie comme telle, antiroturière. Encore ne faut-il pas exagérer : comme pour la suppression de la vénalité des offices — proclamée mais loin d'être réalisée — la force des choses permettait toujours à de nombreux roturiers de rester ou devenir officiers, et pas uniquement dans les armes techniques comme le génie ou l'artillerie. La plus grave de ces mesures paraît avoir été d'empêcher des « bas-officiers » d'entrer dans le corps des officiers.

La reconstitution d'une marine sévèrement malmenée par la guerre de Sept ans fut, en revanche, une réussite totale. Les expériences faites sur des modèles permirent d'uniformiser les standards des navires ; les bâtiments faiblement armés disparurent. Le temps des vaisseaux de cinquante, cinquante-quatre et soixante-quatre canons était révolu : la flotte fut composée de navires de soixante-quatorze — modèle imité par tous les pays — et quatre-vingts, voire cent et cent dix-huit canons. On fit manœuvrer la flotte en temps de paix : on avait enfin compris qu'une marine coûte plus cher à entretenir qu'à construire et qu'il y faut des crédits. Grâce aux écoles de canonniers et à la multiplication des escadres d'évolution, les manœuvres et les tirs de la marine française rivalisèrent enfin avec ceux des Anglais. Sur le plan technique, la course à l'innovation entre les deux marines eut de spectaculaires conséquences. L'océan Pacifique fut arpenté par des expéditions rivales, en particulier celle de Bougainville, magnifiée par des ouvrages qui firent rebondir la controverse philosophique sur le bon sauvage, sur le Tahitien, qui sera le détonateur du dialogue de Diderot, *Supplément au voyage de Bougainville* (paru sous la Révolution). Les résultats scientifiques furent moins probants. Notons surtout que le long travail de mesure des longitudes entrepris dans les années 1720 permit de mettre définitivement au point le chronomètre, qui mit pourtant plusieurs décennies à se répandre dans le public.

Désormais capable d'aligner de soixante à quatre-vingts vaisseaux, la France de Louis XVI se tourne résolument vers la mer. Après la guerre de Sept ans, le commerce colonial a repris peut-être un peu moins rapidement et plus prudemment qu'en 1749, mais après quelques années, tous les records sont battus. Soutenu par des capitaux hollandais, Bordeaux devient, de très loin, le premier port de France ; Le Havre, Nantes et Marseille viennent derrière. Une nouvelle génération d'armateurs et d'hommes d'affaires émerge : parmi eux beaucoup de protestants, des Rhénans, des Suisses et des Allemands du Nord. Les liaisons terrestres avec l'Europe centrale s'améliorent grâce à un nouveau réseau routier. Le Havre est ainsi directement relié à Nuremberg, Bâle, Francfort, Mulhouse.

Parallèlement l'industrie trouve un nouveau souffle : les indienneurs, des manufacturiers de cotonnades apparaissent surtout dans la France du Nord, en Alsace et autour de Paris. Le café au lait sucré au petit déjeuner s'impose à l'élite parisienne puis européenne avant de s'étendre dans les bourgeoisies. Le trafic négrier connaît un nouveau développement, même s'il suscite des protestations de plus en plus véhémentes ; les négociants ne s'en émeuvent guère : les bateaux négriers de Montaudouin à Nantes portent des noms de philosophes. Après la suppression progressive de la Compagnie des Indes entre 1768 et 1772, le commerce des Indes devient libre et suscite des espérances vite déçues.

Plusieurs des négociants mis en difficulté par cet échec tentent de se refaire dans le soutien aux « Insurgents » américains, sous la houlette du marchand-écrivain-horloger qu'est François Caron de Beaumarchais. Ils leur fournissent leurs premières armes, pendant que le secrétaire d'État aux Affaires étrangères, Vergennes, maintient une façade de neutralité de 1775 à 1778. La qualité des armes étant discutable, le gouvernement américain refusera après 1783, d'honorer certaines factures. Ce sera l'une des causes de faillites en chaîne dans les ports atlantiques. Ces négociants déçus, en 1789, soutiendront la première révolution.

Reprenant certaines idées de Choiseul, Charles, comte de Vergennes, croyait inévitable la révolte des colonies américaines. Comme Choiseul, il envoyait des agents et avait chargé le chevalier de Fleurieu — l'un des précepteurs de Louis XVI, un scientifique remarquable — d'organiser un espionnage intensif en Angleterre. Le secrétariat d'État à la Marine disposait ainsi chaque mois de tableaux préimprimés donnant la position de tous les navires de guerre britanniques à travers le monde.

En Europe, la diplomatie française retourna contre l'Angleterre la théorie de l'équilibre européen. Se dégageant d'Europe centrale, elle resta attachée à la Turquie, vieille alliée. Le rapprochement avec l'Autriche se poursuivit, mais Vergennes refusa la séduisante offre de Joseph II : le soutenir dans son projet d'annexer la Bavière en échange d'une partie des Pays-Bas autrichiens. Tourné vers la mer et peu désireux de mener une guerre sur deux fronts, Vergennes refusa donc de participer à la guerre « des pommes de terre », court affrontement austro-prussien dont le seul résultat fut le camouflet infligé à l'impérial « sacristain », ainsi qu'on surnommait, pour sa manie de réglementer les questions religieuses, l'empereur Joseph II.

Quand éclata l'insurrection, le Congrès américain envoya en France Franklin, ancien maître des Postes des Treize Colonies. Il était l'inventeur du paratonnerre, un philosophe, un homme d'envergure : il sut se rallier les milieux de la Cour et de la Ville.

De 1775 à 1778 la France mena une politique prudente : on ne savait pas si les Américains tiendraient contre des troupes anglaises renforcées de mercenaires cédés par de petits princes allemands désargentés. On en profita pour préparer la guerre. Le 6 février 1778 était enfin conclu le traité d'alliance franco-américain.

La guerre débuta sur une grande bataille navale au large d'Ouessant (27 juillet 1778), où le duc de Chartres — le futur Philippe-Égalité — ne brilla guère, en dépit de ses vantardises. C'est bien sans raison que cette bataille suscita une joie démesurée en France. L'année suivante, le traité d'Aranjuez (12 avril 1779) plaçait l'Espagne aux côtés de la France. La jonction, tardive, des deux flottes eut lieu dans la Manche. On envisagea de débarquer dans l'île de Wight en partant de Caen, et dans les îles Anglo-Normandes en partant de Paramé. L'opération, mal coordonnée entre les alliés, échoua. Les liaisons ne fonctionnèrent pas mieux quand, le 20 décembre 1780, la flotte hollandaise se joignit aux Franco-Espagnols.

La situation extérieure de l'Angleterre était grave : on n'avait jamais vu les trois principales puissances maritimes du continent alliées contre elle. Mais les « murailles de bois » tinrent ferme. La mer, cependant, n'était plus exclusivement anglaise : aux Antilles et en Amérique du Nord, les escadres françaises de d'Estaing, de Grasse, de La Motte-Picquet et de Guichen remportèrent des succès notables ; elles eussent pu, avec de l'audace et une moindre rigidité dans l'application du principe de la bataille de ligne, remporter des victoires plus importantes encore. Enfin, se constituait en Europe septentrionale une Ligue armée des neutres, groupant la Russie, le Danemark et la Suède ; mais elle se borna à envoyer des convois armés : l'antagonisme séculaire entre les marines suédoise et danoise rendait difficile toute coopération.

A la fin de 1779, la partie était égale, et l'affaire semblait sans issue. En France, on sacrifia le secrétaire d'État à la Marine, Sartine, qui avait pourtant fait de l'excellent travail, et on changea de stratégie. Le débarquement en Angleterre étant exclu, on adopta une stratégie périphérique. L'armée du camp de Paramé, commandée par Rochambeau, fut transférée à Brest et l'escadre du chevalier de Ternay la conduisit sans encombre aux États-Unis, où l'avaient précédée des volontaires : La Fayette, qui investit là 600 000 livres à titre personnel, s'y fit un nom. Il fut, avec La Rouërie — le futur chef « vendéen » — l'un des rares volontaires efficaces. La Rouërie mena une guérilla exemplaire. Les autres, peu nombreux, étaient souvent douteux, et très mal acceptés par les Américains.

L'armée de Rochambeau était une armée de métier, fort apte à la guerre mais guère enthousiaste envers la révolution américaine. Tout ce que l'on a écrit à ce sujet relève de la propagande de la noblesse « libérale », rapidement reprise par les révolutionnaires. Les officiers et soldats n'ont pas rapporté des États-Unis le germe des idées nouvelles ; ils se sont plutôt montrés, au début de la Révolution, plus conservateurs que d'autres corps.

Rochambeau et La Fayette s'entendirent bien avec le généralissime américain, George Washington, et ils décidèrent de la guerre avec l'amiral de Grasse. Par une opération terrestre et navale, les armées française et américaine — ainsi que l'escadre de Grasse — surprirent les forces anglaises. La petite armée anglaise de Cornwallis, bloquée à Yorktown, capitua après un début de siège le 19 octobre 1781. La tentative faite par une escadre anglaise pour lever le blocus avait échoué quelques jours auparavant. Cette grande date dans l'histoire du monde marquait la victoire américaine et l'abandon par l'Angleterre de ses colonies, à l'exception du Canada. Elle marquait surtout l'irruption d'une très grande puissance : quelques observateurs français particulièrement perspicaces le firent remarquer.

La guerre n'était pas terminée. En Inde, toujours dans le cadre de la stratégie périphérique, l'escadre de l'amiral de Suffren réalisa des tours de force sans précédent, livrant bataille sur bataille, restant sur place pendant la mauvaise saison, réparant même ses vaisseaux en mer. Elle ne remporta pourtant pas de victoire décisive, faute de moyens de débarquement. L'adversaire anglais était très fort. La guerre continuait aussi aux Antilles. De Grasse s'y fit battre durement à la bataille des Saintes, alors qu'il escortait un convoi destiné à la conquête de la Jamaïque. Les caronades anglaises — armes meurtrières à courte distance — y furent pour beaucoup. L'amiral fut fait prisonnier. L'Angleterre pouvait négocier, son honneur maritime était sauf. Sûrs d'obtenir leur indépendance, les Américains s'étaient mis à négocier séparément. La méfiance régnait entre les alliés. En Espagne, le siège de Gibraltar — que tenaient les Anglais — avait une fois de plus échoué. La France commençait à manquer de matelots, à la suite d'épidémies. Surtout, la situation politique et financière se dégradait en France même. Aussi la paix de Versailles (3 septembre 1783) fut-elle en fin de compte décevante. La clause qui accordait à la France la reconstruction des fortifications de Dunkerque était accessoire, et la reprise de Tabago, aux Antilles, et de quelques comptoirs en Afrique, ne pouvait passer que pour un lot de consolation. La France s'était battue pour l'honneur, et guère plus. Du point de vue des intérêts français, la guerre ne se justifiait guère plus que celle de 1748. Celle-ci fut pourtant célébrée, parce qu'on y avait remporté des victoires.

Pour quelque temps, la position de la France était renforcée. Mais Vergennes ne tenait nullement à se mêler aux intrigues qui se nouaient. Il amena la Turquie à céder la Crimée à la Russie (guerre de 1783-1784), refusa à nouveau l'offre autrichienne des Pays-Bas — Namur et le Luxembourg — pour prix de l'adhésion française à l'annexion de la Bavière. Une politique franco-prussienne plus ou moins anti-autrichienne semblait s'esquisser.

Arbitre des affaires européennes à condition de n'influer en rien sur l'essentiel, la France connut des revers graves après la mort de Vergennes (1787). Ainsi, quand les libéraux et patriotes hollandais se révoltèrent contre le stathouder Guillaume V, responsable de la défaite contre les Anglais, en espérant un appui de Versailles, les troupes prussiennes vinrent vite à bout du mouvement sans que la France puisse intervenir. Quand la Russie attaqua de nouveau la

Turquie, la France ne put que conseiller à son alliée de faire des concessions.

Quant au traité de libre commerce conclu avec les États-Unis en 1784, il fut un échec : contrairement à ce que la France espérait en entrant en guerre, elle ne remplaça en rien l'Angleterre la paix revenue. Le commerce anglo-américain connut même un essor fantastique : les systèmes de crédits admirablement mis au point par les négociants anglais et les habitudes de consommation des Américains l'emportèrent. La guerre d'Indépendance américaine se soldait donc par un marché de dupes. Franklin l'avait compris très tôt : en 1778, il parlait des fabuleux bénéfices à attendre du futur commerce franco-américain mais, en 1781, il ne s'adressait plus qu'au seul sens de l'honneur de la noblesse.

Plus grave et pourtant parfaitement prévisible : la guerre avait coûté très cher, peut-être 2 milliards de livres. Il avait fallu, comme toujours, la financer dans l'improvisation. Necker y gagna un grand renom, Louis XVI la Révolution. La paralysie diplomatique n'était qu'un prélude à une paralysie généralisée. En dépit de maigres crédits, la marine continua pourtant à renouveler son matériel. Jamais la France n'avait eu un instrument naval d'une telle valeur : de l'autre côté de la Manche, on s'en inquiéta, mais on espérait beaucoup des problèmes financiers de la France. Mais le commerce, cette fois, n'avait pas été sérieusement perturbé durant la guerre, et poursuivait sa progression. Le dos au continent, la France semblait se tourner vers la mer.

## *Les réformes manquées du règne de Louis XVI*

Dans l'argot du petit peuple parisien, l'hôtel du Contrôle général avait pris le surnom d'« hôtel des déménagements ». La fin de l'Ancien Régime ressemble en effet, à plus d'un égard, à la III$^{e}$ République : les gouvernements se succédaient à vive allure, en puisant toutefois dans le même personnel. L'important était le titulaire du Contrôle général. De 1774 à 1790, il y en eut dix : Turgot de 1774 à 1776, Clugny de mai à octobre 1776, puis Taboureau des Réaux en titre d'octobre 1776 à juin 1777 — comme paravent du protestant Necker, décoré du titre simple de directeur du Trésor — puis ministre de fait jusqu'en mai 1781, Joly de Fleury de 1781 à 1783, Lefèvre d'Ormesson d'avril à octobre 1783, Calonne de 1783 à 1787, Bouvard de Fourqueux d'avril à août 1787, Laurent de Villedeuil, toujours en 1787, Lambert enfin, de 1787 à 1790, qui fut le premier ministre des Finances de la Révolution, en attendant Lessart, ministre des Contributions publiques à partir de décembre 1790. L'histoire n'en a guère retenu que trois : Turgot pour le hisser sur le pavois des génies méconnus, Calonne pour le vouer aux gémonies, et Necker, peut-être plus comme père de Madame de Staël que comme l'homme de 1789. On a relégué les autres aux oubliettes, même Loménie de Brienne, cet archevêque de Toulouse qui ne fut jamais Contrôleur général mais tint la réalité du pouvoir en 1787 et 1788.

Les jugements les plus divers ont été portés sur ces hommes. Aucun n'avait démérité. Turgot passe pour l'homme du dernier espoir, pour celui qui aurait pu empêcher la chute de l'Ancien Régime en le réformant. Les jugements sur Necker sont contradictoires. L'historien américain John Bosher le considère comme un grand ministre des Finances. Mirabeau l'exécrait. Après avoir été l'idole des foules, il sombra dans l'oubli, trop heureux d'échapper à l'échafaud. Quant à Calonne le « dépensier », toute l'historiographie bourgeoise du XIXe siècle s'est acharnée sur lui, et d'autant plus qu'il a été le premier émigré et qu'il a tenu en émigration le rôle d'une sorte de Premier ministre.

En 1774, l'espoir placé dans le jeune roi était immense : enfin, un roi respectable, que l'on pouvait admirer. Mais que faire ? Garder le « triumvirat » dominé par l'abbé Terray ? On hésita. Le mentor choisi par le roi, le très vieux comte de Maurepas, l'ancien ministre de la Marine, hésita lui aussi, avant de pousser au rappel des parlements, ce qui annula d'un coup de plume l'essentiel des résultats obtenus par le sursaut royal de 1770. Louis XVI y gagna un surcroît de popularité provisoire.

L'appel à Turgot — décidé sur les instances de Marie-Antoinette — était en revanche d'excellent augure. L'intendant de Limoges disposait d'un solide capital de renommée, justifié par une administration exemplaire. L'image d'Épinal en a retenu la propagande pour la pomme de terre et l'histoire du champ gardé par des sentinelles avec des fusils chargés à blanc. Tant, déjà, l'attrait du fruit défendu passait, même aux yeux de l'administration royale, pour le seul moyen d'imposer le progrès. Versailles y gagna quelques parterres de pommes de terre, et la royale boutonnière s'orna de la fleur de ce tubercule.

Le récit des réformes de Turgot et de son échec occupe de longs et parfois grands livres. Il est peut-être ici plus intéressant de voir ce que toutes ces tentatives successives de réformes ont de commun, dans leur assise comme dans les raisons de leurs échecs. L'une est d'emblée apparente : le règne de Louis XVI se marque par une absence totale d'homogénéité et de continuité. Ce fut une série d'essais, et, comme de juste en ce cas, souvent contradictoires. On tâta de tout, pour se rétracter devant les premières résistances sérieuses. Marie-Antoinette joua un grand rôle dans les disgrâces ministérielles, en particulier dans celle de Turgot. Autrichienne, elle avait déjà, dans « l'opinion française », un lourd handicap à surmonter. Elle l'aggrava par des interventions politiques inopportunes, et ce en dépit des conseils de prudence que lui prodiguait l'ambassadeur d'Autriche. Elle était la première reine de France depuis Anne d'Autriche à se mêler ostensiblement des affaires politiques. On ne le lui pardonna pas. Nombre d'historiens ont tenté de réhabiliter Louis XVI, non sans arguments. Rien, cependant, ni la connaissance des dossiers, ni la constance au travail, ni la probité, ne peuvent remplacer la volonté. Par définition, une monarchie absolue ne peut vivre qu'à la condition que le roi mène le tout.

La France avait à s'adapter à l'évolution rapide du monde de la deuxième moitié du XVIIIe siècle. Elle sortait d'une guerre coûteuse — celle de Sept ans — pour entrer dans une autre, encore plus coûteuse. Elle se trouvait donc confrontée à deux problèmes : la « modernisation » institutionnelle, qui portait sur les questions de tolérance et de justice, sur la remise au point de l'appareil judiciaire, et sur l'intégration au monde politique des bourgeoisies de mérite, et la remise en ordre des finances. C'est sur ce deuxième point que l'Ancien Régime a, finalement, achoppé. En 1774, la situation financière s'était améliorée, mais elle restait précaire. Le déficit subsistait, quoique réduit. Si le montant de la Dette d'État restait supportable, le paiement des intérêts pesait très lourd. Les forces armées absorbaient le tiers des dépenses, la Maison du roi le dixième, le paiement des intérêts le tiers. Les pensions (aussi bien des soldats que des privilégiés) représentaient 6 % et les « divers » 21 %. Pour assainir définitivement la situation, il fallait ne pas faire une nouvelle guerre. Moyennant quoi, il convenait, à la fois, de réduire les dépenses et d'augmenter les recettes. Turgot voulut faire l'un et l'autre. Il s'attaqua donc aux pensions comme aux dépenses de la Cour. Il s'illusionnait, comme tout le monde, à la fois sur le montant exact de ces dépenses inutiles — si nombre de pensions étaient « scandaleuses » cela n'eût pas réduit sensiblement le déficit — et sur les capacités de résistance des intéressés. Quant aux ressources nouvelles, toute augmentation d'impôts — augmentation d'impôts anciens ou création d'impôts nouveaux égalitaires — se heurtait à la résistance du Parlement de Paris, porte-parole des « privilégiés ». Comme, par ailleurs, Turgot avait établi la libre circulation des grains et supprimé les corporations, il vit se dresser contre lui et la Cour et la Ville.

Le vrai problème, cependant, est ailleurs. Cette politique qui, prolongée, eût porté ses fruits au prix d'un conflit avec les parlements n'était pensable qu'avec une paix prolongée. Or Louis XVI, s'il a jamais voulu une chose, d'accord d'ailleurs avec l'opinion publique, a voulu la guerre d'Indépendance américaine. Or la guerre maritime, nécessairement coûteuse, était incompatible avec la politique de Turgot. Or il s'offrit un homme depuis longtemps dans les allées du pouvoir: Necker, qui pensait pouvoir financer la guerre. D'où, peut-être, le renvoi de Turgot. Necker finança la guerre.

Lui aussi se rendait compte des réformes nécessaires. Il en fit de techniques, et fort utiles. La principale fut la création de la Trésorerie générale, qui remplaça d'un coup toutes les caisses privées des officiers de finance. C'était le bon sens même, et une clarification énorme. Necker prit, en excellent banquier, d'autres mesures de ce genre: on allait donc vers une bureaucratie financière spécialisée. Mais les problèmes restaient entiers. Necker fit donc appel à l'emprunt.

Son renom était tel qu'on put ainsi financer la guerre, mais ce fut à un prix exorbitant. C'est là que se séparent les historiens. D'aucuns pensent que les taux des intérêts étaient beaucoup trop élevés; en tout cas dès lors que l'on critique la gestion d'un Colbert, force est d'appliquer les mêmes règles à Necker. Vers 1780, il devint évident que le recours aux emprunts devait trouver sa contrepartie dans la création de nouvelles ressources ordinaires. On avait créé un troisième vingtième. Ce fut insuffisant. Necker parla de réforme, d'égalité devant l'impôt. En pleine guerre les parlements redevinrent alors ce qu'ils avaient toujours été: la citadelle des intérêts les plus matériels. Necker tomba. On put terminer la guerre, mais de justesse. Le blocage parlementaire était total, et Louis XVI hésitait à chausser les bottes de son grand-père. On trouva un nouveau magicien. Ce fut Calonne.

A plus d'un égard, la théorie de Calonne ressemble à celle de Law : pour qu'un État puisse emprunter, il faut qu'il paraisse à l'aise. Il faut donc dépenser pour pouvoir emprunter. Ces dépenses furent de deux sortes. D'une part, il fallait lancer de grands travaux d'utilité publique, les uns militaires comme les premiers travaux du port de Cherbourg, les autres civils, comme ceux du Havre. Pour la première fois, l'État se lançait dans l'équipement économique du pays, et ce directement, sur une grande échelle, en conquérant sur la mer des terrains à bâtir, et à revendre. Cette politique, très originale pour l'époque, était, dans la pensée de Calonne, destinée à augmenter la capacité fiscale française par l'augmentation de la puissance économique. Par malheur ces vues d'avenir obéraient encore plus le Trésor. Elles s'accompagnaient, en outre, de dépenses de Cour, destinées à se concilier une opposition de Cour grandissante.

Louis XVI avait en effet perdu le contrôle de la Cour. La succession de ministres aux politiques partiellement contradictoires s'accompagnait aussi d'une lutte, d'abord sourde, puis ouverte, entre les ministrables. La politique de Calonne reposait sur la confiance : Necker la sapa ; plus tard, Calonne le lui rendit avec usure. D'où le « coup » que fut la publication du fameux *Compte rendu au roi sur l'Administration des Finances* : Necker réalisa là le plus grand succès de librairie de l'Ancien Régime (plus de 300 000 exemplaires). L'ennui était que ces comptes étaient aussi fantastiques qu'orientés. Ils avaient le gros défaut de laisser croire à une solution facile du déficit : la suppression des pensions, dont la liste — soigneusement trafiquée — fit sensation et provoqua un scandale qui déconsidéra la Cour. La politique de Calonne devait donc, même sans Necker, déboucher sur l'impasse. Calonne avait, en outre, pour la seule raison qu'il s'agissait de mesures de Necker, rapporté les réformes administratives utiles, et supprimé pour commencer la Trésorerie générale.

Calonne pensa à s'en sortir en faisant à son tour appel à l'opinion publique. Il eut l'idée d'une Assemblée des Notables composée de personnalités représentatives de la Cour, mais aussi de l'ensemble de la vie du pays. Il pensait ainsi obtenir l'égalité devant l'impôt sans passer par les parlements, et cela à sa manière, progressivement. L'idée reposait sur une intuition étonnante, que les historiens de la Révolution et du XIXe siècle reprendront comme base de leur analyse politico-sociale : le passage d'un système politique « d'ordres » à une réalité sociale nouvelle, à un milieu où noblesse et bourgeoisie se fondaient en un corps de « notables ». Quoi qu'il en fût, c'était donner aussi un soutien certain à la notion d'une approbation du montant des impôts par les citoyens, notion naguère revendiquée par les parlements, qui se voyaient ainsi dessaisis au profit d'une assemblée plus représentative.

L'espoir fut déçu. Les Notables votèrent contre Calonne. Ils en appelaient aux États Généraux, seuls représentants du peuple de France. C'est dire que l'Ancien Régime a d'abord été trahi par les siens : les idées « nouvelles » avaient contaminé toute une administration centrale déchirée entre les tenants du clan Calonne et ceux du clan Necker, et plus encore la noblesse, la haute noblesse comme la noblesse administrative. Appeler les États Généraux, c'était s'engager dans une voie difficilement contrôlable. Necker pensa pouvoir le faire.

Calonne partit le 6 avril 1787. Necker ne le remplaça pas tout de suite. Voulant lui échapper, le roi fit appel à Loménie de Brienne : l'archevêque avait conduit de main de maître les États du Languedoc et passait, à la fois, pour un excellent financier et un bon administrateur. Il s'attaqua à ce sur quoi avaient buté et Calonne et Necker : les parlements. C'était enfin, et trop tard, revenir à la politique de la fin du règne de Louis XV. Il eût fallu disposer de quelques années, de manière à pouvoir absorber le choc dû au remplacement des parlements par de nouvelles cours de justice non politisées, donc disposer d'argent. La réputation de Loménie de Brienne sombra en l'affaire. Le 29 août 1788, il démissionna, rendant inévitable l'appel à un Necker plus populaire que jamais. Soutenu par la majorité des premiers commis comme par l'entourage immédiat de la plupart des intendants, Necker comptait brider la noblesse en imposant le doublement du nombre des députés du Tiers, en sorte qu'aux États Généraux les roturiers fussent en nombre égal aux « privilégiés ». La logique des choses voulait que l'on passât ensuite au vote par tête, et non plus par ordre. Les choses, désormais, allaient très vite. En dépit des variantes régionales, Necker imposa un suffrage proche de l'universel. Parallèlement, se déclencha la plus gigantesque « campagne de presse » de l'Ancien Régime, dépassant en ampleur celle des « mazarinades ». L'administration se voyait dépassée par les événements dans tous les domaines, et elle commençait à s'effondrer. L'exemple fut donné en Dauphiné, où à l'assemblée de Vizille, au prix de quelques émeutes, s'imposa le vote par tête.

Osons ici une interprétation. Il semble que l'attitude de Necker ait été proche de celle des membres de la « Société du mercredi » qui, au même moment regroupait sous ce vocable à Berlin les « amis des Lumières », c'est-à-dire les principaux réformateurs prussiens. Ces « progressistes » sont, en réalité, des réformateurs qui ne conçoivent les réformes qu'à l'intérieur de la monarchie absolue. Dans l'esprit d'administrateurs exaspérés par des années d'une lutte vaine contre la résistance d'instances et d'hommes incapables de comprendre la nécessité de réformes, il fallait enfin débloquer la situation, mais sans sortir du cadre de la monarchie absolue. Or la pression d'une opinion publique « bourgeoise » était désormais telle que le point crucial devenait le vote d'impôts « librement consentis ». C'était poser la question de la monarchie constitutionnelle, probablement le vœu secret, impérieux, d'un Mirabeau. Pour lui il n'était pas question d'aller plus loin, et surtout pas d'établir un régime d'assemblée. Dans quelle mesure Necker et les premiers commis, qui ont joué dans ces années cruciales un rôle méconnu, dans quelle mesure, surtout, Louis XVI ont-ils compris, ou au moins senti ces problèmes ?

La situation politique évoluait sur fond de difficultés alimentaires, d'émeutes frumentaires, de faillites artisanales dues aux conséquences du traité de libre-échange de 1786. Les émeutes parisiennes, si longtemps inorganisées, devenaient plus dangereuses. Elles disposaient de plus en plus d'un encadrement, de mots d'ordre, et, par moments, de véritables chefs, et cela au moment où l'on avait, par mesure d'économie, supprimé les mousquetaires gris, la seule force de police vraiment efficace. C'était aussi le moment où les bas-officiers des régiments de gardes françaises, logés en partie chez l'habitant, étaient déçus par les réformes successives qui les avaient lésés et proches en outre de la population parisienne, moins que jamais disposés à obéir inconditionnellement au pouvoir. Ils ne l'avaient pas fait avant 1750; ils le feraient encore moins après. A la faveur de la discussion universelle, les émeutes vont donc prendre de la gravité, non sans provocations de part et d'autre.

Turgot pouvait-il sauver l'Ancien Régime ? C'est là, semble-t-il, une question mal posée. Comme Turgot lui-même l'avait souligné, dans l'état financier de l'Ancien Régime, il eût fallu une période de paix pour rétablir le crédit de l'État. La Révolution en eût été très certainement retardée. Il eût fallu, aussi, maintenir le système judiciaire du triumvirat, mener une politique ferme, à la fois modérée et continue, c'est-à-dire choisir des lignes de conduite et les imposer. Ni Louis XVI ni son entourage n'en étaient capables.

CONCLUSION

# Bilan de l'Ancien Régime : la Révolution était-elle inévitable ?

La nouvelle orientation de la France vers le grand large n'allait guère durer, non plus que le regain de prestige dû à la paix glorieuse de 1783. Six ans à peine après le triomphe, c'était 1789. En dépit de l'énorme effort naval de la Révolution et de l'Empire, la flotte allait se retrouver en 1815 amoindrie et techniquement dépassée. Quant aux perspectives commerciales et coloniales, elles resteront médiocres. La France sera redevenue une puissance continentale et, après d'éphémères acquisitions sur la rive gauche du Rhin, guère plus avancée que sous l'Ancien Régime.

On continuera perpétuellement de débattre pour savoir si la Révolution était ou non inévitable. L'une ou l'autre réponse reste indémontrable.

Du moins nous en savons assez aujourd'hui pour reconnaître la fragilité de certains jugements portés contre la monarchie. Pour paraphraser Corneille, l'Ancien Régime ne mérite ni les excès d'honneur, ni les indignités dont on l'a accablé. Bornons-nous donc à poser quelques questions, et d'abord celle-ci : quel est le bilan humain de l'Ancien Régime ?

Quel a été l'effet des guerres, qu'elles soient purement militaires et aient des effets pervers limités pour s'être souvent déroulées hors de France, ou qu'elles soient des guerres « totales », civiles ou étrangères, aux effets dévastateurs à l'intérieur des frontières. Dirigées contre les populations, ces guerres-ci ajoutent aux pertes des combats des effets indirects : épidémies, destructions, déplacements de population, voire génocides. La révocation de l'édit de Nantes, avec les courants migratoires qu'elle provoque, se rapproche de ce second type de conflit. Mais pour que la comparaison soit pertinente il faut y intégrer les effets compensateurs, comme par exemple l'arrivée des Irandais et des catholiques anglais en France.

Certains crimes sont évidents, comme l'acte injustifiable de 1685 : Louis XIV en porte personnellement la responsabilité principale. Mais peut-on omettre la contrepartie ? En face de 300 000 à 350 000 émigrés, et de 10 000 bagnards protestants, combien d'arrivées d'Irlandais ? Probablement plus de 100 000. Victimes de la répression royale : quelques centaines de condamnés à mort (en y incluant ceux de l'Affaire des poisons) sous Louis XIV, quelques dizaines sous la Régence, moins de deux cents sous Louis XV, moins de cent sous Louis XVI, et 20 000 à 30 000 (?) victimes directes ou indirectes de la guerre des Camisards. Pour la Fronde et les guerres de Religion, les données manquent, mais on sait que la Saint-Barthélemy a fait quelque 5 000 morts. En fait, les conditions ne sont pas les mêmes avant et après 1650. A cette date s'achève, en effet, le temps de la guerre « totale » — disons plus précisément de guerre structurellement destructrice — et commence une période de « guerre en dentelles ».

Laissons parler le tableau des pertes militaires, étant entendu qu'il ne s'agit que des seules pertes françaises. Il procure une échelle significative de comparaison.

On peut donc distinguer, dans l'histoire de la France, trois phases. De 1550 à 1650 : des pertes importantes, de l'ordre d'un demi-million — sans y comprendre l'effet des famines, qui tiennent à la fois du climat, des vicissitudes militaires et des structures sociales. De 1650 à 1789 : une période de préservation du sang français — Mazarin disait : « Ne vaut-il pas mieux qu'ils paient plutôt que de mourir » — et des pertes de nettement moins d'un demi-million. De 1790 à 1815: une perte énorme qui n'a d'égales que celles des deux guerres mondiales. Celles du XIXe siècle, dont l'ordre de grandeur est le plus sûr, sont bien plus faibles.

Guerres limitées

| *Pertes militaires* | *Pertes civiles directes* |
|---|---|
| Guerre de Dévolution : moins de 1 000 | — |
| Guerre de Hollande : 20 000-50 000 | — |
| Guerre de la Ligue d'Augsbourg : 50 000-70 000 | — (famines non comprises) |
| Guerre de Succession d'Espagne : 120 000 | 50 000 |
| Guerre de Succession d'Autriche : 30 000 ? | 50 000 ? |
| Guerre de Sept Ans : 60 000-100 000 | 50 000-60 000 |
| Guerre d'Indépendance américaine : 15 000 | 30 000 |

Guerres totales

| *Pertes militaires* | *Pertes civiles* |
|---|---|
| Guerre de Trente ans : 30 000 ? | 200 000-500 000 (sans l'Alsace) |
| Guerre des Camisards : 15 000 ? | 50 000 ? |

Révolution et Empire :
Total : au minimum 1 500 000, peut-être 2 000 000

Une immense enquête économique, sociale, intellectuelle et politique, commencée dès l'origine des événements, a, au fil des temps, apporté à l'édifice de la période prérévolutionnaire une moisson d'une extraordinaire richesse. La rénovation de toute l'histoire profonde en a profité. Mais on a, aussi, peut-être omis quelques considérations simples.

Dans la chute d'un régime, la manière dont il s'est défendu compte beaucoup. Certains résistent, quel que soit le prix, comme Thiers face à la Commune. D'autres reculent devant l'effusion de sang : ainsi Louis XVI. Quelles que soient les trop évidentes réserves que l'on peut apporter à la politique de ce souverain, c'est là un fait qu'on ne peut que respecter. L'histoire, cependant, ne retient guère que les succès et passe facilement sur le coût en vies humaines.

En 1789, se posait la question du maintien de l'ordre à Paris. Le 5 octobre encore, Versailles n'était protégé que par une petite centaine de soldats, et la compagnie la plus proche se trouvait à Meudon. Paris et Versailles n'étaient protégés que de très loin par une armée qui, si elle avait été sûre, eût vite mis au pas l'Assemblée nationale et les gardes nationaux. La Révolution a réussi parce que l'armée a versé du côté de la Révolution. Et c'est dans son évolution interne — et en particulier celle des deux régiments des gardes françaises — que réside l'un des facteurs essentiels de la manière dont ont tourné les événements. Du côté du pouvoir royal, les structures mentales face à cette question du maintien de l'ordre étaient privées de lucidité : alors que Louis XIV et Louis XV avaient été très avertis de l'évolution des manières de penser de la population parisienne, Louis XVI se refusait, pour des raisons morales, à utiliser les moyens classiques de renseignement. Il perdit de ce fait contact avec l'état d'esprit populaire, et cela au moment précis où les possibles émeutes urbaines trouvaient dans la pensée philosophique et dans sa vulgarisation une idéologie et une dynamique. Une émeute sans programme et sans chefs est vouée à l'échec, quelle que soit son ampleur. Une émeute avec un programme et un encadrement a des chances de succès, surtout quand les forces susceptibles de lui être opposées n'ont rien préparé. Car Paris était un monstre démographique et sociologique : ce qui est surprenant n'est pas qu'il y ait eu finalement une révolution, mais bien qu'elle ait eu lieu si tard, après plus d'un siècle d'un calme extraordinaire.

Cela place les causes économiques, sociales et intellectuelles à leur juste niveau, qu'il faut se garder d'exagérer comme de sous-estimer. D'où le grand problème, soulevé par Gavroche : « C'est la faute à Voltaire, c'est la faute à Rousseau », sera le *leitmotiv* de tant de générations contre-révolutionnaires, en attendant que d'autres, se réclamant pourtant des « grands ancêtres », en viennent à nier ce rôle.

Voltaire comme Rousseau appartiennent à l'Ancien Régime finissant. Voltaire eût refusé la Révolution. Si la réponse est plus complexe pour Rousseau, il en eût certainement refusé bien des conséquences, dues pourtant à qui se réclamait de lui.

On le voit bien, il existe désormais, vers les années 1750, deux France qui se comprennent de plus en plus mal. L'une, héritière de la tradition chrétienne, revigorée par la Contre-Réforme du XVIIe siècle, a perdu contact avec la science et la technologie. L'autre, prenant acte du télescope et du microscope, se détourne du Ciel et veut refaire la vie et la société. Dans l'euphorie de certains enthousiasmes, le fossé a pu sembler se combler : ainsi lorsque le bas-clergé se réunit au Tiers État. De janvier à décembre 1789 on a pu croire que les deux France pouvaient s'entendre. Les incidents sanglants, pourtant, ont rejeté la plus grande partie de la noblesse — pas nécessairement la plus réactionnaire — dans le camp des irréductibles, et la Constitution civile du clergé contribua à écarter cette possibilité de réconciliation. Même la bourgeoisie constitutionnelle n'a pas compris — pas plus que, quelques années plus tôt, l'empereur Joseph II porté à user des mêmes méthodes — que la Constitution civile ne pouvait que provoquer une irrémédiable coupure ; elle était inacceptable pour des catholiques qui ne participaient pas de la « théologie des Lumières ». Et le très grand historien Marc Bloch pouvait écrire quelques mois avant de tomber devant un peloton d'exécution allemand : « Il est deux sortes de Français qui ne comprendront jamais rien à l'histoire de France : ceux qui refusent de vibrer au récit du Sacre de Reims, et ceux qui refusent de vibrer au récit de la Fête de la Fédération. »

ANNEXE

# Tableau des guerres de religion

| Rois | Régente | Guerres |
|---|---|---|
| FRANCOIS II<br>(1559-1560)<br>CHARLES IX<br>(1560-1574) | CATHERINE<br>DE<br>MÉDICIS<br>(régente de 1559 à 1563) | *Ire* guerre de Religion : 1562-1563<br>Colloque de Poissy : septembre 1561.<br>Massacre de Wassy : 1er mars 1562.<br>Orléans et Normandie bases d'appui protestantes ; siège et prise de Rouen par les catholiques.<br>Bataille de Dreux : 19 décembre 1562.<br>Assassinat du duc de Guise par Poltrot de Méré (24 février 1563).<br>Reprise du Havre sur les Anglais : 28 juillet 1563.<br>*Paix d'Amboise : 19 mars 1563 :*<br>Libre exercice du culte dans une ville de bailliage ou dans les seigneuries de haut justicier ; sauf à Paris : reproches de Calvin et de Coligny au duc de Bourbon.<br><br>*IIe guerre de Religion : 1567-1568*<br>Complot protestant. La Cour se réfugie à Meaux : 26 septembre 1567 ; siège de Paris par les protestants. |

| Rois | Régente | Guerres |
|---|---|---|
| CHARLES IX (1560-1574) | CATHERINE DE MÉDICIS (régente de 1559 à 1563) | Défaite huguenote à Saint-Denis : 10 novembre 1567.<br>Paix de Longjumeau : 23 mars 1568, renouvelle la pacification d'Amboise (menace de révolte du Midi ; arrivée de troupes protestantes palatines).<br>Disgrâce du chancelier Michel de L'Hospital : 24 mai.<br><br>*IIIe guerre de Religion : 1569-1570*<br>Déplacement du centre de gravité de la résistance protestante d'Orléans à La Rochelle.<br>Bataille de Jarnac : 13 mars 1569 ; 3 octobre : victoire du duc d'Anjou à Moncontour.<br>Coligny en Bourgogne (Sancerre, Vézelay, La Charité-sur-Loire).<br>*Édit de Saint-Germain : 8 août 1570 :* quatre places de sûreté aux protestants : La Rochelle, Cognac, Montauban, La Charité ; Coligny le véritable vainqueur.<br><br>*IVe guerre de Religion : 1572-1573*<br>Influence de Coligny sur Charles IX.<br>Épisode et émeute à propos de la « croix de Gâtines » : décembre 1571.<br>22 août 1572 : Coligny blessé dans un attentat ; dimanche 24 août 1572 : massacre de la Saint-Barthélemy. Massacres en province.<br>Siège de La Rochelle (février-mars 1573) ; 24 juin : accord du duc d'Anjou avec les Rochelais ; il est élu roi de Pologne en juillet 1573.<br>Montée des « Malcontents » (duc d'Alençon).<br>30 mai 1574 : mort de Charles IX. |

| Rois | | Guerres |
|---|---|---|
| HENRI III<br>(1574-1589) | CATHERINE<br>DE<br>MÉDICIS | Accord de Millau : 9 août 1574 (entre protestants et Politiques) : les guerres religieuses deviennent politiques. |
| | | *Ve guerre de Religion : 1575-1576* |
| | | Bataille de Dormans (10 octobre 1575) ; arrivée des reîtres du Palatin à Montargis. |
| | | *Paix de Beaulieu ou « la Paix de Monsieur » (François d'Alençon) : 6 mai 1576* : paix la plus favorable aux protestants (condamnation de la nuit de la Saint-Barthélemy) ; apanage du duc d'Alençon sur la Loire avec La Charité. |
| | | 1576 : constitution de la Ligue (Sainte Union catholique, ou Sainte Ligue), rupture des Valois et des Guise. |
| | | *VIIe guerre de Religion : 1577* |
| | | Henri III tente d'en limiter la portée en se plaçant à la tête de la Ligue ; dissociation des protestants et des Malcontents ; offensive contre les protestants : prise de La Charité et de Brouage. |
| | | *Paix de Bergerac : 17 septembre 1577.* |
| | | *VIIe guerre de Religion : 1580* |
| | | Discorde à l'intérieur de la famille royale ; le roi se brouille avec son frère. |
| | | Prise de Cahors par le roi de Navarre (mai 1580). |
| | | *Paix de Fleix : 26 novembre 1580.* |

| Rois | | Guerres |
| --- | --- | --- |
| HENRI III<br>(1574-1589) | | *VIII$^{e}$ guerre de Religion : 1585-1598*<br>10 juin 1584 : mort du duc d'Anjou ; Henri de Navarre devient héritier de la Couronne.<br>Reconstitution de la Ligue : 1584.<br>Victoire de Henri (de Navarre) à Coutras sur la Ligue : 20 octobre 1587, première victoire protestante en bataille rangée mais victoires du duc de Guise à Vimory et Auneau (fin 1587). |
| | *La reine-mère reste à Paris, ses conseillers écartés. Elle est partisan d'une candidature de Guise.* | 8 mai 1587 : arrivée d'Henri de Guise à Paris, appelé par la Ligue ; 12 mai : journée des Barricades et fuite du roi.<br>États Généraux de Blois (9 octobre 1588).<br>23 décembre 1588 : assassinat, sur ordre du roi, du duc puis, le lendemain, du cardinal de Guise.<br>5 janvier 1589 : mort de Catherine de Médicis.<br>1$^{er}$ août 1589 : assassinat du roi par Jacques Clément ; Henri III avait désigné Henri de Navarre comme successeur (30 avril). |
| HENRI IV<br>(1589-1610) | | Bataille d'Arques : 21 septembre 1589 : défaite de la Ligue.<br>14 mars 1590 : victoire du roi sur la Ligue à Ivry.<br>Siège de Paris par Henri IV : 7 mai 1590-septembre ; levée du siège devant l'arrivée des Espagnols.<br>19 avril : prise de Chartres.<br>25 juillet 1593 : abjuration d'Henri IV.<br>22 mars 1594 : entrée d'Henri IV dans Paris.<br>17 septembre 1595 : réconciliation avec Rome. |

| Rois | Guerres |
| --- | --- |
| HENRI IV (1589-1610) | Guerre contre l'Espagne ; mais reconstitution en 1594 d'un parti protestant armé.<br>D'où, 13 avril 1598 : Édit de Nantes.<br><br>*Guerre avec l'Espagne*<br>Février 1591, à l'appel des Ligueurs, garnison espagnole à Paris.<br>1595 : nouvelle invasion espagnole ; victoire d'Henri IV ; Fontaine-Française : 5 juin 1595.<br>17 janvier 1595 : déclaration officielle de la France ; guerre avec l'Espagne.<br>Début 1596 : réconciliation avec le duc de Mayenne ; réduction à l'intérieur des dernières résistances (duc de Mercœur en Bretagne).<br>1596 : prise de Calais par les Espagnols.<br>11 mars 1597 : prise d'Amiens par les Espagnols ; reprise de la ville par Henri IV en septembre.<br>*2 mai 1598 : Paix de Vervins* : confirme Cateau-Cambrésis.<br>13 septembre 1598 : mort de Philippe II d'Espagne. |

# Repères chronologiques

| | |
|---|---|
| 1515 | Avènement de François Ier. Bataille de Marignan. |
| 1516 | Concordat de Bologne (François Ier et le pape Léon X). |
| 1519 | Échec de François Ier à l'élection à l'Empire. |
| 1520 | Entrevue de François Ier et de Henry VIII d'Angleterre. |
| 1521 | Guerre entre François Ier et l'empereur Charles Quint. |
| 1522 | Perte du Milanais et de l'Italie du Nord par la France. |
| 1523 | Trahison du connétable de Bourbon au profit de la Maison d'Autriche. |
| 1524 | Mort de Bayard. Invasion de la Provence. |
| 1525 | Défaite de Pavie : François Ier prisonnier à Madrid. |
| 1526 | Libération de François Ier. |
| 1527 | Sac de Rome par les troupes de Bourbon au service de Charles Quint. |
| 1528 | Perte de Naples par la France. |
| 1529 | Paix de Cambrai ou paix des Dames : Charles Quint maître de l'Italie. |
| 1530 | Fondation du Collège de France. |
| 1532 | Alliance de la France avec les princes protestants allemands. |
| 1532 | Réunion officielle de la Bretagne à la France. |
| 1534 | Jacques Cartier au Canada. |

1536 Alliance de la France avec les Turcs.
1536 Invasion de la Provence par les Impériaux.
1538 Trêve de Nice.
1539 Ordonnance de Villers-Cotterêts (enregistrement de l'état civil et des actes officiels et de justice en français).
1541 Calvin définitivement à Genève.
1542 Reprise de la guerre contre Charles Quint.
1543 Victoire française de Cérisoles.
1544 Charles Quint en Champagne ; traité de Crépy.
1545 Début du concile de Trente.
1546 Traité d'Ardres avec Henry VIII d'Angleterre.
1546 Étienne Dolet supplicié pour cause d'hérésie.
1547 Mort de François Ier. Henri II roi.
1548 Guerre franco-anglaise : Marie Stuart flancée au Dauphin de France.
1552 Guise s'empare de Metz, Toul et Verdun.
1552 Création des présidiaux.
1552 Vain siège de Metz par Charles Quint.
1555 Philippe II d'Espagne succède à Charles Quint qui abdique.
1557 Défaite française de Saint-Quentin : Paris menacé.
1558 Guise s'empare de Calais.
1559 Traité de Cateau-Cambrésis. Fin des guerres d'Italie. Les Trois-Évêchés à la France.
1560 Avènement de Charles IX. Conjuration d'Amboise.
1561 Colloque de Poissy. Massacre de Wassy.

| | |
|---|---|
| 1562 | Début de la première guerre de Religion. Alliance des protestants avec Elisabeth Ire d'Angleterre. |
| 1563 | Assassinat de François de Guise. Paix d'Amboise. |
| 1564 | Mort de Calvin. |
| 1567 | Deuxième guerre de Religion (1567-1568). |
| 1568 | Paix de Longjumeau : La Rochelle capitale protestante. |
| 1569 | Troisième guerre de Religion (1569-1570). Bataille de Jarnac. |
| 1570 | Paix de Saint-Germain : places de sûreté aux protestants. |
| 1572 | Quatrième guerre de Religion (1572-1573). Nuit de la Saint-Barthélemy (24 août). |
| 1573 | Siège de La Rochelle. |
| 1574 | Henri III roi de France. Début de la cinquième guerre de Religion. |
| 1575 | Bataille de Dormans. |
| 1576 | Formation de la Sainte Ligue. Paix de Loches et de Beaulieu. |
| 1577 | Sixième guerre de Religion (1577-1578). |
| 1580 | Septième guerre de Religion. |
| 1582 | Réforme du calendrier : calendrier grégorien. |
| 1585 | Huitième guerre de Religion (1585-1598). |
| 1587 | Henri III allié au futur Henri IV contre les Guise. |
| 1588 | Journée des Barricades. Assassinat des Guise à Blois. |
| 1589 | Assassinat d'Henri III. |
| 1590 | Victoires d'Henri IV à Ivry et Arques sur le duc de Mayenne. |
| 1591 | Terreur à Paris, dominé par la Ligue. |
| 1593 | Abjuration d'Henri IV. |

| | |
|---|---|
| 1598 | Édit de Nantes. |
| 1602 | Fondation de la manufacture des Gobelins. Indépendance de Genève, garantie par la France. |
| 1603 | Champlain à Paris. |
| 1610 | Assassinat d'Henri IV par Ravaillac. |
| 1611 | Le cardinal de Bérulle introduit l'Oratoire à Paris. |
| 1612 | Paix avec l'Espagne. |
| 1614 | États Généraux à Paris. |
| 1615 | Mariage de Louis XIII avec Anne d'Autriche. |
| 1617 | Concini, favori de Marie de Médicis, assassiné sur ordre du roi. Luynes favori. |
| 1620 | Guerre contre les protestants. |
| 1622 | Fin de la guerre civile. |
| 1624 | Entrée de Richelieu au Conseil royal. |
| 1627 | Siège de La Rochelle (1627-1628). |
| 1629 | Édit de grâce d'Alès. Perte des places de sûreté par les protestants. |
| 1635 | Entrée de la France dans la guerre de Trente ans (1618-1648). |
| 1636 | Prise de Corbie par les Espagnols. Paris menacé. |
| 1637 | Mise au point en Angleterre du premier vaisseau de ligne. La France suit. |
| 1639 | L'Alsace occupée par les troupes françaises. |
| 1640 | Occupation de l'Artois et du Roussillon : prise d'Arras. |
| 1641 | La France soutient la Catalogne révoltée contre l'Espagne. |
| 1642 | Complot de Cinq-Mars. Mort de Richelieu. |
| 1643 | Mort de Louis XIII. Condé remporte la victoire de Rocroi. Régence d'Anne d'Autriche et ministériat de Mazarin. |

| | |
|---|---|
| 1645 | Condé et Turenne en Allemagne. |
| 1646 | Les Français et les Suédois en Bavière. Marie-Louise de Gonzague reine de Pologne (1646-1667). |
| 1648 | Victoire française à Lens. Paix de Westphalie. Début de la Fronde parlementaire et fuite de la Cour. |
| 1649 | Siège de Paris. Fin de la Fronde parlementaire. Début de la Fronde des Princes. |
| 1650 | Ravages par les Lorrains et les Espagnols de la Champagne et de la Picardie. |
| 1651 | Alliance des Princes et du Parlement. Fuite de Mazarin. |
| 1652 | Reprise de Paris par les troupes royales. |
| 1653 | Fin de la Fronde. Triomphe de Mazarin. Le roi proclamé majeur. |
| 1655 | Alliance franco-anglaise contre l'Espagne. Dunkerque aux Anglais. |
| 1656 | Création de la « Ligue du Rhin » sous l'égide de Mazarin. |
| 1658 | Condé, au service des Espagnols, remporte la bataille des Dunes sur Turenne. |
| 1659 | Paix des Pyrénées. Mariage de Louis XIV avec Marie-Thérèse d'Espagne. |
| 1661 | Mort de Mazarin. Début du règne personnel de Louis XIV. Procès de Fouquet. |
| 1666 | Les parlements perdent le droit de remontrance. Brève guerre franco-anglaise. |

| | |
|---|---|
| 1666 | Début de la construction du canal du Midi (Riquet). |
| 1667-1668 | Guerre de Dévolution. |
| 1668 | Traité d'Aix-la-Chapelle : Lille à la France. Inquiétude de l'Europe devant la puissance française. Alliance Angleterre-Hollande-Suède. |
| 1670 | Traité de Douvres : rapprochement franco-anglais. |
| 1672-1678 | Guerre de Hollande. L'invasion française échoue devant l'inondation. La guerre devient européenne. |
| 1673 | La France menacée. |
| 1674-1675 | Triomphale campagne puis mort de Turenne en Alsace. |
| 1676 | Victoires navales de Duquesne en Méditerranée sur les flottes hollandaise et espagnole (Lipari, Agosta, Palerme). |
| 1677 | L'Angleterre abandonne Louis XIV. |
| 1678 | Paix de Nimègue. Acquisition de la Franche-Comté et de villes dans le Nord. Fin de la guerre de Hollande. |
| 1679 | Paix de Saint-Germain complétant la paix de Nimègue. |
| 1679-1682 | Affaire des Poisons. |
| 1680 | Début de la politique de « défensive offensive » du « pré carré » préconisée par Vauban. Les « Réunions ». |
| 1681 | Prise par surprise de Strasbourg. |
| 1682 | Problème des « libertés gallicanes » |
| 1683 | Mort de la reine et de Colbert. |
| 1685 | La trêve de Ratisbonne imposée à l'Autriche et à l'Empire marque l'apogée du règne de Louis XIV. Révocation de l'Édit de Nantes. Émigration protestante. |

| | |
|---|---|
| 1686 | Formation de la Ligue d'Augsbourg antifrançaise. |
| 1688-1697 | Guerre de la Ligue d'Augsbourg : l'Europe contre la France. Début de la « deuxième guerre de Cent Ans » entre les puissances maritimes et la France. |
| 1689 | Première crise financière due à la guerre. |
| 1690 | Destruction du Palatinat. |
| 1691 | Victoire navale de Bévéziers. Invasion du Piémont. Conquête de la Savoie. Mort de Louvois. |
| 1692 | Défaite navale de La Hougue. |
| 1693 | Victoire de Neerwinden et de La Marsaille. |
| 1694 | Grave crise climatique. Apogée de la guerre de course. |
| 1696 | La Savoie abandonne la coalition antifrançaise. |
| 1697 | Traité de Ryswyck : *statu quo*. |
| 1698 | Querelle du quiétisme : Bossuet contre Fénelon. |
| 1700 | Mort de Charles II d'Espagne. Son testament en faveur du duc Philippe d'Anjou. |
| 1701 | Mort de Guillaume d'Orange. Le testament d'Espagne déclenche la guerre de la Succession d'Espagne (1702-1714). |
| 1702 | Désastre naval de Vigo. |
| 1703 | Fructueux « trafic des mers du Sud ». |
| 1704 | Défaite continentale majeure de la France à Hochstädt (Bavière). |
| 1706 | Défaite de Ramillies. Perte progressive des Pays-Bas espagnols. Défaite de Turin. |
| 1708 | Grave crise financière. |

| | |
|---|---|
| 1709 | Destruction de Port-Royal.<br>Défaite française à Malplaquet. |
| 1709-1710 | Crise climatique et alimentaire. |
| 1710 | Vaines négociations de paix en Hollande. Sursaut français.<br>Victoire de Villaviciosa en Espagne. |
| 1711-1712 | Mort du Dauphin (Monseigneur) et du duc de Bourgogne. |
| 1712 | Victoire française à Denain.<br>Congrès d'Utrecht et de Rastadt. |
| 1713 | Traité d'Utrecht avec l'Angleterre.<br>Bulle *Unigenitus* contre les jansénistes. |
| 1714 | Paix de Rastadt et de Bade avec l'Autriche et l'Empire. |
| 1715 | Mort de Louis XIV.<br>Le duc d'Orléans Régent. |
| 1716 | La Polysynodie. |
| 1717 | Alberoni, Premier ministre en Espagne, contre la France. |
| 1718 | Débuts du système de Law. |
| 1719 | Complot de Cellamare ; guerre avec l'Espagne. |
| 1720 | Traité de Madrid. Peste de Marseille.<br>Écroulement du système de Law. |
| 1722 | Mort du cardinal Dubois devenu Premier ministre. |
| 1723 | Mort du duc d'Orléans.<br>Le duc de Bourbon Premier ministre. |
| 1725 | Mariage de Louis XV avec Marie Leczinska. |
| 1726 | Renvoi du duc de Bourbon.<br>Le cardinal de Fleury Premier ministre (1726-1743).<br>Stabilisation de la livre. |
| 1729 | Le traité de Séville marque le retour en force de la France. |
| 1733 | Orry contrôleur général.<br>Équilibre du budget.<br>Début de la guerre de la Succession de Pologne (1733-1735). |

| | |
|---|---|
| 1734 | Campagne de Villars en Italie. |
| 1736 | Négociations de Venise : la Lorraine ira à la France à la mort de Stanislas Leczinski. |
| 1738 | Paix de Vienne. Création de la corvée royale des grandes routes. |
| 1739 | Guerre anglo-espagnole. |
| 1741-1748 | Guerre de la Succession d'Autriche. |
| 1742 | Campagne de Bohême, prise et perte de Prague par les troupes françaises. |
| 1743 | Défaite de Dettingen. Mort du cardinal de Fleury. |
| 1744 | Invasion autrichienne en Alsace et en Lorraine repoussée. Invasion française des Pays-Bas. Entrée en guerre de l'Angleterre contre la France. |
| 1745 | Victoire française sur l'Angleterre à Fontenoy. Mme de Pompadour favorite royale. |
| 1746 | Perte des positions françaises en Italie, mais prise de Madras aux Indes et victoire aux Pays-Bas. |
| 1747 | Victoire de Lawfeld sur l'Angleterre. |
| 1748 | Traité d'Aix-la-Chapelle. *Statu quo* « bête comme la paix ». |
| 1749 | Tentative de réforme fiscale par Machault d'Arnouville. Création du « vingtième » : échec. |
| 1752 | Violent conflit avec le Parlement de Paris. |
| 1754 | Dupleix écarté aux Indes. Traité de Godeheu signifiant l'abandon aux Anglais. |
| 1755 | Violents incidents de frontière au Canada. Occupation de l'Acadie par les Anglais. |
| 1756 | Renversement des alliances. Guerre de Sept ans (1756-1763). |

| | |
|---|---|
| | Prise de Minorque par la France sur l'Angleterre. |
| | Victoire française de Clostersevern. |
| 1757 | Défaite française de Rossbach devant Frédéric II de Prusse. |
| | Attentat de Damiens contre Louis XV. |
| 1758 | Choiseul chef du gouvernement. |
| | Combats aux Indes. |
| 1759 | Bataille de Québec. |
| | Mort de Montcalm. |
| | Perte de la Guadeloupe. |
| | Défaite navale des îles Cardinaux. |
| 1760 | Perte du Canada : capitulation de Montréal. |
| 1761 | Le pacte de famille (France-Espagne-Autriche). |
| 1762 | Affaire Calas. |
| 1763 | Traité de Paris. Perte du premier empire colonial français. La France ne conserve que les îles à sucre. |
| 1764 | Suppression de l'ordre des Jésuites en France. |
| 1766 | La Lorraine devient française par suite de la mort de Stanisas Leczinski. Exécution du chevalier de La Barre. Conflits violents de la royauté avec les parlements. |
| 1768 | Achat de la Corse. |
| | Maupeou chancelier. |
| 1769 | Naissance de Napoléon Bonaparte à Ajaccio. |
| 1770 | Chute de Choiseul (affaire des Malouines). |
| | Mariage du Dauphin avec Marie-Antoinette d'Autriche. |
| 1771 | Le « triumvirat » : Maupeou, abbé Terray, duc d'Aiguillon. |
| | Terray rétablit les finances. |
| | Remplacement des parlements. |
| 1772 | Premier partage de la Pologne. |

| | |
|---|---|
| 1774 | Mort de Louis XV.<br>Réaction ministérielle.<br>Rappel des parlements.<br>Turgot Premier ministre. |
| 1776 | Chute de Turgot. Franklin à Paris. |
| 1777 | Necker au Contrôle général.<br>La Fayette en Amérique.<br>Guerre d'Indépendance américaine (1777-1783). |
| 1778 | Mort de Voltaire et de Rousseau.<br>Alliance avec l'Espagne. |
| 1779 | Aux Antilles, de Grasse contre Rodney.<br>Échec de la campagne navale dans la Manche. Suppression du servage dans le Domaine royal. |
| 1780 | Changement de stratégie : transfert de l'armée de Rochambeau aux États-Unis. |
| 1781 | Victoire terrestre et navale des Insurgents et des Français à Yorktown. L'indépendance des U.S.A. assurée.<br>Départ de Necker. |
| 1782 | Campagne victorieuse de Suffren aux Indes.<br>Enceinte des Fermiers-Généraux construite à Paris. |
| 1783 | Traité de Versailles.<br>Énorme dette de guerre.<br>Calonne contrôleur général. |
| 1784 | Beaumarchais : *Le Mariage de Figaro*. |
| 1785 | Affaire du Collier de la reine. |
| 1786 | Le traité de libre-échange entre la France et l'Angleterre compromettant un peu plus la situation économique.<br>Projets divers de réforme. |
| 1787 | Calonne réunit l'Assemblée des notables. Échec.<br>Ministère Loménie de Brienne |

| | |
|---|---|
| | et tentative de réforme des Parlements. |
| 1788 | Rappel de Necker. |
| | Convocation des États Généraux. |
| 1789 | Élections aux États Généraux. |
| | Début de la Révolution. |

# Orientation bibliographique

## LES GRANDES COLLECTIONS

Toute étude sérieuse de la longue période de trois siècles doit débuter par la vieille bonne collection CLIO, des PUF. Si *Le XVIe siècle* apparaît ancien et très dépassé, il n'en va pas de même pour :

E. Préclin et V.-L. Tapié, *Le XVIIe siècle. Monarchies centralisées (1610-1715),* Paris, 1949.

Des mêmes auteurs : *Le XVIIIe siècle* ; première partie : *La France et le Monde de 1715 à 1789,* Paris, 1952 ; deuxième partie : *Les Forces internationales,* Paris, 1952.

Pour le récit des événements voir toujours la bonne vieille histoire sous la direction de Lavisse : *Histoire de la France des origines jusqu'en 1789,* Paris, 1901-1911. Un certain nombre de ces volumes ont été réédités par Tallandier et, en particulier les 2 excellents tomes sur *Louis XIV* (préface de R. Mousnier), Paris, 1978. Les tomes consacrés au XVIIIe siècle sont, peut-être, du fait du parti pris de glorification unilatérale de la Révolution, moins réussis.

On corrigera ces ouvrages anciens par le recours à :

R. Mandrou, *La France aux XVIIe et XVIIIe siècles,* Paris, 1967, coll. « Nouvelle Clio ».

G. Duby et R. Mandrou, *Histoire de la civilisation française* (t. II), Paris, 1958.

R. Mandrou, *Introduction à la France moderne, 1500-1640 (essai de psychologie historique),* Paris, 1961, coll. « Évolution de l'Humanité ».

Il est évident qu'on aura à resituer l'histoire de la France dans les grandes collections d'histoire générale, qui contiennent toutes de très longs développements sur l'histoire de la France :

M. Crouzet (sous la direction de), *Histoire générale des civilisations,* PUF, t. IV : R. Mousnier, *Les XVI^e et XVII^e siècles. La grande mutation intellectuelle de l'humanité, l'avènement de la science moderne et l'expansion de l'Europe,* Paris, 5^e éd., 1967 ; et t. V : E. Labrousse, *Le XVIII^e siècle. L'époque des Lumières (1715-1815),* Paris, 5^e éd., 1967.

G. Livet et R. Mousnier (sous la direction de), *Histoire générale de l'Europe des origines à nos jours,* 3 vol., Paris, 1980 (t. II).

R. Mousnier, *La Monarchie absolue en Europe du XV^e siècle à nos jours,* coll. « L'historien », Paris, 1982.

F. Braudel et E. Labrousse (sous la direction de), *Histoire économique et sociale de la France* ; t. I : *De 1450 à 1660* : 1. P. Chaunu et R. Gascon, *L'État et la ville,* Paris, 1977 ; 2. E. Le Roy Ladurie et M. Morineau, *Paysannerie et croissance,* Paris, 1977 ; t. II : *Des derniers temps de l'âge seigneurial aux préludes de l'âge industriel (1660-1789),* par E. Labrousse, P. Léon, P. Goubert, J. Bouvier, C. Carrière et P. Harsin.

Collection « Les grandes civilisations » : P. Chaunu, *La Civilisation de l'Europe classique,* Paris, 1970 (essentiel) ; *La Civilisation de l'Europe des Lumières,* Paris, 1971 (essentiel).

Collection « Peuples et Civilisations » : R. Mandrou, *Louis XIV en son temps,* Paris, 1978 (2^e éd.) ; A. Soboul, G. Lemarchand, M. Fogel, *Le Siècle des Lumières,* Paris, 1977 ; t. I : *l'Essor (1715-1750).*

Collection « l'Évolution de l'Humanité » : L. Febvre et H.-J. Martin, *L'Apparition du livre,* Paris, 1958 ; L. Febvre, *Le Problème de l'incroyance au XVI^e siècle. La religion de Rabelais,* Paris, 1942 ; M. Devèze, *L'Europe et le Monde à la fin du XVIII^e siècle,* Paris, 1970 ; L. Réau, *L'Europe française au siècle des Lumières,* Paris, 1938 ; R. Lenoble, *Histoire de l'idée de la nature,* Paris, 1971.

## OUVRAGES GÉNÉRAUX

L'importance de la bibliographie ne permet pas d'en dresser ici, dans le cadre de cette collection, une liste exhaustive. On se bornera donc à présenter au lecteur une liste d'ouvrages.

*Récits et mises au point* :

P. Chaunu, *La France,* Paris, 1982.
D. MacKay and H.-M. Scott, *The Rise of the Great Powers,* Londres, 1982.
W. Mager, *Frankreich vom Ancien Régime zur Moderne 1630 bis 1830,* Stuttgart-Berlin, 1980 (très importante bibliographie en français).
H. Méthivier, *L'Ancien Régime,* Paris, 1980.
M. Reinhard (sous la direction de), *Histoire de France,* Paris, 1954, 2 vol.

*Grands livres de réflexion générale :*

F. Braudel, *Civilisation matérielle. Économie, Capitalisme, XVe-XVIIe siècle,* Paris, 1979, 3 vol. ; t. I : *Les Structures du quotidien* ; t. II : *Les Jeux de l'échange* ; t. III : *Le Temps du Monde.*
F. Braudel, *La Méditerranée au temps de Philippe II,* 2e éd., Paris, 1978, 2 vol. Le Livre de Poche, 1993, 3 vol.
V.-L. Tapié, *La France de Louis XIII et de Richelieu,* Paris, 1967.
A. de Tocqueville, *L'Ancien Régime et la Révolution* (multiples éditions).
L. Stone, *Les Causes de la révolution anglaise,* trad. fr., Paris, 1974 (réflexions sur l'origine des révolutions).

On consultera aussi les histoires thématiques spécialisées, *Histoire de la France rurale, de la France urbaine ; Histoire des techniques ; Histoire des sciences,* etc.

*On pourra lire aussi, pour le plaisir de l'esprit :*

C. Carrière, M. Courdurié et E. Rebuffat, *Marseille, ville morte, la peste de 1720,* Marseille, 1968.

N. Castan, *Les Criminels du Languedoc. Les exigences d'ordre et les voies du ressentiment dans une société pré-révolutionnaire (1750-1790),* Toulouse, 1980.

P. Chaunu, *Église, culture et société. Essais sur Réforme et Contre-Réforme 1517-1620,* Paris, 1981 ; *La Mort à Paris (XVIe, XVIIe, XVIIIe siècle),* Paris, 1978.

P. Hazard, *La Crise de la conscience européenne (1680-1715),* Paris, 1935 ; *La Pensée européenne au XVIIIe siècle, de Montesquieu à Lessing,* 2 vol., Paris, 1946.

P. Gaxotte, *La France de Louis XIV,* Paris, 1946.

R. Mousnier, *Fureurs paysannes : les paysans dans les révoltes du XVIIe siècle,* Paris, 1967.

G. Roupnel, *Histoire de la campagne française,* Paris, nouv. éd., 1980.

D. Roche, *Le Peuple de Paris,* Paris, 1982.

*Livres de réflexion sur des points particuliers :*

Ph. Ariès, *L'Homme devant la mort,* Paris, 1977 ; *L'Enfant et la vie familiale sous l'Ancien Régime,* Paris, 1973.

Y.-M. Bercé, *Fête et révolte,* Paris, 1975.

R. Chartier, M. Compère et D. Julia, *L'Éducation en France du XVIe au XVIIIe siècle*, Paris, 1976.

Y. Durand, *Finance et Mécénat : les fermiers généraux au XVIIIe siècle,* Paris, 1976.

J. Meyer, *Le Poids de l'État,* Paris, 1983.

J. Quéniart, *Les Hommes, l'Église et Dieu dans la France du XVIIIe siècle,* Paris, 1978.

## COLLECTIONS SPÉCIALISÉES

*Collection « Archives »*

Y.-M. Bercé, *Croquants et Va-Nu-Pieds,* Paris, 1975.

G. Bollème, *La Bibliothèque bleue: la littérature populaire en France du XVI^e^ au XIX^e^ siècle*, Paris, 1971.

N. et Y. Castan, *Vivre ensemble. Ordre et désordre en Languedoc*, Paris, 1981.

M. de Certeau, *La Possession de Loudun*, Paris, 1970.

A. Farge, *Vivre dans la rue. Paris au XVIII^e^ siècle*, Paris, 1979.

J.-L. Flandrin, *Les Amours paysannes*, Paris, 1975.

J. Gélis, M. Laget et M.-F. Morel, *Entrer dans la vie; la naissance dans la France traditionnelle*, Paris, 1978.

G. Geremeck, *Truands et misérables dans l'Europe moderne (1350-1600)*, Paris, 1980.

P. Goubert, *L'Avènement du Roi-Soleil*, Paris, 1967.

P. Goubert et M. Denis, *1789, Les Français ont la parole*, Paris, 1964.

Ph. Joutard, *Les Camisards*, Paris, 1976.

R. Muchembled, *La Sorcière au village (XV^e^-XVIII^e^ siècle)*, Paris, 1979.

*Collection « S.E.D.E.S. »*

A. Corvisier, *La France de Louis XIV (1643-1715). Ordre intérieur et place en Europe*, Paris, 1967; *Arts et société dans l'Europe du XVII^e^ siècle*, Paris, 1978; *Armées et société en Europe de 1494 à 1789*, Paris, 1976.

R. Taveneaux, *Le Catholicisme dans la France classique (1610-1715)*, 2 vol., Paris, 1980.

J. Meyer, *Études sur les villes en Europe occidentale, du milieu du XVII^e^ à la veille de la Révolution;* t. I: *La France*, Paris, 1983.

M. Vovelle, *Mourir autrefois. Attitudes collectives devant la mort aux XVII^e^ et XVIII^e^ siècles*, Paris, 1974.

A. de Wismes, *Jean Bart et la guerre de course*, Paris, 1965.

*Collection « Trente journées qui ont fait la France »*

J. Giono, *La Bataille de Pavie*, Paris, 1963.

R. Mousnier, *L'Assassinat de Henri IV. Le problème du tyrannicide et l'affermissement de la monarchie absolue,* 2e éd., Paris, 1979.

E. Faure, *La Disgrâce de Turgot,* Paris, 1961 ; *La Banqueroute de Law,* Paris, 1977.

*Collections « U » et « U2 »*

B. Bennassar et J. Jacquard, *Le XVIe siècle,* 5e éd., Paris, 1962.

G. Durand, *États et Institutions, XVIe-XVIIIe siècles,* Paris, 1969.

P. Goubert et D. Roche, *L'Ancien Régime,* nouv. éd. ; t. I : *La Société* ; t. II : *Les Pouvoirs,* Paris, 1984.

O. Ranum, *Les Parisiens au XVIIe siècle,* Paris, 1977.

*Collection « La vie quotidienne »*

J. Meyer, *La Vie quotidienne en France au temps de la Régence,* Paris, 1979.

G. Chaussinand-Nogaret, *La Vie quotidienne en France au temps de Louis XV,* Paris, 1979.

F. Bluche, *La Vie quotidienne en France au temps de Louis XVI,* Paris, 1980 ; *La Vie quotidienne de la noblesse française au XVIIIe siècle,* Paris, 1973.

R. Taveneaux, *La Vie quotidienne des jansénistes,* Paris, 1973.

J.-P. Poussou et Ph. Butel, *La Vie quotidienne à Bordeaux au XVIIIe siècle,* Paris, 1982.

Y.-M. Bercé, *La Vie quotidienne en Aquitaine au XVIIe siècle,* Paris, 1975.

*Collection « Idées »*

P. Bénichou, *Les Morales du grand siècle,* Paris, 1948.

L. Febvre, *Amour sacré, amour profane. Autour de l'Heptameron,* Paris, 1944.

A. Koyre, *Mystiques, spirituels, alchimistes du XVIe siècle,* Paris, 1971.

P. Goubert, *Louis XIV et vingt millions de Français,* Paris, 1972.
V.-L. Tapié, *Baroque et classicisme,* Paris, rééd., 1980.
J. Orieux, *Voltaire,* Paris, 1966.
H. Le Bras et E. Todd, *L'Invention de la France. Atlas anthropologique,* Paris, 1981.

## Les Grandes Études Régionales

R. Baehrel, *Une croissance : la Basse-Provence rurale (fin du XVe siècle - 1789). Essai d'économie historique statistique,* Paris, 1961.
J.-P. Bardet, *Rouen aux XVIIe et XVIIIe siècles. Les mutations d'un espace urbain,* Paris, 1983, 2 vol.
Y.-M. Bercé, *Histoire des Croquants,* Genève, 1974, 2 vol.
J. Berthelot du Chesnay, *Les Prêtres séculiers en Haute-Bretagne au XVIIIe siècle,* Rennes, 1984.
P. Bois, *Les Paysans de l'Ouest. Des structures économiques et sociales aux options politiques depuis l'époque révolutionnaire,* Paris, 1960.
G. Bouchard, *Le Village immobile : Sennely-en-Sologne au XVIIIe siècle,* Paris, 1961.
G. Cabourdin, *Terre et hommes en Lorraine, 1550-1635,* Nancy, 1977, 2 vol.
C. Carrière, *Négociants marseillais. Contribution à l'étude des économies maritimes,* Marseille, 1973, 2 vol.
C. Carrière, M. Courdurié, F. Rebuffat, *Marseille, ville morte : la peste de 1720,* Marseille, 1968.
N. Castan, *Les Criminels du Languedoc. Les exigences d'ordre et les voies du ressentiment dans une société pré-révolutionnaire, 1750-1790,* Toulouse, 1968 ; *Justice et répression en Languedoc à l'époque des Lumières,* Paris, 1980.
Y. Castan, *Honnêteté et relations sociales en Languedoc (1715-1750),* Paris, 1974.

J. Cavignac, *Jean Pellet, commerçant en gros, 1694-1772. Contribution à l'étude du négoce bordelais au XVIIIe siècle,* Paris, 1967.

J. Chagniot, *Paris et l'armée au XVIIIe siècle,* Paris, 1984.

P. Chaunu, *La Mort à Paris, XVIe, XVIIe et XVIIIe siècles,* Paris, 1978.

G. Chaussinand-Nogaret, *Les Financiers de Languedoc au XVIIe siècle,* Paris, 1970.

J.-M. Constans, *Nobles et paysans en Beauce aux XVIIe et XVIIIe siècles,* Lille, 1981.

A. Cochin, *Les Sociétés de pensée et la révolution en Bretagne 1788-1789,* Paris, 1925.

M. Cordurié, *La Dette des collectivités publiques à Marseille au XVIIIe siècle. Du débat sur le prêt à intérêt au financement par l'emprunt,* Paris, 1974.

A. Corvol, *La Forêt en Bourgogne aux XVIIe et XVIIIe siècles,* Paris, 1984.

A. Croix, *La Bretagne aux XVIe et XVIIe siècles. La vie ; la mort ; la foi,* Paris, 1981, 2 vol.

M. Couturié, *Recherches sur les structures sociales de Châteaudun, 1525-1789,* Paris, 1969.

P. Deyon, *Étude sur la société urbaine au XVIIe siècle : Amiens, capitale provinciale,* Paris, 1967.

J. Dupâquier, *La Propriété et l'exploitation foncières à la fin de l'Ancien Régime dans le Gâtinais septentrional,* Paris, 1957 ; *La Population rurale du Bassin Parisien à l'époque de Louis XIV,* Paris, 1977 et 1979, 2 vol.

G. Durand, *Vin, vigne et vignerons en Lyonnais et Beaujolais (XVIe et XVIIIe siècles),* Lyon, 1979.

Y. Durand, *Vivre au pays au XVIIIe siècle. Essai sur la notion de pays dans l'ouest de la France,* Paris, 1984.

L. Febvre, *Philippe II et la Franche-Comté. Étude d'histoire politique, religieuse et sociale,* Paris, 1912, rééd., Paris, 1972.

J. Ferté, *La Vie religieuse dans les campagnes parisiennes (1662-1695),* Paris, 1961.

M. Foisil, *La Révolte des Nu-pieds et les révoltes normandes de 1639,* Paris, 1970 ; *Le Sire de Gouberville,* Paris, 1981.

G. Frêche, *Toulouse et la région Méditerranée-Pyrénées au siècle des Lumières, 1670-1789,* Paris, 1974.

H. Fréville, *L'Intendance de Bretagne,* Rennes, 1953, 3 vol.

R. Gascon, *Grand commerce et vie urbaine au XVIe siècle. Lyon et ses marchands, environs de 1520-environs de 1580,* Paris, 1971.

P. Gaxotte, *Paris au XVIIIe siècle,* Paris-Grenoble, 1968.

M. Garden, *Lyon et les Lyonnais au XVIIIe siècle,* Paris, 1970.

P. Goubert, *Beauvais et le Beauvaisis de 1600 à 1730. Contribution à l'histoire rurale de la France du XVIIe siècle,* Paris, 1960.

M. Gresset, *Gens de justice à Besançon, 1679-1789,* Paris, 1978.

J.-P. Gutton, *La Société et les pauvres. L'exemple de la généralité de Lyon, 1534-1789,* Paris, 1969.

C. Huetz de Lemps, *Géographie du commerce de Bordeaux à la fin du règne de Louis XIV,* Paris, 1975.

J. Jacquard, *La Crise rurale en Ile-de-France, 1550-1670,* Paris, 1974.

M. Lachiver, *La Vigne et les vignerons à l'ouest de Paris aux XVIIe et XVIIIe siècles,* Pontoise, 1982 ; *La population de Meulan du XVIIe au XIXe siècle (vers 1600-1870). Étude de démographie historique,* Paris, 1969.

F. Lebrun, *Les Hommes et la mort en Anjou aux XVIIe et XVIIIe siècles. Essai de démographie et de psychologie historiques,* Paris, 1971, 2 vol.

G. Lefebvre, *Études orléanaises. Contribution à l'étude des structures sociales à la fin du XVIIIe siècle,* Paris, 1962 ; *Les Paysans du Nord pendant la Révolution française,* Paris, 1924, 2 vol. ; *Cherbourg à la fin de l'Ancien Régime et au début de la Révolution,* Caen, 1965.

P. Léon, *La Naissance de la grande industrie en Dauphiné (fin du XVIIe siècle-1869),* Paris, 1953.

E. Le Roy Ladurie, *Les Paysans du Languedoc,* Paris, 1966 ; *Le Carnaval de Romans, de la Chandeleur au mercredi des Cendres (1579-1580),* Paris, 1979.

G. Livet, *L'Intendance d'Alsace sous Louis XIV (1648-1715),* Strasbourg, 1956.

A. Lottin, *Vie et mentalité d'un Lillois sous Louis XIV,* Paris, 1968.

M. Ménard, *Mille retables de l'ancien diocèse du Maine,* Paris, 1980.

J. Meyer, *La Noblesse bretonne au XVIII^e siècle,* Paris, 1966, 2 vol. ; *L'Armement nantais dans la deuxième moitié du XVIII^e siècle,* Paris, 1969.

L. Merle, *La Métairie et l'évolution agraire de la Gâtine poitevine de la fin du Moyen Âge à la Révolution,* Paris, 1950.

E. Mireaux, *Une province française au temps du grand roi : la Brie,* Paris, 1958.

R. Mousnier, *Paris capitale au temps de Richelieu et de Mazarin,* Paris, 1978 ; *Recherches sur la stratification sociale à Paris aux XVII^e et XVIII^e siècles,* Paris, 1976.

H. Neveux, *Les grains du Cambrésis (XIV^e-XVIII^e siècles),* Paris, 1973.

J. Nicolas, *La Savoie au XVIII^e siècle. Noblesse et bourgeoisie,* Paris, 1978, 2 vol.

C. Nières, *La Reconstruction d'une ville au XVIII^e siècle : Rennes, 1720-1760,* Rennes, 1972.

C. Nières et Y. Garlan, *Les Révoltes bretonnes de 1675. Papier timbré et bonnets rouges,* Paris, 1975.

L. Perouas, *Le Diocèse de La Rochelle de 1648 à 1724. Sociologie et Pastorale,* Paris, 1964.

J.-C. Perrot, *Genèse d'une ville moderne : Caen au XVIII^e siècle,* Paris, 1975, 2 vol.

R. Pillorget, *Les Mouvements insurrectionnels de Provence entre 1596 et 1715,* Paris, 1975.

A. Plaisse, *La Baronnie du Neufbourg,* Paris, 1961.

A. Poitrineau, *La Vie rurale en Basse-Auvergne au XVIII^e siècle, (1726-1789),* Aurillac, 1965.

J.-P. Poussou, *Bordeaux et le Sud-Ouest au XVIII^e siècle. Croissance économique et attraction urbaine,* Paris, 1983.

J. Queniart, *Culture et sociétés urbaines dans la France de l'Ouest au XVIII^e siècle,* Lille, 1977, 2 vol.

O. Ranum, *Les Parisiens du XVIIe siècle*, Paris, 1973.
D. Roche, *Jacques-Louis Ménétra, compagnon vitrier au XVIIIe siècle,* Paris, 1982 ; *Le Siècle des Lumières en province. Académies et académiciens provinciaux, 1680-1789,* Paris, 1978, 2 vol. ; *Le Peuple de Paris,* Paris, 1982.
G. Roupnel, *Les Populations de la ville et de la campagne dijonnaise au XVIIe siècle,* Paris, 1922.
P. de Saint-Jacob, *Les Paysans de la Bourgogne du Nord au dernier siècle de l'Ancien Régime,* Paris, 1960 ; *Documents relatifs à la communauté villageoise en Bourgogne du milieu du XVIIe siècle à la Révolution,* Paris, 1962.
H. Sée, *Les Classes rurales en Bretagne du XVIe siècle à la Révolution,* Paris, 1906.

*Quelques thèses en Livre de Poche (« Sciences de l'histoire »)*

E. Le Roy Ladurie, *Les Paysans du Languedoc,* Paris, 1967.
P. Goubert, *Cent mille provinciaux au XVIIe siècle. Beauvais et le Beauvaisis de 1600 à 1730,* Paris, 1968.
J. Ehrard, *L'Idée de la nature en France à l'aube des Lumières,* Paris, 1970.
J. Meyer, *La Noblesse bretonne au XVIIIe siècle,* Paris, 1970.
F. Lebrun, *La Mort en Anjou...,* Paris, 1973.

## BIOGRAPHIES RÉCENTES

J. Jacquart, *François Ier,* Paris, 1981.
J.-P. Babelon, *Henri IV,* Paris, 1982.
L. Murat, *Colbert,* Paris, 1980.
J. Meyer, *Colbert,* Paris, 1983.
A. Corvisier, *Louvois,* Paris, 1983.
J.-C. Sournia, *Blaise de Montluc,* Paris, 1982.

M. Carmona, *Richelieu,* Paris, 1983 ; *Marie de Médicis,* Paris, 1982.

## TEXTES

*Collection « U »*

R. Pomeau, *La Politique de Voltaire,* Paris, 1963.
J. Ehrard, *La Politique de Montesquieu,* Paris, 1965.
L. Taveneaux, *Jansénisme et politique,* Paris, 1965.
J. Truchet, *Politique de Bossuet,* Paris, 1965.
J. Rousset, *Anthologie de la poésie baroque française,* 2 vol., Paris, 1968.

*Collection « Le temps retrouvé »*

Toute la collection est à lire. A l'heure actuelle on y compte les Mémoires et extraits de Mémoires de Marguerite de Valois pour le XVIe siècle ; de l'abbé de Choisy, d'Hortense et Marie Mancini, de Mme de La Fayette, de la princesse Palatine, d'Ézéchiel Spanheim, d'Henri de Campion et des bagnards protestants pour le XVIIe siècle ; du cardinal de Bernis, de la marquise de La Tour du Pin, de Mme de Staal de Launay, de la baronne d'Oberkirch, de la comtesse de Boigne, etc., pour le XVIIIe siècle.

# Index

## A

B

## C

D

N



O

Q

R

V



W

X



Y



Z

# Table des matières

## PREMIÈRE PARTIE
## DE CHAMBORD AU PETIT TRIANON

## DEUXIÈME PARTIE
# LA FRANCE DE LA RENAISSANCE : DE LA GLOIRE AUX MASSACRES

## TROISIÈME PARTIE
## LE XVIIe SIÈCLE

QUATRIÈME PARTIE
## LE SIÈCLE DES LUMIÈRES



Composition réalisée par AZIMUT

---

IMPRIMÉ EN FRANCE PAR BRODARD ET TAUPIN
Usine de La Flèche (Sarthe).
LIBRAIRIE GÉNÉRALE FRANÇAISE - 6, rue Pierre-Sarrazin - 75006 Paris.
ISBN : 2 - 253 - 06277 - 4 30/2938/6